SOBREVIVIENDO A
PABLO ESCOBAR

```
070.44 cd 21 ed.
A1494902
2015    Velásquez Vásquez, Jhon Jairo

            Sobreviviendo a Pablo Escobar: "Popeye", El Sicario, 23 años y
        3 meses de cárcel / Jhon Jairo Velásquez Vásquez — Bogotá : Ediciones
        DIPON, Ediciones Gato Azul, 2015.
        384 p. ; 24 cm.

            ISBN 978-958-8243-47-4

1. Escobar Gaviria, Pablo, 1949-1993 2. Velásquez Vásquez, John Jairo - Entrevistas
3. Crónicas periodísticas 4. Narcotráfico - Colombia - Reportajes 5. Narcotráfico -
Colombia - Relatos personales 6. Cartel de Medellín I. Tít.

            CEP-Banco de la República-Biblioteca Luis Ángel Arango
```

1ª Edición, agosto de 2015

© Jhon Jairo Velásquez Vásquez, 2015

© Ediciones Gato Azul, 2015
edicionesgatoazul@yahoo.com.ar
Buenos Aires, Argentina

© Ediciones DIPON, 2015
edicionesdipon@outlook.com
Bogotá, Colombia

ISBN: 978-958-8243-47-4

Editado por:
Ediciones Gato Azul y Ediciones DIPON

Fotografías:
Cortesía Casa Editorial El Tiempo

Diseño:
Nativo Digital

El texto y las afirmaciones contenidas en este libro, son responsabilidad exclusiva del Sr. Jhon Jairo Velásquez Vásquez. Ni los editores, ni el impresor, ni los distribuidores, ni los libreros, tienen alguna responsabilidad por lo escrito en esta obra.

Todos los derechos reservados, ninguna parte de esta publicación puede ser reproducida, almacenada en sistema recuperable o transmitida en forma alguna o por ningún medio electrónico, mecánico, fotocopia, grabación u otros, sin previo permiso escrito del titular de los derechos.

Impreso por Colombo Andina de Impresos S.A.

Impreso en Colombia - Printed in Colombia

JHON JAIRO VELÁSQUEZ

SOBREVIVIENDO A
PABLO ESCOBAR

"POPEYE"
EL SICARIO
23 AÑOS Y 3 MESES
DE CÁRCEL

Ediciones DIPON
Ediciones Gato Azul

Índice

I	"Popeye" abandona a Pablo Escobar	11
II	Una nueva vida	15
III	Atentado en Cómbita	31
IV	Conviviendo con los Rodríguez Orejuela	35
V	Pablo Escobar tenía razón	45
VI	La Cabo Aneida	55
VII	Extraditables y paramilitares	59
VIII	Cumpleaños de un condenado	69
IX	Las tangas de "Chapatín"	71
X	El limbo de los locos	77
XI	Por una tarjeta…	81
XII	Carlos Castaño	85
XIII	Gases lacrimógenos en Cómbita	95
XIV	Orgía de sangre	107
XV	La Cárcel Modelo	111
XVI	"El Monstruo de los Andes" a La Modelo	125
XVII	El "Comandante Bochica"… fraude total	129
XVIII	Santería cubana en La Modelo	137
XIX	Sauna criollo	141
XX	Regreso a la Cárcel Modelo	143
XXI	La mafia se toma las cárceles	149
XXII	En La Modelo se me olvidó la guerra	153
XXIII	Manicurista fogosa	165
XXIV	Vientos de guerra en La Modelo	173
XXV	Romance entre *Miss* Colombia y comandante guerrillero	185
XXVI	La ley del silencio	189
XXVII	Sepultando el alma	199
XXVIII	Cuñado de Carlos Castaño se fuga de La Modelo	207
XXIX	*Manso como una paloma, astuto como una serpiente…*	215
XXX	*Nada te turbe… nada te espante… todo se pasa*	231
XXXI	Amarga experiencia para una periodista	275
XXXII	De Valledupar a Bogotá: otra vida	281
XXXIII	El Patio de "Recepciones"	283
XXXIV	"Piraña": narcotraficante colombo-mexicano	293
XXXV	Llegada de "Don Berna" y "Macaco"	297

XXXVI	Extradición de "Macaco"	313
XXXVII	"Recepciones": antesala de extradición	319
XXXVIII	"El Mellizo", a Cómbita para su extradición	327
XXXIX	Un hombre poderoso es el que perdona a su enemigo	331
XL	Testigo incómodo contra Hugo Chávez	335
XLI	"H.H."... Asesino de Vicente Castaño	341
XLII	"Mono Leche" y el final de un mito	343
XLIII	"Popeye" y su rutinaria vida	347
XLIV	Escurridiza libertad	351
XLV	Reencuentro con el ex Presidente Andrés Pastrana Arango	355
XLVI	El DAS y Carlos Castaño: alianza mortal	359
Epílogo		369

...He implorado el perdón de Dios y no sabré, hasta que mi cuerpo muera, si Él me ha perdonado...

He cumplido a la sociedad con mi larga condena, pero quizá no haya alcanzado su indulgencia...

¡Cuánto he vivido, por Dios...!

Sobreviví a Pablo Escobar Gaviria, "el Patrón", y fue la fuerza de su indomable espíritu la que, no sé bien ni cómo ni para qué, me sostuvo a lo largo de estos años, pues su presencia sigue marcando cada día de mi existencia. Los crímenes del Cartel de Medellín pesan, igual que ayer, sobre mis hombros. Mi juventud perdida en el crimen se transformó en la espada que pende sobre mi encanecida cabeza.

Para el mundo siempre seré alias "Popeye", el sicario del temible Cartel de Medellín, el hombre de confianza de Pablo Emilio Escobar Gaviria... Cómo decirles que soy un hombre nuevo... que 23 años preso en este infierno transformaron al hombre que fui.

Ahora, la anhelada libertad se desdibuja en la mano asesina de mis enemigos. Quizá el destino haya prolongado mi existencia sólo para deleitarse en preparar mi propia agonía.

Sobreviví en cautiverio pero no sé si lograré vivir en libertad...

Preso de mí mismo intentaré luchar por alcanzar un poco de paz...

Hace mucho frío... ya es agosto de 2014. Estoy a un paso de la libertad y creo que aún respiro... todavía en esta sombría celda de la cárcel de máxima seguridad en Cómbita, Boyacá.

"Popeye" en su celda de la Cárcel de Cómbita. Sebastián Jaramillo, Revista Bocas ed. 16, 2011.

I

"Popeye" abandona a Pablo Escobar

Julio de 1992.

—Muchachos... mucha suerte, de pronto, si me decido, en la cárcel nos vemos...

La inminencia de la entrega disparaba su adrenalina, además del temor que todavía le producía la mirada fría e impenetrable del poderoso Pablo Escobar Gaviria, "el Patrón". Sintió cómo la piel se le erizó. Una tenue brisa invadió la despedida de los tres hombres que se estaban jugando su destino. Quizá lo que flotaba en el ambiente no era más que la cobardía disfrazada de prudencia.

—Adiós "Patrón"...

"Popeye" estaba tan próximo a Pablo Escobar, que podía percibir su aliento. La penetrante mirada de aquel enigmático hombre parecía retarlo en ese último instante; logró confundirlo tanto que sintió la garganta seca; con torpeza estiró su mano para estrechar, por última vez, la del hombre por quien tanto respeto y admiración sentía.

Era el final de una loca y frenética carrera en el mundo del crimen organizado. A sus 27 años, Jhon Jairo Velásquez, alias "Popeye", tenía un largo historial de muertes en su conciencia, pero ahora estaba a punto de cambiar su vida, inspirado en el amor de una mujer.

Mientras se alejaba, en su cabeza se repetían las escenas de los días anteriores...

—Los asesinos también se enamoran... —fue la frase que le dijo a su compañero "Otto", cuando Pablo Escobar adivinó sus sentimientos.

—¿Qué le pasa "Pope"? ¡Si tiene miedo entréguese con mi hermano Roberto y con "Otto" en la Cárcel de Itagüí! —le dijo seriamente, mirándolo a los ojos. Lo tomó por sorpresa y logró perturbarle.

—¡"Patrón", usted sabe que tenemos encima a los norteamericanos, a los ingleses y a los israelitas, con este aparato nos ubican en el acto! —replicó respetuosamente, evadiendo la respuesta a lo que realmente le estaba preguntando, mientras le ponía enfrente el medio de comunicación de largo alcance que les enviaron en el correo. Para la época, 1992, aún no llegaban a Colombia los teléfonos celulares.

—¡Usted lo que está es enamorado! Mejor váyase a prisión que allí sí puede ver seguido a su hermosa novia, —le dijo con una sonrisa.

—Lo voy a pensar y le digo, señor... —respondió al tiempo que inclinaba la cabeza. Luego se fue al cuarto que ocupaba en el escondite en la parte baja del barrio El Poblado, de la ciudad de Medellín, en una casa de clase media alta en donde vivían por esos días, encaletados, evadiendo los operativos del Bloque de Búsqueda y de sus enemigos.

Estaban en plena guerra contra el Estado y la iban perdiendo. Eso produjo un efecto dominó en los miembros del Cartel de Medellín que, para salvar su vida, estaban entregándose a las autoridades evitando así caer en manos de los sanguinarios "PEPES" (Perseguidos por Pablo Escobar Gaviria) quienes habían asesinado a la mayoría de los sicarios de Pablo Escobar. Por esta razón "Popeye" sabía que era una decisión demasiado importante para su vida. Por una parte, quería permanecer al lado de Escobar, como siempre lo hizo, pero su otro yo estaba perdidamente enamorado de Ángela Morales, la novia que tenía por esos días y por cuya integridad temía. Les habían informado que los "PEPES" iban a matar a sus mujeres en retaliación por la muerte de tantos policías y del terrorismo reinante por cuenta del cartel. Al estar en prisión el interés sobre él y su gente podría disminuir; desde la cárcel era más fácil blindarse, ante el peligro que representaban los poderosos enemigos que tenían acorralado al Cartel de Medellín. Era la única forma de salvar su pellejo y el de su mujer.

No lo pensó más y en la mañana fue a la habitación del "Patrón". La puerta estaba entreabierta, miró al interior y sigilosamente se acercó; él lo vio pero no le dijo nada. "Popeye" sintió un nudo en el estómago y no se atrevió a pronunciar palabra. Pasados unos minutos se armó de valor, regresó y con voz entrecortada le habló a su jefe...

—Ya lo decidí señor...

—¿Qué decidió? —Le preguntó sin dejar de mirar la pantalla de T.V., con el control remoto en la mano derecha.

—Me voy "Patrón"... —contestó en voz baja mirándolo fijamente.

—¡Yo ya lo sabía! —Le respondió Pablo, dejando escapar una sonrisa cómplice y tranquilamente siguió mirando el noticiero.

Al llegar la noche el "Patrón" le llamó y volvió a preguntarle.

—¡Cupido!... ¿qué pensó? Llame a "Otto" y vengan los dos...

Diez días después ahí estaba el par de Judas dejando al "Patrón", abandonándolo a su suerte mientras ellos iban tras un par de piernas que lograron enredarles la cabeza y el corazón como para pensar en iniciar una nueva vida, aparentemente lejos del crimen. "Otto" también estaba cansado de la guerra y quería disfrutar de su mujer.

—Adiós "Patrón"…

—Adiós…

"Popeye", trató de verlo a los ojos pero la mirada inquisidora de Pablo lo venció. Bajó su cara avergonzado. Le estiró la mano acercándose más a él; un abrazo y un "gracias por todo" fue lo último que recibió de su jefe.

Caminaba junto a "Otto", de frente hacia la calle, casi arrastrando los pies que se negaban a salir de la casa. Sintió como la humedad nubló su visión. No fue necesario decirle algo al compañero, él también tenía los mismos sentimientos encontrados. Cuando se alejaron unos 200 metros, miraron hacia atrás y lo último que vieron fue a un hombre completamente solo abordando un humilde automóvil rojo, marca Renault, pasado de moda, que partió veloz en sentido contrario al de ellos, manejado por el legendario hombre que cambió sus destinos: Pablo Escobar Gaviria, "el Patrón".

Pablo Escobar y Jhon Jairo Velásquez Vásquez alias "Popeye", recluidos en la Cárcel La Catedral.

II

Una nueva vida

Cerca de las 4:30 a.m., un hombre abrió con fuerza la puerta de la celda y lo encañonó. "Popeye" apenas si se sobresaltó; levantó las cobijas y le mostró las manos al guardia que de inmediato lo esposó, mientras anunciaba por el radio:

—¡Asegurado el objetivo número 1!

Lo requisó con detenimiento por si estuviera armado; luego le quitó las esposas y le ordenó vestirse; cuando terminó, lo inmovilizó nuevamente.

Del radio se escapan las voces de diferentes guardias que seguían con el operativo en otros pabellones de la Cárcel La Picota, en Bogotá...

—¡Asegurado el objetivo número 2! —chilló una voz en el radio.

—Debe ser Gerardo, —pensó "Popeye".

—¡Asegurado el objetivo 3! "Juan Joyita"...

—¡Asegurado el objetivo 4! "El Maestro"...

La zona se hallaba totalmente militarizada; un cordón de soldados fuertemente armados se instaló en los dos lados de la calle, desde la cárcel hasta la avenida principal. La situación era seria. Adiós a la fuga de Gerardo, que estaba casi lista.

Subieron al bus en que trasportaban más presos de la Torre 3, todos extraditables. El miedo invadió el espíritu de los pasajeros.

"Popeye" estaba tranquilo, no tenían por qué extraditarlo; decidió relajarse a costa de sus custodios a quienes comenzó a molestar con bromas pesadas.

—¡Oí, marica reíte!

—¡Chupón, te compro el fusil! —replicó otro preso tratando de calmar los nervios del traslado.

Los uniformados no respondían; eran disciplinados, muy profesionales y estaban tratando con bandidos así que no se dejaron provocar.

"Juan Joyita", como siempre, seco de la risa, para él todo era un chiste; disfrutaba la vida como le iba llegando. Gerardo, por el contrario era súper serio. "El Maestro" les recordaba sus palabras proféticas: —les dije que ya sabía que nos iban a trasladar—. Cuando vieron a "Popeye" sentado junto a ellos, sentenciaron que ya no se salvarían del viaje al infierno. Él los asustó más para reírse un poco de su miedo y así calmar el propio.

—¡Señores van conmigo para Valledupar!

Todos se quedaron serios, incluso "Juan Joyita" se asustó tanto que no volvió a reír; el autobús quedó en silencio hasta que subieron los guardias y sentenciaron con fuerza:

—Listo el cupo... vámonos...

Sospecharon que los trasladaban a la prisión más temida de Colombia a principios del año 2000 y para asustar aún más a sus colegas, "Popeye" les reconfirmó con una sórdida sonrisa...

—¡Señores, se los dije, prepárense para llegar al infierno!

El silencio fue sepulcral, los reclusos quedaron mudos. Pero en el fondo quien más preocupado iba era "Popeye".

El carro comenzó a avanzar. En el interior estaban los comandos del Grupo de Reacción Inmediata, G.R.I., entrenados por los norteamericanos para operaciones especiales con los prisioneros y las cárceles. Ellos, con su fusil apuntando al piso y muy serios los miraban fríamente, sin miedo, dispuestos a lo que fuera; ya los bandidos no los intimidaban como en el pasado.

De lejos, "Popeye" vio el helicóptero y descansó pensando: *¡No... no nos van a extraditar, seguro vamos para la nueva cárcel, la de Cómbita en Boyacá!...* y sonrió al ver la cara de angustia e incertidumbre de sus compañeros.

La caravana, fuertemente custodiada, llegó a la avenida principal; el cordón militar se hizo más fuerte dando apoyo a los guardias. El vehículo avanzó y de pronto giró hacia el batallón del Ejército próximo a la cárcel e ingresó velozmente a terreno castrense. Los hombres del G.R.I., saltaron como jaguares sobre los internos y los bajaron casi cargados, les quitaron las esposas y las cadenas. Ya en tierra, fueron esposados de nuevo con una tira plástica en las manos y, del pie derecho de un recluso al pie izquierdo del otro, con una cadena que lastimaba el tobillo. Les ordenaron quedarse quietos y callados.

A lo lejos escucharon las roncas aspas de varios helicópteros rusos, viejos y lentos, que se aproximaban, hasta que los aturdió el ruido ensordecedor y su imponente presencia. Los gigantescos helicópteros levantaron el polvo de la pista al posar en el piso sus inmensas barrigas que rápidamente se abrieron para dejar ver su interior. Estaba lleno de asustados presos que traían desde otras cárceles del país. Por tierra también llegaron más reos extraditables, uno de ellos fue Jamioy, del grupo de "Juan Joyita".

El cupo lo completó un hombre mayor, de unos 70 años, llamado Germán Arciniegas, nadie entendió por qué lo estaban trasladando a una cárcel de alta seguridad si su delito no lo ameritaba.

A "Popeye" lo subieron en el primer vuelo, junto a Gerardo y su gente. El helicóptero tenía capacidad para 20 personas y transportaba personal del Ejército. Un soldado les ordenó no moverse de su sitio. El helicóptero se movía lento e inseguro; el ruido era fastidioso hasta que tomó altura y enfiló hacia su destino, el nuevo hogar de los reclusos.

Cincuenta minutos después estaban sobrevolando la temible Cárcel de Cómbita. Desde arriba se veía una enorme mole de cemento gris llena de alambradas y garitas a su alrededor. Parecía un campo de concentración moderno. Aterrizaron en el helipuerto de la prisión. Los bajaron con dificultad y rápidamente los llevaron a un bus azul; ahí todos miraron hacia arriba, respiraron su último aire de libertad contemplando un hermoso cielo despejado, pero en minutos el monstruo de Cómbita se los tragó.

La cárcel estaba pegada a la vía pavimentada, a dos horas y media de la capital y a 25 minutos de Tunja, una ciudad intermedia.

Como iban en el primer grupo los metieron en una pequeña jaula de unos 40 metros cuadrados, tapada con una malla acerada, que era el área de reseña. Les quitaron las cadenas lo cual fue todo un alivio. "Popeye" se sentó en el suelo.

A los pocos minutos apareció el director de la Cárcel de Valledupar, Pedro Germán Aranguren. *¡Oh no! Que sorpresa tan desagradable...* pensó al verlo ahí frente a él, encontrándose en posición tan desventajosa. Ahora este hombre era el responsable de la Cárcel de Cómbita. Llevaba puesta su eterna camiseta del *Buró* de Prisiones Norteamericano. Lo miró con ironía, él respondió con desprecio. No le dijo nada, tampoco Jhon Jairo le habló. A su lado estaba un asesor norteamericano de nombre Jerry... "Popeye" volvía al duro régimen carcelario. Pero esta vez se sentía más preparado psicológicamente para enfrentar el calabozo. Quería creer que el frío no era tan terrible como decían. El infierno en tierra fría no existe sino en la mente de los presos miedosos.

Cuando todos estaban listos para la reseña, entró saludando amablemente el capitán de la guardia Orlando Toledo. Un viejo zorro de las prisiones colombianas, hombre de armas tomar, honesto y bueno con el preso.

Al fin lo reseñaron; su nueva identificación fue T.D. 007, es decir, que para el sistema carcelario colombiano ya no era Jhon Jairo Velásquez Vásquez, ni siquiera alias "Popeye"... A partir de ese momento se convirtió en un número más del sistema. Y el 7 le fue dado porque fue el séptimo preso en ingresar a Cómbita; con este grupo inauguraron la prisión de alta seguridad que tanta expectativa había generado y que anunciaron en la prensa.

Cuando terminaron la reseña lo pasaron con sus dedos aún untados de tinta donde una Doctora Civil. Tuvo la tentación de no hablarle pero la mujer fue amable y él decidió cooperar dándole la información que le pedía...

—Por favor, deme un número telefónico de alguien a quién podamos avisar en caso de emergencia, o de muerte. Le dijo la mujer serenamente.

—Doctora, disculpe, ¿por acá hay cementerio? —Preguntó serio, mientras la mujer lo miró asombrada.

—¡Sí, sí señor Velásquez!

—Pues por favor que me entierren ahí. —Le dijo con firmeza y no le dio ningún dato de los que le solicitaba. Ella lo miró desconcertada pues no esperaba esa respuesta y discretamente se inclinó sobre su cuaderno para registrar la petición.

Después de esta entrevista lo pasaron al examen médico y odontológico. Le entregaron un feo uniforme de color habano con rayas anaranjadas; miró con tristeza sus pies y se dijo: "Adiós a mis tenis, mis *jeans* y mis buzos". Y quedó listo para la foto del recuerdo con su nueva vestimenta.

Sus compañeros fueron pasados por la peluquería; todos rapados, él ya lo estaba. El Director les advirtió que no podían tener tenis con cordones porque se podían ahorcar en un momento de depresión. Todos rieron y se conformaron cuando les entregaron zapatos negros con suela de caucho, que se sostenía con una tapa que se pegaba y despegaba, súper feos y muy incómodos.

También les quitaron los implementos de aseo que traían. La teniente Claudia les gritó con firmeza:

—Acá no necesitan entrar nada, esto está financiado por los EE.UU., les vamos a dar todo.

Nuevos helicópteros comenzaron a sobrevolar el penal. Se esperaba la llegada de grandes personajes, todos tenían curiosidad; se rumoraba el ingreso de un duro pero nadie sabía quién era el gran capo que al fin estaría en una verdadera cárcel, junto a ellos.

Como la suerte es loca y a cualquiera le toca, en esta ocasión fue para los hermanos Miguel y Gilberto Rodríguez Orejuela, jefes del Cartel de Cali. La embajada de Estados Unidos sabía de los lujos de los Rodríguez en las cárceles corrientes donde estaban detenidos. La orden del gobierno fue tajante: "Los jefes del Cartel de Cali a Cómbita"...

La llegada de estos personajes lo llenó de energía y felicidad, pues no sería el único en sufrir el duro régimen carcelario que les esperaba.

Desde que se aprobó el Plan Colombia por parte de los EE.UU., hacia el país, llegó mucha ayuda a diferentes instituciones con recursos económicos para logística y entrenamiento de personal. Al Instituto Nacional Penitenciario y Carcelario, INPEC, el apoyo le llegó por parte del *Buró de Prisiones* de los EE.UU. Los asesores gringos entrenaron a los nuevos guardianes y reentrenaron a los viejos. Les hicieron la prueba del polígrafo y les garantizaron una opción salarial superior a la que tenían. Todos los guardias que fueron asignados a las cárceles de alta seguridad llegaron con una mentalidad anticorrupción. Era el nuevo INPEC.

Las nuevas cárceles se construyeron con base en recomendaciones del *Buró* de Prisiones estadounidense que las vigiló de cerca. Los penales tenían que cumplir con las especificaciones precisas del *buró* y el régimen estricto, tal como sucede en su país.

La tenebrosa cárcel acababa de ser inaugurada con pesos pesados del narcotráfico que apenas estaban ingresando.

Ese día llegaron también, Félix Antonio Chitiva alias "La Mica" y Víctor Patiño Fómeque. Con ellos llegaron diez narcos más que estaban viviendo como reyes en otras prisiones del país, donde no había llegado el nuevo INPEC con su estricto reglamento y su personal capacitado.

Sin ninguna contemplación, la guardia metió a los hermanos Rodríguez a la jaula de reseñas. Jhon Jairo ya estaba listo y reseñado. Lo vieron y lo saludaron con su máscara de risas. Él les contestó con la misma hipocresía. Ninguno de los dos bandos se aceptaba por las guerras del pasado, pero tenían que convivir en las nuevas circunstancias. Era evidente que no les había caído bien verlo en Cómbita, pero tenían que aguantarse.

El 13 de Septiembre del año 2002 era un día histórico para las autoridades, comenzaba el principio del fin del imperio Rodríguez Orejuela…

Don Gilberto llegó bien vestido, con pantalón italiano, zapatos finos, camisa de marca, un excelente reloj con manillas de cuero y correa que hacía juego con los zapatos. Los elegantes Rodríguez no cargaban joyas en exceso. Igualmente estaba vestido don Miguel; el traslado los cogió de sorpresa y no tenían ropa apropiada para el intenso frío que ya se sentía en Cómbita. Fue un golpe al hígado de la mafia y al cabello pintado de don Gilberto porque en Cómbita no había salón de belleza.

El guardia abrió la reja de la jaula y ordenó lista en mano:

—Rodríguez Orejuela Miguel Ángel y Rodríguez Orejuela Gilberto José, a reseñar… el peluquero está listo…

Los viejos se miraron entre ellos y palidecieron entendiendo la nueva realidad. "Popeye", al igual que los demás presos, no perdía detalle haciendo sus cábalas, esperando ver qué concesiones se daban a los famosos mafiosos.

—¿Será que estos tipos se dejan tusar y quitar su fina ropa?... —murmuró otro preso entre dientes, temiendo que lo escucharan.

Desde lejos, Jerry, el asesor norteamericano del *Buró* de Prisiones observaba todo sin intervenir, al igual que Aranguren, el director del penal, atentos a la reacción de los Rodríguez Orejuela ante su primer sometimiento con el peluquero. Les estaban dando la probadita de lo que sería su futuro.

El guardia les pasó dos uniformes completos y su respectiva bolsa para que echaran en ella su fina ropa y sus costosos relojes.

Miguel Rodríguez, comenzó a brincar quitándose la ropa con desagrado. Gilberto obedeció con humildad, mientras calmaba a su hermano. Se vistieron y quedaron como verdaderos presos, se veían pequeños en un uniforme grande; allí eran más poderosos los guardias que los dos mafiosos o cualquiera de los fieros bandidos que estaban siendo ingresados. Cuando llegaron a la peluquería, Miguel no pasó, Gilberto lo hizo en el acto, sólo pidió al peluquero que le pasaran la cuchilla número tres, el guardia no contestó y le pasó la número uno; ahí sí quedó feo el poderoso mafioso. Se le vinieron todos los años encima, sólo con los 55 que tenía, pero se veía como un anciano con el nuevo corte reglamentario al estilo militar.

El jefe de la mafia al desnudo. Sin su ropita cara, su esplendorosa cabellera en el piso y un uniforme dos tallas más grande, en el que flotaba su humanidad. El poderoso "Ajedrecista" se veía como un peón. Todos los que estaban presenciando la escena tuvieron la misma sensación, incluyendo a los guardias, ubicados en sitios estratégicos ataviados con escudos y atalajados como "RoboCop". Los capos fueron observados detenidamente ya que estas actividades no eran íntimas y todos los reos debían someterse públicamente a lo mismo; sólo que esta vez la exhibición era especial por el nivel de los prisioneros que llegaban.

El peluquero al terminar con Gilberto, alzó la mirada y se encontró con la de Miguel Rodríguez, quien comprendió que era su turno. Se acercó lentamente a la silla y pidió que le cortaran el cabello con tijera, todos sonrieron ante esa solicitud; él todavía tenía la ilusión de que el peluquero le complaciera por ser quien era. El guardia tranquilamente le pasó por su arrogante cabeza la cuchilla número uno, como lo hacía con todos los presos. Esto generó rabietas y protestas de Miguel al ver cómo su cuidada cabellera iba cayendo al piso. Era la humillación después de la soberbia; dura prueba para empezar.

A Miguel le asignaron el TD: 0065 y a Gilberto el TD: 0066. En la foto, Miguel quedó registrado para la posteridad con los cachetes hinchados y los ojos llenos de rabia; sus dedos untados de tinta se movían con furia mientras terminaban el proceso. Por el contrario, Gilberto se sometió a todo más tranquilamente; sabía que no ganaba nada con protestar.

Jhon Jairo observaba con atención este espectáculo, antes inimaginable para la mafia colombiana. Los Rodríguez Orejuela y él, resultaron ser los pioneros en las cárceles de alta seguridad del nuevo INPEC, en Colombia. Sabía que después vendrían los demás. Al final el ritual sería el mismo para todos los mafiosos que se descuidaran, los paramilitares que se confiaran y los guerrilleros que no se sometieran.

—Señores, por favor los relojes. —Les dice un guardia en tono serio.

Pero don Miguel le contesta en forma agresiva.

—¿Cuál es tu *maricada*?

El guardia les dice de nuevo sin inmutarse.

—Por favor, los relojes, señores...

Don Gilberto se lo quita y lo entrega, echando maldiciones; hace lo mismo don Miguel, renegando más fuerte. Luego se supo que eran finísimos y de marca *Cartier*.

De pronto la guardia se pone alerta y les notifica que acabó la función. Conducen a "Popeye" al área de "Recepciones", al primero de los calabozos; se tira en el colchón y empieza a reflexionar en la situación, con el director Aranguren. Ahora no eran sólo Yesid Arteta y él, como sucedió en Valledupar, donde les hizo la vida miserable; ahora tenía un verdadero tesoro para desfogar su amargura: los jefes del Cartel de Cali.

Miguel Rodríguez, a su vez, iba a hacerles la vida de cuadritos a los guardias y ello era bueno para romper el sistema. Abrir cárcel nueva es durísimo, pero tenían un buen gallo de pelea. La aventura en Cómbita empezó bien. Les llegó el primer almuerzo; estaba decente, mejor que en Valledupar. Arroz, lenteja, pollo frito y papas a la francesa. Se los entregaron en una cajita de plástico con compartimientos. Un poco de agua con sabor a fruta y "el preso quedó lleno". Faltaba ver qué iban a decir los Rodríguez, acostumbrados a comer con cubiertos de plata, cuando los guardias les entregaran sus cubiertos de plástico.

La última comida la servían a las 2:00 p.m., y de ahí para adelante a aguantar hambre hasta el otro día a las 5:00 a.m., que llegaba el desayuno. Son 15 horas sin probar bocado. Nadie entiende por qué las comidas están distribuidas de esta manera, al estilo de las cárceles gringas. El desayuno lo entregan a las 5:30 a.m., el almuerzo a las 9:00 a.m., y la comida a las 2:00 p.m.

Ya ingresado en la Cárcel de Cómbita, "Popeye" inició su "adaptación". El calabozo le resultó hermoso en comparación con otros que conoció. La taza del baño sin excrementos humanos ya era un lujo; la pequeña habitación de cuatro metros cuadrados tenía un planchón de cemento para el colchón de espuma, una poceta con lavadero y llave del agua y la puerta normal de metal con una pequeña ventana de barrotes. Todo nuevo y en perfecto estado. Por ningún lado zancudos o moscas, menos los animalitos que chillan; es un clima frío pero sano.

Pero su dicha terminó al día siguiente cuando los trasladaron a los verdaderos calabozos en la Torre 8. Una fila interminable de puertas; en cada calabozo un preso. Se envolvió en la cobija que les dieron al entrar y exploró el lugar. Tenía un patiecito en la parte de atrás. En el pequeño y miserable cuarto se veía un planchón de cemento para la colchoneta, una poceta para lavar la ropa con su llave del agua, una taza de sanitario en acero inoxidable, y algo novedoso: una ducha en toda la mitad del calabozo que pegaba contra el colchón. La luz muy tenue era controlada desde afuera y no se podía manipular en el calabozo. El lugar de 3 metros de ancho por 6 de largo, incluyendo el patiecito, era al fin y al cabo algo cómodo. La puerta, totalmente tapada con un vidrio pequeño y una puertecita en la mitad para el ingreso de la comida. Por ningún lado se veía el hielo que decían los presos habladores, metiendo miedo, hablando que en Cómbita existían calabozos a 20 metros bajo tierra. El guardia anunció que se prendía la luz a las 5:00 a.m., y se apagaba a las 8:00 p.m.

Entre los presos que lo acompañaban estaba un médico de 78 años de edad. Se movía con dificultad. Se había escapado de los EE.UU., debiendo $700,000 USD de impuestos. Allí tenía una clínica y los impuestos se lo tragaron vivo. Fue capturado en Bogotá y estaba pedido en extradición. Los guardias le daban el mismo trato que a los demás, pero sus compañeros lo rodeaban y le ayudaban en todo. El "Doctor Viejito", como le llamaban, era fuerte y no se quejaba por nada. Resultaba inexplicable qué hacía este hombre en los calabozos, con verdaderos bandidos. Las paradojas de la vida... pareciera que nadie puede tener certeza de su destino.

En Colombia la mayoría de la gente desconoce cómo son realmente las cárceles por dentro. Ignoran lo que pasa en los tenebrosos calabozos en donde se ponen en práctica técnicas de tortura, como la del *escorpión*, que es brutal. En los primeros años de vida de las cárceles de alta seguridad se utilizó esta modalidad, sugerida por los asesores norteamericanos que la practicaban con sus presos cuando se volvían violentos. El preso era atado por la cintura, pies y manos con gruesas cadenas, quedando completamente inutilizado en forma de un escorpión; para comer le tiraban el plato de comida a un lado y debía comer como un perro. El *escorpión* podía durar hasta 24 horas; sin lugar a dudas era la forma de demostrar el poder del sistema sobre el individuo.

El primer despertar en los calabozos de Cómbita es muy desagradable. A las cinco de la mañana las duchas son abiertas por el guardia. El chorro gigantesco de agua fría cae directamente encima de la cama mojando el colchón y la cobija. Es prácticamente inevitable.

Aquel primer día, "Popeye", al sentir el agua helada en su rostro, saltó como un tigre tratando de proteger el colchón y la cobija. Recogió rápidamente sus pocas pertenencias y la cobija mojada. Intentó resguardar el colchón arrastrándolo al pequeño paticito de la celda y esperó a que apagaran la ducha. Direccionó el chorro hacia la pared; ni una mísera cortina de plástico había para evitar que el agua inundara la cama. No fue el único molesto. Escuchó la protesta repetida de sus compañeros diciendo palabrotas por el macabro despertador.

A las 5:30 a.m., llegó el desayuno. No estuvo mal. Agua caliente con café, un pan como el puño de la mano y un huevo tibio. Lo devoró todo en el acto. El hambre atacaba duramente. Preguntó a los presos que sirven el desayuno, si los Rodríguez habían sido llevados a los calabozos. Estos le confirmaron que no, que aún seguían en las celdas de "Recepción". Se preocupó; era claro que estaban recibiendo un mejor trato que los demás.

En los calabozos vecinos sus compañeros luchaban por superar el primer impacto. Cuando llegó el almuerzo muchos lo botaron. Se escuchó cuando vaciaban las ruidosas tazas del sanitario. También alcanzó a escuchar los sollozos de algunos. Lloraban porque jamás habían estado en una cárcel de verdad. Le preocupaba el "Doctor Viejito".

Horas después llegó más información sobre los Rodríguez Orejuela. Decían que no estaban bajo llave en las celdas, que podían salir al Patio de "Recepciones" a tomar sol y que les habían permitido la entrada de abogados.

Se oyó entonces un escándalo en los calabozos del segundo piso. Un preso se amarró a la nuca la sábana y amenazaba con ahorcarse si no lo sacaban de allí. La guardia entró y lo sacó a empujones rumbo a la enfermería donde el psiquiatra. Lo llevaron encadenado de pies y manos. Los guardianes estaban súper agresivos, con idéntica actitud que los de Valledupar. Estaban dispuestos a ejercer su autoridad por encima de cualquier bandido.

Transcurridos tres días se escuchó un murmullo de voces en el pasillo; eran el director del INPEC, Aranguren el director de la cárcel y el Capitán Toledo. Al escucharlos, con todo el esfuerzo "Popeye" sacó la cabeza por el estrecho agujero de la puerta y llamó la atención del General.

—¡General, General, General! —Al escuchar el llamado se acercó al calabozo.
—¡Ey! ¿Usted quién es?
—Señor yo soy "Popeye"; le pido por favor, saque de los calabozos a mis compañeros que ellos no aguantan y déjeme a mí...
El directivo le contestó amablemente:
—Mañana serán llevados todos a la Torre 6, estamos terminando de adecuarla.
Ya iba a darle la espalda y le habló de nuevo, pues no tendría otra oportunidad.
—¡Señor General, por favor, denos una hora de sol!
Amablemente el hombre ordenó al capitán que les dieran una hora de sol. Inmediatamente fueron sacados a un pequeño patiecito; casi todos sus compañeros estaban muy mal anímicamente. Gerardo, "Juan Joyita" y "el Maestro" seguían firmes y aguantando. Pero de todos los presos el más fuerte en el calabozo era el "Doctor Viejito".
—"Popeye" que dicha de calabozo; ¡es una gran experiencia para contarle a mis nietos!
Los bandidos se miraron sorprendidos pues la situación no daba para estar tan contento, era una cárcel, pero este viejito la estaba disfrutando.
—¡Es un honor para mí andar con bandidos como ustedes!
Todos rieron a carcajadas, al parecer el viejito tenía también su vena de bandido; por algo estaba con ellos y sólo ahora, a sus 78 años, podía sentir la adrenalina que produce el bajo mundo.
"Popeye", acostumbrado a las cárceles y a la pelea dura les dio ánimo aconsejándoles que aguantaran y comieran, que la estadía en el calabozo era transitoria. El preso que más se quejaba era "Buonomo", el famoso mafioso italiano. Flaqueando en el calabozo... era difícil de creer.
La hora de sol se les convirtió en tres. El Capitán Toledo era un buen ser humano y les colaboró ese día. Al terminar el recreo los devolvió al calabozo. A "Buonomo" casi no lo encierran porque sufrió un ataque de histeria y estuvo a punto de ser golpeado por la guardia al resistirse a entrar nuevamente a su celda. Amenazaba con llamar a la Embajada Italiana para denunciarlos por estar violando sus derechos. Los guardias se reían en su cara.
Llegaron las 6:30 p.m. Sorpresivamente empezaron a abrir las puertas. Los trasladaron a todos a la Torre 6. "Popeye" estaba seguro que a él no lo llevarían, aun así, se sentía feliz por sus compañeros. Pero la voz potente del guardia le dio la buena noticia:

—¡"Popeye"!, a población carcelaria…

Fue llevado a la celda 065 con el peor compañero de todos: el mafioso "Buonomo"; no era mala gente, pero se quejaba por todo, porque la cobija era roja, porque la celda estaba sin pintar, porque hacía frío, por la luz, por el colchón, etc., etc. Era hasta gracioso oírlo insultar con su mal español y su acento italiano.

La cárcel no era precisamente fea; muy bien construida, resultaba funcional. Estaba perfecta para Jhon Jairo. Había dos camarotes de cemento empotrados contra el muro, a los que se llegaba por dos escalitas. Él estaba en su país y peleó por la primera plancha, mucho más cómoda que la de arriba que era peligrosa, no tenía baranda y el que se moviera demasiado al suelo iba a dar.

Una ventana de 60 cms., de ancho por 40 cms., de alto, les garantizaba buen flujo de aire. Al fondo, un mesón con lavadero, llave del agua y a su lado, la taza del sanitario. Todo esto en un espacio de 5 metros de largo por 3 metros de ancho. La puerta, de metal con una ventanita de 30 cms. de largo por 20 cms. de ancho con tres barrotes. Su celda estaba ubicada en el piso 3. La torre era grande, 102 celdas para 204 presos. Una semana después de la llegada, ya instalados entre la población carcelaria llegó el primer despertar en su propia celda. Hacía muchos años que no tenía una fija y menos con compañero.

Abrieron las celdas a las 5:30 a.m., con la orden de "todos a las duchas". Éstas, a diferencia de los calabozos, estaban ubicadas al fondo de cada piso. El agua helada ayuda a retar el frío; es reconfortante el duchazo; adiós a la intimidad. Todos desnudos, se turnan de a dos para una ducha. Mientras uno se enjabona el otro se enjuaga en la regadera. El tiempo que tienen es de 10 minutos, aunque muchos no toman el baño por el intenso helaje, pero es un gran error ya que después sienten más frío. "Pope" corre desnudo a su celda por el largo pasillo, se seca rápidamente, se viste con el uniforme y a explorar… es el nuevo reto.

El patio es grande, apto para caminar. Todo está nuevo. Ellos son los pioneros en Cómbita. La torre donde los instalaron tiene 3 pisos. Al fondo se encuentran las duchas; a cada lado del corredor hay 51 celdas. A la entrada del patio están los mesones que utilizan para comer; en un costado se encuentra la cocina, allí les sirven los alimentos que llegan ya preparados del rancho del penal. Y muy mal ubicados están los sanitarios, justo al frente del comedor. Al pie de la guardia, donde se controla todo el patio están los dos uniformados encargados de vigilarlos. El tesoro de los presos: un teléfono, ubicado cerca de la guardia; y a un costado del patio, su ventana al mundo: un televisor. Eso era lo que constituía todo su entorno.

Aquella primera semana en Cómbita, estrenando cárcel, los presos estaban contentos, a pesar de su detención y traslado. Todos coincidieron en pensar que pudo ser peor y que esperaban algo espeluznante. Pero la nota de la discordia la ponía "Buonomo", nada le gustaba...

El patio tomaba vida, algunos se envolvían en sus cobijas y caminaban alrededor para calentarse; otros iban hasta el final del patio y regresaban al frente. Era una forma de ejercitarse física y mentalmente.

"Pope" miraba para todos lados y no veía a los Rodríguez Orejuela; esto le preocupaba ya que era claro que estaban luchando por una buena ubicación dentro de Cómbita y lejos de él.

Cuando llegó la guardia los ordenaron a todos en fila para la contada. Eran 54 presos. La guardia salió del patio y "Pope" tomó el control, como se acostumbra, para evitar cacicazgos. Pasó al frente y habló con fuerza y propiedad ante sus compañeros:

—Señores, tomo el control del patio para evitar que lleguen otras personas inescrupulosas y lo hagan buscando beneficio propio.

Todos lo apoyaron. Organizó turnos para utilizar el teléfono, aseo y demás. Para él Cómbita resultaba un paraíso, en comparación con el infierno de Valledupar; el frío era manejable, no había insectos molestos, dormía plácidamente en las noches, hasta el aire le resultaba puro y saludable. Estaba tranquilo, había pasado por lo más molesto que era *romper* nueva cárcel. Ya no estaba en el calabozo y tenía el control del patio. Su vida transcurría en perfecto orden divino hasta que llegaron sus enemigos. Los Rodríguez Orejuela estaban perdiendo la pelea, había una orden perentoria de llevarlos a los patios con la población carcelaria. El INPEC ordenó que todos los presos debían recibir el mismo trato, sin privilegios para alguno.

Al conocer la noticia, habló con sus compañeros.

—Mis amigos, hoy llegan los Rodríguez Orejuela a este patio; ellos son nuestros líderes naturales y apenas entren les entregaré el control del patio...

Los bandidos saben que, en el bajo mundo, se respeta la jerarquía de mando afuera y adentro de la cárcel, pero el único que no lo entendía era el italiano "Buonomo".

—¡"Popeye" está loco! —Todos rieron entendiendo la situación y viendo la inocencia del hombre.

Fue claro que nadie creyó que los poderosos jefes de la mafia fueran ingresados a la torre. Eso en Colombia no podía suceder dado el poder de estos personajes alrededor del año 2003.

"Pope", pasó el día arreglando problemas de patio, cosas pequeñas; lo más complicado: los guardias. Su arrogancia no tenía límites; al final de la tarde logró hacer que hablaran con él.

Si alguno de los compañeros ponía a secar su toalla en una baranda de las que protegía el pasillo, el guardia apagaba el televisor desde el cuarto de vigilancia. Pero lo más delicado era que a veces, suspendían el servicio de teléfono como castigo por este desorden. "Pope" trataba de manejar la situación hasta que llegaran los Rodríguez y ahí se los echaba encima; eran los jefes de la mafia y los guardianes no iban a ser tan estúpidos para enfrentárseles y menos por cosas domésticas. Tenía que manejar la situación con inteligencia ya que Aranguren, el director, sabía que poseía el control del patio y si se excedía lo enviaban al calabozo.

Al rayar la tarde llegó una nueva contada y los Rodríguez no llegaron. "Buonomo" se burló abiertamente de él, que calló con prudencia.

Sobre las 7:20 p.m., se oyó un ruido de rejas y un murmullo de gente. Estaban ingresando al patio los poderosos hermanos Rodríguez Orejuela, pero no venían solos, detrás de ellos, con caras largas, los seguían una veintena de mafiosos de peso con los que estuvieron en la Cárcel de Palmira.

El italiano "Buonomo" soltó la carcajada y dijo algo premonitorio.

—¡"Pope", a estos viejos los van a extraditar!

"Buonomo" los odiaba por haber ayudado a matar a Pablo Escobar, de quien fuera amigo.

El uniforme caqui con rayas anaranjadas hacía ver insignificantes a todos los mafiosos que llegaron. Él ya sabía que lo último que pidieron los Rodríguez al director fue que sacaran a "Popeye" del patio. Aranguren les dijo no y no. Ahí el sicario le tomó cariño al director. Porque como dicen los abuelos, "si el perro guardián muerde a todos por igual, es un buen perro".

¡Qué día pasó! Estaba feliz de ver a los jefes del Cartel de Cali en su mismo patio. Sería bueno para todos. Pero la dicha duró poco. Se había olvidado por un momento del compañero de cuarto. Compartir celda con alguien es incómodo, sobre todo por el uso del sanitario. No hay privacidad. "Buonomo", su compañero se quejaba porque al amanecer, el sicario entraba al baño. No se explicaba cómo, exactamente a la misma hora, siempre estaba sentado en el trono. Y en medio del sueño le gritaba con rabia, pero sonaba gracioso por su lenguaje enredado:

—¡*Oye tiene un reloj en la cola o qué*!

Se prendían las luces, se abrían automáticamente las puertas y de una se oía el agua correr en las duchas. Mientras, su compañero seguía insultándole por no dejarlo dormir más. Pero ese día era especial, porque era la primera madrugada de los Rodríguez en un verdadero Patio de Alta Seguridad y no se lo quería perder.

Apenas abrieron las celdas salió vestido. No se bañó y se ubicó en la primera línea para ver de cerca a los Rodríguez correr a la ducha comunal, como cualquier preso del montón. Maliciosamente se paró en un buen lugar y vio salir a don Gilberto en toalla. Las duchas son abiertas, sólo las separa un delgado muro entre una y otra. Allí estaba el viejo bañándose con agua helada sin privacidad alguna. El niño mimado de la Cárcel de Palmira y de La Picota, en el viejo INPEC, se duchaba como cualquier hijo de vecino en una verdadera cárcel de alta seguridad... Ahí, desnudo, desvalido fue evidente que ya le pesaban los años.

Mucho más tarde, cuando las duchas estaban casi solas, salió don Miguel. Estaba en mejor forma que su hermano y mejor dotado, ¡por algo tenía tantas novias! Por poco se queda enjabonado, el agua sólo salía durante quince minutos y se suspendía. Cuando el viejo vio que se le escapaba el chorro comenzó a rabiar y maldecir porque el agua fue mermando poco a poco.

—¿Qué pasa con el agua?, ¡qué *maricada* es este baño! ...

Ese día, "Pope" disfrutó plácidamente de su paisaje... Sus soberbios enemigos estaban también sometidos a las mismas privaciones que él, y eso que ellos fueron los ganadores en la guerra de carteles.

Al terminar de contemplar el espectáculo de la ducha, fue a saludar a su amigo Víctor Patiño Fómeque, quien también llegó al patio. Lo recibió bien y se alegró de verlo allí. Los Rodríguez fueron asignados al primer piso. Inteligentemente fue a saludarlos; lo recibieron con diplomacia, ellos no lo soportaban, y él lo sabía. Pero el arte de la guerra dice "si no puedes con tu enemigo, únete a él". Eso fue lo que hicieron los tres hombres porque de una u otra forma en esas circunstancias tenían que aliarse para sobrevivir.

Sabía que los Rodríguez eran poderosos y tenían dinero para hacerle un hueco al régimen de Cómbita. Lo que no los dejó tomar el control de toda la Cárcel de Cómbita fue que el INPEC tenía un supervisor norteamericano, Jerry, del *Buró* de Prisiones. Aranguren, el director, era un mayor retirado de la Policía al igual que el director general del nuevo INPEC. Todos tenían una mentalidad diferente a la que reinaba en el sistema anterior.

Como los Rodríguez se habían quejado de que "Popeye" ya tenía el control del patio, apenas ingresaron, astutamente y frente a todos sus compañeros, él les habló de cederles el control cuando lo dispusieran. Lo hizo ese día, después de la contada. Nada más ni nada menos que el secretario particular de Pablo

Escobar, el temible sicario del Cartel de Medellín, pasó al frente y en público, entregó el control del patio a los Rodríguez. Estos le agradecieron y don Miguel echó su discurso como todo un político prometiendo mejoras. Le asignaron el control del teléfono. A partir de ahí todos hermanados en la desgracia, se disponían a luchar con el frío y el día a día en la nueva cárcel.

Controlar el teléfono era una tarea titánica; en el patio ya había 98 presos y un solo teléfono para todos. Se tenían que repartir los turnos de llamadas desde las 6:00 a.m., hasta las 5:00 p.m. Eran 660 minutos. Les tocaba de a 6 minutos por persona para hablar. Había muchos compañeros que no necesitaban llamar a nadie y vendían sus 6 minutos diarios a los Rodríguez o a otros jefes del narcotráfico, que tenían suficiente dinero para comprarlos. $200 USD mensuales era la tarifa de esos valiosos minutos. Y eso que estaban estrenando prisión, vigilados por el nuevo régimen carcelario anticorrupción, pero en Colombia todo lo puede el dinero...

Don Gilberto a regañadientes cumplía con su tiempo. Don Miguel era un caso, se comía el tiempo de él, el que compraba y el de los demás presos. Se quedaba pegado al teléfono horas, hablando con su esposa, novias y amigas; nadie se atrevía a decirle nada. Era el jefe y tocaba aguantar.

"Pope", con un cafecito caliente y astucia indígena, le hacía ceder el turno disimuladamente para no perjudicar a los compañeros. Al que nunca le fallaba era al "Doctor Viejito"; a él si le respetaba su turno y enviaba a "Pope" para que lo llevara a llamar y le marcara los números pues el viejo ya no veía ni el teléfono, pero a diario se reportaba con su familia, feliz de la vida, les contaba con detalles su convivencia con los capos del Cartel de Cali.

Con la convivencia y el desarrollo de los acontecimientos, "Pope" terminó mirando con respeto a los hermanos Rodríguez. Los lentes de oro, marca *Cartier*, en las caras de los Rodríguez, era lo único que les quedaba que podía darles un aire de riqueza en la cárcel. Comenzó a entenderles entonces su lucha; al final todos los seres humanos pelean por sobrevivir con las armas que les mandaron al mundo y en la cárcel cada ser humano hace su mejor esfuerzo, no es malo ni bueno, es solo supervivencia y así lo entendía para poder seguir con vida en Cómbita, en donde cada hombre tiene una historia tras de sí.

III

Atentado en Cómbita

Félix Antonio Chitiva, alias "La Mica", fue un narcotraficante que trabajó para Pablo Escobar como rutero de la cadena del tráfico de cocaína. Estuvo involucrado en el atentado al avión de Avianca por el Cartel de Medellín. Con el tiempo hizo parte del grupo de los "PEPES" y se unió a Carlos Castaño para hacer frente a su antiguo jefe, Pablo Escobar Gaviria.

Desde esa época ya era informante de la DEA. Cuando trabajaba con otros narcotraficantes a quienes delató, lo capturaron y llevaron a prisión con pedido de extradición. Así fue a parar a la Cárcel de Palmira y luego a Cómbita. Había traicionado a "Los Mellizos" y estos le pusieron precio a su cabeza: 2 millones de dólares. Él lo sabía y vivía asustado esperando que la DEA le diera la protección prometida. En la Cárcel de Palmira lo respaldaban los hermanos Rodríguez, pero en Cómbita ellos no podían protegerlo igual, así que estaba solo y en peligro de muerte. Le tenía desconfianza a "Popeye", sabía que era un sicario temerario y nada le impedía asesinarlo. No le quitaba el ojo de encima. Chitiva sentía que algo raro estaba pasando a su alrededor; las actitudes sospechosas de algunos presos del patio y la extraña visita de "el Zarco", recluido en otra torre de la cárcel y partícipe de la muerte de Fedor, el guerrillero asesino de la famosa masacre de Tacueyó, que apareció ahorcado. Por esta razón cuando uno de los guardias del centro penitenciario se entrevistó con "el Zarco" y habló con él en voz baja y de manera sigilosa, Chitiva se asustó y se puso a la defensiva. Pero no fue el único en el patio que se percató de la situación, "Popeye" también estaba en la jugada, mirando el encuentro y decidió irse de frente con "el Zarco" a preguntarle sobre el tema. De esta forma se curaba en salud de un eventual crimen que se presentara en el patio y se lo endosaran a él, o peor, ¡que la vuelta fuera para él!

—¡En qué anda gran hijo de puta!... —le dijo al hombre cogiéndolo fuertemente del brazo empujándolo hacia un rincón del patio. El hombre sorprendido abrió los ojos como platos, asustado y tartamudeando negó que estuviera planeando algo raro.

—¡No, nooo "Popeye"...no es para usted... es... ¡para "La Mica"!

—Sí claro... Mi amigo yo estoy súper pilas y si veo algo sospechoso, me le mareo... no me voy a dejar matar tan fácilmente... no se le olvide que los Rodríguez están alerta.

El hombre se alejó rápidamente y asustado lo volteó a mirar con los ojos desorbitados, él sabía lo que le esperaba si se metía con "Popeye". Sintió en su cuello la mirada fría y toreada de un asesino en alerta.

A los pocos días llegaron a los patios más narcos de Medellín diciendo que Carlos Castaño los había entregado. No lo bajaban de ¡sapo hijo de puta! Cuando lo veían en la televisión se soltaban de una a insultarlo.

El tema de "La Mica" daba vueltas en la cabeza de "Popeye", no sabía si creer que el dinero que estaban ofreciendo era en realidad por la vida de "La Mica", o sería por la suya. Afuera sus enemigos crecían rápidamente, de todos modos no confió en nadie, esa es la primera regla de supervivencia en la vida y más aún, en una prisión.

Sigilosamente comenzó a investigar con las personas adecuadas y se enteró que el grupo que iba a hacer la vuelta del asesinato de "La Mica" era grande y estaba bien planeado; 2 millones de dólares por desaparecerlo era una suma atractiva. "El Zarco" le confirmó días después cuando "Popeye" usó sus propios métodos para sacarle información. Un guardia de la cárcel era el encargado de ingresar hasta el rancho, la pistola 7.65 con un proveedor extra; allí la recibiría un preso que trabajaba en esa zona y luego otro guardia la llevaría hasta la Torre 6 y la entregaría por una pequeña ventana del área de la cocina por donde repartían los alimentos. El arma llegaría finalmente a manos del asesino. Todo el plan estaba siendo manejado desde la calle con miles de dólares andando...

"El Zarco" tenía que recibir el arma, ingresar al baño; revisarla que estuviera montada y salir de una a dispararle a "La Mica" a quien ya tenía ubicado en el patio. Después de disparar arrinconaría al patio amenazando con disparar a todos y finalmente arrojaría la pistola al piso, alzando las manos y se entregaría a la guardia. Todo fríamente calculado. "El Zarco" no tenía nada que perder, estaba condenado a 40 años de cárcel y tenía otro proceso por homicidio, uno más no le importaba.

Presintiendo el peligro, "La Mica" no se encontraba cómodo en el patio y desconfiaba de todo el mundo. Buscaba la hora del baño, 5:00 a.m., para hablar por teléfono, así "Popeye", encargado de manejar los teléfonos y repartir los 6 minutos que tenía cada preso para llamar, no le escucharía porque siempre, sin querer, se enteraba de las conversaciones de los demás.

El día de morir le llegó a "La Mica". "El Zarco" estaba preparado; tenía una parte del dinero en su poder. Esto fue lo que más demoró la operación; era un crimen grande, mínimo 60 días iba a estar aislado en los calabozos y tenía que estar seguro que no lo iban a dejar solo. Una buena suma de dinero lo respaldaría a él y a su familia, que no podía quedar desamparada. Le entregaron por intermedio de terceros $250,000 USD en efectivo, el resto de los 2 millones ofrecidos se pagarían cuando "La Mica" estuviera bien muerto. A la hora del desayuno iba a perder la virginidad la Cárcel de Cómbita, en Boyacá, con su primer asesinato.

El día anterior transcurrió con un halo de misterio; esperar un crimen de estos tiene su grado de morbosidad, maldad y pasión por lo desconocido. La adrenalina a flor de piel. "Pope", sabía que algo iba a pasar pero en ese momento no tenía los detalles, sólo mantenía sus dudas. Su instinto de asesino no le ha engañado nunca y ese día no sentía que él fuera a ser el muerto, pero aun así se preparó por si acaso, al fin y al cabo el día de morir es uno solo.

¿Qué pasaría después de que "La Mica" estuviera muerto? Se preguntó "Popeye" mientras se vestía.

¿Y qué pasaría si el muerto era él y "El Zarco" le había mentido? Nunca lo sabría porque estaría en el infierno y sus enemigos celebrando.

Cuando llegó la hora de la contada "La Mica" no se despegó de don Miguel Rodríguez. "Popeye" lo miró fijamente, creyendo que sería la última vez. Presentía que uno de los dos pronto moriría, no conocía la fecha pero estaba cerca, los movimientos de "El Zarco" y del guardia así lo evidenciaron.

Después de la contada enviaron a dormir a todo el mundo. Los días fueron pasando con la misma rutina. Pero el día supuestamente escogido para el crimen tampoco pasó nada, o así se pensó.

Serían las 6:40 p.m., cuando se sintió un movimiento de reja; desde su celda "Popeye" vio con sorpresa como Félix Antonio Chitiva, alias "La Mica" era sacado del patio rumbo a la ciudad de Bogotá; iba protegido por la Policía. Al siguiente día se lo llevarían para EE.UU., amparado por la DEA. Quedó pasmado al verlo partir. En la noche no durmió analizando la situación porque si no era para "La Mica", el atentado era para él y tenía que actuar con astucia para no dejarse matar tan tontamente.

Llegó el nuevo día se bañó de prisa, delegó el control del teléfono a otro preso y rápidamente se le fue de frente al "Zarco" para provocarlo. Éste ni se inmutó y siguió su camino; quedó pendiente y tenso por la actitud del "Zarco". Si estaba listo el atentado para él, tenía ubicado al asesino y no lo iba a sorprender.

El desayuno fue repartido con prisa, apenas salieron los internos que entregaban los alimentos, "el Zarco" salió al encuentro del guardia que llevaba la pistola. Éste le dijo algo en voz baja. No les quitó la mirada de encima. El guardia le mostró un arma al "Zarco", para poder cubrirse y salió con ella. Se acostumbra en el bajo mundo a dejar en claro la participación de cada persona contratada en el crimen para poder cobrar el dinero, así éste no se ejecute, ya que la culpa no es de los participantes. Por eso el guardia dejó en claro su responsabilidad mostrando el arma en el patio.

Al "Zarco" le tocó devolver $200,000 USD y el resto del dinero se lo dejaron como agradecimiento por la vuelta. Se ganó $50,000 verdes. Los que ordenaron la muerte de "La Mica" tuvieron que pagar $100,000 USD a los guardias, por el ingreso de la pistola a la Cárcel de Cómbita.

"La Mica" fue extraditado a los EE.UU. El tiempo que pasó en prisión fue poco. En el año 2009 salió libre. "Popeye" se enteró de todo cuando finalmente *encuelló* al "Zarco" y le sacó los detalles del asesinato frustrado. Aun así, nunca se confió porque igual lo podían vender a él y cobrar el dinero que estaban ofreciendo sus enemigos por su cabeza.

IV

Conviviendo con los Rodríguez Orejuela

La vida en el patio siguió su rutina. Don Miguel comenzó a romper el rígido régimen de la prisión. Ingresó un pequeño radio transistor y en las noches "Pope" se lo guardaba, aprovechando para oír música y noticias. Don Gilberto no se metía mucho ya que iba rumbo a la libertad. La relación de "Popeye" con los Rodríguez Orejuela mejoró notablemente.

En la cárcel se abrió el expendio y esto les mejoró la comida. En Cómbita no se puede tener dinero en efectivo, la familia le consigna al preso en una cuenta de un banco y la prisión les vende así los productos. Un civil era el encargado de organizar el expendio. Don Miguel lo abordó para ingresar carnes frías y dulces. Poco a poco el hábil Miguel Rodríguez le estaba haciendo mella al régimen carcelario. Pasaron los días y llegaron los problemas. Las visitas a los presos eran cada 15 días mujeres y cada 15 días hombres. La conyugal, cada 45 días por espacio de una hora. El recluso debía inscribir el nombre de la pareja con quien quería tener permanentemente su cita íntima; algunos tuvieron problema porque tenían dos o tres mujeres y con todas querían tener su conyugal, pero el reglamento sólo permite una mujer legalmente justificada y autorizada por el preso.

Los jefes del Cartel de Cali, enseñados en otras cárceles a recibir visitas de familiares, amigos o abogados todos los días de 7:00 a.m., hasta las 9:00 p.m., al llegar a la Cárcel de Cómbita quedaron aburridos por el estricto horario y tenían que cumplirlo, como cualquier ladrón de barrio y disfrutar como todos, sólo de las visitas a las que tenían derecho. Pero el problema grave se presentó en el desarrollo de las visitas con sus mujeres. Las damas de los Rodríguez estaban acostumbradas, en el viejo INPEC, a ser tratadas como princesas; eran intocables. Todas las esposas, novias, hermanas e hijas de los capos ingresaban a los centros de reclusión en donde estos permanecieron sin que la guardia se metiera con ellas. Cómbita las aterrizó. Cada vez que llegaban a la cárcel las trataban sin misericordia. Las guardianas encargadas de hacer la requisa eran mujeres fuertes y sin miedo, a las que no les temblaba la mano a la hora de requisar a las mujeres de los Rodríguez Orejuela y de otros narcotraficantes. Sin cortesía alguna les tocaban los senos bruscamente, buscando algo ilegal que fueran a ingresar; no podían entrar con zapatos, sino utilizando sandalias sencillas y de plástico; el cabello tenían que llevarlo suelto, nada de joyas, ni siquiera un reloj barato y lo más delicado, tenían que dejarse mirar las partes íntimas levantándose el vestido y mostrando su *derrière* como todas las demás visitantes, ante la mirada fría y despectiva de una guardiana que, con impaciencia, abría y cerraba sus toscas manos cubiertas con guantes de látex, listas para hacerles el tacto vaginal, del cual no se salvaba ninguna mujer en la Cárcel de Cómbita, por marido poderoso que tuviera.

El Patio de Visitas está ubicado aparte de las torres. Un día cualquiera "Popeye" no salió a visita familiar; unos 85 compañeros suyos sí lo hicieron pero regresaron furiosos e indignados con la guardia de la cárcel, precisamente por estos abusos a que eran sometidas sus mujeres. Las quejas femeninas, con justa razón, por los excesos de las guardianas, alborotaron los ánimos de los presos y decidieron realizar la primera huelga en Cómbita. Los reclusos no se dejaron contar y menos encerrar; el guardia del patio en represalia les apagó el televisor y les desconectó el teléfono.

Ante los ánimos caldeados se presentaron en el patio el Director del penal y el capitán de la guardia, para dialogar. Las señoras no habían dicho nada antes para evitar que sus parejas se metieran en problemas con los guardias. El preso, por su familia o sus mujeres, se hace matar de ahí que la situación estaba saliéndose de las manos de los directivos que trataban de justificar las requisas a las mujeres negando lo del tacto vaginal.

—¡No es cierto que las niñas y señoritas sean tocadas en la requisa y menos que se les someta al tacto vaginal! Esto sólo se hace a las señoras adultas y se les pasan las manos por la base de los senos para evitar que lleven algo oculto. Nunca se tocan los senos. Sólo les levantan la bata para pasarles el detector de metales sobre la ropa interior y si el detector pita la señora es llevada a un cuarto cerrado y allí le hacen el tacto vaginal, con guantes de látex! —Explicaba nervioso el director ante la mirada airada de los jefes del Cartel de Cali y 80 presos más que, indignados, hacían toda clase de conjeturas ya que tampoco dejaban ingresar a mujeres que tuvieran su período menstrual, lo cual era violatorio a los derechos de la mujer.

Los hermanos Rodríguez decían que era imposible que una mujer se introdujera en la vagina un arma, droga o una granada de fragmentación, tal como el director mencionaba que se había detectado en otras cárceles, como La Modelo, hecho registrado hasta por los propios medios de comunicación; de ahí que a las mujeres adultas se las sometiera a la requisa vaginal. Los dos funcionarios eran blanco de toda clase de recriminaciones por parte de los presos, encabezados por los furiosos Miguel y Gilberto Rodríguez Orejuela.

Los Rodríguez Orejuela siempre vivieron en una burbuja. La realidad carcelaria hasta esos momentos no les había tocado y evidentemente a su familia tampoco. La discusión terminó cuando el director Aranguren y el capitán Toledo, aseguraron que los norteamericanos les habían prometido enviar desde EE.UU., una silla que detectaba los metales y así las señoras no tendrían que mostrar la ropa interior. También dijeron que estaban en camino unos perros antinarcóticos para que olfatearan a los visitantes.

Todo esto les amargaba la vida a los jefes de la mafia y a los demás presos. Don Miguel Rodríguez se quejaba durísimo por éstas y otras restricciones extremas de la cárcel; tanto así que la noticia llegó a los medios de comunicación que comenzaron a indagar, lo que provocó que el propio director del INPEC, el General Cifuentes, decidiera visitar la cárcel y pasar una noche allí, durmiendo en el Patio 5.

Al otro día, muy efusivo, convocó a una rueda de prensa y frente a las cámaras de televisión afirmó:

—En Cómbita es delicioso el clima; es un paraíso.

Los Rodríguez Orejuela y demás presos, mirándolo por televisión rabiaban a morir, lanzando toda clase de improperios contra el funcionario y su descaro. Según ellos, quería tapar el sol con un dedo ante la realidad que se vivía en Cómbita. Lo que más les molestó fue que no lograron llegarle directamente al General Cifuentes y meterlo en su nómina.

La protesta no fue descabellada porque con los días y ante la presión de los Rodríguez Orejuela y sus abogados, el director del INPEC autorizó el uso de sacos de colores para espantar el frío. Ahí cogieron más presencia los Rodríguez; sus buzos de marca les daban un aire de exclusividad y distinción en medio del patio carcelario. También les autorizaron el uso de tenis, pero sin cordones y lo mejor, cobijas térmicas. "Popeye" sentía que era bonito tener un buzo de colores para opacar un poco el feo uniforme carcelario; los tenis de marca que logró entrar eran geniales. Su celda tomó vida con la llegada de una hermosa cobija de colores llamativos, que le envió su novia desde Bogotá; la prenda contrastaba con el frío gris del cemento que formaba las paredes de su celda. Dos almohadas de plumas, una sábana blanca ajustable al colchón, completaba su *kit* carcelario; era una dicha dormir en un cuarto limpio y bien presentado, pensaba "Popeye", disfrutando las cosas sencillas de la vida en esos días, todo cortesía de su nuevo amor que no perdía detalle para que él se sintiera mejor en su encierro.

"Popeye" siempre había sido de suerte con las mujeres y afortunado en el amor, a pesar de haber tenido que matar a la única mujer que amó con locura. Ya en prisión tuvo muchas mujeres de paso, algunas fieles y firmes lo siguieron y acompañaron en las diferentes cárceles en donde pagó su condena.

Cuando estuvo en la Cárcel Modelo en Bogotá, no faltó la reinita o modelo de provincia que lo visitó ocasionalmente; una de ellas fue una espectacular mujer de la raza negra, proveniente de la ciudad de Medellín, que comenzaba su carrera en pasarela. La llamaba "mi bulto de carbón". Parecía una gacela, caminaba con propiedad y tenía una dentadura perfecta; se reía de todo y de todos, veía la vida con mucha naturalidad y disfrutaba cada momento. Algunas veces durmió con él en la cárcel. Era una mujer bella por fuera y hermosa por dentro que llenó de energía, felicidad y erotismo las noches del sicario. Él no dormía cuando estaba con su "bulto de carbón". Era una mujer fogosa y creativa que siempre lo sorprendía con la lencería que usaba en su espectacular cuerpo. Lo divertía con juguetes eróticos y cremas que sus amigas le compraban, en el exterior. Orgulloso de sus eternas noches de placer, al otro día lucía su "bulto de carbón" por todo el patio, ante la mirada de algunos presos golosos que miraban su morena con envidia.

Su novia lo visitó durante meses, hasta que un día le notificó que no volvería más porque se iba a vivir a Europa para seguir con sus sueños. Se sintió triste por unos días, se había acostumbrado a su descomplicada mujer, pero como todo pasa en la vida, una aspirante a reina del departamento del Meta le hizo olvidar a su "bulto de carbón", quien desde España le siguió enviando revistas y fotografías del bello lugar.

En Cómbita, compartió su condena con una gran mujer que le enseñó a ver la vida diferente, pensando en el perdón; ella lo cuidó con amor y dedicación durante dos años, nunca le faltó a la visita conyugal, él también la amaba; le dedicó su tiempo y atención en medio de las circunstancias. La mujer tenía un hijo de un matrimonio anterior, era una dama culta y profesional pero al final le dio miedo andar con "Popeye" y el romance se acabó. Sólo quedaron los recuerdos y su flamante cobija de colores.

"Popeye" debía vivir la vida como le iba llegando; por motivos de seguridad, no tenía tiempo de pensar en el futuro sino en el día a día, cuidando su espalda a cada milímetro; sabía que en cualquier momento le podría llegar la puñalada trapera que acabaría con su existencia. Su suerte mejoró notablemente y obtuvo un tesoro. Fue nombrado "como sirviente del patio", es decir, tenía que hacer el aseo, el mismo todos los días. El trabajo era duro pero significaba seis meses de deducción por cada año de condena. ¡Sus años serían entonces de seis meses! Resultaba muy ventajoso dada la complejidad de su proceso. Cuando se sometió a la justicia como miembro del Cartel de

Medellín, le acumularon todos los delitos y fue condenado a 27 años de cárcel de los cuales ya había cumplido 11. Pero un día le apareció un nuevo caso por envío de drogas a Holanda. Según las autoridades, él comandaba desde la cárcel una red de distribución de cocaína hacia el exterior; "Popeye" quedó sorprendido con la acusación, se defendió como una fiera y se fue a juicio. Insistía en su inocencia y argumentó que sólo se trataba de un montaje de las autoridades. Mientras el caso se resolvía, la vida en Cómbita seguía su curso.

En la cárcel el jefe del Cartel de Cali, Gilberto Rodríguez Orejuela, se acomodó a las circunstancias. El mafioso era astuto y sabía sacar partido de la situación; era un preso ejemplar. En prisión, estudió a distancia y se graduó en Filosofía. Se veía tranquilo y con los días entendieron el porqué de su actitud. La noticia estalló como una bomba en los medios de comunicación:

¡En cuestión de horas saldrá de prisión Gilberto Rodríguez Orejuela!

Todos en el país, en el mundo y por supuesto en la cárcel, quedaron sorprendidos.

La DEA, el gobierno Colombiano y la Embajada Norteamericana se pusieron en alerta. El Ministro del Interior y de Justicia, Fernando Londoño, se vino con todo. Abiertamente dijo que no lo iban a liberar y acusó al juez que emitió la orden de salida de haber sido abogado de los Rodríguez en el pasado. Por su parte, el capo no se quedó atrás; tenía listo su batallón de abogados. En el patio de Cómbita el teléfono quedó a merced de los hermanos Rodríguez Orejuela; ese día nadie más llamó. Los noticieros transmitían extras continuamente. El país pendiente del novelón. La cárcel paralizada. "Popeye" fue donde su compañero de celda, el mafioso italiano "Buonomo" y le dijo:

—¡Eyyy… *marica*! ¿no que los iban a extraditar? —Le reclamó, como si fuera el culpable; el mafioso rio y le respondió burlonamente:

—"Popay"… ¡que los extraditan, los extraditan! Que te lo digo yo…

Al escuchar la noticia, el viejo Gilberto Rodríguez se puso nervioso, pidió agua y se tomó unas pastillas para tranquilizarse; estaba pálido, ya antes se había tomado una dosis más fuerte de medicina para su hipertensión arterial. El escándalo en los medios de comunicación creció minuto a minuto. Algunos cuestionaban que el reconocido narcotraficante fuera a salir libre sin pagar todos sus delitos. Tipo 4:30 p.m., dieron un extra en la televisión, todos corrieron a mirar en silencio. Don Miguel y don Gilberto seguían parados frente a la pantalla con sus caras tensas esperando noticias positivas.

Es un hecho: *¡Gilberto Rodríguez es un hombre libre…!*

Don Miguel se abalanzó sobre su hermano y se fundieron en un abrazo interminable mientras brincaban de la felicidad.

Las llamadas a los familiares no se hicieron esperar, tanto don Miguel como su hermano se dedicaron al teléfono. Cuando regresaron al patio reinaba el silencio. De pronto un sonido seco comenzó a escucharse, suave primero, fuerte después... todos los presos juntaron sus palmas en un sentido aplauso que estalló uniforme, acompañado por vivas al jefe del Cartel de Cali, que estaba de fiesta; entre los que celebraban estaba "Popeye" quien aplaudió sonoramente a su ex enemigo de viejas guerras de narcotráfico. En total 95 reclusos más celebraron la libertad de Gilberto Rodríguez Orejuela. La impensada escena de apoyo al famoso narcotraficante era observada desde lejos por un hombre que, solo y con toda dignidad, no quiso participar en el acto de solidaridad con el mafioso. Únicamente él conservó su honor, mientras el eco del aplauso subía la adrenalina de los participantes. El misterioso hombre los miraba con desprecio, a prudente distancia analizando la cara de cada uno de los presos mientras movía la cabeza de lado a lado, despectivamente. El hombre era un reconocido mafioso italiano llamado "Buonomo", narcotraficante amigo de Pablo Escobar, jefe del Cartel de Medellín y estaba esperando que le llegara su *indictment* para ser extraditado a EE.UU. La DEA lo requería por narcotráfico.

Ese día nadie prestó atención al italiano, todos se concentraron en Gilberto Rodríguez, que estaba listo para partir. Un preso le tenía las pertenencias en una bolsa de basura; ya había desocupado su celda. Los demás le hicieron una calle de honor; él se veía radiante. Con marcha firme atravesó el pasillo bajo las sonrisas y aplausos de todos los hombres que le gritaban vivas a su paso, como si fuera un rey. El mafioso alzó su mentón y con arrogancia dejó el patio; era un triunfador.

—¡Vivaaa don Gilberto!

—¡Vivaaa, vivaaa!

El grito provenía de una garganta muy familiar para "Buonomo" que le dirigió una mirada cargada de recriminación a "Popeye", al reconocer su voz en ese grito que sentía como una traición a su amigo Pablo Escobar. Cubierto por la algarabía del patio, mirando a lo lejos al viejo Rodríguez que salía feliz, pleno, al reencuentro con la vida, "Pope" estalló en risas, seguramente pensando más en la dicha que ese momento puede representar para cualquiera que recobre la tan anhelada libertad, más allá de que aquél fuera su viejo enemigo.

Antes de cruzar la puerta de salida, don Gilberto dedicó unos momentos para dar un último abrazo a su hermano Miguel, quien se veía conmovido y un poco triste a pesar de la noticia. Rápidamente se abrió la reja para el poderoso jefe del Cartel que caminaba visiblemente emocionado, sintiéndose ya junto a los suyos. Atrás quedaron decenas de ojos que lo miraban, algunos con envidia, otros con humildad, pero, justo en el último minuto, cuando tenía que abrirse la última puerta, apareció el Cabo Areila para terminar con la fiesta...

Tímidamente condujo a un cuarto externo a don Gilberto Rodríguez; le notificó que tenían que esperar una orden vía radio de su jefe para pasarlo a la sección de reseña y al médico, antes de darlo de baja del penal. Afuera seguían esperando los escoltas y dos de sus hijos acompañados por los abogados y un enjambre de ansiosos periodistas.

A las 5:00 p.m., llegó la contada. Todos a la fila. La puerta del patio se abrió bruscamente y los ojos de los presos cayeron sobre don Gilberto. Nadie sabía qué estaba pasando, él estaba de regreso con cara de pocos amigos y cargando la bolsa negra. La guardia lo metió de nuevo al patio para la contada. Nadie hablaba, por puro respeto al mal momento. Era evidente que no lo iban a soltar tan fácilmente. El gobierno le amargaría el rato hasta el último minuto. El viejo llegó desanimado, con el mentón gacho y sus manos aferradas a la bolsa de basura; no soltó para nada sus pertenencias. Los presos entraron a las celdas, menos los aseadores.

Don Miguel quedó acongojado al verlo ahí y se opuso a que su hermano fuera llevado de nuevo a la celda. La situación era tensa. Evidentemente el gobierno estaba planeando algo para evitar su salida. Don Gilberto medió entre el guardia y su hermano. Lo tranquilizó y aceptó regresar a la celda. El guardia dijo que era por media hora nada más mientras llegaba por escrito la orden de sacarlo y que luego sería hombre libre.

Un pobre diablo que estaba con "Popeye" haciendo el aseo del patio le dijo humildemente a don Gilberto:

—¡Señor, lo felicito. Que le vaya bien!

El poderoso mafioso perdió la compostura y le contestó gritando desencajado:

—¡Nooo... nooo...! ¡No se despidan más!

Su cara se volvió roja de la rabia y entró de una en su celda. El pobre hombre se quedó con la boca abierta, no esperaba esa respuesta, miró apenado a "Popeye" que le hizo señas con los ojos que no le prestara atención y le sugirió que mejor siguieran adelante con la limpieza de la torre.

Fue por su escoba y se dedicó a barrer el inmenso patio, mirando de reojo hacia la celda de don Gilberto. Su labor ese día se le hizo eterna; sin presos el patio se veía grandísimo, medía unos 40 metros de largo por 30 de ancho; abierto al cielo, por lo que era su modo de mirar tímidamente la libertad, la misma que le estaba resultando esquiva al "Ajedrecista". Daba escobazos de lado a lado, moviendo la basura del patio; le dolía la cintura por la posición encorvada que debía tener para hacer su oficio. Por ratos paraba poniéndose la mano en la espalda para masajear su columna. El sudor le corría por la barbilla. Se prometió ser más considerado con las señoras del aseo cuando fuera libre. Tomó aire nuevamente y siguió adelante; le faltaban como 20 metros de limpieza cuando lo llamó don Gilberto.

—"Popeye", venga por favor.

Soltó la escoba y salió corriendo hacia la celda del viejo. Éste le dijo que por favor llamara por el teléfono de la cárcel al celular de sus hijos. Estos todavía lo seguían esperando afuera, en la entrada de Cómbita. Don Gilberto les envió un mensaje claro: "Por favor, no se vayan de la cárcel y si no me liberan esta noche, que los abogados interpongan un *hábeas corpus*".

Le ofreció una tarjeta para llamar pero el sicario la rechazó con educación; él tenía las propias. Don Gilberto le anotó un número de celular en un papelito. Mientras marcaba pensó fugazmente "… Acá estoy ayudando a uno de mis peores enemigos en su momento más tortuoso… ¡Esas son las vueltas que da la vida!…". Y se apresuró a cumplir la orden.

Al instante, al otro lado de la línea contestó un hombre.

—¡Buenas noches señor, habla "Popeye" de aquí de la Cárcel de Cómbita, de parte de don Gilberto; que por favor no se vayan a ir que él todavía no ha podido salir y que si hoy no lo sueltan interpongan un *"hábeas corpus"*.

El hombre muy amable le dio las gracias preguntándole cómo se encontraba su padre; respondió que bien y colgó. Después de dar el mensaje al señor regresó a su trabajo; todavía le faltaba trapear el patio para poder volver a su celda a descansar.

Sabía que su compañero "Buonomo" lo estaba esperando despierto para darle cantaleta. Sonrió al pensar en su amigo italiano que resultaba no fastidioso sino más bien gracioso cuando decía palabrotas.

—¡*Hp*…. te vi… te vi… te vi lanzando vivas a Gilberto!

Jhon Jairo rio. No le hizo caso; estaba agotado por la limpieza del patio, sólo quería descansar y no pensar en nada más, al menos por ese día. Pero el italiano no estaba dispuesto a dejarlo tranquilo, se paró detrás de él y lo siguió insultando; mientras se desvestía en el corto espacio, seguía riéndose a carcajadas de los insultos de "Buonomo".

—¡"Popey", "Popey"… falso… te vi… te vi… falso… te vi!

A las ocho apagaron la luz como siempre. Mala señal para don Gilberto. Eran más de las 9:30 p.m., cuando se abrió la reja. "Popeye" saltó de inmediato hacia la ventanita de su celda. Un grupo de guardias se dirigió a la de don Gilberto. En minutos lo sacaron; él apretaba su bolsa de basura; iba serio. No había nada que hacer, el viejo tenía poder y suerte. Sólo pago 7 años de cárcel. Desde su ventanita "Pope" observó la escena hasta que los guardias se hicieron invisibles. La libertad había llegado al viejo zorro. Quizá se la había ganado. Se sintió contento de verlo partir. Regresó a su colchón y siguió durmiendo, evitando despertar al persistente italiano.

Llegó el nuevo día. "Popeye" se duchó y fue al teléfono. Don Miguel Rodríguez estaba contento, irradiaba felicidad por todos los poros. Se había quedado porque trató de sobornar al Juez en un caso de narcotráfico; en sus cuentas le faltaban 14 meses de cárcel. En las de la DEA, le faltaban 30 años. Don Gilberto salió de Cómbita casi a las 12:00 a.m. En la televisión lo mostraron caminando despacio, se le veía poderoso, seguro. A sus 56 años de edad salió rumbo a su hermosa Cali, lleno de dinero, ilusiones pero con un diezmado poder político. Aparentaba muchos más años de los que tenía. Obeso, lento al andar, con el alma marcada con la amargura que deja la prisión y una sórdida sonrisa pintada en su rostro.

El jefe del Cartel de Cali y su hermano, siempre encubrieron sus actividades criminales. Ante su familia y la sociedad, fungieron como poderosos empresarios, dueños de un banco en Panamá y del Banco de los Trabajadores en Colombia; propietarios del Grupo Radial Colombiano y de Drogas la Rebaja, una cadena de droguerías con presencia en todo el país. Poseían además laboratorios farmacéuticos que surtían medicamentos a sus propios locales; controlaban también empresas de seguridad. Eran dueños y amos del equipo de fútbol América de Cali, entre otros negocios lícitos adquiridos con dinero del tráfico de cocaína.

Al salir de la Cárcel de Cómbita, Gilberto Rodríguez Orejuela, una vez más logró evadir la cárcel sin disparar un solo tiro. Comenzó como secuestrador en los años 70, tenía una banda llamada "los Chemas", famosos por secuestrar a dos ciudadanos suizos; de allí pasaron al tráfico de drogas junto a José Santacruz Londoño y Francisco Pacho Herrera, hasta llegar a ser los poderosos jefes del Cartel de Cali. Con los años se convirtieron en enemigos de Pablo Escobar, jefe del Cartel de Medellín. Para acabar con él ayudaron a crear el grupo de justicia privada los "PEPES". Después de ayudar a matar a Escobar, los jefes del Cartel de Cali siguieron su vida mafiosa alternando con su actividad empresarial y se metieron con todo en el apoyo a políticos corruptos, tanto así que lograron poner Presidente de la República en Colombia y desataron el famoso "Proceso 8000".

La DEA tenía sus ojos puestos en los hermanos Rodríguez Orejuela a quienes no podían extraditar porque sus delitos fueron cometidos antes del año 1997. La Constitución de 1991, originalmente prohibía la aplicación de la figura de la extradición que sólo hasta el 97 fue modificada y se restableció la extradición de colombianos a los EE.UU.

Las imágenes de la liberación de Gilberto Rodríguez Orejuela se vieron en el mundo entero. Pero surgió un pequeñísimo problema: un Coronel activo de la Policía, que no estaba en la nómina del Cartel, lo esperó con 20 hombres, supuestamente para protegerlo… ¡Hummm! Amablemente lo escoltó hasta una casa en Bogotá, de allí Gilberto Rodríguez salió en la madrugada hacia el Aeropuerto El Dorado, rumbo a Cali, acompañado por el Coronel. En Cali, la misma historia. Mientras tanto el gobierno despidió como a un perro al director de Cómbita, quien la verdad no tenía la culpa de nada. Salió como corrupto y no lo era, pero se necesitaba mostrar culpables.

V

Pablo Escobar tenía razón

Con la partida de Gilberto Rodríguez su hermano Miguel quedó triste, pero siguió adelante con su propia vida dentro de la prisión. La torre tomó su ritmo habitual. El expendio cada mañana tenía un nuevo manjar, cortesía del jefe del Cartel de Cali, que era espléndido con los presos, abasteciendo el caspete de su propio bolsillo, para que la subsistencia en prisión fuera más agradable. Todos los días se podía disfrutar de pequeñas cosas que les resultaban verdaderos manjares e iban desde arequipe hasta pavo y jamón serrano. Era posible encontrar allí también salami, pollo frito, panelitas y otros alimentos que algunos presos no habían comido en años. La mafia en Cómbita le estaba funcionando a Miguel Rodríguez. Poco a poco mejoraba la situación de los compañeros de su patio y de paso, la de otros en las distintas unidades, en toda la cárcel, porque la autoridad del narcotraficante se sentía en todo el establecimiento, atacando el corazón del sistema de Cómbita con dinero y poder. Con su ejército de abogados y su abultada chequera, interpuso y ganó una tutela para que les autorizaran radios transistores y también para que les quitaran las esposas cuando los visitaban los abogados, o para recibir asistencia médica.

Los días transcurrían entre traslados de presos y extradiciones como las de "Juan Joyita", "el Maestro" y Jamioy, terminando así con la Torre 6. La cárcel ya tenía presos en las Torres 1, 2, 3, 4 y 5. Y como la 6 se quedó sin huéspedes de peso pesado, la dirección general decidió que Miguel Rodríguez y "Popeye" pasaran a un patio de presos comunes, lo que evidenciaba que el capo no sería extraditado por el momento. Todos los extraditables estaban en el Patio 7, el más seguro de Cómbita y el menos aburridor. Con rejas por todos lados, se hallaba más encerrado que los demás. Quizá por haber tenido parámetros de construcción dictados por los norteamericanos, esta prisión resultaba más funcional. En el centro se hallaba una buena cancha de fútbol encerrada por una malla metálica. La zona verde conectaba con todos los patios. El pasillo central conectaba al Patio de visitas con "Sanidad" y con el cubículo de los abogados. El área de la cocina sólo era frecuentada por los presos de confianza encargados de elaborar los alimentos. Una inmensa garita "madre", con seis pisos de altura, dominaba los ocho patios y todos los espacios además de la malla que rodeaba toda la cárcel. A lo lejos se veían los alojamientos de los guardias, su casino, la casa fiscal del director y las oficinas de la parte administrativa.

La malla era inmensa, muy tupida para evitar que los dedos pasaran y pudiera ser escalada, por si alguien se atrevía a ascender los 6 metros de altura que tenía. Terminaba en alambre de púas, con las letales concertinas, que equivalen a cientos de bisturíes, cubriendo toda la malla. Ésta era sólo la primera parte, de ahí seguía la zona de sensores, luego otra protección electrificada también y venía una más de menor altura pero asegurada con concertina en el piso y en la parte alta. Después había un corredor por donde los guardias pasaban revista en la noche y por último, otra gran malla igualmente segura y protegida. De ahí, a campo traviesa: ¡la libertad!

Garitas modernas, con panorámica de 360 grados, estaban distribuidas a lo largo de la gran malla. Allí los guardias tenían fusiles 5.56. Todo esto componía el gran complejo de Cómbita.

"Popeye" se despidió de "Buonomo", su compañero de celda y de los demás. Salió del patio junto con Miguel Rodríguez. Los llevaron a la Torre 1, a un patio de presos comunes. El capo estaba incómodo por la clase de personajes que lo habitaban. Eran personas curtidas por la vida, duros guerreros, bandidos fieros y leales al patrón que ellos respetaran. Este tipo de presos maneja códigos de honor, siempre listos para la pelea a cuchillo, que portan para defensa propia. Miguel Rodríguez y "Popeye" no sabían pelear a cuchillo, el viejo capo a sus 51 años de edad, delgado, 1.70 de estatura, se veía físicamente bien, pero nadie lo imaginaba dándose puños con un bandido callejero. Y "Popeye", quien para entonces ya andaba por los 40, sabía pelear pero a balazos. Los dos hombres caminaron rápidamente al lado de los guardias que los escoltaron hasta la puerta del Patio 1. Cuando la puerta se abrió sintieron la mirada de docenas de ojos fríos y curiosos, que les observaban a la defensiva; como en la cárcel todo se sabe, los estaban esperando. "Popeye" y Miguel Rodríguez se miraron como dándose ánimo al ver el escenario del patio, que albergaba desde ladrones, hasta asesinos sin escrúpulos que matarían a su propia madre sin dudarlo. "Popeye" le dijo entre dientes:

—Tranquilo don Miguel… aquí encontraremos aliados que pelearán por nosotros. Usted solo preocúpese de alistar la chequera, que del resto me encargo yo.

Ese día, en una jugada del destino "Popeye", sin querer, terminó como lugarteniente de Miguel Rodríguez Orejuela, su antiguo enemigo; pero la situación era tan dramática en el patio, que tenían que sobrevivir con dinero e inteligencia y ambos se necesitaban. Los dos ingresaron lentamente y se instalaron en las celdas asignadas. "Popeye" se dedicó a buscar entre la población carcelaria a los aliados adecuados y por suerte, encontró un par de sicarios que habían trabajado con el Cartel de Medellín; de inmediato ingresaron a las filas del poderoso Miguel Rodríguez, que comenzó a manejar el patio con dinero y el poder que todavía le quedaba en la mafia.

Paulatinamente, la cárcel fue reacomodando su forma y los patios tomaron su perfil. La Torre 3 se llenó de guerrilleros al mando del comandante de las FARC, Yesid Arteta, que fue trasladado de la Cárcel de Valledupar. El Patio 5 quedó en manos de "Róbinson", asesino de Ángel Custodio Gaitán Mahecha; rápidamente se apoderaron de los patios e impusieron sus propias reglas "comunistas", que tuvieron que soportar los pocos presos que no eran guerrilleros.

Pero finalmente en el Patio de la Torre 1, la mayoría de los presos estaban felices con la llegada de Miguel Rodríguez pues su dinero resultó una bendición para todos. El director de la Cárcel de Cómbita tuvo que cumplir la tutela y la cárcel se inundó de radios; desde el amanecer se escuchaban las noticias y la música por toda la torre, lo que animó a los prisioneros que tarareaban las canciones de moda; también les quitaron las esposas, y eso relajó el ambiente.

Para "Popeye", ésta era la mayor felicidad de cada día; esperaba poder llegar a la celda al caer la tarde, ya casi de noche, después de hacer el aseo del patio, —tarea que siguió cumpliendo con agrado para reducir sus años de condena—, y poder oír la radio para enterarse de todo lo que pasaba en el mundo real. Logró entrar un hermosísimo radio Sony de 12 bandas. Lo cuidaba como un tesoro, se recostaba en su litera y dejaba volar su imaginación sintonizando emisoras extranjeras y soñando con que un día él podría conocer un nuevo mundo, más avanzado y tranquilo del que hasta el momento había vivido.

Miguel Rodríguez terminó acomodándose en el patio. Ayudaba económicamente a los muchachos, les regalaba tarjetas para llamar por teléfono, tenis, buzos. En la visita proporcionaba transporte con dos buses para que sus familias fueran a verlos. Se ganó la lealtad y respeto de los fieros bandidos del patio, que aprendieron a convivir con el jefe del Cartel de Cali.

Abrió el expendio de víveres para ellos. Cuando tenían problemas graves de violencia entre compañeros, el viejo Miguel los hacía sacar rumbo a otro patio con la guardia. También era fanático del aseo, casi enfermo por la pulcritud del patio. De los cuatro sanitarios de la torre, el viejo dejó uno para su uso; un preso lo mantenía súper aseado. Se crearon normas de convivencia: en la hora de los alimentos nadie podía entrar al sanitario que estaba a escasos 5 metros de los mesones de cemento que servían como comedor a los presos. También ordenó hacer un desarme de puñales y armas cortopunzantes que fueron entregadas a la guardia. Todo era armonía en el Patio de la Torre 1 bajo las órdenes de Miguel Rodríguez Orejuela. Con sus numerosos abogados, prestaba asesoría a los prisioneros, algunos de ellos extremadamente pobres y olvidados en la prisión. Todas las mañanas un preso llamado "Novillo" le organizaba la mesa que daba al centro del comedor. Allí el viejo colocaba sus libros y alimentos. Nadie tocaba nada y sólo les era permitido sentarse a su lado a los presos de su absoluta confianza.

Un día salió en televisión su hermano Gilberto Rodríguez; estaba en un concierto del cantante Carlos Vives en plena Feria de Cali. Se veía feliz y relajado, "Popeye" miró de reojo a Miguel Rodríguez, éste sonrió con picardía viendo a su hermano disfrutar de la libertad; no ocurrió lo mismo con las autoridades que rabiaban viendo al poderoso mafioso disfrutar de los placeres de la vida.

En Cómbita, la vida de "Popeye" al lado de Miguel Rodríguez fue enriquecedora. Todos los días lo acompañaba a hacer sus ejercicios, rutinariamente caminaban una hora a paso largo y hacían estiramientos. Cuando el sol salía, el vanidoso hombre se echaba bronceador y se tiraba en una toalla al piso a quemarse, cuidaba mucho su figura. Pero no todo era perfecto pues el hombre era hipocondríaco; tomaba muchos medicamentos, por el estrés que manejaba le dolía la cabeza constantemente y tomaba unas gotas que según decía, le hacían daño al hígado, pero siempre las pedía. Se tomaba una pastilla para dormirse, otra para despertarse, otra por si había brote de gripa en el patio. No le faltaba su buena pastilla para relajarse. Vitaminas a toda hora. Antes de hablar por el teléfono limpiaba con pañitos húmedos la bocina. Ah, jamás le faltaba la pastilla para la rinitis que le ocasionaba el frío de la cárcel. Casi que si pasaba por el lado de alguno que tuviera mala suerte se le pegaba…

Un buen día estaba Miguel en el teléfono cuando "Popeye" pasó trapeando con un ambientador muy fuerte y ahí mismo tuvo una hemorragia nasal. En el acto se enojó y fue necesario parar la trapeada. Los perfumes le daban náuseas y los olores fuertes le hacían sangrar la nariz. Molestaba porque el televisor estaba a volumen muy alto. En el Patio de Visitas, se enfurecía porque los muchachos tocaban de frente a sus parejas y bajo las cobijas, tenían relaciones. Había un lugar al que llamaron "Puerto D"; el guardia controlaba los actos obscenos, pero en "Puerto D", ni se animaban a enfrentarse a los ansiosos presos. Bajo las mantas podía pasar cualquier cosa. El lío era que la esposa de Miguel, sus hijas y los familiares de otros narcos, tenían que ver esto. A Rodríguez y otros detenidos no les agradaba tener que presenciar estas escenas. Entonces le tocó a "Popeye" lograr que los muchachos le bajaran un poco al asunto en la visita comunal, cosa que logró con respeto y tacto.

A la visita de los sábados entraban sólo hombres. Podían entrar dos por preso; a la semana siguiente, en domingo, correspondía la visita a las mujeres. Y el sábado, hombres de nuevo. La visita familiar estaba asignada para el domingo siguiente. La conyugal era cada 45 días en las 26 habitaciones ubicadas arriba del Patio de Visitas.

Los colchones permanecían muy sucios. Era frecuente que las parejas no dejaran limpio el lugar, lo que obviamente resultaba muy desagradable. Pero el tiempo no se podía perder aseando... La habitación tenía un colchón "anti fluidos", grande, en un planchón de cemento, ducha, lavamanos y sanitario.

Miguel siempre protestaba por el aseo cuando le tocaba la conyugal. El viejo tenía sus ataques pero los muchachos le sabían manejar el genio. Cuando se pegaba del teléfono era de miedo. Mujeriego como ninguno; el destino le dio su dolor de cabeza. Una espectacular mujer lo tenía loco. Una caleña de 34 años de edad, trigueña, cabello negro, hermosa, alta, sexi, única. Era la viuda de un narcotraficante del Norte del Valle de apellido Oquendo. El caso era que esa muñeca lo hacía sufrir. En la Cárcel La Picota ella lo visitaba con frecuencia, pero en Cómbita por la requisa, no la dejaba asistir. Un viejo enamorado es cosa seria. La muñequita jugaba con él, que vivía atento a sus caprichos. Si había corrida de toros le mandaba comprar unas buenas entradas en el mejor lugar de la plaza. Ella las rechazaba y ahí se pegaba Miguel al teléfono tres horas a pelearle como un adolescente encaprichado. Lo mismo le hacía la voluntariosa mujer cuando había un concierto de un artista famoso. Él estaba pendiente de enviarle flores y le prometía lo imposible: *mi amor, el próximo año salgo en libertad y estaré contigo.*

Cuando el viejo estaba preso en la Cárcel de Palmira, salía en las noches a visitar a su espectacular novia. Pero en la prisión de Cómbita las cosas eran a otro precio. Sufría cuando veía en la televisión la Feria de Cali. Contaba sus anécdotas de grandes fiestas con orquestas internacionales y mujeres hermosas. Se ufanaba de tener el mejor sitio en el recorrido de la feria. Su otra pasión: el fútbol. Como fuera se las ingeniaba para ver en el televisor comunal a su equipo del alma, el América de Cali. Si transmitían un encuentro padecía como loco, así que siempre tomaba una pastilla. En realidad, por todo soltaba una lágrima; el viejo lloraba despidiendo un avión de carga. Tenía unas hijas preciosas. Un día, al llegar la visita, le dijo a "Popeye":

—Ve *monpa*... ¿viste mis hijas?

—Sí, señor, ¡son hermosas! —Contestó el sicario tranquilamente, mientras Miguel Rodríguez le miraba fúricamente, recordando el pasado...

—Pues el día que te ibas a meter en mi casa, ¡las ibas a matar *hp*....!

"Popeye" se quedó frío ante la arremetida. Recordó la historia cuando era sicario del Cartel de Medellín y peleaba a muerte contra el Cartel de Cali. "El Patrón", Pablo Escobar, junto con Jorge Luis Ochoa Vásquez, organizó un operativo helitransportado para atacar la casa del segundo del clan de los Rodríguez.

Su casa en Cali era inmensa, el plan era aterrizar sobre las dos canchas de tenis y dispararle a todo lo que se moviera. El intento fracasó porque uno de los dos helicópteros tuvo una falla técnica, supuestamente. La Policía llegó al aparato y todo se frustró. Los pilotos y los bandidos ganaron la carretera y desaparecieron. En el helicóptero encontraron una foto aérea de la casa de Miguel Rodríguez y todo el armamento que los asesinos iban a utilizar en el atentado.

"Popeye" recobró la compostura y mirándolo a los ojos respondió:

—No, no, no, don Miguel. La orden era muy precisa; sólo disparar a sus escoltas y ejecutarlo a usted... —Le dijo con seguridad.

Si ese día se logra el atentado a la casa del poderoso mafioso, habrían sido asesinados todos los que estuvieran en la propiedad, incluso sus hermosas hijas. Esa era la orden de Escobar.

Cerca de esa misma casa, detonaron un carro bomba al paso de la caravana de Miguel Rodríguez. Al viejo no le pasó nada aquel día. También se quejó con "Popeye" del bombazo. Éste, ante los reclamos de Miguel, su ex enemigo, se hizo el loco y la vida continúo normal y cordial para los dos hombres supervivientes de los poderosos carteles.

Una mañana apareció lo que tanto habían ansiado los presos: una máquina de bebidas calientes. En cada torre fue instalada una. Era un alivio tomar café caliente o aromática. Miguel Rodríguez pagaba todo el abastecimiento y mantenimiento de la nueva adquisición. La fila de los muchachos a la máquina alegraba al viejo que desde su mesa y bajo sus finas gafas, miraba con satisfacción a los hombres que disfrutaban con alegría ese pequeño lujo que sostenía el capo.

"Popeye" seguía la vida rutinaria del penal sin dejarse permear por la monotonía de la cárcel, sino perfeccionando el arte de disfrutar las cosas pequeñas que le daba la vida. Estaba en población carcelaria, tenía un empleo para rebajar la condena, limpiando el patio; además, poseía algunos tesoros: su radio transistor, la hermosa cobija de colores y dos espectaculares almohadas de plumas con fundas de encaje; pero lo que más disfrutaba ahora eran los buzos y tenis de marca que le llevaban a recordar con nostalgia su efímero poder en el narcotráfico, de tanto tiempo atrás. Qué poco quedaba de todo aquello, qué pasajeras son las cosas en la vida…

En medio de las circunstancias, para él la Cárcel de Cómbita era un paraíso, en comparación con la de Valledupar. Ahora disfrutaba del frío sin la invasión de hambrientos zancudos que les devoraban sin misericordia.

Un día mientras los presos bromeaban en el patio y en medio de las risas de los compañeros, un extra en el noticiero de televisión dejó a todos estupefactos y con la atención puesta en el presentador que anunciaba con fuerza:

¡Fue detenido en Cali, por la Policía, Gilberto Rodríguez Orejuela!… Vuelve a prisión. Esta vez sí será extraditado.

La noticia hizo palidecer a Miguel Rodríguez; sus compañeros lo miraron con asombro, el capo prefirió guardar silencio esperando novedades… sabía que el siguiente extraditado sería él. En el acto la guardia penitenciaria llegó al patio y le notificó que tenían órdenes de trasladarlo a la Cárcel de Girón en Santander, porque su hermano Gilberto sería llevado de regreso a Cómbita. Fue un duro golpe a los Rodríguez Orejuela. Miguel guardó silencio. Recogió sus cosas de la celda, se despidió de los presos, estos con nostalgia le agradecieron su ayuda; él sonrió con tristeza pero nunca bajó la cabeza siempre conservó su dignidad, dio media vuelta y salió del patio sin mirar atrás; el silencio imperaba en la torre, todos sabían que no volverían a ver con vida al viejo gruñón que mejoró su condena. "Popeye" no pronunció palabra por puro respeto. Se sentía privilegiado de estar vivo y poder ver el derrumbe de los poderosos capos que un día lo persiguieron a muerte, con quienes al final resultó unido por el destino, en el peor escenario que un hombre puede vivir: la pérdida de la libertad. Pero también ese mismo destino les enseñó que para sobrevivir… se debe perdonar. De lo contrario habrían muerto en la cárcel, sin el apoyo que se brindaron mutuamente.

El siguiente paso fue llevar a Gilberto **Rodríguez** a la enfermería del penal. La noticia le disparó su presión arterial y **empezó a tener** problemas del corazón. Días después "Popeye" lo encontró en los cubículos de abogados; ya no era el mismo capo de mirada desafiante que se enfrentó a Pablo Escobar. Se detuvo un momento y con una mirada triste le dijo:

—"Popeye", Pablo Escobar tenía razón: ..."es preferible una tumba en Colombia que una cárcel en los EE.UU..." ¡La extradición es mortal!

¿Por qué van a extraditar a los Rodríguez Orejuela? Se preguntaba todo el mundo. Los genios respondían "por actos cometidos después del año 1997".

Los hermanos Rodríguez, según decían, nunca sacaron de su dinero para algo que beneficiara a toda la mafia. Seguros de que no iban a ser extraditados, comenzaron a hacer planes y a tejer su libertad. Con el apoyo que tenían en el Congreso, buscaban una rebaja de penas para todos los presos de Colombia, para que así no fuera tan evidente el beneficio directo para ellos. La solución, traer al Papa Juan Pablo II a Colombia. El precio 10 millones de dólares, entre lo que supuestamente cobraba El Vaticano y lo que había que darle a algunos congresistas colombianos, quienes les ayudarían a aprobar una ley de rebaja de penas que les beneficiaría además con una nueva reducción a sus condenas.

El encargado de los contactos en El Vaticano fue el venezolano Fernando José Flórez Garmendia, alias "el Gordo", quien también tenía una ruta de narcotráfico por Venezuela, la cual se utilizaría para enviar un cargamento con el que se financiaría la traída del Papa, por parte de los Rodríguez Orejuela. El plan era perfecto, enviaban la droga, ganaban millones de dólares extra, recibirían la bendición del Papa, sin que éste se enterara y finalmente conseguirían la sexta parte de la rebaja de penas y otra por la ley del Congreso; así los narcotraficantes saldrían 5 años antes de su condena. Muchos de sus familiares y amigos les dijeron que era una idea descabellada y que todo parecía un fraude por parte de "el Gordo Garmendia", los curas involucrados en hacer las gestiones en Roma y los Congresistas. A todos se les había dado dinero por su participación. La terquedad de los Rodríguez pudo más que los consejos de los que veían la evidente "tumbada" en la llamada "Operación Papal". Y siguieron adelante con el brillante plan. Pasaron los meses y todos en la Cárcel La Picota esperaban ansiosos los milagros divinos.

Un día llegó la noticia final pero... no venía de Roma sino de EE.UU... La droga se cayó y los federales la decomisaron... "el Gordo Garmendia" ahora sí estaba metido en serios problemas... ¡y los Rodríguez también...!

Así lo comentó uno de los narcos detenido en Alta Seguridad. La DEA le seguía los pasos a "el Gordo Garmendia", y sabía de sus andanzas en Venezuela. Esperaron con paciencia a que cometiera un error, ese momento llegó y éste cayó de la manera más obvia. Había entrado a la Cárcel La Picota a visitar a los Rodríguez Orejuela; este dato alertó a los federales que le vigilaron hasta la familia. La droga fue interceptada y "el Gordo Garmendia" fue detenido en Colombia y pedido en extradición; no resistió la presión y prefirió salirse rápido del problema: se les torció a los jefes del Cartel de Cali y decidió colaborar con la DEA. Fue llevado a Cómbita por seguridad.

"El Gordo" se convierte en uno de los testigos estrella contra los Rodríguez Orejuela en los EE.UU., y les revive la extradición por enviar droga después del año 1997.

Cuando "el Gordo Garmendia" llegó al penal de Cómbita, los guardias tuvieron que reforzarle el planchón para dormir. Por el vidrio se veía que medía 1.80 metros y pesaba cuando menos unos 170 kilos, ¡quizá más! Se balanceaba para caminar. No podía pegar los brazos al cuerpo. Por su obesidad se movía como con los brazos abiertos, casi como si controlara el tráfico. Tenía un estómago enorme, "murillo" en la nuca, cara gorda con papada, la ropa ancha que usaba lo hacía ver más gordo. Tenía un súper problema. No se podía asear el trasero, sus brazos eran muy cortos y no le llegaban a donde la espalda pierde su nombre; esto lo solucionó la cárcel, consiguiéndole otro preso que por dinero hiciera esta titánica tarea. Hasta dónde llegan las miserias humanas y hasta dónde la necesidad humilla a los hombres...

"El Gordo", no se privaba de la visita íntima; nadie sabía cómo era el sexo ahí, pero se encerraba con su mujer en la pieza de conyugales... Al final fue extraditado. No se sabe cómo se lo llevaron los norteamericanos... ¿Quién le aseará en los EE.UU.?

El inminente destino de los hermanos Rodríguez siguió su rumbo. La última vez que "Popeye" vio a Gilberto Rodríguez fue en la cancha de fútbol de la cárcel, tomando el sol. Lo tenían en el patio de tercera edad y era sacado una vez a la semana con los viejitos a hacer ejercicio. Trataba de correr, pero los años y su sobrepeso no se lo permitían. Tiempo después fue trasladado a la Cárcel La Picota en Bogotá y de ahí rumbo a EE.UU., extraditado. Una botella con agua fue su última compañía; iba vestido con sencillez pero con fina ropa de marca. Sobre su chaqueta llevaba un chaleco antibalas. Lo introdujeron en un avión de la DEA y allí se lo llevaron de

Colombia. Adiós familia, adiós Feria de Cali, adiós a sus bellas amantes, adiós a su poder económico y político...

El turno llegó luego para su hermano Miguel Rodríguez. Fue sacado de la Cárcel de Girón en un helicóptero. En la televisión lo mostraron caminando con paso firme y desafiante; esposado, se lo tragó un Jet de la DEA. Fue el final en Colombia de los poderosos jefes del Cartel de Cali...

Gilberto Rodríguez Orejuela alias "El Ajedrecista", máximo Jefe del Cartel de Cali, se enfrascó en una guerra a muerte con el extinto Pablo Escobar. Con el Proceso 8000 se supo que financió la campaña presidencial de Ernesto Samper. Fue extraditado a los EE.UU., en diciembre de 2004.

VI

La Cabo Aneida

¡Cuando el gato duerme los ratones hacen fiesta! Así dice un viejo refrán y eso parecía estar pasando esa noche en Cómbita. Todos estaban distraídos con la extradición de los Rodríguez Orejuela. Los que si se encontraban concentrados en lo suyo eran Gerardo y Cristóbal, dos presos que aprovecharon el descuido para intentar fugarse.

11:30 p.m. Cristóbal abandona su celda en el segundo piso del Patio 2. Como un gato, se pegó al tubo de PVC que paralelo a su ventana llevaba agua al otro piso. Sigilosamente cayó en la zona verde. Detrás venía Gerardo quien torpemente, al caer, reventó el tubo y el agua comenzó a rodar por la pared haciendo un pequeño pozo en el piso. No le dieron importancia, corrieron hacia la malla, se pararon en un punto muerto previamente identificado y esperaron unos minutos. Ese sitio era el único donde una persona no podía ser vista desde la garita del guardia.

Los fugitivos llevaban en el hombro dos cobijas gruesas y ganchos para escalar la tupida reja. La fuga estaba bien planeada y lo hubieran logrado de no ser por el pequeño detalle que dejaron atrás. Apareció la Cabo Aneida quien por casualidad pasaba por el lugar; iba concentrada en su paseo. La neblina cubría la inmensa mole de cemento haciéndola más tétrica de lo que ya era. A lo lejos sólo se escuchaba el croar de las ranas. Pero otro ruido más sutil y cercano llamó la atención de la mujer. Se detuvo orientando el oído hacia el sigiloso goteo que resbalaba por la pared; al caer al piso el agua reveló su posición. La astuta cabo caminó siguiendo el rumbo del agua, se paró justo enfrente del tubo roto, levantó la mirada y notó algo extraño en los barrotes de la ventana del segundo piso. De inmediato comprendió que algo andaba mal, dirigió su linterna hacia la malla y corrió en esa dirección, dando la alarma de fuga.

Los prófugos ya habían avanzado y cuando voltearon a mirar se encontraron de frente con la cabo. Cristóbal ya estaba instalando la cobija sobre la concertina para no lastimarse las manos. Gerardo ya había alcanzado la primera malla y se dirigía a la segunda.

La cabo sacó su pistola y disparó dos veces al aire dando la voz de alerta a los fugados y a sus compañeros que corrieron a apoyarla. El centinela de la garita, desde lejos, les apuntó con el fusil y accionó la alarma del penal que advirtió a todos de la evasión, con su estridente ruido.

Los presos asustados se bajaron en el acto, sabían lo que les esperaba. Los guardias los esposaron y les pegaron brutalmente. Los dejaron en la parte de "Recepciones" con vigilancia especial en las celdas 17 y 18. En la celda de los hombres se encontró la segueta con la que cortaron los barrotes. Se inició una investigación exhaustiva que terminó en nada. Todos sabían que algún guardia les había ayudado porque además de la segueta los prófugos tenían que pasar por la malla electrificada y la zona de sensores; era casi imposible que ellos conociendo esto, se hubieran aventurado a la fuga. Y si alguien no les ayudó entonces eran privilegiados y tenían información clasificada sobre el funcionamiento de la seguridad de la cárcel, o, solamente se querían "suicidar" fuera de la celda...

Cualquiera de las anteriores hipótesis nunca fue aclarada, lo que sí se vivió fue el malestar de la guardia que cogió a patadas a los presos. La furia de la Cabo Aneida fue tal que les golpeó hasta agotar fuerzas; los funcionarios justificaron la paliza. Si los dos presos hubieran coronado la huida, los custodios habrían perdido su empleo y la cárcel ya no estaría clasificada como de Alta Seguridad.

El intento de fuga fue notificado a las autoridades norteamericanas que pedían a los hombres y en menos de quince días un avión llegó por ellos para extraditarlos.

Gerardo Herrera Guilles y Cristóbal Alvarado Herrera fueron rápidamente acusados por secuestro de los norteamericanos Leonardo Cortez, Dennis Corre, Steve Terry, Hasson Abey, David Bradley y el asesinato de Ron Sanders, ocurrido en 1999.

El grupo de secuestradores se dividió con las declaraciones que en EE.UU., dieron unos contra los otros. Finalmente Gerardo Herrera Guilles y Cristóbal Alvarado fueron condenados a 30 años de cárcel. Juan Luis Bravo, alias "Juan Joyita", Henry Jamioy Quistinal y José del Carmen Álvarez, alias "el Maestro", a 20 años de prisión.

Los condenó el Juez Henry H. Kennedy de la corte del Distrito de Columbia en Washington.

Todos los hombres pertenecían a una banda de secuestradores que operaba en Ecuador, contra ciudadanos extranjeros, extorsionando a las empresas petroleras en donde trabajaban. Asesinaban a sus víctimas cuando no pagaban el rescate.

Con los años, la acción valerosa de la Cabo Aneida y su excelente desempeño profesional se vieron empañados con su propio drama.

Nadie sabe cuándo fue que su esposo se metió a las filas de los paramilitares del Llano, organización armada al margen de la ley. Como era de esperarse, un buen día lo capturaron y lo llevaron a la Cárcel de Cómbita, al Patio de "Recepciones" en donde fue recibido por "Popeye". Cuando ingresó, éste no le prestó mucha atención hasta que le pidió un favor que ningún compañero puede negar.

—Hola "Popeye", yo soy amigo de "Solín". —dice, el hombre extendiéndole la diminuta mano por la rejilla de la celda.

—Amigo, ¿en qué le puedo servir? —Le contesta, estrechándole la mano, aceptando su saludo.

—Necesito llamar a mi esposa. Responde el pálido hombre un poco apenado.

—Claro que sí hermano, ya le busco al guardia para que le podamos colaborar. —Afirma con entusiasmo "Popeye". Fue y convenció al guardia para que le permitieran llamar por teléfono al misterioso preso. Cuando éste termina de hacer su llamada el guardia le interroga indiscretamente:

—¿Usted es el esposo de la Cabo Aneida?

El hombre sorprendido y abochornado dirige su mirada hacia la de "Popeye" que lo observaba con curiosidad, pues sabía lo que eso significaba, y no era bueno para el hombre y menos para su esposa, esa situación marital en una cárcel de alta seguridad.

—Sí, yo soy el esposo. —Respondió cortante al guardia que se quedó apenado entendiendo su indiscreción, mientras "Popeye" y el paramilitar se iban juntos a la celda...Ya ahí le contó su historia de amor con la Cabo.

Se habían conocido años atrás cuando él fingía ser un exitoso ganadero en el Llano. Ella no sabía nada de sus actividades paramilitares, se había separado de su primer esposo y tenía dos hijos pequeños para criar. Era una buena mujer, honesta y seria. El paramilitar la cortejó durante un tiempo hasta que se enamoraron locamente y formalizaron su relación. Al principio todo marchó bien, ella era suboficial de la guardia penitenciaria y honesta con su trabajo, pero con el tiempo el desarrollo de la guerra evidenció las verdaderas actividades de su esposo y al final se enteró de todo. Ya nada podía hacer, era su mujer, lo quería y tenía que sacar a su familia adelante. Siempre fue leal a la institución pero se enfrentó a la lealtad de esposa. Un día el hombre fue capturado y enviado a una cárcel distrital en donde ella tenía mando. Los guardias se ensañaron con él cuando conocieron la historia, pero fue peor cuando se filtró a los presos. Estos decían que él era el soplón y le informaba sobre el tráfico de drogas y celulares que se movía en la cárcel. Pero era falso, el paramilitar era un hombre serio y de palabra, nunca le comentó nada a su mujer que de vez en cuando se daba sus escapadas amorosas en la prisión donde estaban para cumplir con la visita conyugal.

Los dos vivían sus vidas desde diferentes ángulos del destino. Cuando los otros guardias le allanaban la celda y le quitaban sus cosas personales, ella intervenía y se las hacía devolver. Los presos no la querían mucho porque decían que era soberbia y los maltrataba. Su esposo recorrió varias cárceles antes de llegar a Cómbita. Pasaron los años y un día "Popeye" tuvo noticias sobre la pareja de enamorados. A su Patio de "Recepciones" llegó "Solín", otro paramilitar compañero del esposo de la Cabo Aneida.

Cuando "Popeye" le preguntó por el amigo, éste le dijo:

—"El flaco" murió de sida en la Cárcel La Picota, ¿no sabía?

A "Popeye" la noticia le enfrió el alma.

—Sí... el hombre de un momento a otro se comenzó a secar y le salieron unas manchas raras. Sólo al final nos confesó que tenía sida y en dos meses se murió... el muy tonto no quiso tomarse la medicina que le daban para que nadie se enterara y mira, se fue para el otro lado.

—¿Y la Cabo? —Dijo "Popeye" preocupado.

—Dicen que ella también está enferma pero que si se cuida, con el tratamiento puede vivir más años.

La noticia entristeció a "Popeye" que recordó al tímido hombre que siempre fue serio y buen preso. Lamentó lo de la Cabo y pensó que el destino es un juego incierto, para la vida de todos, sin excepción. ¿Qué dirían ahora los prófugos Gerardo y Cristóbal del trágico sino de la Cabo? Ella les cambió radicalmente el de ellos al evitar su fuga de Cómbita y les aceleró su viaje a una cárcel norteamericana en donde pagarían, con su vida en prisión, la que les quitaron a seres inocentes cuando los asesinaron...

Esa noche, "Popeye" se acostó a dormir reflexionando sobre su propio destino y fue inevitable que viniera a su mente la frase predilecta de Pablo Escobar, que tanto repetía:

¡Juego mi vida, cambio mi vida. De todos modos la llevo perdida...![1]

La conclusión de la historia para "Popeye", fue que los hombres se empeñan en cuidar lo que ya todos tienen perdido. Y terminaba otro día más en prisión, diciendo en voz alta...

—¡Quizá no sea tan malo morir bajo una lluvia de balas!

---

[1] Frase de León de Greiff en su poema "Relato de Sergio Stepansky". N. de E.

VII

Extraditables y paramilitares

Después de la extradición de los hermanos Rodríguez Orejuela, "Popeye" fue llevado a la Torre 2. Para él, ingresar a un nuevo patio era algo positivo. Este lugar estaba en manos de los paramilitares; sabía que para sobrevivir tenía que obedecer la línea de mando y bajar su perfil. Su jefe, "el Chiqui", un comandante de temer; era una fiera, pero justo y leal. Con apenas 1.60 metros de estatura se le medía a cualquiera, nada lo intimidaba, todos lo respetaban. "Pope" se camufló en el grupo y obedeció las normas de los nuevos mandos. Estaba tranquilo pero cuidándose de todos. Los patios de las torres 1 y 2 son identicos en cuanto a estructura, sólo difiere en población carcelaria dividida ideológica y judicialmente. Aquí no todos pertenecían a las filas paramilitares habían muchos sociales y otros por delitos de alta peligrosidad, los cuales rápidamente se aliaron con "Popeye". Él, inteligentemente se mimetizó entre ellos y se quedó tranquilo. Organizó bien su celda en el primer piso, con "el Caleño", un *apartamentero* que purgaba una condena de escasos seis años, por hurto. Tener un buen compañero es una suerte. Él no fumaba y "el Caleño" tampoco; los dos muy aseados y ordenados, su lema de condena era *¡voy es para adelante!*

Y así era. Continuó pagando su pena haciendo ejercicio, fortaleciéndose para enfrentar el futuro aunque éste fuera incierto. Estaba lleno de energía física y emocional; se alimentaba de todo lo que estaba sucediendo en el país. Por esos días el gobierno del Presidente Álvaro Uribe adelantaba negociaciones con los paramilitares y el ambiente en Colombia era de optimismo. "Popeye" no perdía detalle de lo que se comentaba en la cárcel, en donde la población seguía aumentando. En su patio había 204 almas por lo que ya el sitio se quedaba pequeño para tanto preso. Los salvaba que podían moverse en los pasillos de los pisos altos y cada día se escuchaba, a lo lejos, el alboroto que se formaba cuando llegaba un preso nuevo, más si era extraditable, pues tenía que pagar el precio del ingreso a Cómbita, de por sí traumático y espeluznante para cualquier ser humano, por bandido que sea.

Es tradicional en este penal, que, cuando un preso es ingresado a las instalaciones debe pasar por el Patio 7, el de extraditables; casi siempre lo hacen en horas de la noche. El detenido llega golpeado por la captura y la dura realidad de estar en una cárcel. No sabe qué hay adentro. Al recién llegado le toman la foto y lo reseñan. En la noche, lo conducen a su celda para que se instale. Sólo le dan un colchón de espuma que, junto a sus pocas pertenencias, acompañan al afligido hombre quien, con la cabeza agachada camina despacio apretando bajo el brazo su colchón, rumbo a la Torre 7.

Cómbita de noche se ve y se siente tranquila. El largo trayecto entre el lugar de la reseña y la torre, se hace corto ante la expectativa de lo que se encontrará detrás de la puerta principal. Las pocas luces del pasillo dan un halo de misterio y miedo. Cuando se abre la pequeña puerta de la temida torre, estalla el monstruo a una sola voz; se oye una gritería impresionante; los presos golpean con furia las puertas de metal, y entre el ensordecedor ruido se filtran las voces que a todo pulmón anuncian tragedia. Para el preso nuevo es el fin del mundo; queda petrificado al encontrarse de frente con este panorama. Todos sienten lo mismo cuando lo viven. *¡Ese hombre es mío…! ¡Éntrelo a mi celda…! ¡La chaqueta me pertenece…! ¡Los tenis me quedan buenos…!* El aturdido visitante queda petrificado en el quicio de la puerta sin atreverse a dar el paso definitivo hacia adentro, mientras los guardias, conocedores de la situación, lo empujan para que el detenido se aclimate a su nueva condición.

¡Aquí se me acabó la vida! ¡Perdí mi libertad y ahora también voy a perder mi hombría!.. Es lo que piensan algunos asustados por el temor de ser violados en prisión.

Otros, sólo atinan a invocar al Todopoderoso para que los proteja de la desgracia: esto solo me pasa a mí… todo está perdido… ¡Diosito ayúdame!

Y al final, a todos les toca entrar y desfilar por el pasillo ante la mirada de ansiosos verdugos que les sentencian lo peor. Los gritos se escuchan excitados y cada vez más histéricos, también ellos desfogan de esta forma algo de sus frustraciones.

Terminando el recorrido se calma la algarabía; la noche es traumática para el nuevo que duerme vestido, protegiendo su honor. Después, la mayoría manifiesta no haber pegado el ojo en toda la noche esperando el momento trágico. El amanecer es más angustiante cuando se entera que no se puede escapar del baño diario… y lo peor llega cuando ve que todos los presos están desnudos en la ducha. El pobre hombre se bañaba en segundos sin reparar en el agua helada que corre por su tembloroso cuerpo, concentrado únicamente en cuidar su integridad, hasta el último momento.

La mañana llega acompañada de una neblina constante y penetrante; es cruel para todos y quieran o no, se deprimen. Las duchas al descubierto no dan lugar a la privacidad y los cuerpos desnudos de docenas de presos dan cuenta de que han perdido algo más que la libertad. Cuando el agua se suspende en las regaderas comunales, todo el mundo va al patio. Llega el mísero desayuno y el incauto preso es informado por sus compañeros de algo insólito. Le dicen que puede estar tranquilo porque ninguna de las amenazas de la noche anterior va a ser cumplida, es un *complot* para divertirse con los presos como parte del ritual de bienvenida que se aplica a los recién llegados. Al escuchar la noticia, se ve como el alma vuelve al cuerpo del infortunado hombre que acaba de padecer la amarga experiencia. La venganza es dulce y podría suceder que esa noche llegue un preso nuevo y seguramente él mismo se podría liberar de toda la frustración que sintió, en carne propia, cuando jugaron con su hombría. Es un ritual cruel pero rompe la rutina de la cárcel y todos los presos se ríen del miedo de los demás. Por respeto, estas bromas nunca las hacen a los jefes paramilitares o jefes de los carteles que pasan por ahí. A los guerrilleros los ubican en otra torre.

Al interior de la cárcel las torres están enrejadas; algunos patios se ven infestados de cobijas colgadas por todos lados, toallas, ropa. Como un infierno en clima frío...

Los presos siempre son solidarios y colaboran con los que acaban de ingresar. Un alma caritativa se compadece del nuevo y le ofrece una tarjeta para llamar a su familia. Cada torre tiene su propio ritmo de vida y cada quien está en lo suyo. Unos van a lavar ropa, otros a los teléfonos o al televisor; los presos antiguos tienen sus lugares en los mesones donde cuelgan hamacas improvisadas con sábanas; algunos aprovechan el tiempo para estudiar inglés. A las 8:00 a.m., se abre el expendio que vende los víveres y comienza un nuevo día, uno más como los anteriores...

Las tertulias entre los extraditables recluidos en el Patio 7 eran habituales. Algunos de ellos cuentan con un nivel cultural aceptable y se comportan de manera educada y prudente; generalmente son muy jóvenes y se les nota la diferencia. Bien vestidos, gastan dinero en comida, tarjetas y personal externo a su servicio. Pasan sus días en medio de las visitas familiares, abogados y discusiones entre ellos, haciendo cábalas sobre sus procesos:

—Lo mío no es nada, —dicen algunos.

—Es mejor estar en los EE.UU., para arreglar mi problema de una vez... —comenta otro más cuerdo.

—En dos años estoy de regreso... —habla el optimista.

—Las cárceles en los Estados Unidos están mejor que acá. Allí se puede estudiar y hacer ejercicio. Hay zonas verdes, ¡la comida es de lujo! —Asegura el iluso.

—Mi abogado me dijo que ya vio mi caso y que todo está muy bien; ¡pero que si veía la forma de volarme era mejor para mí! —Concluye el bromista.

Y como no falta el pesimista, éste les anuncia que en EE.UU., todas las condenas no rebajan de 15 años. Los tertulianos lo miran decepcionados al ver cómo les aterriza en la realidad.

Paradójicamente en la cárcel el tiempo pasa más rápido para los extraditables que para el resto de prisioneros. Cada visita familiar es especial para el hombre; no hay mejores padres que los que están fuera de la ley, aman con furia a la familia y más si saben que difícilmente la volverán a ver reunida; los visados para los EE.UU., son difíciles de obtener.

El día de visita familiar es especial para los presos porque pueden disfrutar de cuatro maravillosas horas con los suyos. El lugar se transforma con la llegada de los familiares; los niños juegan y gritan, ahuyentando el dolor que infecta al maldito presidio. Todos disfrutan de cada segundo. Los presos que tienen el privilegio de recibir visita, se cargan de energía para seguir haciendo frente a su castigo. Al final el reloj los alcanza avanzando más rápido de lo habitual.

El patio es pequeño, tiene bancos de piedra distribuidos en el lugar, donde hace un frío inclemente. Los reclusos siempre llevan medias y cobijas a sus familiares para que se cubran, pues la mayoría no está acostumbrada a las bajas temperaturas y llegan temblando al patio. Esas cuatro horas de placer son irremplazables. Cada preso se dedica a los suyos. Las madres se sumen en el dolor de ver la desgracia de sus hijos. Qué angustia tan grande debe causar esa circunstancia a cualquier madre. Constantemente se las puede ver secándose las lágrimas que ruedan por sus mejillas marchitas, mientras con sus cansadas manos reparten caricias a su hijo caído en desgracia, tratando de llevar en la memoria de sus dedos el rostro de aquel a quien no saben si volverán a encontrar con vida, en la siguiente ocasión.

La ansiedad se acrecienta cuando el guardia anuncia que la visita familiar terminó. En ese momento todas las miradas caen sobre el reloj de la pared, con la ilusión de que no sea cierto; pero la realidad es que el tiempo pasó y la visita debe salir. Los familiares se despiden a regañadientes, no sin antes llorar y dar bendiciones a diestra y siniestra.

Enseguida, los reclusos, con desgano, se dirigen al conteo y revisión antes de poder regresar a las celdas, con su amargura a cuestas...

Pero alrededor de las visitas familiares se vive un drama que pocos conocen; muchas mujeres no tienen idea de lo que sus hombres deben hacer dentro de la prisión para poder disfrutar de esos momentos.

Más de 1300 internos conviven diariamente en Cómbita y, como en todas las cárceles del país, los presos están estratificados por las circunstancias de la vida. Existen los presos "VIP", que son los que tienen dinero y poder; los de clase media que sobrellevan aceptablemente la vida; los pobres que apenas se puede decir que viven y los muy pobres que luchan por no morir...

Los estratos delincuenciales más bajos son los que están dispuestos a vender a su propia madre por dinero; los presos poderosos económicamente son los que pueden pagar y comprar lo que deseen, sin importar las consecuencias; y, los desafortunados, que por cosas del destino, inocentes o culpables, tienen que acomodarse a lo que sea.

Hay casos muy tristes de reclusos que les venden a otros el pollo, o la carne de las comidas diarias que les suministra el penal, a cambio de un poco de dinero para poder comprar algo decente en el caspete y tenerle así algún detalle a la familia o a la esposa el día de visita. Ahí es donde la mayoría de las mujeres corresponden con su lealtad y amor hacia su marido, acompañándolo cada quince días en la visita familiar.

Muchos de los extraditables y jefes paramilitares tienen como pareja a mujeres bellas que llegan a la puerta del penal en lujosas camionetas último modelo, con escoltas y oliendo a fino perfume. A la entrada de la cárcel se las ve incómodas con las extremas requisas de la guardia, pero tanto las hermosas mujeres de los poderosos, como las esposas de los pobres y humildes, comparten la misma dolorosa realidad, con iguales sentimientos de alegría e ilusión a la llegada y de tristeza y soledad cuando abandonan la cárcel, dejando atrás a sus hombres, para esperar el reencuentro 45 días después en la visita íntima, con la esperanza de estar en la misma puerta de la prisión porque su hombre aún sigue vivo. La única diferencia y lo más curioso es que la mayoría de las mujeres humildes, —las que huelen a perfumes corrientes, cuyos cuerpos descuidados y deteriorados no se comparan con la abundancia de silicona que se ve en las espectaculares visitantes del Patio 7—, siguen acudiendo a la cita en los patios comunes año tras año, mientras que en el Patio 7, el de los extraditables, muchas de las jóvenes no vuelven, se cansan rápido de exponer su belleza tras las rejas. También están las que, más osadas, arman maleta y se van detrás de sus parejas a repetir la historia, pero en una cárcel de los EE.UU., en donde no les está permitida la visita conyugal. En Colombia, un capo es un capo, así esté en prisión, y casi todo le está permitido.

Un extraditable pasa de 14 a 16 meses en el penal esperando su salida a los EE.UU., en pocos casos, a España u otros destinos. La captura asusta pero para algunos, la llegada a la temida Cómbita es sentencia de una extradición. El sujeto empieza a asimilar la realidad lentamente mientras se acomoda a su nueva situación y termina por considerar a Cómbita como a un tesoro, comparado con las prisiones de los EE.UU. Pasado el trago amargo de los boletines de prensa y la euforia de las autoridades por su captura, inicia su "vida" tras las rejas en donde lo máximo es la visita familiar y la visita íntima, el paraíso.

Muchos dicen que en Cómbita el tiempo es irreal... Está establecido que la visita íntima sea de una hora cada mes,[2] a veces una hora y media, dependiendo de la cantidad de presos que van a las 26 celdas acondicionadas para estos menesteres. Pero los presos siempre protestan porque dicen que les robaron tiempo; que fue muy corto. Lo cierto es que el reloj no miente...

La celda conyugal es pequeña, tiene una litera semidoble y cada preso debe llevar su propio tendido para la cama e implementos de aseo personal; hay un pequeño baño con ducha, muchos no alcanzan ni a bañarse, porque la hora con su pareja se va rápidamente.

Claro, ese día es esperado con ansia por todos los presos en todos los patios. Los galanes se hacen peluquear, buena afeitada, la mejor ropa y todo limpio para la gran cita, aunque igual se preparan para la visita familiar.

Las parejas visitantes llegan rápidamente al corredor y esperan su turno, la mayoría se ve ansiosa del encuentro amoroso y no tienen reparos en hacer sus "adelantos cariñosos con tintes sexuales", ante la mirada impávida de los guardias que ya están más que acostumbrados.

Los presos carentes de recursos económicos o de parejas estables, hacen el esfuerzo e ingresan su visita íntima cada 2 o 3 meses, pero no les alcanzan los recursos para comprar las pastillas milagrosas que se venden en el mercado negro de las cárceles para mejorar su potencia sexual.

Las mujeres generalmente salen de sus celdas conyugales con "carita feliz". Nadie imagina afuera el precio que ellos deben pagar para satisfacer sexualmente a sus parejas y las prácticas que se han impuesto para buscar tal satisfacción, como la de hacerse picar por abejas. Los días peligrosos para estas pequeñas e inofensivas amigas voladoras, son los previos a la visita íntima. Ese día, el prisionero amante de esta técnica, captura y guarda en recipientes

---

2   A partir del año 2006, las visitas conyugales se dan cada 30 días por espacio de una hora, por efecto de una acción de tutela, que modificó la reglamentación anterior que establecía dicho derecho cada 45 días. N. de E.

de plástico a las inocentes abejitas que, sin saberlo, serán invitadas a la visita conyugal de un hombre ansioso de satisfacer eróticamente a su pareja. Las abejas también ingresan a la celda conyugal. En plena faena sexual las invitan a hacer un trío. Con el pene erecto, el preso toma la abeja de las alas y se hace picar por el animalito que le clava el aguijón inoculando su veneno. Para el hombre que realiza esta práctica tres abejas son suficientes y le producen la hinchazón necesaria dándole la sensación de un gran miembro, frenando la eyaculación precoz, evitándole un momento vergonzoso. Las abejas mueren siendo usadas para dar placer...

Las visitas conyugales tienen mayor relevancia para los extraditables, quienes las anhelan con desespero pues saben que cuando lleguen a las cárceles gringas tendrán que aguantarse, porque el sistema carcelario de ese país no permite relaciones sexuales a los prisioneros; es una locura, presos condenados a 20 años y tener que imaginarse a una mujer en la intimidad, porque no se les permite ni que se toquen en las visitas de patio; eso sí que es una verdadera tortura. Muchos decían en voz alta: ¡Gracias a Dios todavía estoy en Colombia y aquí sí podemos hacerlo!

En la Cárcel de Cómbita, se ven presos de todas las edades que no se arriesgan a la conyugal sin ayuda extra; temen quedarle mal a sus parejas, creen que por eso ellas pueden conseguirse otro hombre que las satisfaga sexualmente, como les ha sucedido a algunos compañeros, por eso muchos inseguros sexuales se aseguran con las pastillas milagrosas. El gran momento, por la ansiedad se puede frustrar con una eyaculación precoz y el corto tiempo que da la cárcel para su relación sexual puede convertir en una pesadilla el tan esperado día. El Viagra o el Cialis "dan la seguridad de una erección en corto tiempo y la segunda oportunidad", afirman.

Una pastilla de éstas dentro del penal llegaba a costar $50,000 pesos o $25 USD de la época. Las ingresan de contrabando ya que están prohibidas dentro de los establecimientos carcelarios. Nadie se atreve a preguntar cómo entran, pero todos saben que circulan de mano en mano, con la mayor discreción.

Se rumoraba en los pasillos, que en casos especiales, los médicos de la cárcel han llegado a autorizarla con fórmula médica. Siempre los presos con dinero se pueden dar el lujo de tomarse un Cialis el día anterior y una hora antes de la conyugal un Viagra de 50 mgs.; la conyugal no falla; las mismas necesidades las tienen los reclusos de escasos recursos que recurren a métodos más rudimentarios para obtener su estimulación sexual extra, con el llamado "Viagra de los pobres".

Pero no solo los pobres resultan audaces para sus faenas conyugales. Algunos extraditables también hacían lo suyo. Fue sonado el caso de alias "Jhonny C". En todo el penal se hablaba con sorna de él. Era un hombre relativamente joven de unos 38 a 40 años de edad, aparentemente vital y saludable; se vendía como un gran asesino; por todo gritaba y amenazaba de muerte a guardias y presos; tenía un buen pasado. Fue el hombre de confianza del temible capo Hernando Gómez Bustamante, alias "Rasguño", quien terminó siendo extraditado.

"Jhonny C" se volvió también narcotraficante y quedó en la mira de la DEA. Los norteamericanos ofrecían 5 millones de dólares por él, hasta que fue capturado por la Policía, en un operativo helitransportado, en Caucasia, Antioquia. Un día llegó a Cómbita como el gran asesino; su vulnerabilidad se notó con los días; el momento: una visita conyugal. Cuando concluyó volvió a su patio y esa noche en su celda se puso muy mal de salud. Sobre las 11:00 p.m., la guardia lo llevó de urgencia, bajo fuertes medidas de seguridad, al hospital de Tunja, la ciudad más próxima al penal.

—Es priapismo severo, con pronóstico de amputación del pene... —dijo el médico que lo atendió.

El poderoso hombre le tenía una desconfianza total a su miembro, según se conoció por los guardias que lo acompañaron en el hospital y estuvieron todo el tiempo con él; éste le confesó la verdad al galeno que no se explicaba cómo un hombre joven como "Jhonny C" estaba en tan lamentable situación. Según explicó, la ansiedad y el estrés de su captura y eventual extradición a los EE.UU., en donde pasaría años antes de volver a tocar una mujer, le provocaron un desajuste emocional que lo llevó a dudar de cumplir con su sexualidad en la visita conyugal. Admitió que se tomó una pastilla de Cialis el día anterior de la visita íntima, un Viagra de 100 mg., una hora antes de la relación y ya en la conyugal se untó en su miembro un costoso remedio para la disfunción eréctil llamado "Papaya". Lo bueno fue que en su visita conyugal le fue muy bien, su compañera salió muy feliz y él regresó a su celda muy preocupado porque seguía con ganas de tener más sexo; por mucho que lo intentaba su pene no se tranquilizaba y se hinchó causándole tal dolor que a media noche tuvo que pedir ayuda a la guardia para que lo llevaran a la enfermería del penal y de ahí rumbo al hospital, por lo grave del caso; no sólo por el riesgo de su integridad física sino también por motivos de seguridad, por tratarse de un extraditable, la cárcel terminó montando un operativo para cuidarlo mientras lo intervenían en la sala de emergencia.

Allí lo sangraron para eliminar los coágulos; por fin los médicos lograron que cediera la erección con una bolsa con hielo directamente aplicada en la zona afectada. Pero la mala noticia llegó: "no se sabe si esto funciona...", aseguró el médico explicándole en términos clínicos la situación.

—Las próximas 72 horas son cruciales, para ver la evolución... si no, tendremos que amputar... ¡no hay opción!

Los guardias que lo odiaban, contaban días después la historia, con una sonrisa, mientras el abochornado hombre se recuperaba con su pene vendado en una celda de Cómbita.

—¡Nunca habíamos visto a "Johnny C" tan humilde y sumiso! —Decían sus carceleros.

Meses después, totalmente recuperado, "Johnny C" fue extraditado dejando atrás la mofa de sus compañeros que, por seguridad, se volvieron más cuidadosos en la dosis de Viagra que se tomaban para la visita conyugal.

VIII

Cumpleaños de un condenado

Llega la época del año en que el frío se hace más intenso. Las madrugadas son dramáticas para los reclusos en Cómbita, pero deben sobreponerse a todo, o se los come el encierro. Así lo hace también "Popeye" quien, para entonces, lleva más de once largos años de condena. No se deja acorralar por el clima ni por sus enemigos. Con entusiasmo cada día toma su baño a toda prisa y se mantiene en pie de lucha, al lado de sus fieros compañeros. Algunos, envueltos en sus cobijas, caminan rápidamente hasta el fondo del patio y regresan una y otra vez para calentarse y matar el tiempo. El mal clima los deprime aún más. Otros utilizan medias como guantes para proteger las manos. Cobijados por la neblina se ven como figuras fantasmales de indigentes tristes y pensativos, todos deambulando por el mismo sitio, una y otra vez, esperando que lleguen las 10:00 a.m., a ver si con un poco de suerte, el sol asoma la nariz.

Cada uno de los prisioneros tiene una historia y una condena a cuestas; éstas suelen ir desde los 6 hasta los 40 años; hay de todo en realidad. También están los que nunca van a salir de prisión por varias condenas de 30 años. Estos no tienen nada que perder y los demás presos los tienen entre ojos. Son bandidos que han asesinado a otros presos en la cárcel e incluso a guardias, por ello han acumulado tiempo en prisión. Pero, extrañamente, son los más serios.

Cada torre en una prisión tiene vida propia. El murmullo es constante. Las celdas son cerradas luego de la hora del baño y de allí todos los presos tienen que permanecer en el patio hasta las 5:00 p.m. En ese tiempo se desarrollan diversas actividades. Cuando termina la caminata en el patio comienzan los partidos de *futbolito*. El resto de presos se dirige a los mesones de los comedores o a los pasillos, frente a las celdas, a seguir conversando de lo mismo; algunos van a llamar por teléfono o a mirar televisión. El guardia que vende en el expendio de comestibles autorizado, abre desde las 8:00 a.m. Allí se forma una fila. Todos los días son prácticamente iguales. La monotonía del patio sólo se rompe con los dramas humanos que viven los condenados.

Un buen día "Popeye" estaba haciendo sus ejercicios diarios y al terminar lo abordó "Cara 'e crimen", un preso joven y humilde que él no conocía muy bien.

—Señor "Popeye" ¿me regala por favor un momento?

—¡Claro mi amigo! —le contestó con respeto.

Lo condujo a un lugar en el segundo piso; él creyó que era algo muy delicado y lo siguió sin preguntar más; como todo era tan misterioso buscó con la mirada a su amigo "Cala" y vio que lo tenía ubicado; quedó tranquilo pues si lo pensaban matar "Cala" de una saltaría sobre ellos.

Pero no era lo que parecía. "Cara'e crimen" miró a un lado y al otro cerciorándose de que podían hablar sin que los escucharan:

—Don "Popeye" es que le quiero pedir un gran favor...

—¡Hable mi amigo!... —le dijo con curiosidad.

—¡Es que hoy estoy cumpliendo años y no tengo cómo celebrarlo!

"Popeye" rio por su revelación, le dio la mano y lo felicitó preguntándole cómo le podía ayudar. Pensó que le iba a pedir tarjetas para llamar, o, quizá quería comprar marihuana, o un galón de licor carcelario.

—Señor... ¡es que le quiero pedir el favor, a ver si usted me regala un ponquecito Gala, una chocolatina y un *bon yurt*...!

Lo miró con ternura y sinceramente se conmovió con su pedido. Viniendo de semejante asesino, a un sicario como él, en el lugar en que se hallaban... fue una lección de vida, que le movió el piso, mostrándole que es capaz de sentir piedad.

—¡Claro mi amigo, con gusto!

Le indicó que lo esperara, fue corriendo al expendio, compró lo que le pidió y algo más; se lo entregó en una bolsa y lo dejó solo. Esto le golpeó y comprendió que la vida al margen de la ley, es muy dura para los hombres, tanto como debe serlo para las personas a quienes ellos han hecho daño con sus acciones.

"Cara'e crimen" se fue al tercer piso buscando intimidad. Desde lejos "Popeye" lo observó. Se sentó en el frío suelo, puso las cosas una a una en un pedacito de cemento de las duchas y se las comió todas, despacio, disfrutándolas con una fría alegría reflejada en su cara. Allí estuvo un buen rato celebrando su cumpleaños número 25. Debía pagar una condena de 40 años en prisión por homicidio y secuestro; mató al secuestrado y a un capitán de la Policía, que llevó a cabo un intento de rescate. Su juventud lo llevó a cometer muchos errores y ahora estaba pagando por sus locuras, su cara de bandido era una boleta de captura fija, nadie le conocía familia y nunca llamaba.

A veces "Popeye" le decía a "Cala" que estuviera *pilas*, que se iba a *echar un sueñito* y de lejos veía a "Cara'e crimen" pendiente que no le pasara nada a su benefactor; se notaba la lealtad que le tenía.

Con los días se acopló al patio de los paramilitares y se involucró en el desarrollo de los acontecimientos y dramas normales dentro de una prisión, que rompen el duro letargo de la condena.

IX

Las tangas de "Chapatín"

Pero todo no podía ser monotonía. Los patios controlados por los grupos guerrilleros estaban bastante movidos y eso hacía que toda la cárcel estuviera alerta. El Patio 5 se complicó.

Ese día, un 6 de enero, los guardias abrieron las puertas a las 5:45 a.m. Como siempre, dejaron correr el agua en las duchas comunales. Los presos salieron de sus celdas corriendo a desafiar el agua helada. Rápidamente volvieron con sus cuerpos temblorosos a secarse y vestirse en la intimidad de su celda, cobijados por la infaltable neblina que se tomó el patio.

En el patio se rumoraba que a "Chapatín" lo iban a ejecutar ese día. Era un hombre bajito, de unos 40 años de edad. Su pasado, en la calle y en prisión, además de tenebroso fue vergonzoso. Condenado por homicidio, concierto para delinquir y hurto; se hizo fuerte dentro de la Cárcel La Picota al lado de la guerrilla de las FARC.

Para la época de la violencia en las cárceles, años 1999-2001, La Picota tuvo su tiempo dorado. Comandantes guerrilleros la controlaban a sangre y fuego, antes de que llegaran los comandantes paramilitares a intentar tomar el control.

"Chapatín", como delincuente común se protegió por años a la sombra de la guerrilla; en los patios robaba, mataba y ejercía su maldad hacia los presos comunes. No le faltaban buenas armas de fuego y un séquito de asesinos a su disposición. A los guardias los mantenía amenazados. Era un héroe para la guerrilla, ya que, con el uso de la fuerza, los ayudó a sacar a los paramilitares de La Picota, cuando quisieron tomar el control. Allí triunfó la guerrilla en tiempo récord. Llegó el día en que la orden era dejar la adrenalina "intramuros" y salir a matar.

Un comando urbano de las FARC dinamitó la pared y se enfrentó a tiros con los guardias de las garitas. La balacera fue espectacular, los presos armados respondieron con sus armas.

Todos corrieron al hueco que dejó la explosión para escaparse. Tenían que ser muy rápidos, el Ejército estaba a un kilómetro y la respuesta llegaría en minutos. Más de 50 presos huyeron corriendo por las calles aledañas a la cárcel.

Allí se fugó "Chapatín". En plena fuga, éste se quedó solo con un comandante de la guerrilla compañero de huida. Sin pensarlo dos veces, aprovechó la oportunidad y lo asesinó por la espalda para robarle una gran cantidad de dinero que el guerrillero llevaba encima y le quitó una codiciada pistola 9 mm.

La Policía logró recapturar a unos pocos de los presos civiles; los guerrilleros huyeron hacia las montañas donde los esperaban sus amigos. "Chapatín" no tuvo suerte, llegó derrotado, sin apoyo y sin pistola.

El cacique del patio lo rodeó con sus hombres; le tiró un cuchillo a los pies, mientras él sacaba el suyo, y le dijo:

—"Chapatín", ¡peleé por su vida!

Los demás presos se quedaron a prudente distancia gritándole improperios.

"Chapatín" no se atrevió a tomar el arma, sólo calló y miró a los lados como una rata acorralada tratando de escapar. El cacique le gritó de nuevo:

—¡Perro, *cogé* el cuchillo!

De nuevo "Chapatín" se negó, todos sabían que era un cobarde y que abusaba de su poder sólo cuando los guerrilleros lo apoyaban, pero ese día estaba sin ellos. Alguien lo empujó con violencia, cayó al piso pero evitó coger el filoso cuchillo; "Chapatín" sabía que si no tomaba el cuchillo no sería atacado por su enemigo, es la ley de la cárcel. El cacique impone su autoridad y grita:

—¡Déjenlo!

"Chapatín" asustado se paró tambaleándose, pidió clemencia justificándose por su comportamiento en el pasado. Todos los presos lo miraban con desprecio y asco. De pronto se hizo un silencio sepulcral y la estruendosa voz del cacique del patio resonó dictando sentencia:

—¡Las tangas, traigan las tangas!

En veloz carrera un preso llegó con ellas en la mano, eran chiquitas tipo *hilo dental*; el cacique se las tira en la cara a "Chapatín" que lo miraba con los ojos desorbitados, sabía lo que eso significaba. El jefe del patio le grita con prepotencia.

—¡*Ponételas y desfilá*!

El humillado se agachó y las tomó del suelo, pero no cumplió la orden; los hombres del cacique sacaron sus puñales y se le fueron encima para lincharlo; sin pensarlo dos veces "Chapatín" se tiró al suelo, se quitó los tenis, los pantalones y se subió las tangas sobre los calzoncillos.

El cacique con furia le gritó, cuchillo en mano:

—¡Nnoooo, no.... es desnudito!

Todos gritaron con euforia y excitación agitando sus puñales.

—¡Que desfileeeeee, que desfileee!

El hombre estaba en *shock*, con los ojos que se le querían salir de sus cuencas, los cachetes rojos y la cara desencajada, seguía luchando por su vida, sabía que de no hacerlo esa jauría de presos lo cortaría en pedacitos, por eso rápidamente desfiló ante los hombres totalmente desnudo con la mini tanga puesta en su regordete cuerpo y caminó como en pasarela de un lado a otro del patio con las manos en jarra. Todo un espectáculo; el desfile duró cerca de diez minutos. Todos reían y le gritaban groserías hasta que el jefe terminó con la fiesta.

—¡Que recoja sus cosas y se vaya del patio!

"Chapatín" intentó quitarse las tangas blancas y no lo dejaron, se vistió como pudo y salió corriendo a la reja llamando desesperado a la guardia, que se había hecho a un lado para no meterse en problemas; lo llevaron a los calabozos; iba sin honor, sin patio, sin poder, con la honra en el piso, aunque con la vida intacta.

Esta humillación se conoció en todas las cárceles de Colombia. Quedó claro que "Chapatín" no era nada sin los guerrilleros. Cuando se abrió la Cárcel de Cómbita, fue ingresado como el preso número 1185. El humillado hombre respiró tranquilo; Cómbita era una cárcel súper segura, se protegió de nuevo con los guerrilleros, pero el destino le tenía otra sorpresa.

La guerrilla estaba investigando la muerte del comandante que "Chapatín" asesinó el día de la fuga de la Cárcel La Picota; les llamó la atención que el punto en que cayó era un ángulo ciego para los guardias que estaban disparando de frente, y el muerto tenía un tiro por la espalda. Lo peor fue enterarse de que, cuando capturaron a "Chapatín", éste tenía en su poder la pistola de la víctima; alguien les confirmó que lo vio salir en la balacera custodiando al comandante en medio de la fuga. Y lo más raro es que el dinero que llevaba el guerrillero en un pequeño bolso, no apareció en el levantamiento del cadáver. El veredicto final:

—Muerte a "Chapatín".

—¿Pero en Cómbita? —preguntaron los guerrilleros.

—¡Sí, en Cómbita! Es una orden.

En el único lugar en el cual no había vigilancia era adentro de la celda; en el pasillo las cámaras dejarían al descubierto a los asesinos e igual sucedería en el patio. Alguien sugirió que lo mejor sería envenenarlo, pero no era posible porque la idea era matarlo de inmediato.

Rutinariamente los guardias abren las celdas y todo el mundo a las duchas; pero aquella mañana no: los cuatro asesinos y los campaneros se levantaron vestidos, listos a cumplir la mortal misión.

El día amaneció más frío que de costumbre. Algunos presos vieron los movimientos sospechosos, pero nadie dijo nada. En las cárceles siempre impera la ley del silencio. "Chapatín" muy confiado, no esperaba a la muerte tan temprano. Los asesinos dijeron.

—¡Manos a la obra... hay que despachar al traidor!

Ruanas carcelarias, hechas de cobija de lana, cubren la mitad del rostro del victimario. Uno a uno van llegando a la celda en el tercer piso. En ella estaba durmiendo el inocente compañero de celda de "Chapatín, que nada tenía que ver en el asunto y pagó por estar en el lugar equivocado.

Dos de los asesinos mataron a "Jaimito". Uno de ellos le cogió las manos para evitar que se defendiera. Otro le tapó la boca con una toalla. Luego escondieron el cadáver tras la puerta; mientras tanto, "Chapatín" regresaba de la ducha en chanclas y toalla; se frenó al ver los cuatro tipos en su celda pues sabía lo que le esperaba. Sin darle tiempo a reaccionar lo jalaron hacia adentro para evitar que las cámaras de vigilancia los vieran. "Chapatín" forcejeó desesperadamente queriendo salvar su vida, pero los asesinos lo mataron a puñaladas con sevicia, hasta dejarlo convertido en un guiñapo sanguinolento envuelto en un gran baño de sangre que comenzó a escurrir rápidamente por el piso.

Los hombres salieron cubriéndose de nuevo la cara, cerraron la puerta con toda naturalidad para no llamar la atención de la guardia y con sigilo regresaron a sus sitios, dejando atrás dos cadáveres nauseabundos bajo el planchón del camarote de la celda.

Después de que terminó el ciclo de baño y vestida rutinaria, los guardias cerraron las celdas sin sospechar nada; todo el mundo salió al patio para la contada; el guardia responsable de la torre va fila por fila contando de dos en dos. No le cuadran las cuentas con los presos, lo hace de nuevo, lo mismo le faltan dos; fue a informar al teniente. Éste le ordenó abrir las celdas y buscar a los dos que no aparecieron en la fila; el silencio en el patio presagiaba la tragedia. De pronto se oyó un grito de pánico.

—¡Están muertos... están muertos!

La voz temblorosa salía de la celda de "Chapatín" desde donde un joven guardia, parado en la puerta, alertaba a sus compañeros.

—¡Increíble... en Cómbitaaaa! —Exclamó otro guardia corriendo a mirar los cadáveres; cuando entró, no se supo si fue el olor a muerto o el horror de lo que vio pero salió en el acto...

El teniente estupefacto corrió al tercer piso a verificar la noticia. ¡Ahí estaban tirados en un charco de sangre "Chapatín" y "Jaimito"! Alerta total en la cárcel.

Llegó la Fiscalía y realizó el levantamiento de los cadáveres.

Concluyeron que los muertos presentaban 60 puñaladas distribuidas así: 40 para "Chapatín" y 20 para "Jaimito". Fueron dados de baja los muertos de la lista de presos del penal. Se llamaban Édilson Tabares Quintero, alias "Chapatín" y Jaime Enrique Lara León, alias "Jaimito" que se murió sin saber por qué. Dos bolsas plásticas fue todo lo que se llevaron a sus tumbas, en ellas iban sus cuerpos malolientes...

Horas más tarde, el guardia de turno abrió la celda de los muertos para sacar las pocas pertenencias de las víctimas, las regó en el pasillo y cerró con llave la celda que albergaría a los próximos inquilinos.

La Policía Judicial llamó a la guardia y a las directivas del penal; todos los vigilantes a la Torre 5. Sacaron a un lado los presos que tenían sangre en las suelas de los zapatos; finalmente los que tuvieran arañazos o heridas frescas; la requisa fue total. Al final quedaron ocho sospechosos. La investigación llegó hasta los asesinos; las evidencias fueron contundentes los homicidas confesaron. Fueron condenados por estos crímenes, cada uno a 25 años más de cárcel. Ellos sabían el riesgo que corrían con sus actos, por eso cobraron una suma millonaria por la operación.

X

El limbo de los locos

La vida para los reos continuó en la Cárcel de Cómbita sin "Chapatín". En realidad nadie lo echó de menos por ser tan mala persona.

Al que sí recordaban en el patio en el que "Popeye" seguía recluido era a Miguel Rodríguez Orejuela. Todos lo extrañaban; se habían acostumbrado a vivir con él. Lo querían y respetaban. Su mano generosa ayudó a muchos presos humildes que aún hoy le siguen agradecidos.

El arte para sobrevivir estaba en saber aguantar el mal rato y seguir adelante. Como lo hizo el "Doctor Viejito" quien finalmente salió libre; las autoridades estadounidenses desistieron de pedirlo por su avanzada edad y concluyeron el caso. El que no se salvó de ser extraditado fue su amigo "Buonomo"; lo subieron al temido avión de la DEA y nunca más se supo de él.

De quien sí tuvo noticias "Popeye" fue de la Juez María Claudia: lo condenó a doce años y seis meses por narcotráfico en el caso de Holanda, que ya llevaba varios años peleándolo. Cuando el notificador se lo comunicó, lo tomó con tranquilidad, pues sabía que eso iba a pasar, después del montaje que le hicieron con tanto escándalo. Su filosofía guerrera ha sido la de aguantar y luchar un día a la vez.

"Popeye" tenía que pagar los delitos acumulados con el Cartel de Medellín y al terminar, arrancar de cero a pagar su nueva sentencia ya que supuestamente cometió el delito desde la cárcel. Pensó que la Jueza fue generosa con él porque no le dio una condena superior cuando siempre, en su caso, las autoridades han sido muy "espléndidas" en asignarle la mayor condena posible. Lo bueno es que le han aceptado estudio y trabajo, por lo que, con suerte, en el año 2014 sería hombre libre. Pero por ahora, tenía que seguir adelante junto con sus compañeros, todos subidos en el tren de sus condenas... el que se bajara, perdía o se enloquecía y terminaba en el patio de psiquiatría.

Los reos con varias condenas escogían la salida más rápida a su depresión: la fuga, el suicidio o morir en una pelea con otro preso igual que él.

Fue el caso de Raúl Críales Romero, más conocido como "Pecho de águila", un bandido sin hígados, convertido en carne de presidio; éste no era inocente, al contrario, era un asesino completo y perdió el norte buscando la libertad. Medía 1.68 de estatura. Su cara de bandido de barrio, tenía la mirada fría y el ceño fruncido todo el tiempo, en actitud sobradora, dispuesto a saltarle al cuello a cualquier ser humano apenas diera la espalda. Listo a apuñalear por un simple empujón. Llegó a la cárcel por homicidio con una condena de 30 años, nadie sabe a quién mato, ni por qué. En la cárcel tenía otros dos muertos; esto era grave para él. En realidad no tenía nada que perder pues estaba condenado a pasar el resto de su vida tras las rejas.

Cuando un bandido llega a prisión puede acumular todos sus crímenes y le queda una sola condena, pero delito tras las rejas, es a otro precio; se paga individual, se termina de pagar el muerto de la calle y se comienza a descontar el muerto de prisión; si son tres muertos, son tres condenas.

Todos pensaron que "Pecho de águila" era un duro. A sus 36 años de edad, se pensaba que era fuerte y centrado; estuvo casi un año en los calabozos y allí recapacitó un poco; le pidió a otro preso con dinero que le regalara una gaseosa, un pollo asado, y unos chocolates; pero lo más importante, le regaló los pasajes para que su hija lo visitara en Cómbita. Fue un día especial para él, se vistió muy limpio con un buzo que le regaló un compañero, se afeitó y fue feliz al encuentro con su hija. Hacía muchos años no tenía visita de nadie; estaba emocionado. Al final de la visita cuando todos se habían ido, él llegó al patio con dos pollos del asadero, no se sabe cómo, pero "Pecho de águila" lo hizo. Ningún preso puede subir pollo de la visita a los patios, ya que allí pueden esconderse marihuana y elementos prohibidos, pero ese día el guardia lo dejó pasar con el tesoro.

A partir de ahí todo cambio para "Pecho de águila"; pidió ser llevado a otro patio y lo asignaron a la Torre 2; lentamente fue planeando la fuga; tenía que hacerse llevar a un hospital y tomó una decisión traumática: se tragó varias cuchillas de afeitar partidas en pequeños trozos; le produjo un sangrado rectal que lo llevó directo al hospital. Los guardias sabían que con "Pecho de águila" no se jugaba; fue amarrado de un pie a la cama de metal. Los médicos le retiraron parte de su colon perforado por las cuchillas, perdió fuerza y quedó inhabilitado para fugarse. Su esperanza era que algún guardia o un policía de la clínica se descuidara para arrebatarle el arma y salir del hospital a sangre y fuego. Pero en Cómbita estaban alerta y se activó el protocolo de seguridad por la peligrosidad del reo.

Cuando se recuperó medianamente, fue llevado de regreso a la prisión; en plena convalecencia, se tragó las puntas de unas tijeras pequeñas, los médicos para salvarle la vida le cortaron otro pedazo de colon. Allí perdió no sólo su fuerza sino también la esperanza de buscar la libertad y el aliento de vivir.

Lo vieron pasar rumbo a la enfermería de la cárcel, vencido, totalmente acabado, dando pasos cortos, mientras se frotaba con las manos suavemente el estómago; la mirada altiva de antes desapareció y esta vez sólo la fijaba en el piso. Ya no tenía brillo en sus ojos. En esta ocasión la recuperación fue más lenta y dolorosa; hasta que logró su objetivo de salir libre de la cárcel, pero con los pies para adelante.

La mañana en que se ahorcó el frío era intenso; helaba como nunca. El peligroso hombre se negó a salir de la celda y el guardia, por no enfrentarlo, no se complicó y lo dejó tranquilo. Con una cuerda hecha de bolsas plásticas, amarrada a los barrotes de la ventana de su celda, puso fin a sus días. En el levantamiento quedó como indocumentado, pues nunca apareció su identificación personal. "Pecho de águila" no dejó huella entre los reclusos, salvo porque terminó con el mito de su fuerza invencible... Quedó claro que la fuerza más importante en los hombres no es la física sino la del espíritu y "Pecho de águila" evidentemente carecía de ella, quizá no la buscó nunca o no supo hallarla. Nadie lo extrañaría.

El implacable peso de la justicia volvió loco a más de uno. Algunos presos jóvenes, con apenas 22 años de edad, acudían temerosos al llamado del notificador. Este funcionario público se acercaba presuroso a la reja del patio y sin la menor consideración le notificaba al joven que había sido condenado a 20, 30 o 40 años de cárcel, para luego darle la espalda sin conceder un minuto de su tiempo para responder alguna pregunta.

El preso, pasmado por la noticia salía a paso lento, con la cabeza hundida entre los hombros e instintivamente se dirigía al teléfono para darle la mala noticia a su mujer. En la mayoría de los casos ésta era la primera que salía corriendo. Una jovencita de 20 años no espera 30 a su galán por más amor que jure tenerle y si lo acompaña los primeros años de condena, no la termina con él, porque en el camino se cansa de las visitas a la cárcel, las incómodas requisas y los celos obsesivos de su pareja. Al final el golpe certero: dejarlo por otro hombre con mejor futuro...

Para ellos todo resulta vano; caen en depresión y con los años terminan perdiendo la cabeza, sin esperanzas, con su vida vacía. Tristemente acaban en el temido "Limbo de los locos"...

Estos presos son muy rutinarios en sus actividades; da verdadera lástima verlos. Siempre a la misma hora, 7:30 a.m., bajan las escaleras y se dirigen a tomar el desayuno.

Como en el caso de "el Grillo". Un preso que se aislaba en el tercer piso de la torre, al lado de los baños. Nadie lo visitaba, no tenía dinero para ir al expendio, nadie a quién llamar, en el patio ninguno le hablaba. Todos los días bajaba a recoger su comidita y subía las escaleras para tomar sus alimentos lejos de los demás; siempre iba con un periódico en la mano. Sobre las 9:30 a.m., hacía la fila para el almuerzo, lo tomaba y subía lentamente, una vez más, con el periódico en frente, como si quisiera que las escaleras nunca terminaran.

A las 2:30 p.m., bajaba de nuevo para buscar su comida; nunca dejaba de leer el periódico, ni siquiera cuando comía. A veces, "Popeye" con disimulo y para no molestarlo, le miraba el periódico de reojo y lo tenía al revés, o peor aún, la noticia era de años atrás y el periódico tenía ya la tinta corrida. Aun así "el Grillo" seguía concentrado, supuestamente leyendo.

Finalmente, a las 4:30 p.m., cuando el día terminaba para todos, y era la hora de ir a las celdas encerrados bajo llave, "el Grillo" suspendía su lectura y se acostaba a dormir, pero permanecía mirando el techo con los ojos fijos en la nada. Su compañero de celda, que aparentemente estaba menos loco, contó que así sucedía siempre.

Al llegar una nueva jornada "el Grillo" retomaba idéntica rutina, día tras día. Así pasaron las semanas, los meses, y los años. Todos sabían que leía el mismo periódico. Nunca buscó uno nuevo; con religiosidad recurría a las mismas noticias de su amarillento diario, mirando sin ver. Hasta que finalmente fue sacado del patio y llevado a un anexo psiquiátrico pero en otro penal. "El Grillo" no aguantó la presión de la elevada condena, sumado al abandonó de su mujer y terminó desquiciándose totalmente. Alguien contó que estaba en la Cárcel Modelo de Bogotá en donde se le vio "leyendo sin leer" quizá el mismo periódico descolorido que se llevó de la Cárcel de Cómbita.

Cada cual carga su piano como le toca. Así como "el Grillo" otros presos perdían la razón y se volvían agresivos; entonces eran llevados a los calabozos. Para que los guardias no ingresaran a su mundo a molestarlos llegaban a untarse de sus propios excrementos; eran felices haciendo bolitas con ellos para arrojarlas a los guardias. Unos hasta se comían su propia miseria; los carceleros evitaban provocarlos, eran hombres convertidos, por equivocación o destino, en guiñapos humanos, escoria de la sociedad, olvidados por todos, incluso por su propia memoria...

XI

Por una tarjeta...

Para muchos, las cárceles son el reflejo de una sociedad descompuesta, estratificada y discriminatoria. Cómbita era la mejor demostración de esta premisa. En el Patio 7 estaban confinados todos los extraditables. La mayoría de ellos manejaba todo con dinero, a veces con absoluta generosidad; el dinero suavizaba su estadía. Llegaban a gastar hasta $400 USD diarios en la compra de tarjetas para llamadas telefónicas. La más costosa era de $50 USD y duraba 35 minutos. El teléfono constituía el 70% de la vida del preso, el hilo conector entre el dolor de la familia y el del reo. Pero había muchos compañeros que pasaban largos períodos sin poder llamar, a veces hasta ocho meses, pues no tenían dinero para comprarlas.

En el otro extremo de la población carcelaria estaban los presos comunes, los que no pertenecían a ningún grupo político o cartel de narcotráfico; eran hombres humildes, sin pedigrí pero con una gran capacidad para el crimen; el desecho de la sociedad. Ahí, en el Patio 3, cualquier cosa podía pasar.

Un 17 de octubre, cerca de las 12:30 p.m., varios presos conversaban animadamente en las esquinas del patio, refiriendo una y otra vez sus legendarios crímenes. Nadie perdía de vista al otro; eran miradas de desconfianza que temían a la muerte, porque el que se descuidara, perdía. En medio de ellos había un humilde hombre que lavaba, una y otra vez, los platos de plástico donde había consumido minutos antes los alimentos. Su atención estaba puesta en el agua que salía del grifo y escurría por las gigantes manos de Jorge Armando "Boca Negra" quien insistía en sacarle brillo a la vajilla de desechables que tenía frente a él. Su menuda figura, 1.60 metros de estatura y su piel morena no mostraban su fiereza. Estaba condenado a 30 años por homicidio, nunca se supo a quién mató; era un hombre reservado, amable servicial y taciturno, de pocos amigos, sólo confiaba en tres compañeros de patio que siempre estaban con él. Aún le faltaba por pagar 10 años de su condena.

Su oficio fue interrumpido por los amigos que le llamaron para que les colaborara en construir un escondite en un pequeño cuarto en donde la cámara de seguridad no alcanzaba a llegar. "Boca Negra" entró confiado a buscar el mejor lugar para ayudar a sus colegas a ocultar la marihuana que tenían. Ellos cerraron la puerta y cuando éste se agachó uno de ellos le tapó la boca y los otros dos lo asesinaron a puñaladas. Nadie escuchó nada pues el hombre no tuvo oportunidad de reaccionar; sus buenos amigos le clavaron el puñal por la espalda y lo dejaron tirado detrás de la puerta. Los asesinos salieron, uno de ellos llevaba encima el motivo de su crimen.

Tranquilamente los victimarios se sentaron a un lado del patio y se lavaron la sangre con el agua de un balde; tenían la ropa salpicada del delito. El olor a muerte en el ambiente fue notorio; las miradas de los otros reos se dirigieron discretamente hacia los hombres. Todos sabían y fueron cómplices mudos del asesinato de un criminal. Nadie habló; una vez más imperó la ley del silencio. De abajo de la puerta del cuartucho empezó a salir un hilillo de sangre que corrió a unirse con el agua que los hombres regaron en el piso, haciendo más grande el charco de agua sanguinolenta que llamó la atención de los guardias. Los 189 presos del Patio 3, quienes también estaban observando, voltearon su mirada para evitar problemas y cada quien siguió en lo suyo.

A las 3:30 p.m., se armó el escándalo.

—¡Hay un muerto al lado de la cocina!

El sargento Grimaldo llegó a regañadientes; incrédulo ingresó con su gente, vio la dantesca escena y ordenó accionar la alarma; todos los guardias disponibles al Patio 3. El lío fue enorme, en Cómbita no podían aparecer más muertos.

Una vez más llegó la Policía Judicial y efectuó la investigación. A las 2 horas ya había cinco sospechosos. A los 3 días un preso del mismo patio vio la oportunidad de un traslado cerca de su familia y delató a los asesinos. La guardia lo protegió y se esclareció el homicidio.

Cuando los fiscales preguntaron a los tres presos por qué lo habían matado, ellos se justificaron diciendo que "Boca Negra" había llamado por teléfono para delatar a una persona que trabajaba para ellos llevando droga al aeropuerto.

La verdad se conoció en toda la cárcel: a "Boca Negra" lo mataron sus amigos porque se gastó la última tarjeta telefónica de $22 USD que les pertenecía. Él, ingenuamente, la usó para llamar al único familiar que le quedaba vivo para pedirle que lo fuera a visitar. No le quedaba nadie más a quien llamar pues sus enemigos mataron a todos los suyos.

Por la crueldad y la premeditación del crimen los sicarios recibieron 30 años más de cárcel.

Después del levantamiento del cadáver por parte de la Fiscalía, la guardia estaba furiosa. Se suponía que Cómbita era una cárcel de alta seguridad y por ser así los guardias recibían una prima especial. Los asesinatos podrían hacer que los custodios perdieran la prima.

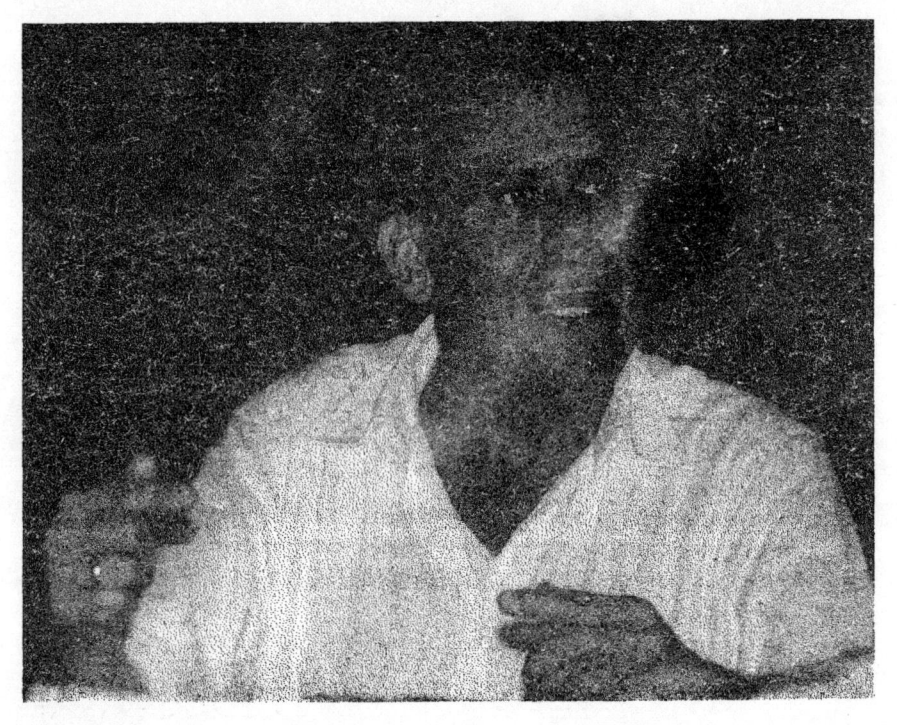

Carlos Castaño Gil, comandante en Jefe de las AUC, asesinado por orden de su hermano Vicente Castaño alias "El Profe", el 16 de abril de 2004.

XII

Carlos Castaño

La vida seguía su rumbo en la cárcel y fuera de ella. En el patio les cambiaron un poco la rutina. Las celdas se comenzaron a abrir más tarde, 6:00 a.m., y los encerraban a las 5:00 p.m. Como aseador, su empleo para rebajar condena, "Popeye" junto con seis de sus compañeros se quedaba limpiando el patio.

En ese escenario, un día "Popeye" recibe información confiable de que lo iban a asesinar. No se podía dejar matar sin dar la pelea y menos permitiría que la monotonía de la cárcel se lo tragara vivo.

Para sobrevivir en una cárcel es necesario hacer alianzas con Dios y con el diablo y "Pope" lo hacía magistralmente para protegerse. Se alió con Aldemar Zamudio, alias "Cala", un ex paramilitar condenado a 30 años de cárcel junto con alias "el Caleño". Todos estaban conscientes de que debían tener a su asesino de confianza en el grupo, para que los respaldara sin que ellos directamente se afectaran con alguna acción extrema que se presentara. El hombre elegido tenía características especiales. "Osuna" era perfecto para unirlo al grupo. Estaba encartado por un homicidio y tenía un muerto más de cárcel. Se había fugado de otra prisión. "Osuna" era carne de presidio, y no tenía nada que perder con tanta condena encima. Se les une el sobrino del extinto Miguel Arroyave, "Camilito", condenado a 15 años. Para su defensa el grupo contaba con dos buenos cuchillos y el fiero "Osuna" era bueno para el cuchillo, al igual que "Cala" y "el Caleño". "Camilito" no se le arrugaba a nada. Todos se ayudaban y cuidaban mutuamente. No había jefe; se respetaban y su único fin era guardarse la espalda. El más malo para el cuchillo era "Popeye". Su arma secreta y respaldo personal era "Osuna", a quien le pagaba la marihuana, le compraba los cigarrillos y lo llevaba a que hablara con la mamá por teléfono, pues antes de su alianza pasó dos años sin llamar a la viejita. Todos se protegían y controlaban para que otro grupo no los fuera a coger; dentro del patio de mayor peligrosidad un asesino más criminal que ellos mismos era todo un lujo que pocos podían darse, sobre todo en Cómbita en donde se consideraba de extrema seguridad, aunque con el tiempo todos fueron viendo que el desarrollo, al interior de las torres, era como la de cualquier cárcel normal del país. "Popeye" vio el movimiento clandestino pero habitual de venta de droga dentro de los patios, sobre todo de marihuana. Algunos muchachos eran verdaderos magos para burlar los controles de la guardia. El día de la visita íntima se contrataba a una "mula", que llevaba la droga en dedos de guantes de latex. La compañera ingresaba un laxante casero, camuflado también en su propio cuerpo. Luego de tomarlo la mujer expulsaba los dedos de marihuana o cocaína que se había tragado. El preso, apodado "Jíbaro", era el distribuidor de droga dentro de la cárcel; la limpiaba en el lavamanos de la celda conyugal y luego se la tragaba nuevamente para pasar la requisa que los guardias hacen a cada preso después de la visita, la cual incluye mirada al ano, precisamente para evitar este tráfico o el de armas. Cuando el recluso llegaba a su patio repetía la operación del laxante en su propio cuerpo y de ahí salía a la venta con los viciosos, que eran muchos en la cárcel. Decían que así podían soportar la dura condena. Estos se exponían a la furia de los paramilitares quienes tenían prohibida la venta y el consumo de drogas en el patio. Cuando sorprendían a los presos en esta actividad los castigaban con dureza hasta expulsarlos de la torre, lo que hacía más difícil todo el negocio, sin embargo, los hombres se las ingeniaban para drogarse y comerciar el enervante.

Perder el patio para cualquier reo es traumático y peligroso; se corre la voz en toda la cárcel, después ninguna torre lo quiere recibir y el caído en desgracia tiene que ir a vivir al calabozo para esperar allí hasta veinte días mientras la cárcel le asigna uno nuevo donde acepten su presencia. Los muchachos de las autodefensas, al igual que los de la guerrilla, eran disciplinados y tenían la fuerza para evitar el consumo de alucinógenos excepto con pequeñas excepciones. En una pelea de bandas contra los que dominaban el patio, aparecían 20 ó 30 con "cuchillos hechizos" defendiendo su organización, no sólo protegían su territorio sino a ellos mismos. En caso de una requisa sorpresa había condenados que se introducían por el ano un tubito plástico en donde camuflaban la droga o los cuchillos hechizos protegiéndose de no lesionar el interior. Lo asombroso de esta práctica era que caminaban normalmente sin que se notara alguna irregularidad; en caso de enfrentamientos, en segundos se lo sacaban para atacar al enemigo, con una audacia y agilidad que sorprendía a todos.

En ese escenario, "Popeye" permanecía atento por la información que tenía de las negras intenciones de sus enemigos. Como siempre, daría la pelea a quien intentara desaparecerlo. Para ello se protegería con sus nuevos socios.

Un día cualquiera mientras centraba su atención en la escritura, un paramilitar le cambió el ánimo.

—Don "Popeye", me permite un minuto. Por favor, regáleme una tarjeta para llamar a mi familia.

"Popeye", soltó el lapicero y lo miró sonriente dispuesto a ayudar al compañero.

—Es que mataron a Carlos Castaño y mi cuñado estaba con él. No aparece hace tres días. Mi hermana está muy preocupada; necesito hablar con el "Mono Leche".

El hombre le soltó la noticia tan directamente que "Popeye" quedó paralizado y apenas si pudo levantarse del piso donde estaba sentado. Nunca se lo esperó, pero pensó que tendría información de primera mano gracias a su amigo.

Sacó dos tarjetas de $10 USD. No se aguantó las ganas de conocer los detalles y se fue detrás de él.

El patio ya contaba con dos teléfonos de Telecom. Eran muy cómodos; les metían la tarjeta y el teléfono iba descontando el dinero. Había una larga fila siempre para utilizarlo. Otros reclusos llamaban a sus familias ese fin de semana. Ante la gravedad de la situación les pidieron permiso para llamar y enseguida accedieron todos, aterrados con la noticia. El hombre marcó a una población de la zona de Urabá. "Popeye" alistó cinco tarjetas más para dárselas. El "Mono Leche", quien tenía la información directa de la muerte de Castaño no le podía contestar en ese momento, pero un empleado suyo le dijo que llamara en la tarde. El "Para" no era ningún pintado en la pared. Cuando llamó le atendieron.

Colgó desilusionado y le fue a devolver las tarjetas a "Popeye" pero éste se las dejó para que las utilizara cuando quisiera, él le prometió ir para la llamada de la tarde. No todo terminaba ahí. Los demás paramilitares se reunían en corrillos comentando el tema, todos buscando información sobre la muerte de su jefe supremo...

A medio día la noticia saltó a los medios de comunicación; se hablaba de dos sobrevivientes que escaparon heridos: alias "la Vaca" y "el Tigre". Un carro que distribuía pan los ayudó a salir de la zona. La Policía y el Ejército los protegió. El país incrédulo. La noticia le da la vuelta al mundo. ¡Increíble! El poderoso Carlos Castaño, muerto a sus escasos 39 años de edad.

Llegó la tarde y fue con Zapata a llamar nuevamente. La razón de "Mono Leche" a través de sus hombres fue: ...*Que le diga a su hermana que no averigüe más por Richard. Está muerto y desaparecido... ¡Si sigue molestando la orden es matarla!*

Zapata cuelga desconcertado y le marca a su hermana advirtiéndole lo que le puede pasar si sigue buscando a su marido que era parte del grupo de escoltas de Castaño. Ésta, asustada, le prometió guardar silencio y salir rápidamente de la zona. Sabía que los asesinos del jefe paramilitar no querían testigos molestos. Era un hecho: el poderoso Carlos Castaño estaba muerto. Lo asesinaron sus propios hombres por órdenes de su hermano Vicente y del Estado Mayor, quienes un día fueron sus amigos y aliados en la lucha con los subversivos.

La noticia entristeció al patio; todos sus hombres hablaban en voz baja. Sabían lo que se les venía encima; no era bueno para el proceso de desmovilización que se llevaba con el gobierno. Su muerte traería consecuencias.

Carlos Castaño había sido pedido en extradición por los EE.UU., por el delito de narcotráfico. Al comienzo del gobierno del Presidente Álvaro Uribe Vélez se conoció la orden. Castaño tenía un discurso anti narco y era un gran narcotraficante, recibiendo dinero de ellos para financiar su guerra. Sus declaraciones constantes en los medios de comunicación denunciando a sus antiguos aliados le engordó la lista de enemigos dentro de su organización, incluso se estaba distanciando de Diego Murillo, alias "don Berna", su gran aliado en el grupo de los "PEPES" cuando combatieron a Pablo Escobar.

No sólo con ellos tuvo enfrentamientos. Con su hermano Vicente Castaño, alias "el Profe", tenía peleas verbales a diario. La mayoría de los jefes paramilitares se estaban financiando con recursos del narcotráfico para sostener a su tropa que peleaba fieramente contra las guerrillas de las FARC y el ELN. Los comandantes le temían a los contactos que tenía Carlos con la DEA y a su personalidad cambiante. Temían que los entregara a la justicia norteamericana a cambio de inmunidad para él, su esposa Kenia y su pequeña hija. Su amigo y aliado en el departamento de Córdoba, Salvatore Mancuso, también se empezó a distanciar de él.

Kenia Gómez empezó a jalonear fuertemente a su hombre hacia la legalidad. Con el dinero que tenía, con su hermosa y joven esposa lo que anhelaba era una nueva vida… Inteligente como era, públicamente se declaró enemigo del narcotráfico y de los bandidos. Este hecho se sumó al maltrato que diariamente le daba a sus comandantes del Estado Mayor ofendiéndoles en las reuniones, hasta la humillación pública. No los respetaba y se contradecía en sus actuaciones. Algunos de ellos ya con poder y dinero decidieron alejarse de él y desafiar su autoridad. No lo reconocían ya como jefe de los paramilitares en Colombia. Sus antiguos socios y amigos se reunieron y con la autorización de su hermano Vicente Castaño, alias "el Profe", tomaron la decisión mortal.

La operación fue liderada por Hebert Veloza, alias "H.H." comandante del Bloque Calima. Éste escogió a sus mejores hombres para realizar el operativo en cabeza de Jesús Ignacio Roldán, alias "Mono Leche". Todos fueron acuartelados en una finca de "el Profe". Cero celulares, ninguna comunicación; treinta hombres listos para el ataque. Nadie sabía de qué se trataba la operación. La información del asesinato de Carlos Castaño sólo la tenían en ese momento "H.H." y "Mono Leche". No podían fallar. Si el jefe supremo de esta organización salía vivo, era el fin de los paramilitares.

Carlos tenía una rutina que todos conocían. Salía con frecuencia a una tienda llamada "Rancho al Hombro" para conectarse a la internet. Todo estaba listo. El tiempo apremiaba. Nadie ignoraba que Castaño se preparaba para ir a los EE.UU., a colaborar con la justicia. Entregaría a sus compañeros todo por la ilusión de iniciar una nueva vida con su familia, su único sueño en esos momentos.

Ese día sólo estaba protegido por su escolta personal de doce hombres; los radios le avisarían con suficiente tiempo para salir de allí en caso de peligro. Castaño se confía y navegando en la red se despreocupa de lo que pasa a su alrededor.

"Mono Leche" y cuatro de sus mejores hombres burlaron la seguridad de Carlos Castaño. Lograron llegar a una arboleda cerca de "Rancho al Hombro". Allí se atrincheraron tomando posición estratégica para el combate. El apoyo estaba en manos de los escoltas del hermano de Castaño que generaba confianza entre sus hombres. Estos pasaron por la carretera, como todos se conocían, no había problema.

El primer radio de la seguridad de Carlos ve normal ese desplazamiento y no los reporta para evitar que su jefe sea interrumpido en su conexión vía internet. La caravana de seis camionetas avanza despacio y sin despertar sospechas. El segundo radio sí los reportó a 50 metros diciéndole que "el Profe" y su escolta iban llegando al lugar, pero el hombre que estaba al lado de Carlos no se lo comunicó. Sabía del mal genio que le producía ser interrumpido sin su autorización. Pensó que su comandante no debía ser molestado; en otras ocasiones había pasado y se había ganado una reprimenda de su jefe cuyo mal carácter y volubilidad eran ya conocidos por todos en la organización. En una oportunidad le había lanzado un teléfono a la cara por su supuesta negligencia. El hombre se quedó tranquilo con la información y cuando menos pensó llegaron las camionetas y abrieron fuego sobre todo el mundo. Carlos rápidamente se levantó de su silla y salió corriendo veloz, sin entender qué pasaba, dejando atrás su computadora. Con esfuerzo ganó los árboles y se internó en el monte en medio de los disparos y la persecución de sus asesinos. Allí le sale de frente "Mono Leche" y Castaño confiado le dice:

—¡Vámonos, vámonos que me están atacando!

El "Mono Leche" lo encañona con su gente, le quita la pistola y le dice fríamente:

—Mi comando, lo siento mucho. ¡Usted se va con nosotros!

Al fondo se escuchaba el tiroteo; sus hombres no se rindieron tan fácilmente y pelearon hasta morir.

Carlos Castaño por un momento se sorprendió y su cara se desencajó ante las palabras de su hombre, rápidamente recuperó la compostura y comenzó a gritar como loco pidiendo explicaciones.

—¿Quién ordenó esto?

"Mono Leche" estaba muy tranquilo, sabía que controlaba la situación. Su cara colorada por naturaleza no titubeó al soltarle la noticia:

—"El Profe"...

Ahí sí la cara de Carlos Castaño se descompuso completamente. Sabía lo que eso significaba. No dijo más, pero sus ojos parecían querer saltar de sus órbitas. Por primera vez en su vida no supo qué decir ante la inminencia de la muerte. Él, que ordenó cientos de asesinatos y mató directamente a otros, estaba vencido ante ella. Sabía que iba a morir como un perro, sin derecho a la defensa ni a un juicio justo, tal como lo padecieron sus víctimas un día. Con una mano inhabilitada por un accidente sin importancia, se entregó de mala gana. Fue llevado a la carretera. Vía radio "Mono Leche" ordenó que los recogieran. Una camioneta los sacó de la zona de combate.

"El Profe" y "H.H." esperaban en una de sus fincas. El combate con los escoltas de Carlos terminó con la muerte de cinco de ellos. "La Vaca" y "el Tigre" huyeron heridos sin que sus atacantes se enteraran en ese momento. Gracias a estos dos escoltas que lograron escapar de la zona, el mundo supo la verdad sobre el asesinato del poderoso Carlos Castaño Gil.

En el atentado también murieron "H.2", cuñado y jefe de escoltas de Castaño. Estaba en una finca cercana, oyó el tiroteo y pedido de auxilio que hacían los hombres de su cuñado por el radio. Salió con su fusil y 200 tiros a enfrentar el ataque. Fue emboscado y ejecutado por los hombres de "Mono Leche".

Carlos Castaño fue llevado a la finca "El 15". Lo sentaron frente a cuatro hombres que le apuntaban cada uno con su fusil y con la clara instrucción de "Mono Leche" quién les dijo:

—Si se mueve ¡dispárenle!...

Carlos estupefacto, no paraba de decir en tono de súplica:

—"Mono"... ¡déjeme hablar con mi hermano!

Éste no le contestaba evitando mirarlo a los ojos. Se retiró a prudente distancia, tomó el radio y en voz baja dio el positivo a sus jefes reafirmando que todo había sido hecho conforme a lo planeado y que ya tenía al objetivo mayor.

En Amalfi, un pueblo del departamento de Antioquia, nacieron los hermanos Castaño. De allí había partido "Mono Leche" buscando una nueva vida; llegó a la hacienda "Las Tangas", en la zona de Urabá. La finca era de Fidel Castaño, alias "Rambo", hermano mayor de Carlos.

"Mono Leche" empezó en las filas de las autodefensas como paramilitar raso. Un buen día llegó Fidel Castaño a visitar su hermosa propiedad y a pasar revista a la tropa. Le llamó la atención el joven combatiente cuyos cachetes colorados resaltaban sobre su blanca cara. Tenía una mirada astuta y una personalidad feroz a la hora de combatir, que contrastaba con su carácter tranquilo y observador. Era un muchacho ambicioso de pocas palabras que sabía reconocer las oportunidades. Se veía en buena forma; era alto, fornido y muy ágil para las armas.

Fidel Castaño se fijó en "Mono Leche" y le dijo:

—¿Usted de dónde viene? —Le preguntó con fuerza.

—Mi comando, yo soy de Amalfi.

Fidel sonrió y allí "Mono Leche" se convirtió en su hombre de confianza. A su lado aprendió todo lo que debía saber del bajo mundo. Admiró la disciplina, valentía y sangre fría que siempre mantuvo su jefe; por algo fue uno de los cabecillas de los tenebrosos "PEPES". En los momentos difíciles y alegres de su vida siempre "Mono Leche" lo acompañó. Lo vio feliz el día que mataron al jefe del Cartel de Medellín, Pablo Escobar Gaviria. En aquella ocasión Fidel Castaño se tomó la cabeza y se dijo a sí mismo con voz tenue: *¡Debés... saber administrar el poder que hoy tenés!*

Ante el acercamiento de "Mono Leche" y "Fidel", su hermano Carlos Castaño, se dedicó a atacar al "Mono Leche", por todo lo amenazaba de muerte. Estaba celoso. Con la muerte de Fidel Castaño Gil, el "Mono Leche" se unió a Vicente Castaño Gil, alias "el Profe", el otro hermano de Carlos. Se ganó también su confianza y se convirtió en su mano derecha junto con "H.H.".

En una Navidad Carlos llegó a la finca del "Mono Leche" en donde estaba con su esposa y su familia. Compartían un asado, licor y música con los empleados. Carlos lo criticó a gritos por estar de fiesta y lo avergonzó delante de los suyos. El "Mono Leche" llegó a acariciar la cacha de su pistola en ese momento pensando en borrar a Carlos de la faz de la tierra, pero inteligente como era prefirió esperar otra oportunidad.

Al final, ese día no ocurrió nada y el poderoso jefe paramilitar salió de la finca maldiciendo y gritando, que era como acostumbraba mostrar su poder. Hechos como estos llevaron al "Mono Leche" a odiar con intensidad a Carlos Castaño, quien no perdía oportunidad de humillarlo cuanto podía. "Mono Leche" presenció en diversas ocasiones las acaloradas discusiones de los hermanos Castaño. Por lo regular el que se salía de casillas violentamente era Carlos, lanzando improperios y amenazas contra los otros. Vicente Castaño era un hombre cerebral, tranquilo que convocaba a la mafia a su alrededor. Era lo contrario a Carlos. Ya ningún mafioso quería hablar con él. Todos iban donde Vicente.

El supuesto odio de Carlos por los narcotraficantes se había convertido en un dolor de cabeza para Vicente. El ataque hecho público a "Macaco" y a "los Mellizos", puso en peligro la unidad paramilitar.

Las citas entre Carlos Castaño y "Macaco", jefe de un poderoso bloque paramilitar, significaban un movimiento de tropas impresionante. Se desplazaban 2 ó 3 helicópteros artillados de "Macaco" como fuerza de apoyo, pues la realidad era que no confiaba en Carlos. Las reuniones para tratar de *limar asperezas* resultaban en insultos y humillaciones de Carlos a los demás jefes "Paras". Lo más peligroso de todo era la comunicación de Carlos con la DEA. Allí todos eran puros narcos, según él lo manifestaba.

Se sabía perfectamente que, tiempo atrás, Carlos había entregado muerto al poderoso narcotraficante José Santacruz Londoño, uno de los jefes del Cartel de Cali y su amigo personal. Lo mató y le dio el positivo a la Policía. Lo traicionó de frente, por eso nadie confiaba su vida a Carlos Castaño. Por la mañana decía una cosa y por la tarde hacía otra.

También estaba claro que había entregado a la DEA información clave sobre algunos paramilitares que decía él eran narcos y no merecían estar en la negociación, como fue el caso de "Gordo Lindo".

Estas actitudes fueron colmando la paciencia de algunos de sus comandantes hasta querer borrar de la faz de la tierra a Carlos Castaño. Por eso, para Ignacio Roldán Pérez, alias "Mono Leche" era un gran día tener bajo control, humillado y sometido, al fiero Carlos Castaño.

Llegó corriendo uno de sus hombres y le dijo al "Mono Leche" que lo necesitan urgentemente en la radio. Ignacio se inquieta y antes de ir a contestar repite la orden a los hombres que vigilaban a Carlos, no lo descuiden y fusílenlo si se mueve.

Lo llamaba "H.H." para hacerle el reclamo de por qué había matado a "H.2". El "Mono" dice no saber nada de esto y promete averiguar. Da parte de que todo terminó.

"H.2" era incondicional con Carlos. Su cuñado fue quien más presionó para la fuga de la Cárcel Modelo. Todo pasa en la vida; después de lo que tuvieron que hacer Miguel Arroyave y Ángel Gaitán para la fuga de "H.2" y terminar asesinado por su propia gente. Era un tipo con mala estrella.

El "Mono Leche" ordenó enterrar los cadáveres de los escoltas de Carlos. Él mismo mata al poderoso jefe paramilitar y lo sepulta en un lugar secreto. La fuga de "la Vaca" y "el Tigre", evidenció el macabro plan en el que fue asesinado uno de los hombres más temidos de las cruentas guerras en Colombia: Carlos Castaño Gil.

Ese día "Popeye", caminando en el patio, meditó sobre la situación. Descansó temporalmente; un enemigo menos, pero no se podía confiar, los otros seguían vivitos y vigilándolo...

Su pesadilla con Carlos Castaño terminó el 16 de abril del año 2004. Otro enemigo en el cementerio y él todavía guerreando por su vida en la cárcel.

En el país la negociación de los paramilitares y el gobierno del Presidente Álvaro Uribe, siguió bajo una lluvia de críticas, tragándose el sapo de la muerte de Carlos Castaño; el proceso tomó fuerza hacia la desmovilización de más de 35 000 combatientes, muchos de ellos se encontraban en la Cárcel de Cómbita junto a "Popeye". Éste pensaba que *lo que mal empieza, mal acaba*. Desde su celda no entendía cómo los paramilitares con asesores, abogados y demás lagartos que los asediaban, pudieron permitirles entrar en una negociación de desmovilización de tropa y entrega de armas, con la extradición firme en la Constitución Nacional de Colombia y estando pedidos muchos de ellos. Era un suicidio pero parecía que tenían afán de negociar y el gobierno aprovechó su disposición de volver a la vida civil. Era obvio que si el presidente de turno no los extraditaba, llegaría un nuevo mandatario y los enviaría a los EE.UU., sin pensarlo dos veces. "Popeye" recordaba cómo se dio la negociación de Pablo Escobar con el gobierno de Cesar Gaviria y no se sometió a la justicia hasta que la extradición estuvo muerta en la Constitución Nacional. Claro, al gobierno le tocó ceder a sus peticiones y darle su propia cárcel: "La Catedral".

El patio de los paramilitares en la Cárcel de Cómbita asimiló el golpe de la muerte de Carlos Castaño con tristeza y decepción, pero siguieron adelante preparándose para la negociación y posible salida hacia la libertad, como supuestamente se creía que iba a pasar. Se hablaba de proyectos muy productivos, una nueva vida lejos de las armas. Todo era hermoso para los paramilitares y su eventual desmovilización. En el patio hacían reuniones para comentar la negociación, con paradas militares y orden cerrado para no perder la disciplina ideológica que los motivaba en su organización. Eran metódicos, con rigor militar combatiente. Desde lejos "Popeye" los observaba junto con los presos comunes que preferían mantenerse al margen. Se animan muchísimo porque de la mesa de negociación mandan a pedir los nombres de todos y el de su bloque, para incluirlos en los acuerdos y si no tenían delitos graves quizá podrían salir en libertad. Eso era lo que se decía, al final la realidad fue otra.

El patio gira alrededor de Santa Fe de Ralito, en el departamento de Córdoba, zona en donde el Gobierno y el Estado Mayor de los Paramilitares adelantaban las negociaciones con Miguel Arroyave, comandante del Bloque Centauros, quien cada día tenía más poder y dinero. Él ya estaba libre y poderoso, atrás habían quedado las historias de la Cárcel Modelo. En el patio de "Popeye" había varios hombres de su bloque. Cuando pagaban el sueldo de los "Paras" presos, se veía buena economía en la torre. Les llegaban unos $200 USD mensuales. Si el dinero no llegaba no se veía tanta fila en los teléfonos o en el expendio y el día de la visita íntima era medio triste. La vida continuaba para todos los presos, en medio del maremoto de acontecimientos que se vivían en el país adentro y afuera de la prisión.

Salvatore Mancuso Gómez alias "El Mono Mancuso" o "Triple Cero", comandante del Bloque Catatumbo de las AUC, entregando su pistola al comisionado de Paz, Luis Carlos Restrepo en Tibú, Norte de Santander, el 10 de diciembre de 2004, extraditado a EE.UU., en 2008.

XIII

Gases lacrimógenos en Cómbita

*E*n la cárcel, tener tarjetas telefónicas es tanto como tener dinero en efectivo, ¡o mejor! Con ellas se comercializa todo. Resultan vitales; son como oxígeno para el preso. En alguna ocasión, misteriosamente escasearon en el expendio del penal. Transcurrieron cinco largos días en que no se podía comprar ¡ni una! "Chiqui" pidió una explicación al director y éste les mandó a decir que la empresa que las suministraba, "Telecom", no estaba en condiciones de proveerlas y que no era culpa de la cárcel. "Chiqui", llamó a la compañía y allí le dijeron que la cárcel no pagaba y por ello no surtían las tarjetas; que tenían *stock* suficiente y disponían de las cajas que se requirieran pues ese era su negocio.

¡Ahí fue Troya! Los paramilitares ordenaron "parar" el patio. Los guardias trabajaban 24 horas continuas y descansaban las siguientes 24. De las que trabajaban, sólo dormían seis horas. Para poder ir a sus casas necesitaban entregar turno al nuevo grupo de guardias que llegaba de su descanso. Era obligatorio hacer el conteo de los presos para poderse ir. A esa hora, ya estaban irritados y ansiosos por salir hacia sus hogares; ese era el momento en que los presos aprovechaban para protestar.

Llegó la hora de la contada y "Chiqui" dio la orden de correr a los pisos altos y al fondo del patio. La guardia se enfureció y salió a organizarse para atacarlos. El Capitán Toledo se apersonó de la situación y dispuso que sus hombres se uniformaran con los equipos antimotines: casco protector con visera, protectores de plástico para el pecho, codos, rodillas, un escudo y el temible "P91.4", junto con lanza gases. El "P91.4" era el bastón de mando que medía 91 cm. de largo y tenía 4 cm. de grosor. En la punta tenía una bolita pequeña de aluminio que hacía mucho daño.

El Patio 1 también entró en desobediencia y los presos no se dejaron contar; lo mismo hicieron en el tres. Así como la guardia se preparó para el ataque, los paramilitares también lo hicieron. Rodaron las botellas con agua y las canecas de la basura se movieron a la única entrada al patio. Taparon con trapos las cámaras de vigilancia. Se amarraron en la cara toallas mojadas para protegerse de los gases lacrimógenos; metieron en las medias las pilas de los radios y se las amarraron a las manos para responder los golpes. Todos se ubicaron en puntos estratégicos y quedaron listos para la pelea.

"Popeye" no se bañó aquel día, prevenido porque ese podía ser el momento oportuno para que la guardia entrara a someterlos. El sicario tenía su buen puñal guardado, aunque no era muy hábil para usarlo; pero lo que sí tenía a su lado era a un colega que los defendía a todos, "Osuna", excelente para pelear, una fiera con el cuchillo.

La tensión era total; se esperaba el ataque de la guardia en cualquier momento. Cada grupo de presos se ubicó en un rincón del patio. Esto para "Pope" resultaba un juego de niños, después de haber vivido lo de la Cárcel Modelo, con armas de fuego de largo alcance. Ahora sólo había puñales carcelarios y mucho coraje para combatir. Sin duda los antimotines los iban a moler a palos en minutos, pero tenía que tener cuidado ya que podría ser una trampa y de pronto en un descuido lo mataban a él; sabía que sus enemigos, afuera de la cárcel, estaban ofreciendo dinero por su cabeza.

Llegado el momento, la guardia ingresó lanzando gases lacrimógenos a discreción. Él se tiró al suelo, respiró despacio y tranquilo, tratando de no perder de vista a sus guardaespaldas armados con los cuchillos.

Entre el suelo y el gas, habría unos 10 cms. Ahí se podía respirar. Los ojos comenzaron a llorarle copiosamente pero se encontraba bien. Cuando notó que la guardia tenía bajo control a los tres grupos, arrojó su puñal y se movió. Su bravo protector lo conservó. No ocurrió nada más ese día. La requisa fue fuerte: 35 puñales fueron decomisados. El olor a gas quedó impregnado en el ambiente.

Los muchachos eran magos para hacer puñales y los volvieron a fabricar sacando de la pared y de los mesones de los colchones las varillas de hierro, los afilaban sacándole punta en el cemento y vuelve y juega, todos listos para la siguiente pelea, que sólo tardó en sucederse unas pocas horas.

El director dio la orden, al capitán de guardia, para que contara a la brava. En los otros patios los guardias, siguiendo órdenes, arremetieron y rápidamente doblegaron a los presos con los gases.

La guardia trataba de razonar con "Chiqui", pero éste exigía las tarjetas de llamadas para dejarse contar. La respuesta de los guardias llegó con todo. A las 10:30 a.m., cuatro guardias se instalaron en las terrazas encima de las celdas, apuntándoles con los lanza gases. Ellos estaban listos con máscaras antigases. Tenían todo su equipo encima. El capitán dio la orden y se armó el infierno. Los presos encargados de manejar las canecas de basura las lanzaron con lavazas sobre los guardias que entraron hechos unas fieras. Los de la terraza comenzaron a disparar, como locos, las granadas de humo dentro del patio. Se formó la batalla campal, el garrote iba y venía sin misericordia. "Popeye" enrolló de nuevo su toalla en el antebrazo, la sostuvo con la otra mano para parar un garrotazo del temido "P91.4" en manos de un fúrico guardián, y se tiró al suelo. Los guardias les pegaban con sevicia con sus bastones de punta de aluminio y ellos respondían con las medias llenas de pilas que golpeaban durísimo. Los muchachos tiraban con fuerza botellas de agua que caían como piedras en los cuerpos del enemigo que buscaba detenerlas con los escudos.

Se escuchaban gritos, llanto, súplicas e insultos. Solo se veía humo por todos lados. "Pope" estaba bien protegido. Los guardias se tomaron el tercer piso y bajaron a garrote limpio a todos los muchachos. Algunos, desesperados, se lanzaron al patio desde el segundo piso y del susto no sintieron el *totazo* contra el suelo. A su lado estaba el compañero que le había estado entrenando para soportar el gas en estas situaciones. Parecía que se le había olvidado toda su técnica porque gritaba como loco:

—¡Ayyy Dios mío, llévame con mi madrecitaaaaa!

En medio de semejante batalla y derramando lágrimas por montones, soltó la risa por los alaridos de su valiente compañero. Dejó de reírse cuando sintió que se ahogaba por el gas; se concentró intentando no pensar en nada para resistir lo mejor posible a los golpes fuertísimos que llegaron cuando cinco guardianes les cayeron encima como fieras salvajes, dando bastonazos a diestra y siniestra. Todos corrían; se descuidó, no tuvo suerte, un guardia le descargó el bastón en la cabeza. El golpe fue brutal, por poco le hace perder el sentido; trató de protegerse la cara del segundo golpe, cuando lo vio llegar; alzó su brazo izquierdo, en donde tenía enrollada la toalla, para apaciguar el golpe, pero sin embargo, le llegó a la oreja y parte de la quijada, tan fuerte que le aflojó los dientes. Como pudo lo empujó con todas sus fuerzas y corrió veloz a tratar de esconderse; el hombre que lo perseguía parecía endemoniado con el bastón, se le fue detrás y le descargó un tercer garrotazo en la espalda que casi le hace caer de bruces; tambaleándose, logró meterse en medio de otros presos que le rescataron de la paliza.

Para ese momento estaban acabados y verdaderamente apaleados. Era evidente el desbalance de fuerzas. Los presos tenían la fiereza para pelear pero no tenían armas. Los guardias tenían las armas y los gases lacrimógenos que sometían al más valiente; con semejante jauría de guardianes resentidos los presos terminaron rindiéndose en menos de quince minutos.

El humo era espantoso no se podía respirar; fueron más de 18 granadas de gases las disparadas por los guardias. El sicario tomó aire lentamente para no tragar el gas que le lastimaba la garganta y le inundaba el pecho. Algunos presos se desmayaron por el efecto de los gases y la paliza. Un sargento dio la orden para que entraran la manguera antiincendios y los mojaran sin piedad; el potente chorro helado los dejó petrificados pero les ayudó a quitar un poco el efecto del gas que los tenía llorando. Fue tanto que hasta se les filtró a las máscaras que usaban los guardias.

El patio quedó hecho una pocilga. Residuos del gas por todos lados, agua, pantalonetas, toallas, calzoncillos, medias, camisetas, botellas, pilas, lavazas en el suelo... Los presos vencidos, empapados y golpeados terminaron sentados en el fondo del patio. Los desnudaron, requisaron y contaron. Nadie se opuso, ya no tenían fuerzas. El sol apareció y encontraron sus rayos reconfortantes después de semejante paliza. Lentamente fueron reponiéndose del malestar. El saldo final de la golpiza: 52 presos heridos, algunos graves y 3 guardianes con heridas fuertes.

Ante tamaña trifulca los compañeros de "Popeye" en la torre 3, se entregaron sin pelear. La garrotera contra ellos los asustó y se filtró rápidamente en el resto de los patios, por lo que mejor se quedaron quietecitos.

Allí todos guardaron silencio. Callados trataban de secarse con los rayos del sol, esperando recobrar fuerzas, ante la mirada implacable y despectiva de los guardias que se sentían triunfadores ¡y lo eran! Los dejaron desnudos y sin comida todo el día; sólo hasta las 5:00 p.m., abrieron las celdas para que ingresaran a dormir y curar sus heridas físicas y emocionales, si es que podían superar tal resentimiento.

Todos terminaron con la moral abajo y cuando menos, con un ojo hinchado. A "Pope" no sólo le golpearon el ojo sino toda la cara que se le inflamó notablemente. No podía mover la mandíbula sin que le doliera el oído, escuchaba un zumbido, como si tuviera una mosca adentro.

Cuando los presos comenzaron a hacer el balance de heridos descubrieron casos patéticos. A un pastor que pregonaba la palabra de Dios, sin ofender a nadie, le pegaron con saña; se le veía el bastón de mando marcado en la espalda. Otro preso quedó en muletas, por los golpes que recibió en la columna y no se podía mover. Todos los hombres que estaban en ese patio terminaron con un recuerdito de la guardia. Unos con moretones, otros con la nariz reventada, uno más, como el sicario, con los dientes flojos, otro se quejaba de que le pegaron en los testículos. Al caer la tarde, parecían los pacientes de un hospital de la tercera edad; para desplazarse daban un pasito a la vez, nadie se podía mover por el efecto de la paliza. Habían perdido la pelea, la dignidad y el buen estado físico que hasta ese momento tenían.

Al día siguiente los guardias sonrientes, anunciaron que en la tarde les esperaba otra faena similar. "Popeye" se llenó de rabia, fue directo al teléfono y denunció la golpiza a los medios de comunicación. Se armó un escándalo. La Procuraduría General de la Nación, entidad que vigila a los empleados públicos en Colombia, les tomó la denuncia y fueron a constatar las heridas de los acusadores; igualmente, la Defensoría del Pueblo envió sus funcionarios para hablar con ellos.

Cuando los guardias vieron la noticia en televisión, se les borró la sonrisita y corrieron a la enfermería con los presos más golpeados para curarles las heridas. En un patio de 204 personas no se sabe quién es quién. Había jefes de bandas de secuestradores muy poderosas, apartamenteros, asesinos, jaladores de carros, narcotraficantes sin perfil, paramilitares de diferentes frentes. Y todos estaban ofendidos con el proceder de la guardia y con el director de la cárcel que provocó la carnicería del patio por sus corruptos actos.

Según se conoció en el patio, todo comenzó por las irregularidades cometidas por parte de quien ejercía como director del penal en ese momento. Los paramilitares afirmaron que, aparentemente, el hombre y su amante, estaban desviando los dineros del expendio; ellos habían investigado y chuzado los teléfonos de los implicados a quienes les hicieron seguimiento de sus actividades apoyados por los paramilitares del Bloque Capital, que operaba afuera de la prisión; tenían amigos en entidades públicas y de inteligencia y conocían de la vida de todo el mundo. Esta práctica la estaba realizando el directivo con Margarita, la civil que manejaba el expendio donde les entregaban las tarjetas o los comestibles, cuyo precio descontaban del dinero de la cuenta. Todos sabían que ella era la amante del director.

Los paramilitares comprobaron que el director dejaba que los extraditables del Patio 7 tuvieran visitas íntimas en días no permitidos. Los mismos narcotraficantes se ufanaban de tener más compañía femenina que los demás presos, pagando hasta $2,500 USD por semana. Algunos oficiales de la guardia, junto a varios de sus compañeros, estaban muy molestos con la situación pero tenían las manos atadas; sabían que si lo denunciaban, sus vidas corrían peligro. La mayoría eran jóvenes con ideales y respeto hacia el nuevo INPEC. Evitaban contaminarse de la corrupción que ya se vivía en Cómbita.

Es frecuente encontrar en las cárceles de distintos países, funcionarios corruptos; muchos, en el bajo mundo, acuden a ellos por recomendación de alguien a quien le han hecho "una vuelta". En el caso de nuestro director, todos sabían en la cárcel que ese personaje también hacía traslados irregulares de presos. En la dirección general del INPEC en Bogotá no se tenía conocimiento de la situación, o si lo sabían, nunca lo investigaron hasta que la burbuja reventó.

La paliza que les dieron el día en que los presos decidieron entrar en huelga tuvo eco en el país y los directivos, al fin, ordenaron una investigación exhaustiva. En esta ocasión los periodistas estaban ocupándose de las denuncias.

Las cosas fueron tan graves que el director se asustó y los envió al calabozo. "Popeye" estaba tan ofendido y adolorido con tanto golpe que no le importó el aislamiento. Se llevó con él su radio, sus buenas cobijas, sus buzos y sus libretas para escribir. A los tres días de estar allí sin más contacto con el mundo exterior que su radio, escuchó la noticia que se veía venir: *¡Asesinados dos guardianes de la Cárcel de Cómbita, en Tunja!*

Se complicó la cárcel. Volvía y jugaba. ¡Lo mismo que pasó en la Cárcel de Valledupar! Miedo adentro, miedo afuera. ¡Muerto adentro, muerto afuera!

Una noche, a lo lejos, se escucharon disparos de fusil, despidiendo a los dos funcionarios muertos. Fueron velados en la parte administrativa de Cómbita. Los otros guardias no salían de la cárcel por miedo a represalias y se quedaron a dormir en el penal. Se inició la guerra de nervios. La Procuraduría obligó al director a que sacara de los calabozos a los presos maltratados en la pelea; el director se tomó su tiempo y finalmente lo hizo; diez días después devolvieron al sicario a la Torre 2.

Con el paso del tiempo, el dolor en la mandíbula ya no era tan fuerte y podía comer; el oído le seguía torturando con el molesto zumbido. Para evitar el dolor en la espalda dormía boca abajo, así le fastidiaba menos.

La Fiscalía abrió una investigación contra las actuaciones de los guardias, apoyada por la Procuraduría y la Defensoría del Pueblo. Las leyes de derechos humanos afirman que sólo se pueden reventar tres granadas de gases en una retoma y en el caso de Cómbita la guardia reventó dieciocho, en un espacio sin suficiente ventilación.

Ante las consecuencias judiciales y el acoso de los periodistas los guardias se asustaron, se dieron cuenta que los asesores del *Buró* de Prisiones de EE.UU., no los podrían proteger de la justicia colombiana como les presumían diariamente a los presos. Ellos les habían enseñado a usar el garrote "P91.4", pero se les olvidó recordarles que no está dentro de la ley abusar de un ser humano aún tratándose de un delincuente.

El riesgo no sólo era judicial. Los amigos de los presos afuera estaban bastante ofendidos y amenazaban con represalias y más muertos para cobrar venganza. Los guardias estaban tan asustados que pidieron ayuda a la Policía para que los protegiera cuando se iban a sus casas. Los que habían participado en la golpiza, seguían negándose a salir de la cárcel por miedo y preferían dormir allí.

Pasaron los días y los hombres aburridos de quedarse en la cárcel, se arriesgaron a salir a la ciudad pero en una ocasión cuando regresaban, se encontraron de frente con un taxi que tenía placas de la ciudad de Medellín y tres pasajeros a bordo. Estos estaban haciendo una diligencia personal frente a la cárcel y los guardias entraron en pánico pensando que eran asesinos del sicario de Pablo Escobar y comenzaron a murmurar: ¡"Popeye" nos va a matar! ¡"Popeye" trajo su bandola!

Todos los guardias sabían que él era de Medellín y que todavía tenía amigos que lo apoyaban. Para protegerse, le mandaron decir que le iban a matar a una noviecita que por esos días lo visitaba, porque ellos también tenían armas y eran más de ocho mil hombres para defenderse de sicarios como él.

Se curó en salud y le dijo a su novia que mejor no lo visitara por un tiempo mientras se calmaban los ánimos. Ella estaba asustada sobre todo porque tenía un hijo. Temía que les hicieran algo por estar de amoríos con el sicario. El papá del niño no tenía ni idea del romance y aunque ellos estaban separados, era mejor que no se enterara de nada para evitar más problemas.

La situación cada día se agravaba más en Cómbita sin que los directivos recuperaran totalmente el control. Ya nadie quería dormir, sino permanecer alerta.

El ambiente estaba muy tenso. Los guardias por cualquier ofensa de uno de los presos se metían a las celdas de noche y los golpeaban sin piedad. Pero lo peor era la llevada a los calabozos. Primero les daban una golpiza terrible y luego les colocaban el temido *escorpión*.

No contentos con eso, metían la manguera de incendios y les mojaban todas las pertenencias. Estos abusos llegaron a oídos de los jefes de otras bandas y comandantes paramilitares que estaban muy sentidos con los guardias por su comportamiento y sólo esperaban una oportunidad de amarrar a algunos de ellos, porque decían que el mensaje anterior no les había quedado claro. Más sangre estaba por correr en Cómbita.

Ante la gravedad de los hechos, el capitán de la guardia, Toledo, con su gran experiencia, prometió parar las garroteras. Se inició un diálogo y el capitán ordenó acabar con golpizas y abusos. La Procuraduría y la Defensoría del Pueblo también asumieron una vigilancia más celosa sobre todo lo que estaba pasando. Poco apoco se fue calmando la bronca.

La Fiscalía exoneró a los guardias, pero la Procuraduría y la Defensoría del Pueblo los obligaron a conciliar con los presos. Al final se reconocieron los errores de ambos lados. Cómbita inició una nueva etapa sin *escorpión*, sin mojar a los presos, sin golpizas injustificadas y sobre todo, con mucho diálogo entre las partes; se derogó la norma absurda que prohibía que los guardianes hablaran con los presos.

El director fue sacado del Penal, junto con su amiga. Todos terminaron felices y contentos esperando al nuevo director y con gusto recibieron a una mujer. La "dama de hierro", la Doctora Imelda. Era una señora honesta, seria y con 15 años de experiencia carcelaria. No le temía ni a narcos, ni a guerrilleros, paramilitares o presos comunes.

En el acto tumbó un sistema irregular de comercialización de los teléfonos que el director había puesto en el penal, del cual supuestamente se beneficiaba y cuya ganancia se cree que superaba los $30.000 USD mensuales, según denuncias de los mismos narcos quienes al parecer le pagaban por prebendas.

La Doctora Imelda también montó una empresa para el beneficio de las finanzas de la cárcel. Organizó el expendio y lo modernizó con computadoras. Mejoró los productos y vigiló de cerca los precios para que no abusaran. La corrupción salió de Cómbita y la cárcel comenzó a funcionar.

La directora era honesta y le rendía el presupuesto. Autorizó las grecas; fue fantástico. Agua caliente todo el día; en el expendio vendían café instantáneo y había azúcar. Este milagro de la greca llegó acompañado de otro: el pollo asado. ¡Instalaron un asadero de pollos en la panadería! Era una buena oportunidad de comer proteína y lo vendían en el Patio de Visitas. "Popeye" organizó de nuevo su visita y su miedosa novia regresó a la cárcel, claro, ¡sin que su ex marido se enterara!

En medio de todo esto, a los norteamericanos se les acabó el presupuesto y no volvieron a entregar dinero para la compra de los feos uniformes que les daban como provisión a los condenados. Las directivas autorizaron que los presos usaran su propia ropa y la cárcel se llenó de color y alegría, al menos por un tiempo. Era increíble ver cómo el ánimo de los presos se afectaba por tener que usar el monótono y feo uniforme.

En el Patio 5, asesinaron a cuchillo a dos presos en la hora del baño. A las 6:00 a.m., los acabaron a puñaladas. Éste fue un campanazo de alerta para "Popeye" y una mala noticia para la directora que acababa de posesionarse.

Todos atentos. Los mataron por orden del secretariado de las FARC. Tenían cuentas pendientes con la guerrilla. La cárcel investiga e individualiza a los culpables.

Fue un duro golpe para la Doctora Imelda. En la súper Cárcel de Cómbita no podía pasar esto. Llegaban noticias de la calle y tampoco eran las mejores. Tenían que ver con las guerras de Miguel Arroyave, comandante del Bloque Centauros y de los Paramilitares, contra "el loco Barrera", reconocido narcotraficante. Un peso pesado cuyo centro de operaciones eran los departamentos del Meta y Casanare. Tenía conexiones con la guerrilla de las FARC para comprarles droga y lo mismo hacía con algunos "Paras". "El loco" era un león para los negocios en el bajo mundo. Manejaba mucho efectivo y resultaba un enemigo letal para Miguel Arroyave, alias "Arcángel". Lo mantuvo secuestrado y le quitó una fuerte suma de dinero. Cometió el craso error de soltarlo y perdonarle la vida. Barrera se le fue encima y se dedicó a darle la pelea, tenía contactos importantes en la clase política y en los estamentos corruptos de la Policía. Ya se hablaba de que, por su lado, Miguel Arroyave también crecía en poder, armas, hombres y dinero. Su tropa estaba calculada en cerca de 5 000 efectivos.

La guerra declarada contra "el loco Barrera" se les volvió un problema a los dos enemigos, ya que a veces pasaron hasta seis meses sin pagarles sueldo a sus hombres en la cárcel. En la Torre se sentía cuando Miguel Arroyave pagaba y también se notaba cuando no lo hacía.

La guerra le dejaba más de 200 amputados, por las minas antipersona que les colocaban la guerrilla y las autodefensas enemigas del Casanare, territorio que él quería coronar.

Arroyave no quería desmovilizarse en la negociación con el gobierno; finalmente sus compañeros lo convencieron y un día salió de Santa Fe de Ralito, zona de concentración y se subió al helicóptero en que viajaba el Dr. Luis Carlos Restrepo, Alto Comisionado para la Paz, designado por el gobierno del Dr. Álvaro Uribe para estas negociaciones. Arroyave llegó a una de sus fincas, lo recogió su gente y se fue en su camioneta Llano adentro. El Dr. Restrepo se fue por su lado rumbo a Bogotá.

El comandante paramilitar iba pensativo, con la misión de reunir sus tropas para informarles sobre la desmovilización, entrega de armas al Gobierno y su reintegro a la vida civil. Llegó rayando la noche. En el camino se desvió a un pequeño caserío en busca de una tienda para comprar agua. Ahí vio un número anormal de hombres armados de su propia tropa, parecía que estaban listos para el combate; se alteró ante la situación y ordenó llamar a "Cuchillo" uno de sus comandantes a cargo de esa tropa. Quería que le diera una explicación.

Arroyave iba sentado en la parte delantera del vehículo junto al conductor. Pedro Olivero Guerrero, alias "Cuchillo", no contestó el radio. Estaba a prudente distancia del carro. Los cordones de seguridad que deberían estar cuidando el sector no estaban, al acercarse más a la tienda vio que ninguno de sus hombres estaba en posición como debían en los puntos estratégicos y que al contrario, toda la tropa estaba concentrada en la tienda alistándose para salir. Se enfureció porque él no dio ninguna orden al comandante encargado que era "Cuchillo" y que además no le contestaba.

Inmediatamente pide un radio y lo llama nuevamente para saber qué pasa y detiene su camioneta justo en frente de la tienda. Sus hombres voltean a mirar el carro sorprendidos pues no esperaban ver a su jefe frente a ellos, ya que supuestamente tenía una reunión minutos después en su finca con el comandante "Cuchillo" y en vez de eso, lo estaban viendo ahí mismo. Arroyave no tuvo tiempo de reaccionar, el que sí lo hizo fue su hombre de confianza, "Cuchillo" quien salió repentinamente de la tienda con un fusil AK-47 en las manos y sin pensarlo, disparó de frente a su jefe que cayó muerto en el acto, dentro de la camioneta.

Lo más sorprendente, es que a los dos pasajeros que iban en la parte de atrás, su comandante político y la novia, no les ocurrió un solo rasguño; salieron ilesos y según su dudosa versión, los asesinos, los retuvieron por horas y después los dejaron ir sin hacerles daño. El poderoso comandante Miguel Arroyave, alias "Arcángel", terminó en una bolsa de basura negra junto a los cadáveres de su conductor y tres hombres de confianza. Así fue mostrada la noticia por los medios de comunicación. Cuando "Popeye" y los hombres de Miguel, vieron la noticia sintieron verdadera pena por él pero también por lo cruel que puede ser la guerra.

Los asesinos, al mando de "Cuchillo", llegaron a varias fincas y mataron salvajemente a toda la servidumbre leal al jefe; su lema fue acabar con todo lo que tuviera que ver con el poderoso comandante paramilitar. Todos los que trabajaban para Miguel Arroyave, fueron brutalmente asesinados, la masacre fue bestial.

"Cuchillo" después de asesinar a sangre fría al comandante, se llevó al conductor y hombre de confianza de don Miguel; y lo obligó a dar la orden por el radio de comunicaciones en todas las fincas, para que dejaran pasar la caravana de la muerte. A su paso fueron disparando en la cara, a los guardias de seguridad. Los victimarios se apropiaron de todo el botín y pertenencias de don Miguel y al final asesinaron cruelmente al conductor.

No toda la tropa de Miguel participó en esto, ni estaban todos enterados que el operativo para el cual se preparaban era precisamente para asesinar a su jefe. Después del crimen, alias "Cuchillo" lo justificó diciéndoles que su jefe los había traicionado y los iba a entregar al gobierno, sin garantías en el proceso de paz que se estaba negociando en Santa Fe de Ralito. Todo fue una mentira para justificar la millonaria suma de dinero que recibió del "loco Barrera", enemigo y victimario de Arroyave.

La noticia pegó durísimo en el patio de "Popeye". Se sintió lo mismo que con la muerte de Carlos Castaño Gil. Con las llamadas de los muchachos de su bloque se conoció que el cadáver de Miguel Arroyave fue botado en un potrero con sus cuatro escuderos y luego le metieron una granada de fusil a la camioneta. Ésta no explotó. Pretendían simular un ataque de la guerrilla, su eterna enemiga.

El Ejército y la Policía demoraron muchísimo para llegar al lugar. "Arcángel" fue recogido casi 20 horas después. El país estaba sorprendido con la muerte de los jefes paramilitares en plena negociación con el gobierno. Los que sí celebraron fueron "el loco Barrera" y "Martín Llanos", comandante paramilitar de "los Buitragueños" con quienes peleaban fieramente por el territorio. Se quitó de encima el poderoso enemigo. Feliz, "Cuchillo", se fue a la zona de Lejanías con los hombres que le eran leales y un botín de $5'000.000 USD que le pagó "el Loco Barrera" por traicionar a su comandante.

Tristes, los paramilitares del Bloque Centauros que estaban presos, quedaron desprotegidos. "Popeye" sintió también la muerte de "Arcángel", ya que siempre fue respetuoso y protector con él.

Este gravísimo suceso golpeó la negociación, pero ésta no se detuvo. Pasaron los meses y en el patio de Cómbita los muchachos recuperaron la fe en el Proceso de Paz. Decían con firmeza que su libertad estaba próxima. Más de uno ya tenía empacada la maleta de ilusiones. El futuro se veía esperanzador. El país estaba polarizado por la negociación de los "Paras". Unos a favor y muchos en contra.

Los paramilitares pagarían un máximo de ocho años de cárcel y tendrían que reparar a sus víctimas. Lo más complejo de la ley era que serían obligados a contar la verdad de sus crímenes. Pasaron los meses, finalmente llegó el momento de la entrega de armas y hombres, para los paramilitares. Todos los bloques se desmovilizaron, incluso los que estaban renuentes a hacerlo. Al principio los medios de comunicación difundieron, en todos los noticieros del país, los rostros felices de varios comandantes. Los hombres en el patio de "Popeye" reían con malicia cuando los veían tan contentos disfrutando de la vida civil.

En medio de todo esto, los comandantes de rangos inferiores de los paramilitares no pensaban en desmovilizaciones sino en seguir delinquiendo. Fue el caso del famoso José Alberto Cadavid Vélez, alias "Cadavid". Tenía un prontuario de miedo.

José Miguel Arroyave, comandante del Bloque Centauros de las AUC, al momento de su captura en mayo de 1999. Asesinado el 19 de septiembre de 2004.

XIV

Orgía de sangre

En una ocasión "Popeye" salió a la visita de su abogado y se encontró con "Cadavid", uno de los jefes paramilitares de la Cárcel Modelo y homicida de "Ramoncito". Fue llevado a Cómbita y en ese momento iba de salida. Milagrosamente su libertad había llegado, estaba feliz. Lo miró por última vez en su vida.

José Alberto Cadavid Vélez era cosa seria; una fiera. Un hombre joven de 28 años de edad, con buena presencia, atlético, blanco y sagaz como ninguno; con entrenamiento y disciplina paramilitar.

En el patio también estuvo recluido Hernán Sáenz, un esmeraldero adinerado y traficante de drogas a muy alto nivel. Hombre inteligente y capaz, cuya pasión eran las esmeraldas, que utilizaba para tapar su verdadero negocio: la cocaína. Tenía suerte; no estaba pedido en extradición, a pesar de que fue detenido por mafioso. Le decomisaron un avión costosísimo que estaba a nombre de un hermano suyo que no sabía leer, escasamente aprendió a firmar. En el patio todos sabían quién era. Se hacía el tonto y mantenía un perfil muy bajo. Como pudo se salió de la torre y consiguió un trabajo como aseador en áreas comunes.

Al poderoso mafioso se le veía diariamente barriendo y recogiendo papeles y basura en el pasillo central. Días después consiguió su traslado para la Cárcel de Honda, en el Tolima, y de allí salió en libertad.

No pagó cinco años de cárcel. Pero su destino y el de "Cadavid" estaban cruzados. Hernán Sáenz tenía amigos y enemigos como todo buen mafioso. "Cadavid" lo conoció en la Cárcel Modelo y lo protegió; se hicieron "muy amigos". Se volvieron a encontrar en Cómbita. Ya en libertad los dos hombres se siguieron frecuentando. Hernán confiaba ciegamente en él.

Pasaron los meses y un día los enemigos de Hernán le llegaron a "Cadavid" con una propuesta interesante. $200,000 USD por la cabeza de su amigo. Éste aceptó de inmediato. Le fascinaban el dinero y el poder.

Llamó a Hernán y se hizo invitar a la hermosa finca que éste tenía en los Llanos Orientales. Ahí estaba descansando con su bella esposa. Contento de escuchar de nuevo a su gran amigo, lo invitó a pasar con ellos el fin de semana. Lo recibió la esposa de Hernán y amablemente lo invitó a entrar. Su marido estaba en la habitación y ella fue a la cocina a traer refrescos.

Hablaron por espacio de 20 minutos. "Cadavid" analizó el terreno; no había escoltas, sólo personal de la finca y servidumbre. Un regalo para su objetivo. De repente "Cadavid" sacó su pistola con silenciador y le disparó a la cabeza. Hernán quedó con los ojos bien abiertos al ver de frente a su gran amigo... ¡su asesino!

Al salir de la pieza rápidamente se topó con la esposa del muerto que le habló sonriente. "Cadavid" ni la miró, tenía afán de salir de la finca y la empujó violentamente. Se subió a su camioneta y desapareció.

La muerte del esmeraldero cayó mal en el medio. Sus amigos enfurecieron al saber que "Cadavid" asesinó en su propia cama al viejo sin darle una oportunidad. A éste no le importaron las amenazas que algunos mafiosos afines a Hernán hicieron contra su vida. Enseñado a vivir en el filo de la navaja y después de haber sobrevivido a las duras batallas de la Cárcel Modelo, no se iba a asustar tan fácilmente y siguió su camino muy confiado. Un día lo contactaron unos narcotraficantes de bajo perfil de Bogotá, "los Monsalve". Le pidieron protección al bravo "Cadavid" cuya fama de matón había subido notablemente en el bajo mundo. El hombre aceptó, con una condición. Quería ser socio de ellos en los envíos de cocaína a los EE.UU. Estos aceptaron gustosos.

A los 45 días del trato, "Cadavid" ya tenía dividendos por el primer envío de coca. Sus socios lo citaron para entregarle $700,000 USD de ganancia. Feliz por el éxito de sus negocios, bajó la guardia y desprevenidamente llegó a la cita en compañía de un escolta y de su esposa, una jovencita de cuerpo torneado y linda cara que lo tenía loco. El astuto hombre se descuidó y perdió. Cuando ingresaron a la casa principal fueron rodeados por treinta hombres fuertemente armados que los amarraron y llevaron al establo.

"Cadavid" se sobrepuso rápidamente del factor sorpresa y se relajó. Iba a morir. Era un asesino nato y entendió la situación. Pero sus asesinos no pensaban ponérsela tan fácil. Sí, iba a morir, pero lentamente y con mucha sangre de por medio. Pidió hablar con "los Monsalve", estos llegaron sonrientes y se le sentaron enfrente. "Cadavid" se jugó su última carta, les pidió que soltaran a su inocente esposa. Él era muy inteligente y sabía que ella había visto la finca y la cara de sus ejecutores; era difícil que la dejaran vivir, pero aun así lo intentó. La joven, que estaba en *shock*, adivinó su destino por andar con el hombre equivocado.

"Los Monsalve" le dijeron que no y le pidieron que mejor les confesara quién había ordenado el asesinato de su gran amigo y socio Hernán Sáenz. Descaradamente negó ser el autor del crimen. "Los Monsalve" le recordaron que la esposa del difunto lo había visto todo. "Cadavid" sabía que estaba descubierto y dio toda clase de evasivas para no revelar el nombre de su contratante. "Los Monsalve" hicieron un gesto con la cabeza y sus hombres comenzaron a descuartizar vivo al escolta. Los gritos eran terribles, la sangre chispeó por toda la caballeriza mientras brazos y piernas eran cortados. La joven esposa se desmayó y el tronco del escolta quedó dando espasmos en el piso ante la mirada horrorizada de "Cadavid" que se dedicó a observar la escena, pero sin decir nada. Comprendió que su turno estaba por llegar. La orgía de sangre apenas comenzaba.

La mujer fue reanimada y los pedazos del escolta terminaron en bolsas de basura. "Los Monsalve" siguieron cómodamente sentados haciendo preguntas.

—¿Quién pagó por la muerte de Don Hernán?

"Cadavid" calló y miró con fiereza a los hombres, desafiándolos. Estos entendieron y movieron la cabeza de nuevo. Su esposa fue desnudada con violencia, ella suplicó y lloró amargamente. La violaron los hombres de "Los Monsalve" y cuando terminaron, le cortaron los pezones. Los gritos de la bella mujer retumbaron en la finca, los escoltas que vigilaban afuera de la casa sabían lo que estaba pasando y consideraron a la joven que finalmente fue degollada ante el aterrado esposo. Con los ojos desorbitados por el miedo entró en mutismo, se bloqueó completamente y no volvió a pronunciar palabra, ni siquiera cuando lo descuartizaron vivo; sólo gritó con locura hasta que murió.

Los tres cadáveres desmembrados fueron arrojados en bolsas de basura a veinte kilómetros de la finca. Allí los encontró la Policía. Nadie se explicó cómo un hombre tan desconfiado y sagaz como "Cadavid" cayó en esta trampa tan obvia. Por qué llevó a su hermosa esposa a una cita de mafiosos. Jamás se debe andar con la familia en negocios de bandidos. Es la ley de la mafia. Este asesinato regresó al pasado a "Popeye". Recordó cómo, después de abandonar a Pablo Escobar, jefe del Cartel de Medellín, para someterse a la justicia, inició pagando su condena en la Cárcel de Itagüí en su tierra natal y rápidamente fue trasladado a Bogotá y recluido en la famosa Cárcel Modelo, en donde estaban los más peligrosos y conocidos delincuentes del país, a mediados de los años 90. Fue el lugar ideal para que alias "Cadavid" se fortaleciera como paramilitar urbano, dado su grado de ambición y sangre fría para matar.

XV

La Cárcel Modelo

Diciembre 2 de 1993... 2:00 p.m. Cárcel Modelo en Bogotá.
Cada vez que en el televisor salía el anuncio de ¡Extra! con el que los noticieros acostumbran a dar la primicia de una noticia importante, a "Popeye" se le helaba la sangre y la piel se le ponía de gallina. Él disimulaba ante sus compañeros de prisión frunciendo el ceño con naturalidad mientras el alma se le arrugaba del susto. Con angustia dirigía su mirada hacia el televisor del patio pensado ¡mataron al Patrón!... esta vez sí lo mataron.

"Popeye" ya estaba en la cárcel, pues se había entregado a las autoridades en medio del proceso de negociación con la justicia, y ante el acoso de los "PEPES", pero "el Patrón" seguía afuera...

Por esos días el gobierno de Cesar Gaviria, respaldó una ley para los integrantes del Cartel de Medellín, que confesaran todos los delitos y se entregaran a la justicia. Dentro de ese mecanismo obtendrían rápidas condenas por acumulación de delitos, sin importar cómo los hubieran realizado.

En medio de las fiestas de fin de año una noticia llenó de angustia a Jhon Jairo. Estaba previsto que podría pasar pero su espíritu y su razón se negaban a aceptarlo. La información circuló rápidamente y muchos, quizá muchísimos, la recibieron con alborozo...

¡Fue ubicado y ejecutado Pablo Emilio Escobar Gaviria, jefe del Cartel de Medellín!...

Quedó petrificado, sintió que el mundo se le venía encima. Su situación era una con "el Patrón" vivo y otra muy diferente con él en el cementerio.

La cárcel se conmocionó con la noticia y el país también. Mientras "miraba sin ver" la pantalla donde aparecían los periodistas eufóricos transmitiendo la noticia que le resultaba demoledora, sus compañeros de patio se fueron reuniendo a su alrededor, frente al televisor.

Se sintió aún más solo, desamparado y triste... Con lágrimas en el alma recordó, como en una película de terror, todo lo que vivió al lado de este "Gran Capo de Capos". Al menos para él significaba demasiado. "Popeye", como un sicario fiel y leal a su "Patrón", lo estaba llorando, mientras que no sólo sus enemigos también gran parte del mundo, celebraban como una victoria su desaparición física. Dentro de las cárceles muchos festejaron. Él, en silencio, simplemente observó como si estuviera frente a un escenario; quería creer que todo era una gran mentira, sólo una pesadilla.

Y alguien más lo observaba a él... Iván Urdinola Grajales, uno de los jefes del Cartel del Norte del Valle, quien había sido capturado y enviado a la misma prisión.

—"Pope", no esté triste, era lo mejor que nos podía pasar a todos, inclusive al mismo Pablo.

—¡Ay! don Iván, esto es muy duro... —Le contestó, clavando la mirada al piso.

El narcotraficante se veía contento con la noticia, le dijo sonriente que en Cali en el departamento del Valle, la fiesta era total, los integrantes del Cartel de Cali y del Cartel del Norte del Valle, celebraban con champaña y aguardiente.

—¡Se lo tenía merecido ese perro H.P. por secuestrador y asesino!...

Fue lo último que le escuchó decir a "Caballo", otro narcotraficante, antes de meterse a su celda y cerrar la puerta con fuerza. Se quedó en silencio pensando en todos los crímenes que su "Patrón" y sus asesinos habían cometido en el país.

Afuera se escuchaba la música a todo volumen en la celda de Iván Urdinola y las carcajadas de "el Caballo". Seguía sentado en su cama, con la cabeza entre las manos sin poder razonar, parecía que sus pensamientos se hubiesen petrificado. Alguien tocó a su puerta, él no contestó, no se atrevió a abrir y tampoco quiso salir a ver los noticieros. Su estado era de aturdimiento; sentía rabia, tristeza, impotencia y desesperanza... un hombre a la deriva.

—Ahora el que está mal ubicado soy yo en esta cárcel; quizá en otro sitio esté mejor con los otros sicarios del Cartel de Medellín para que no nos maten a todos porque de ésta no creo que salgamos vivos...

Se acostó vestido y alerta. Todavía al amanecer se escuchaba que afuera seguían bebiendo y embriagándose en nombre de Pablo Escobar.

Al día siguiente se levantó muy temprano y preparado para morir. Sabía que los "PEPES" lo iban a matar. El Cartel de Cali y el del Norte del Valle se dedicaron a hacer alianzas con los políticos corruptos y a seguir con el negocio de la cocaína, reorganizando las rutas que dejó libres el desaparecido Cartel de Medellín, para enviar al exterior viajes del alcaloide.

El país respiró tranquilo. Todo el mundo en Colombia creyó que con la desaparición de Pablo Escobar ahora sí se podría vivir en paz. Pensaron que *muerto el perro... se acabó la rabia...* Pero se les olvidó un pequeño detalle: la mafia en Colombia tenía nuevos jefes.

En el bajo mundo todos sabían quiénes eran y verdaderamente los respetaban, no sólo manejaban el poder y el dinero a manos llenas, también un poderoso ejército armado hasta los dientes, que los respaldaba.

El tiempo pasó y la imagen de Pablo Escobar se fue desvaneciendo, pero quedó convertido en una sombra que permanece, como una leyenda que evoca épocas de dolor y sangre, pero también de opulencia y bienestar para algunos.

El país retomó la calma y se alistó para elegir nuevo presidente de la República y "Popeye" se acomodó en la cárcel lo mejor que pudo, bajo la sombra protectora de Iván Urdinola, así salvó temporalmente su vida.

Los nuevos jefes de los carteles emergentes se confiaron en las promesas de políticos corruptos de alto nivel, quienes les prometieron ayuda para evitar la extradición, cuando llegaran al poder.

La mafia colombiana quería tener Presidente de la República y entregó millones de dólares a una de las campañas políticas para respaldar la elección del eventual presidente.

Por el partido conservador estaba Andrés Pastrana, quien en el pasado fuera secuestrado por el Cartel de Medellín. Su contendor en el partido liberal era Ernesto Samper.

El pueblo se botó a las calles a celebrar el triunfo del partido liberal, el nuevo presidente de los colombianos se llamaba Ernesto Samper. Los que no tuvieron nada que celebrar fueron los de la campaña opositora, salvo que se guardaron un as bajo la manga y lo usaron en el momento oportuno para aguarles la celebración a los liberales.

Un buen día un noticiero de televisión sacó a la luz unos "narcocasetes", en los que aparecían hablando dos personajes famosos de la política y la mafia. En la conversación se tocaba el tema de los millones de dólares que la mafia dio para la campaña del nuevo presidente.

En la comprometedora conversación estaba el relacionista público de la mafia, Alberto Giraldo, íntimo amigo de políticos y de Miguel Rodríguez, el jefe del Cartel de Cali. El diálogo fue filtrado a la prensa como prueba de que el narcotráfico había permeado la campaña presidencial del presidente electo. El escándalo fue brutal, el nuevo presidente se tambaleó en su silla presidencial pero logró atornillarse hábilmente y no se dejó tumbar, afirmando que todo se hizo a sus espaldas.

La Fiscalía desató una cacería de brujas buscando culpables, uno de ellos llegó rápidamente a la Cárcel Modelo en Bogotá; era un niño mimado de la sociedad colombiana: Santiago Medina, clave en la campaña presidencial cuestionada.

Santiago Medina había sido el tesorero de la campaña presidencial de Samper. Y según las acusaciones del momento, él sabía perfectamente quiénes participaron en la entrega de dineros, cómo los habían recibido, cuánto contaron, cuándo, cómo y en dónde quedó el dinero de la mafia.

En la cárcel se comentó que al tesorero lo enviaron a prisión pero para presionarlo y que no abriera la boca. Él sabía perfectamente la verdad de toda esta historia. En esa época, un delincuente de cuello blanco siempre era recluido en una casa, de aquellas que las autoridades allanaban y decomisaban a los narcotraficantes. Se les llamaba "casa cárcel", tenían seguridad y comodidades normales para los políticos o funcionarios caídos en desgracia. Pero en el caso de Santiago Medina, el gobierno lo trató como a un delincuente de quinta categoría y terminó en la más tenebrosa cárcel de Colombia en esos momentos: "La Modelo".

El tesorero de la campaña de Samper era un personaje notable de la sociedad bogotana y de la clase política; se movía en las altas esferas del poder y manejaba un grupo selecto de amistades. Les decía a los presos que, al caer en desgracia, todos lo abandonaron, incluso el presidente electo, no le volvió ni a pasar al teléfono...

Cuando llegó a la cárcel, estaba muy asustado, llorando y temblando de miedo. Pobrecito, le habían dicho que ahí los otros presos lo iban a violar, dada su condición de homosexual y que nunca más saldría de prisión. Por eso cuando el guardia de la cárcel lo dejó solo en el patio, él bajó la mirada, sus ojos estaban llenos de lágrimas y no se atrevía a mirar a nadie, mucho menos a dirigirse hacia algún lado en concreto, no sabía qué hacer, parecía un muerto en vida o un condenado dirigiéndose al patíbulo. Con angustia apretaba sobre su pecho un pequeño maletín, mientras arrastraba lentamente sus pies hacia adentro de la cárcel.

Los presos en el patio lo miraban con lástima. Iván Urdinola fue quien dio el primer paso; se dirigió hacia él y efusivamente le dio un abrazo de bienvenida, "Popeye" le ofreció su mejor sonrisa dándole la mano con firmeza. Le habló con seguridad, asegurándole que en la cárcel nadie le iba a hacer daño y que ya estaba entre amigos. Para que no quedara duda alguna lo recibieron al estilo colombiano en una cárcel manejada por narcotraficantes:

—¿Champaña o *whisky*... Santiago? —Le dijo Iván tranquilamente mientras levantaba dos botellas de licor y hacía sonar las copas.

—¡Champaña!... —contestó el abatido hombre, bajando la mirada.

"Popeye" salió rápidamente a buscar una botella finísima que le habían robado de la nevera a otro narcotraficante del patio y que cuidaba más que a su mujer. Regresó y sirvió las copas a los dos hombres que permanecían de pie frente a él. Santiago Medina bebió con desconfianza, pero al final pudo más su miedo y se mandó dos copas seguidas, de un solo tirón.

Cuando recuperó la compostura, los miró aterrado, como si recién se ubicara. Por un momento les sostuvo la mirada, fue como si dimensionara frente a quiénes se hallaba y observó lentamente a su alrededor.

Por donde sus ojos pasaban sólo veía asesinos y narcotraficantes, pero todos lo saludaron con un gesto amable. Urdinola percibió el pánico de Santiago y rápidamente lo llevó a su celda; allí le dijo que no se preocupara, que no le pasaría nada, que confiara en ellos.

El hombre temblaba aún más que al principio y mirando fijamente al sicario, como si estuviera a punto de llorar, le dijo con voz suave:

—"Popeye", ¿usted me promete que no me van a hacer nada malo?

—Doctor, nosotros no somos mala gente, acá va a estar bien. Mientras es llevado a un buen lugar, nosotros lo protegeremos.

El tesorero respiró tranquilo y ya más relajado se dejó conducir por Urdinola.

Lo llevaron a una buena celda y le arreglaron un lugar decente. Iván le pidió un televisor a un empleado suyo que permanecía frente a la cárcel para cualquier eventualidad. Le prestó su teléfono de línea y el gran Doctor se comunicó con la familia. Al calor de la champaña, Santiago Medina se calmó y soltó una perla:

—¡A mí me van a matar acá!

Santiago Medina, no estaba lejos con esta apreciación. Todos en la cárcel, en la calle, en los círculos sociales y hasta dentro de los mismos narcotraficantes, repetían en coro el mismo comentario: ¡el temor de algunos políticos es que Santiago Medina hable y se destape toda la verdad!

Y junto con su traslado a La Modelo el escándalo en Colombia cada vez se hacía más grande. Mientras los presos en Alta Seguridad le daban la bienvenida con champaña al tesorero, en Colombia y el mundo corrían ríos de tinta por cuenta de este suceso.

Pero estaban equivocados los que pensaron que Santiago Medina se dejaba amedrentar por el escándalo y la captura. Mientras se consumían varias botellas de licor, ese día soltó valiosa información sobre el tema y sus cómplices. En medio de los tragos se le fue la lengua contando infidencias hasta que Iván Urdinola le dijo que era suficiente y que mejor se fuera a dormir. Él se paró tambaleándose y dijo con firmeza, antes de partir:

—¡Mi lealtad con el presidente llega hasta que pise el primer escalón de la Fiscalía!

Santiago Medina era dueño de una gran fortuna en arte y tierras en el departamento de Boyacá; conocedor como ninguno de valiosas antigüedades, su casa en Bogotá era un sueño. Físicamente se veía de clase. Un hombre cuarentón, un poco obeso, blanco, 1.72 metros de estatura y educado como ninguno. Al final se resignó a compartir la cárcel con los presos y volvió la rutina.

En la calle, después del sonado caso de la financiación de la "narco campaña", algunos narcotraficantes comenzaron a entregarse en medio del proceso de sometimiento a la justicia.

La Cárcel Modelo era por esos días el sitio más comentado en Colombia. El tiempo transcurría lentamente. Cuando los periodistas anunciaban el nombre de un político importante o de un narcotraficante que estaban siendo investigados, inmediatamente los presos señalaban a dedo la próxima celda a ocuparse. Así se entretenían, alternando los problemas cotidianos de la comunidad carcelaria con largas discusiones, que reflejaban el desorden en que se hallaba el país...

Santiago Medina tenía además de sus problemas judiciales, problemas de ansiedad; era claustrofóbico, situación complicada para un preso que tiene que dormir con la puerta bajo llave. En el momento en que el guardia carcelario encerraba a Santiago y éste sentía el rechinar de la cerradura, caía al suelo estrepitosamente desmayado. En otras ocasiones entraba en pánico y comenzaba a sudar y a gritar desesperado.

Al principio sus compañeros se asustaban porque no sabían lo que le pasaba y en coro decían:

—¡Ahora sí el doctor Santiago se enloqueció!

Pasaron los meses y un buen día Iván Urdinola, le dio una noticia a "Popeye". Le dijo que se iba trasladado a la Cárcel de Palmira Valle, su territorio; que le había costado una fuerte suma de dinero en el INPEC pero había valido la pena.

Se despidió de él con un abrazo. El capo lo había protegido en la cárcel; volvía a quedar solo. Lo miró a los ojos y con sinceridad, intentando demostrarle su reconocimiento le dio las gracias por la protección brindada.

Ese día Urdinola salía rápidamente con su maleta; mientras se dirigía hacia la puerta "Pope" lo miraba con nostalgia pensando que quizá ya no lo volvería a ver. Probablemente sintió su mirada y de un momento a otro se detuvo en seco, volteó y se regresó, lo tomó del brazo, lo llevó aparte y le dijo en voz muy baja:

—¡"Popeyito", cuídese mucho, Carlos Castaño está sobre Usted! No va a descansar. ¡Lo mata porque lo mata... yo se lo aseguro!

—¡Gracias Don Iván! —Le contestó bajando la cabeza.

Se sintió triste ese día, no por la noticia de que Castaño había dado la orden de matarlo como fuera, en realidad era porque este poderoso narcotraficante que se estaba despidiendo de él en esos momentos, fue el único miembro de "los Caleños", sus enemigos del Cartel del Norte del Valle, que paradójicamente lo protegió y respaldó en la cárcel, cuando todos se peleaban por asesinarlo después de la muerte de Pablo Escobar.

Al conocer sobre la partida de Urdinola, el Doctor Santiago se angustió aún más. En esos momentos estaba siendo presionado, por todos los lados, para que no hablara sobre los dineros del narcotráfico que ingresaron a la campaña presidencial.

A pesar de la situación tan grave en que se encontraba, él tenía la plena confianza en la Fiscalía y decía que si colaboraba, ellos lo iban a proteger. Por eso siempre se mantuvo firme en su decisión de contar toda la verdad... Verdad que tenía incomodos a varios personajes que le pusieron precio a su cabeza.

Un día "Popeye" recibió a un emisario de Orlando Henao, jefe del Cartel del Norte del Valle. El hombre le dijo directamente.

—"Popeye", ¡un millón de dólares para que deje matar a Santiago Medina! —Le ofreció sin sonrojarse.

Lo miró directamente a los ojos y le dijo con firmeza:

—Venga en diez días y le doy una respuesta.

El hombre se fue con el mensaje para su patrón. Pensó con cabeza fría la propuesta; era tentadora y peligrosa. Toda la mafia en Colombia sabía que él estaba cuidando a Santiago Medina en la cárcel y si alguien se atrevía a asesinarlo en el patio, tenía que pasar antes sobre su cadáver, pero si se dejaba comprar por el cartel Santiago Medina sería hombre muerto.

Le había tomado cariño y sentía respeto por Santiago, quien además confiaba ciegamente en él. Una tarde en la que intercambiaron algunos secretos de la política corrupta y de la mafia, en tono nostálgico le habló sobre su efímero futuro confesándole que tenía sus propios sueños por cumplir con un amor que tenía atravesado en su corazón enamorado...

—"Pope", ¡cuídeme que yo salgo y lo saco de acá!

El Doctor Santiago se veía indefenso, vulnerable y muy triste en prisión. En las largas conversaciones que tenían a diario en su celda, le comentaba historias de su vida. Un día le confesó que estaba muy angustiado porque Iván Urdinola, antes de irse de la cárcel, lo presionó para que no hablara ante la Fiscalía y le advirtió que no podía decir la verdad sobre el dinero que entró a la campaña presidencial proveniente del narcotráfico, porque estarían en peligro todos los mafiosos de Colombia, ya que rápidamente serían extraditados a los EE.UU., por el presidente electo.

Mientras Santiago le hacía su confesión, pensaba en la propuesta que le habían hecho días atrás y llenándose de valor le contó que lo querían muerto.

—Don Santiago, esto está preocupante; no le puedo decir más pero se tiene que cuidar porque lo van a asesinar y están ofreciendo mucho billete por su cabeza...

—¿Qué pasó? ¿Qué...queeee qué pasó, "Pope"? —Le dijo levantándose rápidamente de su cama, con el rostro transfigurado por el miedo y tartamudeando; las palabras no se animaban a salir de su boca desencajada.

—Nada grave don Santiago. —Le dijo "Popeye", en tono cordial, sólo para calmarlo y haciéndolo sentar en la cama—. Venga le cuento. La verdad... ¡le doy mi palabra de sicario arrepentido que no voy a permitir que lo maten en la Cárcel Modelo y si lo intentan tendrán que pasar sobre mi cadáver...!

Eso fue muy arriesgado de su parte, pero tenía que tomar una decisión y lo había hecho de forma correcta, según lo pensó.

La mafia y sus amigos estaban dispuestos a todo, para cerrarle la boca al tesorero de la campaña y al que se interpusiera en su camino también... ¡o sea a él! Sabía cómo se movían las cosas en el bajo mundo y si permitía que lo mataran después también lo harían con él. No era tonto y menos con sus eternos enemigos del Valle.

Pero asesinar o participar en la muerte de tan famoso personaje en la cárcel no era fácil. Ningún delincuente en esos momentos quería echarse encima ese muerto y él tampoco, no sería la excepción. Así que prefirió aliarse con Santiago. Al menos tendría una oportunidad de salir con vida del nuevo lío en que lo habían metido.

Santiago Medina entró en pánico y le prometió esta vida y la otra, para que lo siguiera protegiendo. Le dijo que en agradecimiento por la protección que le estaba brindando, iba a mover sus influencias para enviarlo a una cárcel donde estuviera seguro. "Popeye" le sonrió con aceptación pero sabiendo que no podría cumplirle. En esos momentos, ningún funcionario o político importante en el país le quería pasar al teléfono, menos le iban ayudar con el traslado de su nuevo amigo. Todos los de su clase lo habían dejado solo con su problema, dándole la espalda para que lo mataran. Ahora su vida estaba en manos de uno de los sicarios más despiadados del país. Pero Santiago Medina no tenía opción.

Se acostumbra en el bajo mundo, liquidar a un preso desde afuera ingresando a un asesino profesional a la cárcel el día de la visita masculina. Cuando éste llega al patio hace su trabajo y sale nuevamente a la calle con la complicidad de algún guardia comprado.

En el caso de Santiago eso era lo que pensaban hacer y si "Popeye" se oponía, la orden era matarlo también.

El emisario del Cartel del Norte del Valle volvió a los diez días por la respuesta.

—Doctor... ¡dígales por favor que yo no me meto en eso!

El emisario abrió los ojos con sorpresa; no esperaba esa razón, pero asintió con la cabeza, dio media vuelta y se fue sin decir nada.

"Popeye" comprendía las consecuencias de su negativa y estaba listo para morirse. Cuando los miembros del Cartel de Cali o del Norte del Valle ordenaban un asesinato nunca fallaban y si él se había negado entendía las consecuencias; sólo era cuestión de tiempo. Prefirió jugársela de esa manera a echarse encima a Santiago Medina. ¡Todos sabían que era un muerto demasiado grande para meterse en semejante escándalo que implicaba mafia, política y corrupción!

Le advirtió a Santiago Medina que la única manera de salvarle la vida en la cárcel a partir de ese día, era que él siguiera sus instrucciones al pie de la letra.

Lo convenció para que el fin de semana, cuando los presos recibían la visita masculina el día sábado, no saliera para nada de su celda, que iba a permanecer cerrada con llave, para evitar que se le metieran a matarlo y para esto, él se pararía todo el día afuera de la celda con un arma en la mano evitando que alguien se acercara al tesorero.

Un ejercicio casi imposible para un claustrofóbico, como era el caso de Santiago. Pero fue valiente a pesar de su miedo y luchó desesperadamente en la cárcel por preservar su vida. Esta situación lo unió más a "Popeye" el único hombre en quien podía confiar en esos momentos, no le quedaba otra alternativa. Si hubiera querido él mismo lo habría asesinado sin que siquiera alguien lo notara, pero "Popeye" le dio su palabra y la cumplió. Hicieron una buena amistad. Él, en agradecimiento, le celebró el cumpleaños a la esposa de "Popeye", Ángela María Morales, quien tuvo una fiesta por todo lo alto en el famoso castillo de Santiago Medina que fue generoso y corrió con todos los gastos del comentado evento.

Ángela María Morales se lució ante sus amigas. Santiago quedó bien con "Popeye", quien terminó enfrentado a los asesinos del tesorero que ahora no sólo ofrecían dinero por el hombre sino también por su nuevo escolta.

El lío al final se le armó, pero con la víctima. Apenas le cerraban la puerta de la celda con llave, entraba en pánico pensando que ese día lo matarían en la visita y ¡de una se desmayaba! Qué problema para resucitarlo y hacerle ver la realidad...

Cuando llegaban los sábados, "Popeye" probaba su revólver 38 corto 5 tiros, se lo ponía en la pretina del pantalón y salía rumbo a la celda de Santiago. Ahí permanecía parado todo el día vigilante, cuidándolo con lealtad. Durante las largas horas de vigilia hacía castillos en el aire con todo lo que el tesorero le había prometido. ¡Estaba cuidando su futuro!

Una pequeña ventana en la celda de Santiago y otra en el baño de la misma, le calmaban un poco la ansiedad al pobre hombre que con timidez se arrimaba a respirar el aire puro que circulaba afuera. ¡Tenía que escoger entre el encierro voluntario, o un balazo de un visitante "entrado", o de algún otro preso, que también se quisiera ganar el dinero que ofrecían por volverlo cadáver!

Aparentemente, en el pabellón no existía una persona que, de frente, fuera capaz de echarse ese muerto encima. Una cosa es un asesinato en la calle y otra muy distinta dentro de la prisión... En este caso sabían que un menor de edad había sido el elegido para matar al Doctor Santiago Medina, dentro de la Cárcel Modelo de Bogotá; como era menor de 18 años el asesino no pagaría cárcel, según reza la ley colombiana.

La vida del Doctor Santiago, siguió en medio de ese torbellino emocional, cada vez que salía de la cárcel a sus audiencias judiciales, se echaba la bendición y con voz temblorosa se despedía de "Popeye" como si fuera el último día de su vida. Temía no regresar para contar el cuento.

Un día fue a su audiencia en la Fiscalía y delató al Presidente Samper y a su Ministro de Defensa Fernando Botero. Le dijo que contó "todo, todo", con pelos y señales a los fiscales que le indagaron. Ellos le creyeron, por eso le dieron la casa por cárcel y le ofrecieron protección para su vida. Regresó feliz se despidió de él con un fuerte abrazo. "Pope" lo miró con tristeza. Sabía que no lo volvería a ver y que todas sus esperanzas de ser trasladado a otra cárcel se terminaban ahí.

La despedida entre los hombres fue sincera. Con la partida del político "Pope" descansó; era demasiado estresante estar cuidándolo las 24 horas del día y con el alma en vilo vigilando a todos los presos para que no le pegaran un tiro o no le envenenaran la comida, que era procesada por alguien de extrema confianza y probada por él mismo antes de que Santiago la consumiera.

Por las declaraciones de Santiago Medina la Fiscalía ordenó la captura del flamante Ministro de Defensa Fernando Botero, quien fue detenido y recluido en una guarnición militar. El escándalo en Colombia, sobrepasó las fronteras y EE.UU., canceló la visa al presidente electo; un caso insólito para la época. Era el primer mandatario de un país a quien le cancelaban la visa americana.

La mafia entró en pánico; de nada les sirvió aportar los millones de dólares que entregaron al tesorero para financiar la campaña y por primera vez se dieron cuenta de que su extradición estaba más próxima de lo que ellos imaginaban.

Durante años se aseguraron de tener amigos leales en el Congreso de la República, como el parlamentario Carlos Oviedo Alfaro, quien fue integrante de la Comisión de Acusaciones del Parlamento, la misma que luego absolvió al Presidente de la República. Estas relaciones parlamentarias no fueron gratuitas; los mafiosos tuvieron un gran relacionista público, que por esos días llegó también a pasar un tiempo con los presos en el Patio de Alta Seguridad de la Cárcel Modelo.

El periodista Alberto Giraldo, fue detenido por el escándalo del dinero entregado a la campaña del Presidente Samper. Su voz fue la que se escuchó en los llamados "narcocasetes" que destaparon la olla podrida de la campaña.

Giraldo rápidamente fue instalado en el patio donde estaba "Popeye" e inició su vida de presidiario, en medio del revuelo que amenazaba con tumbar al Presidente de la República y que permaneció en su cargo tras la famosa frase de ¡*Aquí estoy y aquí me quedo!*

El que no se salvó fue su Ministro de Defensa, Fernando Botero, quien fue declarado culpable por la justicia y condenado por la financiación irregular de la campaña presidencial.

Poco después y en una de las llamadas que le hacía "Popeye" al Dr. Medina, le sorprendieron con la noticia de su hospitalización. Aparentemente estaba enfermo del estómago.

—¡El doctor está en el hospital! —fue la respuesta que recibió.

Acostumbraba a llamarlo por teléfono a su hermosa casa-cárcel en Bogotá. El tesorero le recibía las llamadas con alegría.

—Hola "Popeyito" ¿cómo estás?— era su saludo habitual.

Pero esta vez su voz se apagó. Trató de hablar con él y nunca se lo comunicaron. El Doctor Santiago Medina murió de una afección renal, dijeron los médicos que lo atendieron. En el bajo mundo se habló de la extraña contaminación del agua de la casa de Santiago, que lo llevó rápidamente a la tumba...

Cuando el sicario lo supo sintió tristeza por el hombre que murió de forma tan extraña; nadie se atrevió a cuestionar el dictamen médico y menos a hacerle una necropsia para buscar rastros del agua que misteriosamente le afectó el estómago. Los del Cartel del Norte del Valle celebraron su muerte; no tuvieron que disparar un solo tiro.

Santiago Medina estaba planillado para viajar al más allá, y así pasó...

Ya sin el testigo estrella de la Fiscalía, muchos respiraron tranquilos y siguieron sus vidas normalmente, no así algunos narcotraficantes que vieron la oportunidad de entregarse a las autoridades y hacer una negociación inteligente con la justicia que les ofrecía jugosas rebajas de penas a cambio de confesar sus delitos de narcotráfico.

Algunos de los mafiosos del departamento del Valle del Cauca, al suroccidente del país, aceptaron la oferta e iniciaron el proceso de sometimiento a la justicia.

Uno de ellos fue Henry Loaiza, alias "el Alacrán", miembro del Cartel de Cali. Dueño de una personalidad difícil, sin educación, lleno de poder y dinero, aterrizó también en el Patio de Máxima Seguridad...

El narcotraficante era famoso por haber participado en la masacre de Trujillo, Valle. Los muertos pasaron de cien. El sacerdote del pueblo, el padre Tiberio, fue una de las víctimas inocentes que asesinaron. Al cura le cortaron la cabeza y jugaron fútbol con ella. Las partes desmembradas de las víctimas comenzaron a bajar por el río. La noticia de la sevicia con que actuaron llegó hasta el Vaticano.

Un día "Popeye", de metido, le sugirió que confesara eso que todo el mundo ya sabía, que él había ordenado las muertes y así la justicia le haría una rebaja de pena; le darían máximo siete años de cárcel si declaraba.

—¡Yo no soy un sapo! —le respondió furioso, dejándolo parado en el patio en donde hablaban.

Este hombre se sumó a la locura colectiva que por esos días se vivía en el pabellón. El sicario nunca supo si lo que otros prisioneros veían o escuchaban en la cárcel, era producto de sus conciencias atormentadas o correspondía a la realidad. Pero lo que sí vio y escuchó fue la historia de "el Alacrán". Para él la llegada de la noche resultaba una verdadera agonía. Decía que no lo dejaban dormir, que lo querían enloquecer los otros presos.

Al caer la tarde "el Alacrán" se veía ansioso; su angustia se intensificaba cuando anochecía y todos se retiraban a descansar; el hombre aseguraba que escuchaba ruidos encima de su celda.

Al otro día, trasnochado y de mal humor, "el Alacrán" hacía el reclamo a los presos alegando que no lo dejaban dormir y que lo querían enloquecer con esos ruidos. Al principio todos reían, pensaban que algún chistoso le estaba haciendo bromas, o que el bullicio venía de otro patio y en medio de la noche él lo percibía cerca, pero no, al pasar los días éste insistía en su historia.

Se le corrió la teja... susurraban los presos convencidos de su locura, pero estaban ansiosos por descubrir el misterio. ¿Por qué aseguraba que escuchaba golpear toda la noche en el techo de su celda?

Lo curioso de la situación era que, ¡arriba de su celda no había nadie...! Y tampoco resultaba lógico que alguno de los prisioneros pasara la velada dando golpes. Era absurdo. Tampoco resultaba factible que alguien estuviera construyendo un túnel o algo parecido, porque no había espacio. Los golpes los ubicaba en el techo sin nada encima y los alrededores estaban completamente deshabitados.

Sus compañeros al conocer la versión de "el Alacrán" estuvieron pendientes y nunca oyeron nada diferente a los murmullos habituales en una prisión.

Con el tiempo "el Alacrán" logró que lo trasladaran a otra prisión en donde dejó de escuchar los ruidos que decía oír en La Modelo. Fue condenado, pagó su pena y salió libre. La justicia lo volvió a vincular a delitos de narcotráfico y las autoridades lo capturaron nuevamente.

Transcurrieron los días y quedó en evidencia que no sólo "el Alacrán" escuchaba ruidos extraños en su celda. También el descontrol emocional del periodista Alberto Giraldo se hizo notorio y del conocimiento de todos los presos de Alta Seguridad. Este hombre se enloquecía por días; nunca se enteraron si fue por la compañía de los demás reclusos o por la tensión del escándalo de la narco campaña sumado a la presión que estaba ejerciendo la mafia sobre él.

A veces cuando estaban reunidos los presos en el comedor, lo veían pasar presuroso para su celda, empacaba sus cosas y bajaba corriendo al primer piso del pabellón, no sin antes despedirse de todos asegurándoles que le había llegado la orden de liberación.

Pasaba horas sentadito encima de su maleta, mirando al frente de la pesada puerta de hierro que blindaba el patio. Algunas veces se impacientaba al ver cómo la ansiada libertad se diluía en el lento paso de las horas... con ellas se desvanecían también sus ilusiones de regresar a casa.

Al notar el paso del tiempo sin que algo sucediera, se paraba frente a la reja de seguridad y permanecía eternidades pegado a los barrotes con los ojos llenos de lágrimas... No era difícil imaginar lo que estaba sintiendo en su corazón. Los demás presos lo miraban con tristeza y pensaban lo mismo: ¿cuándo llegará la boleta de mi libertad?

Por suerte, el periodista se reponía de la depresión y entonces no paraba de hablar todo el día. Les contaba con lujo de detalles las orgías que hacían los políticos amigos suyos, con lesbianas y prepagos. Era enfermo por las niñas menores de 18 años; un viejo verde. Pero del tema que todos querían saber, sobre la financiación de las campañas políticas, no hablaba. Tenía miedo; le habían advertido que era mejor quedarse callado. Él sabía toda la historia de la financiación de los políticos corruptos, comprados por los hermanos Miguel y Gilberto Rodríguez, jefes del Cartel de Cali. Giraldo, durante años, fue su relacionista público, sabía muchas verdades que no se atrevió a contar. Cuando algún recluso mencionaba el tema, él lo eludía sagazmente, afirmando que ya llegaría su turno de hablar en la Fiscalía, porque tenía una lápida colgada al cuello, al igual que su familia que también estaba amenazada. Repetía que, por él, contaría la verdad absoluta de la corrupción de los políticos pero que de eso dependía la vida de sus seres queridos y no iba a arriesgar a inocentes por sus revelaciones.

Pasó el tiempo y un día salió libre. Su secreto se lo llevó a la tumba, pues murió años después. Al igual que Santiago Medina, pudo más el miedo a la "narco política" colombiana que su deber para con el país, permitiéndole conocer la verdad sobre su clase dirigente.

Siempre decía que contar la historia verdadera de la corrupción en Colombia no sirve de nada, porque nunca pasará de ser un sonado escándalo periodístico. Y así era, no sólo con los políticos corruptos, también con los bandidos de otras esferas que también eran recluidos en la Cárcel Modelo, la más famosa del país, por aquellos días.

XVI

"El Monstruo de los Andes" a La Modelo

"*F*edor Rey" fue un comandante guerrillero con un pasado no sólo oscuro, también bestial. La primera vez que "Popeye" tuvo contacto con él fue a mediados de los años 90, cuando lo capturaron en Cali. Lo llevaron a la Cárcel Modelo y fue recluido en el primer piso del edificio de Alta Seguridad. Iván Urdinola y "Popeye" lo vieron en la televisión. Forcejeaba con la Policía y gritaba consignas subversivas; parecía un animal. Apenas se fueron los guardias que lo trajeron, bajaron a hablar con él. Estaba escondido bajo el planchón de cemento.

—¡Fedor..., Fedor, Fedor! ... —lo llamaba Iván. Éste no contestaba. Por seguridad, lo tenían a puerta cerrada. A través de la ventanita lo seguía llamando Iván.

—¡Fedor soy Iván Urdinola! —Ahí sí contestó despectivamente.

—¿Qué quiere? —Le respondió secamente.

Urdinola era muy orgulloso y al escuchar el tonito volteó para irse. "Popeye", con todo respeto lo tomó del brazo y haciéndole señas le gritó a Fedor.

—Mi amigo, soy "Popeye". ¿En qué le podemos ayudar?

En ese momento salió de su guarida.

—¡Tengo frío! —Dijo sin saludar. Miraba descoordinado y furioso. Tenía sangre en su ropa. Iván sonrió y le pidió que le pasara una buena cobija de las suyas.

"Pope" fue corriendo y bajó con la cobija. Al regresar, el guardia se negaba a abrir la celda para ingresar la cobija, por temor a Fedor. Urdinola lo convenció y rápidamente la introdujeron. El guardia cerró con fuerza y respiró tranquilo. Fedor se envolvió en la cobija y no dio las gracias. Sólo los miró.

—¿Qué le pasó Fedor, que su boca está sangrando? —Pregunta Iván con curiosidad.

—Nada. —Dijo mirándolos fijamente.

Era claro que lo habían golpeado. Salieron de allí bajo la mirada implacable de este fiero hombre. Su aspecto impactaba: 1.80 metros de estatura, trigueño, musculoso, se veía muy fuerte.

Pero su aspecto era lo de menos, su pasado brutal era lo que conmocionaba. Era llamado "el Monstruo de los Andes". Primero estuvo vinculado a la guerrilla de las FARC, de allí se salió y fundó un grupo propio también de izquierda llamado el "Ricardo Franco", lo comandaban él y su camarada, Hernando Pizarro León Gómez, hermano de Carlos Pizarro, hombre fuerte del movimiento guerrillero M-19.

El "Ricardo Franco" se fundó en el año 1982. Rápidamente creció en armas y hombres. Incluso estaba mejor armado que la misma FARC, en esa época. José Fedor Rey, cuyo nombre de guerra era "Javier Delgado", tenía su zona de operaciones en el departamento del Cauca. Los comandantes no supieron manejar el poder que obtuvieron por las armas y se creyeron dioses. Un día les llegó una información muy grave, les dijeron que habían sido infiltrados por el Ejército y la CIA. Entraron en pánico y Fedor ordenó una purga interna. Entre noviembre de 1985 y enero de 1986 fueron asesinados 182 miembros de su organización. La primera noche hubo un baño de sangre. Bajo torturas brutales los jóvenes combatientes se atacaron acusándose unos a otros de ser los infiltrados para salvar su propia vida.

Pero de nada les sirvió la súplica. Allí cayeron los primeros 37. La acusación era espionaje y traición al grupo guerrillero. El Ejército encontró cuerpos a los que les habían abierto el pecho para sacarles el corazón. También encontraron cadáveres de mujeres embarazadas a las que les abrieron el vientre para sacarles los fetos.

Toda esta masacre se dio en el campamento del movimiento "Ricardo Franco" en Tacueyó, en Toribio (Cauca). Fedor y su camarada citaron a varios jóvenes universitarios que simpatizaban con el grupo y los asesinaron brutalmente, después de torturarlos buscando los infiltrados. Enterraron vivos a varios guerrilleros dejándoles sólo la cabeza por fuera.

Al campamento donde fueron llevados, amarrados del cuello como animales los supuestos espías, se le llamó "Campo Santo". En la tortura, un guerrillero acusaba a otro más humilde que él, de ser un coronel del Ejército. También era fácil que se acusaran de ser de la CIA. Con semejantes torturas reconocían lo que fuera creyendo que así salvarían su vida. Fue tal la magnitud de la matanza que finalmente se filtró a los medios de comunicación. La noticia le trajo problemas al comandante Fedor Rey. Sus camaradas de los otros grupos izquierdistas se alarmaron.

Ante las serias acusaciones de los abusos cometidos por el nuevo grupo, la coordinadora tomó drásticas medidas respecto a Fedor y su gente. Él grupo fue expulsado de las filas guerrilleras. Fedor y su compañero Pizarro fueron declarados objetivos militares por las FARC y ordenaron su búsqueda para asesinarlos.

Este guerrillero se volvió un problema para todos. Se negaba a probar los alimentos de la cárcel por miedo a un envenenamiento. Iván Urdinola se ofreció a darle la comida y le dio la misión a "Popeye" de llevársela todos los días. A él le tocó firmar un documento donde se responsabilizaba de la vida de este asesino si moría envenenado.

El tipo era un salvaje. La guardia le temía. Un buen día bajó con el almuerzo, el guardia se hizo acompañar de otros compañeros y le abrieron la celda. "Popeye" le dejó el plato y se fue a su piso. A las 2 horas bajó por la bandeja, no se fijó y subiendo las escaleras notó que faltaba el cuchillo; todavía les estaba permitido usar el metálico. De inmediato regresó y por la ventana de la celda lo enfrentó pidiéndole el cubierto; éste tranquilamente le dijo que no lo tenía. "Pope" empezaba a salirse de casillas y le volvió a decir en tono más fuerte:

—¡Viejo... me falta el cuchillo...!

—¿Sabe qué "Popeye"?... Le voy a echar mano al Director de la Cárcel y voy es para afuera...

Se quedó frío con el lío que se le venía encima. El Director de la cárcel en ese entonces era un Coronel activo de la Policía Nacional. A veces se entrevistaba con Fedor sacándolo de la celda y hablando de frente con él.

Se la jugó y cambió el tono de su voz, le habló bonito esperando que el guerrillero se tranquilizara. No le funcionó, le habló serio y le hizo ver que él sería acusado de complicidad en secuestro ya que la guardia sabía que todos los días le bajaba los alimentos. El hombre entendió la situación, se quedó mirándolo con odio, sacó de repente el cuchillo y lo tiró despectivamente al suelo por la ventanita de la celda.

—¡Tenga su maldito cuchillo!

Jamás volvió por su celda. Con el tiempo lo trasladaron hasta que llegó a la Cárcel de Palmira Valle. Poco a poco se fue tranquilizando y un importante miembro de la FARC que estaba allí recluido, informó a sus camaradas que "el Monstruo de los Andes" estaba listo.

El día escogido para su ejecución fue el de visita de hombres; su asesino se alió con otro preso y entraron un comando de las FARC como visita normal. Dos visitantes y dos presos contra Fedor.

En esa época la visita se podía recibir en la celda sin ningún control. Todo se confabuló contra Fedor. La celda contigua a la suya era la de su verdugo y pasó lo que tanto temía: ¡fue infiltrado!

En la celda del vecino comenzó a sonar la música a todo volumen; el grupo de asesinos entró veloz a la celda de Fedor. Lo tomaron por sorpresa, pero el hombre luchó por su vida como un león. Murió ahorcado. El cadáver lo encontraron los guardias al día siguiente, en la contada rutinaria. Alcanzó a sentir la muerte lentamente mientras sus victimarios lo ahorcaban con deleite; esa era la idea, que viviera la angustia y el sufrimiento que les produjo a sus muchas e inocentes víctimas.

Como siempre, las directivas de la cárcel del viejo INPEC, para evitar la investigación, dijeron que se había suicidado. Uno más que se ahorcaba en su propia celda, amarrado de pies y manos. Pero en Colombia todo puede pasar. El comando de asesinos salió sin problema de la cárcel. Los dos presos quedaron limpios.

Mejor que el diablo se encargue del "Monstruo de los Andes".

XVII

El "Comandante Bochica"... fraude total

Con Santiago Medina muerto, a algunos implicados en el escándalo se les pasó el susto, pero el país siguió dando tumbos. Todos los jefes del Cartel de Cali fueron capturados y los otros integrantes muertos rápidamente, en diferentes circunstancias de delaciones y entregas furtivas, con lo cual recrudeció la guerra en la calle entre los grupos de mafiosos que se disputaban el control del negocio de la cocaína.

"Popeye", sin querer, se convirtió en espía. Su objetivo fue un personaje aún más particular, Hugo Antonio Toro, alias el "Comandante Bochica", jefe del grupo guerrillero JEGA (Jorge Eliécer Gaitán).

La misión de espiar a un famoso desconocido de la opinión pública y supuesto jefe de un grupo guerrillero más desconocido aún que su jefe, fue autorizada por sus antiguos enemigos, los policías.

Según las autoridades, "Bochica" y su grupo JEGA, fue quien secuestró a Juan Carlos Gaviria, hermano del ex Presidente de Colombia, Cesar Gaviria.

El polémico "Bochica", estaba por esos días en el mismo patio en que se encontraba "Pope", en la Cárcel Modelo en donde todos vivían con la dinámica normal de algunas prisiones latinoamericanas; allí la entrada de licor para las fiestas, mujeres, peleas de internos, cobro de extorsiones, manejo de drogas y armas era la constante entre los detenidos. Y es precisamente en esta cárcel donde se decidió la suerte del hermano del ex Presidente de la República y luego Secretario General de la O.E.A., César Gaviria Trujillo.

A Juan Carlos Gaviria aparentemente lo secuestró un movimiento de izquierda llamado "Dignidad por Colombia", dirigido por el "Comandante Bochica"; cabe resaltar que a ese movimiento y a su comandante sólo lo conocían en su casa, porque nunca nadie los había escuchado nombrar y menos se sabía de la identidad y del rostro del "famoso" Comandante Bochica".

La misión para "Pope": descubrir si el hombre que estaba en su patio llamado Hugo Toro, era realmente "Bochica".

Para él la situación era risible, porque terminó trabajando para el Coronel Danilo González, uno de sus peores enemigos, quien lo persiguió durante años. Ese hombre fue precisamente quien les pidió, a él y a un poderoso preso, que le ayudaran con el tema, en la misma prisión. Lo que a

"Popeye" le parecía curioso era tener que colaborar con información clave para la liberación del hermano de Cesar Gaviria, el presidente que acabó con el Cartel de Medellín y su jefe, Pablo Escobar.

En esta misión no estaba solo. Víctor Patiño Fómeque, famoso narcotraficante del Cartel del Norte del Valle quien también estaba recluido en su patio, se convirtió en su compañero de espionaje para desenmascarar a "Bochica".

Recibieron toda la información de inteligencia que tenía la Policía sobre el hombre que debían espiar. El punto era descubrirle los gustos y debilidades. Le fascinaba el licor, los tangos, la comida típica de su región y aparentemente, amaba a su familia.

Cuando ya estaban listos con el plan, la Policía trasladó a "Bochica" de la Cárcel La Picota al pabellón en la Cárcel Modelo para facilitar el trabajo de investigación a los nuevos espías.

Hugo Toro, ingresó al patio preguntando por su celda, "Popeye" se la enseñó sin darle mucha importancia. Su apariencia era la de un hombre normal entrado en años, de cara muy seria y con el ceño fruncido. Víctor Patiño lo saludó amablemente y le pidió a "Popeye" que le enviara a comprar un televisor, un mini componente para escuchar música y un colchón cómodo para la litera del nuevo huésped. El hombre, ante esta bienvenida rompió el hielo y entró en confianza; se les fue acercando con sigilo, un poco desconfiado al principio pero agradecido por el trato que le dieron a su llegada.

Todos siguieron la rutina normal como si no les interesara para nada su vida, pero estaban alerta a sus movimientos; les llamó la atención su debilidad por los periódicos y las noticias de televisión y radio.

Al principio lo vieron como una situación normal e informativa del hombre, pero con el tiempo observaron que tenía especial interés en una página que al leerla cambiaba la expresión de su rostro dejando ver una gran satisfacción. El "Comandante Bochica", iba a la mesa, pedía permiso, hojeaba el periódico buscando algo importante; cuando lo encontraba, allí se detenía y lo disfrutaba.

Al percatarse de esta actitud sospechosa, Víctor Patiño comenzó a organizar en su celda pequeñas fiestas para ver si con el licor en la cabeza, el hombre cometía alguna indiscreción y les confirmaba que sí era el "Comandante Bochica".

La celda de Víctor Patiño estaba acondicionada, como todas las de los narcotraficantes en las cárceles, con todos los lujos de un capo; una gran cantidad de música con buenos tangos, además licores y continuamente recibía excelente compañía femenina que él mismo mandaba traer para esas ocasiones. Con una propina generosa a los guardias de turno, la dejaban dormir en la cárcel.

Hugo Toro ya tenía confianza con ellos y al ver las fiestas y las hermosas mujeres que siempre los acompañaban, se acercaba tímidamente a la celda y allí se embriagaba con sus nuevos amigos al son de la buena música y el ambiente agradable. Sus largos silencios los interrumpía para cuestionarlos repitiendo furioso:

—¿Qué hago yo en un pabellón de Alta Seguridad? ¡No tiene sentido si mi delito no da para tanto!

Y no lo tenía, ya que estaba preso por un homicidio normal. Había matado a tiros a un hombre que agredió al novio de su hija y luego se propasó con ella, mientras estaban en una celebración familiar reunidos en una taberna, escuchando tangos. Hugo Toro previamente, ante las provocaciones verbales del hombre, le había advertido que no los molestara, pero el hombre ebrio, fue atrevido con la hija de Toro y luego amagó con sacar un arma cuando no estaba armado y lo que tenía era un radio teléfono. En ese momento Toro sacó su pistola y de un certero tiro en el corazón mató al hombre delante de todo el mundo. La Policía llegó al lugar y en medio de la confusión, uno de los agentes preguntó quién disparó, y Hugo Antonio Toro entregando el arma dijo: *Yo, yo disparé en defensa propia*. Fue detenido y sentenciado.

Por este incidente estaba en prisión. El arma con que mató al hombre tenía salvoconducto y con ésta al menos nunca había disparado un solo tiro. Su delito no alcanzaba para permanecer en un Patio de Alta Seguridad, en donde solo recluían a los narcotraficantes o a los delincuentes más famosos por casos muy sonados.

Pero lo que Hugo Toro nunca comprendió fue que la Policía tenía sospechas de que él era el líder de una emergente organización guerrillera que se había atrevido a secuestrar al hermano del ex Presidente César Gaviria y se hacía llamar "Comandante Bochica".

Discretamente eludían el tema cuando él se preguntaba en voz alta por la reclusión en ese patio. Ya con el licor en su cabeza se ponía eufórico y expresaba su buen humor. Todo detalle que veían sospechoso en estas tertulias etílicas, se lo contaban inmediatamente al Coronel Danilo González.

La situación era apremiante ya que la organización "Dignidad por Colombia" amenazaba con asesinar al secuestrado, Juan Carlos Gaviria. Lo entregarían con un libro que había escrito el "Comandante Bochica", quien se ufanaba de su lucha revolucionaria, pero lo peor de todo era que los espías de la cárcel, no habían podido desenmascarar a Hugo Toro. Todos sospechaban que era "Bochica" pero nadie se atrevía a asegurarlo.

Un día llegó el periódico al pabellón; "Popeye" tomó la parte menos importante y dejó la otra sección en la mesa; rápidamente Hugo Toro la cogió. Como siempre, buscó afanosamente entre las hojas y su mirada se detuvo en un titular que hablaba de la organización "Dignidad por Colombia". Después de leer esta noticia el hombre sonrió sutilmente y se deleitó en la lectura.

"Pope" fue a la celda de Víctor Patiño y le comentó lo que vio. No estaban avanzando mucho y la Policía seguía esperando por una respuesta concreta. Si se fallaba y Hugo Toro no era "Bochica" se metían todos en un problema y lo peor era que el secuestrado moriría miserablemente. Pensaban que con los guerrilleros de "Dignidad por Colombia" no se podía jugar. Esa tarde sería definitiva para todos y decidieron apostarle a la suerte...

Víctor Patiño organizó una vez más una fiesta en su celda. Buena música, buena comida, licor y dos hermosas mujeres. Una para Víctor, otra para Hugo Toro, y "Popeye" solo, para concentrarse totalmente en las actitudes del hombre y ver si al fin se delataba.

La estrategia que diseñaron fue la de comenzar a halagarse por sus delitos y así demostrar que eran unos súper bandidos y con esto le afectarían la autoestima haciéndolo sentir inferior, ya que ese era uno de los puntos débiles del tipo. Esa estrategia no era la mejor pero no tenían otra opción, ya lo habían intentado todo. Es así como decidieron hablar de sus hazañas y asesinatos del pasado enfrente de las dos hermosas mujeres que los miraban extasiadas por las aventuras de los galanes. La fiesta arrancó a las 2:00 p.m., un buen *whisky* para Víctor Patiño, aguardiente para Hugo Toro y cerveza para "Popeye".

—Víctor, usted si es muy valiente, toda esa fortuna que hizo en tan poco tiempo y pertenecer al poderoso Cartel que se nos enfrentó a muerte; ¡es algo grandioso!

Le halagó "Popeye" a su amigo, ya en medio de los tragos. El reloj marcaba las 4:30 p.m., y nada que los espías lograban información valiosa del tercer hombre que seguía en silencio disfrutando de la fiesta.

—¡No "Pope", el valiente es usted, andar con un hombre tan poderoso como Pablo Escobar y lograr tumbar la extradición a punta de bala ¡jajajaja!... eso sí es una hazaña grande que todos recordarán!

Las chicas les ayudaban halagándolos sin estar en el plan y los premiaban con sendos besos y comentarios elogiosos. Música, licor, chicas, todo lo disfrutaban exageradamente ignorando a propósito la presencia de "Bochica", que frente a ellos los miraba con envidia libidinosa ya que no tenía a su lado dama alguna para hacerlo sentir cómodo, pues la que le habían asignado no reparó mucho en él y prefirió hacer trío con Víctor Patiño y por ratos consentir también a "Popeye", ya que "Bochica" con su figura resultaba poco atractivo para algunas mujeres. Medía 1.64 metros de estatura, delgado, blanco, barbado, mal vestido y peor aún, sin una sola joya encima que evidenciara poder o dinero, ante los ojos de las ambiciosas damiselas no despertó el más mínimo interés entre ellas. Él lo percibió y miraba a sus compañeros con recelo, ante cada comentario. Parecía que se sentía inferior frente a ellos; su actitud lo delataba, pero fue prudente y calló durante horas, bajando la cabeza silenciosamente.

Sus amigos distraídamente le observaban ofreciéndole más comida y sobre todo más licor que él recibía con cortesía y sumisión. Las horas pasaron el hombre seguía frío como una pared, sus investigadores se estaban embriagando y estaban a punto de un ataque de nervios ante la actitud del sospechoso que mantenía una serenidad absoluta, a veces por el efecto del licor se reía un poco al escuchar las anécdotas, pero se le notaba el desprecio hacia ellos.

Horas después no se aguantó y en medio de los tragos se desencuadernó y soltó la lengua.

—¿Saben qué?... par de hijueputas, ¡Yo soy el "Comandante Bochica"!

Se levantó violentamente y mientras golpeaba la mesa con fuerza les reiteró su afirmación mientras los desafiaba con su furiosa mirada.

—Soy el "Comandante Bochica"... ¿y qué hijueputas?,... yo no vivo presumiendo de esto, o, ¿qué me piensan decir ahora? ¡mal paridos vanidosos!

Esta reacción no se la esperaban. Los tomó por sorpresa. Víctor Patiño y "Popeye" se miraron rápidamente entendiendo la situación. Sabían que "Bochica" tenía malos tragos y era muy agresivo. "Popeye" trató de calmarlo, pero seguía insultándolos y vociferando arengas comunistas en medio de la borrachera ante la mirada asustada de las chicas que quedaron espantadas.

En un tiempo prudencial Víctor Patiño salió de la celda y llamó por teléfono al Coronel Danilo González contándole lo que estaba pasando, confirmando lo que todos esperaban: ¡es "Bochica"!

Se acabó la fiesta, "Popeye" se encargó de "Bochica", lo llevó a su celda y a son de tangos lo terminó de emborrachar hasta que lo durmió.

Al día siguiente la esposa, la hija y tres miembros importantísimos de la organización de "Bochica" fueron secuestrados en la calle.

El Coronel Danilo González con otros oficiales de inteligencia, todos vestidos de civil, llegaron esa misma mañana a la oficina del director de la cárcel y dieron una sola orden:

—¡Traigan a Bochica a esta oficina!

La guardia en el acto subió al patio y violentamente tocó la puerta del guerrillero, como éste no contestaba abrieron la celda y con voz en cuello un guardia gritó:

—¡Hugo Toro, lo necesitan en la Dirección ahora mismo!

Todos estaban pendientes de los sucesos y desde su punto de observación vieron cómo el hombre se levantó de un salto de su litera. Medio dormido aún, salió detrás del guardia. Su apariencia era desagradable con el pelo parado, sin lavarse los dientes y con aliento a licor, pasó frente a ellos. Se veía en muy mal estado. Iba vestido con la misma ropa del día anterior. Nunca imaginó que su efímera carrera de guerrillero emergente terminaría en la oficina del director de la Cárcel Modelo.

—¡Señor "Bochica", tenemos en nuestras manos a su hija, a su esposa y a tres de sus hombres; o usted ordena liberar a Juan Carlos Gaviria o nosotros procedemos con su familia!

La afirmación fue tan contundente y sorpresiva que Hugo Toro en medio de la resaca aceptó ser el "Comandante Bochica". Pidió negociar mientras se desplomaba derrotado en una de las sillas de la oficina del director ante la mirada recriminatoria de sus acusadores.

Minutos después cuando Hugo Toro, alias, "Bochica", reaccionó en una jugada inteligente, se blindó y pidió que el gobierno de Cuba actuara como garante y recibiera allí a su familia, antes de confesar en dónde tenían al secuestrado.

El embajador cubano fue a la Cárcel Modelo. El punto más complicado de la negociación fue la petición de que el propio "Bochica" fuera llevado también a Cuba. Después de un tire y afloje "Bochica" aceptó que sólo salieran de Colombia su familia y sus compañeros de causa. Finalmente entregó a la Policía el sitio en donde tenían a Juan Carlos Gaviria secuestrado, el hombre estaba en un hueco enterrado y amarrado cruelmente. Fue un final feliz para los políticos y la Policía. Para "Bochica" fue frustrante. Al regresar al patio dijo amargamente:

—¡Negocié por mi gente, porque por mi mujer y mi hija no lo hubiera hecho jamás!

Esa frase resultó desconcertante, pues si estaba en la cárcel fue por defender a su familia. Quizá la dijo justamente para proteger a su mujer y a su hija. No se supo.

"Bochica" nunca sospechó de Víctor Patiño y de "Popeye"; sin embargo, para evitar que los descubriera pidieron la salida del jefe guerrillero hacia otra prisión. Fue llevado a la Cárcel La Picota y de paso también fue trasladado Víctor Patiño, quien llamó al Coronel González y le cobró el favorcito por la información suministrada. Éste lo recompensó trasladándolo a la cárcel de Villanueva en Cali, su territorio.

"Bochica" y sus bandidos, adelantaron el plagio montado con el cuento de su movimiento guerrillero "Dignidad por Colombia".

El objetivo fue claro: se pretendía negociar la libertad de Hugo Toro, alias "Bochica" a cambio de la del hermano del ex Presidente y Secretario de la OEA, César Gaviria. Dejaron así en evidencia la vulnerabilidad de los funcionarios públicos y de sus familias, las cuales podían caer en manos enemigas.

"Bochica" logró que su familia fuera llevada a Cuba para su protección. El propio Presidente Fidel Castro autorizó que estas personas ingresaran a su territorio con miras a que se respetara la vida del secuestrado.

Lo que no quedó claro fue si Fidel Castro también participó en esta película, o si sólo lo utilizaron convenciéndolo de la importancia del tenebroso guerrillero "Bochica", quien al final resultó ser de quinta categoría dentro de los comunistas seguidores de Castro.

Pero como todo puede pasar en Colombia la guerrilla planeó y facilitó la fuga del "Comandante Bochica", de la Cárcel La Picota a donde fue trasladado. Todo fue arreglado para que el comandante guerrillero saliera el 31 de diciembre, mientras todos estaban de fiesta de fin de año, tomando licor con las familias adentro del patio. La música a todo volumen, con buena comida y alegría total; una verdadera e impensada locura. "Bochica" calladamente organizó su fuga desde adentro. Afuera lo esperaban sus amigos del JEGA y de la guerrilla de las FARC.

Había logrado, por una buena suma de dinero, instalar televisión por cable en su celda y aprovechó para que el técnico, que era de su absoluta confianza, le conectara la señal al cable de las cámaras de la prisión.

A puerta cerrada vigiló por horas en su televisor todos los movimientos de los policías hasta que vio una falla de seguridad: los uniformados no revisaban la basura que sacaban de la cocina. Coordinó con un compañero que sacaba la caneca de desperdicios a un contenedor fuera del pabellón.

Como el día elegido fue el 31 de diciembre, a todos sorprendió la fuga. Sobre la 1:00 p.m., se fue "Bochica" en medio de las lavazas de la cocina y respirando por un pitillo; los presos seguían brindando por el fin de año, soñando con la libertad. El trago amargo les llegó a todos sobre las 7:00 p.m., cuando se descubrió la fuga. El escándalo fue monumental. El pabellón se llenó de altos oficiales de la Policía y una juez empezó la investigación.

Al final de la noche Hugo Antonio Toro, alias "Comandante Bochica", estaba en compañía de sus amigos de las Farc, quienes lo recogieron a la salida de la cárcel, y se lo llevaron en bicicleta, vestido de ciclista, hasta la salida de Bogotá. Lo recibió una avanzada que lo conduciría hacia la zona de distensión en donde se reuniría con Alfonso Cano. Pero entró por la montaña y debió realizar prolongadas caminatas. Cuando llevaba 15 días caminando una noche se fue a dormir y en la madrugada sus amigos lo hallaron muerto. Sufrió un infarto por el gran esfuerzo realizado. Lo enterraron en algún lugar de la selva, quedando así sepultado también su movimiento "Dignidad por Colombia" y el JEGA.

Su familia permaneció un tiempo en Cuba.

Mientras tanto "Popeye" continuaba lidiando con su destino...

XVIII

Santería cubana en La Modelo

Para "Popeye" la vida en prisión proseguía año tras año; la llegada y partida de nuevos personajes de la mafia le daban cierto dinamismo al encierro que por épocas se llenaba de acontecimientos.

Un buen día llegó un pez gordo del escándalo: Jesús Amado Sarria, esposo de la famosa narcotraficante Elizabeth Montoya de Sarria, más conocida como "la Monita Retrechera", quien salió a la luz pública por su aparente amistad con el Presidente de la República, el de la campaña supuestamente narco financiada.

Los periodistas publicaron unas fotos y la grabación de una llamada telefónica en la que la mujer hablaba con el político sobre un anillo de diamantes y éste le decía con toda confianza: ¡"Monita", no seas tan retrechera!

Su esposo, Jesús Amado Sarria, más conocido con el alias de "Chucho Sarria", un ex policía acusado de narcotráfico, se sentía seguro en la Cárcel Modelo en donde invocaba frecuentemente a los santos para que lo protegieran, e incluso le hacía brujería a sus enemigos de la mafia.

Todos sabían que era seguidor de la Santería Cubana y su esposa, la "Monita retrechera", estaba obsesionada con el tema. Tanto así que el día de su asesinato, estaba consultando a unos santeros cubanos y haciéndose rituales de protección. Cuando se encontraban en plena cita, entraron los asesinos a silenciar a la mujer que sabía demasiado. Los hombres no respetaron santo alguno y dispararon de frente contra Elizabeth Montoya de Sarria, quien ya tenía a la muerte hablándole al oído.

Los sicarios la mandaron a consultar a los brujos pero en el otro mundo ante los ojos atónitos de los santeros, que entraron en pánico y salieron corriendo, como alma que lleva el diablo.

El viudo "Chucho Sarria" terminó preso en el Patio de Alta Seguridad de La Modelo, en medio de la conmoción que generó la muerte de su famosa mujer. Decidido a resolver su situación jurídica, siguió el camino más práctico y barato. Comenzó a hacer rituales de Santería Cubana dentro de la cárcel, bajo la mirada de los otros presos, que lo tildaban de loco. Pero más locos quedaron todos cuando lo vieron realizando sus sesiones con el más allá, e invocando a sus asesores esotéricos en la terraza del pabellón de Alta Seguridad, mientras los del más acá veían con curiosidad cómo, cada semana, organizaba su ritual. Instalaba mesas pequeñas, las cubría con un mantel limpio y las llenaba de comida fresca. Carne, pescado, arroz, pollo, frutas, flores y agua. *Una ofrenda a la Luna, al Sol a Changó y a su Santo de Protección...* comentaba muy serio y concentrado en su cuento, mientras sacaba de su celda unas piedras con ojitos y un gallo metálico acompañado de unos pedazos de metal como lanzas. Todo eso era instalado en la mesa mientras se paraba de frente, lanzaba unos caracolitos pequeños y le llamaba diciéndole:

—"Popeyito"... ¡pregunte algo que los caracoles le responden!

Se reía de su actitud tranquila y relajada con su brujería en la que confiaba ciegamente. Fue un hombre amable, decente, convencido de su fe, de la cual él no conocía ni entendía nada; el santero se aprovechaba de su curiosidad y descaradamente le repetía:

—"Popeyito", ¡tire estos granos...!

A veces miraba el ritual y se quedaba a su lado a ver qué decía del tema con sus adivinaciones...

El hombre tiraba los caracolitos y según como cayeran sería la suerte del que estaba haciendo la pregunta. El sicario recordó que antes había oído de esto. El brujo Camilo Zapata, un narcotraficante de Bogotá, tenía esa costumbre. Y dependiendo de cómo cayeran los granos, mataba a su gente. Según decía, los granos le confirmaban si iban a atentar contra él o se le iban a torcer.

"Popeye" observaba a "Chucho" mientras pensaba que si éste hubiera hecho su consulta en la calle alguien le habría disparado, regándole todos los caracolitos, "por brujo" y desconfiado.

Pero por estar aprendiendo Santería, "Popeye" se descuidó y les dio ventaja a sus enemigos dentro del patio. Un día sorpresivamente se enteró que "el brujo Sarria" estaba clavándole el puñal por la espalda. El santero y Alberto Giraldo estaban asustados con él pensando que en cualquier momento los iba a matar por ser quien era. Una tarde entraron en pánico cuando le vieron el revólver encima de la cama de su celda. Se imaginaron lo peor, no sabían que él siempre se mantenía armado dentro del patio.

"Chucho Sarria", como buen ex policía, tenía muchos contactos en la dirección del INPEC y logró el traslado de "Popeye" a la Cárcel La Picota. Cuando lo llevaban esposado y con un fuerte operativo de seguridad hacia su nuevo hogar, pensó con rabia:

—¡Seguro el brujo me hizo Santería Cubana para moverme la butaca y sacarme del penal donde estaba más o menos **tranquilo**!

Luego en su soledad, dentro del furgón que lo trasportaba, soltó una sonora carcajada, pensado en su estupidez.

Leonidas Vargas Vargas.

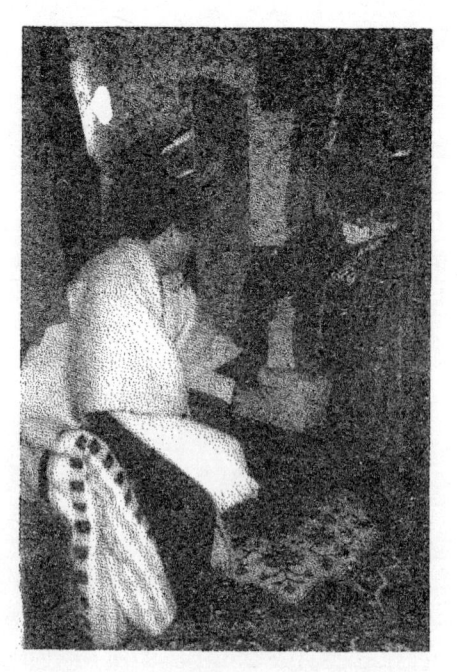

Leonidas Vargas, en su celda de la Cárcel La Picota de Bogotá.

XIX

Sauna criollo

Después del incidente de espionaje al comandante "Bochica", una vez más "Popeye" fue trasladado a la Cárcel La Picota, en la ciudad de Bogotá. Y ahí se encontró con Leonidas Vargas, alias "don Leo" jefe del Cartel del Caquetá, un hombre supremamente adinerado y aguerrido. Fue socio de Pablo Escobar y Gonzalo Rodríguez Gacha, alias "el Mexicano".

"Don Leo" lo recibió bien y lo instaló de inmediato; era un mafioso serio y peleador; no sobrepasaba el 1.68 metros de estatura, blanco, obeso e inteligente como ninguno, se las daba de cantante de música popular y hasta grabó su propio CD.

Un día, sorpresivamente Leonidas Vargas pasó frente a "Popeye" envuelto en una sábana blanca que cargaban cuatro presos. El capo iba babeando y blanco como un papel; él no sabía qué estaba pasando pero a los tres días se enteró, cuando el viejo volvió al patio y furioso, lo acusó con el dedo diciendo con firmeza: ¡"Popeye" me envenenó!

Todo se le complicó una vez más. Ese enemigo en su mismo patio era mortal; pero tenía que enfrentarlo y le pidió una explicación.

—¡Hacía días lo tenía yo a usted vigilado y lo vieron cuando entró a la celda donde estaba el suero! —le dijo Leonidas Vargas furibundo al sicario que lo miraba fríamente a los ojos.

—No le entiendo señor, ¿cuál suero?

—¡No se haga el *güevón* gran *hp*.!... —Le dijo el viejo mientras se tocaba el estómago acostado en su cama—. Yo le tenía una clave a la caja, cuando usted salió la revisamos y vimos que la caja fue abierta.

Él no contestó nada, dejó la celda y se fue a la suya. No valía la pena defenderse, la presunción de inocencia era cero, era ya normal que todos los narcotraficantes susceptibles de un atentado en el patio se lo cargaran a él que era un asesino reconocido.

"Don Leo" tenía la costumbre de aplicarse, cada semana, un suero intravenoso. Muy temprano la enfermera del penal se lo colocaba. En esa ocasión ella fue a buscar el suero y sacó el que tenía veneno. Los que estaban tras el viejo Leonidas le metieron el suero envenenado que se aplicó en vez del que utilizaba para rejuvenecer y estar siempre lleno de vitalidad...

Los verdaderos culpables del envenenamiento fueron dos presos comprados por los enemigos de Leonidas, para asesinarlo. Días antes del incidente le dijeron al viejo que "Popeye" estaba raro y que lo habían visto haciendo llamadas sospechosas, con el fin de direccionar la investigación hacia él, por si fallaban o cuando muriera el viejo, el otro pagara el muerto ante la justicia.

Después de este incidente, las cosas se calmaron hasta que el viejo Leonidas Vargas dejó ver sus momentos de brutalidad o ignorancia, a pesar de ser todo un capo. Un día se metió a una bañera improvisada que había acondicionado en su celda. La bañera tenía una resistencia hechiza que conectaba al enchufe buscando hacer una especie de sauna; allí se relajaba el viejo guerrero y se olvidaba de todo.

En una ocasión, se metió a su sauna y accidentalmente tropezó la resistencia con su mano y ésta cayó al agua. Al minuto, y por suerte para el viejo, pasó por la celda "Memo", también integrante del desaparecido Cartel de Medellín y alcanzó a escuchar un balbuceo extraño dentro de la celda del capo. Con curiosidad se detuvo y pegó su oído en la puerta; le parecieron sospechosos los ruidos ya que el viejo estaba solo. Inmediatamente "Memo" ingresó y vio al narcotraficante del Caquetá con la cara morada y los ojos brotados, desesperado tratando de gritar. Al ver a "Memo" le señaló el cable de la resistencia para que lo desconectara y evitar así la descarga eléctrica que lo estaba chamuscando.

"Memo", rápidamente ayudó al tembloroso capo a salir de su "improvisado *jacuzzi...*"; ¡el viejo estaba desnudo, con el cabello parado y temblando del susto! Este cuento fue motivo de risa para todos en el pabellón, que gozaron su tragedia imaginándose la escena del poderoso jefe del cartel del Caquetá ¡electrocutado en un sauna criollo...!

A "Popeye" la risa le duró poco, ya que el viejo seguía pensando que lo iba a matar, utilizó sus conexiones en el INPEC y lo vendió para que lo regresaran a la Cárcel Modelo. Ya las autoridades penitenciarias estaban encartadas con el preso, en ninguna cárcel lo querían; todos lo sacaban por lo mismo, por sicario, por asesino y por temor a que se dejara comprar por sus enemigos y los matara. Pero como era un preso de alta peligrosidad del desaparecido Cartel de Medellín, las autoridades tenían que aguantarse y cargar con él para todo lado.

XX

Regreso a la Cárcel Modelo

¡"Popeye" de nuevo a La Modelo! Al llegar lo primero que hizo fue dirigirse a su "caleta" del patio al que siempre lo asignaban; buscó su revólver. Allí estaba, se lo metió en la pretina del pantalón ocultándolo de la vista de los otros presos. Lo llevaba todos los días para su protección.

Para esos momentos ya sus problemas habían aumentado al doble. Todos los mafiosos lo querían matar y supuestamente "Popeye" a ellos. Cuando salía de la Cárcel La Picota, de regreso para la Cárcel Modelo, el viejo Leonidas Vargas se la sentenció:

—¡Juro que te mato perro *hp.*!

No había terminado de instalarse en su nueva celda cuando un escándalo brutal estalló en La Picota. En la celda del preso William Infante, estalló una bomba. Murió en el acto; quedó despedazado por el impacto de la onda explosiva que también dejó mal herido a otro interno de apellido Rodríguez Cuadrado.

La noticia se difundió en todos los noticieros y "Popeye" pensó lo que algunos sospechaban: *lo que me faltaba... esto se complicó; ¡ahora también van a decir que les dejé instalada una bomba en la celda antes de cambiarme de cárcel!*

Y ¡oh sorpresa! en la tarde el que aterrizó en la Cárcel Modelo, detrás de "Popeye", fue el mismo Leonidas Vargas. Llegó asustadísimo, escoltado por la guardia penitenciaria. El destino los volvió a reunir...

De milagro, el viejo estaba contando el cuento. Se había salvado del bombazo que era para él, cortesía de Ángel Gaitán Mahecha, reconocido narcotraficante y paramilitar de Bogotá, y sus amigos de Medellín.

Estos pagaron una millonaria suma de dinero e ingresaron la bomba para ser activada en un carrito de juguete, mientras Leonidas Vargas hablaba por teléfono, pero con tan mala suerte que cuando los dos presos tenían al hombre frente a ellos no les explotó. Confiados, recogieron la bomba y fueron a su celda a revisarla; uno de ellos inocentemente activó el control del televisor y la bomba explotó en el acto.

Para ese momento ya el viejo Leonidas Vargas estaba totalmente paranoico y casi loco; desconfiaba de todo el mundo. Convirtió el piso en un búnker para evitar que lo mataran.

Un día el viejo Leonidas habló con "Popeye" y lo acusó de haber armado la bomba. No lo dejó defenderse y llamó a sus amigos en la dirección del INPEC y otra vez "Popeye" fue trasladado a La Picota. No alcanzó a desempacar la maleta cuando ya estaba de nuevo en el furgón de traslados.

El hombre resignado volvió a guardar su revólver, recogió sus pocas pertenencias y muy digno, con la cabeza en alto extendió sus brazos hacia adelante para que los guardias lo esposaran de pies y manos y lo llevaran de regreso.

Con tanto traslado "Popeye" comenzó a ver la parte divertida de la situación. En menos de un mes lo habían sacado a pasear cuatro veces; se había convertido en rutina que cada semana lo llevaran de una cárcel a otra, en la misma ciudad. Se distraía mirando gente diferente, aunque pensaba que era el colmo que no lo dejaran llegar a una prisión y enseguida le cambiaban para la anterior. Los que no se divertían eran los guardias que tenían que montar todo un operativo de seguridad y desplazar cierta cantidad de hombres para garantizar la vida del sicario cuestionado.

Pero la última vez su suerte cambió y ordenaron su ingreso a un patio de presos comunes. Para ese momento, ya Leonidas Vargas había ofrecido por su cabeza $100,000 USD. En los patios los sicarios de las bandas estaban haciendo apuestas con su vida y se les llenaba la boca diciendo cómo lo iban a asesinar; todos se estaban peleando el botín mientras él seguía peleando pero por salvarse.

La guardia penitenciaria, ante la denuncia de esta situación, se vio obligada a recluirlo en el pabellón de Sanidad. "Pope" tomó sus propias medidas de seguridad. Compró un revólver dentro de la cárcel y se atrincheró para no dejarse matar. Allí se encontró con otro preso importante, alias "Pablito". Por suerte éste era también enemigo del viejo Leonidas Vargas y se unió a "Pope" para dar la batalla.

Fue él quien entró el carrito de control remoto en el que armaron la bomba. "Pablito" estaba en silla de ruedas. Esto lo hacía muy vulnerable. Quedó en estas condiciones al ser baleado en Trujillo, Valle del Cauca. Era un sicario tenebroso; mató más de cien personas y en una discusión, bajo los efectos del licor, su mejor amigo le disparó y le perforó la columna vertebral. Estaba preso por la masacre de Trujillo, Valle y por la muerte de un cura.

"Pablito" le contó que al fallar lo del envenenamiento al viejo Leonidas Vargas, sus enemigos diseñaron un nuevo plan para sacarlo de este mundo y fue como convencieron a la mujer de William Infante para que entrara la dinamita en la vagina. Llevaron de la calle a un experto en explosivos, para que armara el carrito bomba.

—Nosotros habíamos entrado unos carritos para jugar con nuestros niños; eran a control remoto. Había unos pequeños y otros más grandes. Uno de los grandes, de más o menos 30 centímetros, fue el escogido para que William Infante y Rodríguez Cuadrado armaran la bomba.

Le contaba ese día "Pablito" a "Popeye" que era muy normal verlos en el patio jugando de lo lindo con los carritos, mientras "Pablito" movía hábilmente su silla de ruedas, por lo que no resultaba extraño que tuviera el control remoto sobre sus piernas.

—Yo era el encargado de detonar la bomba; se la metí una vez debajo de la silla del teléfono y el viejo sólo decía "que carrito tan lindo"...

"Popeye" lo miraba entre divertido y desconcertado de ver la inocencia del inexperto terrorista.

—"Pablito" ¿y por qué no estalló la bomba en ese momento?

"Pablito" seguía emocionado contando su aventura sin imaginar siquiera el peligro al cual estuvo expuesto.

—"No, no pasaba nada "Pope"... Imagínese que otro día se la metí detrás de las cajas de gaseosa y tampoco estalló, así lo intenté seis veces y la maldita bomba seguía sin explotar. ¡No sé qué pasaba porque se supone que estaba lista!

"Popeye" movió la cabeza de un lado a otro dándose cuenta de la inexperiencia del inválido y en tono jocoso le dijo:

—"Pablito" ¿usted conoce de explosivos?

—No "Pope"... ¿Por qué?

"Popeye" se sonrió y parándose frente a él le interrogó:

—¿A qué distancia estaba usted detonando la bomba?

—¡No sé... a diez metros quizá, o más, no sé!

"Popeye" se cogió la cabeza con las dos manos y aterrado le recriminó:

—¡Ay "Pablito", usted es un animal!

Éste rio a mandíbula batiente ante semejante elogio y le preguntó inocentemente:

—¿Por qué "Pope"? ¿Hice algo mal?

—Mi amigo usted iba a ser el otro muerto; a esa distancia la onda explosiva lo hubiera matado en el acto y más cuando la pensaba detonar detrás de las cajas de gaseosa, los vidrios se hubieran convertido en metralla.

—Le aseguró el sicario mirándolo sorprendido por su inocencia o brutalidad, al verlo en semejante misión suicida en la que se habían metido el pobre inválido, su mujer y toda su parentela. Porque un enemigo como Leonidas Vargas no descansaría hasta terminarles con el último de sus descendientes en venganza por el atentado.

Al escuchar esto "Pablito" ya no se veía tan sonriente.

—Con el alcance de la señal de ese control remoto, se podía detonar desde una celda a más de 30 metros o desde el final del patio. A usted no lo necesitaban cerca de la bomba, no se da cuenta que lo querían matar también en el atentado... "Pablito", dígame, ¿cómo estalló la bomba en la celda de William?

"Pablito" ya serio y preocupado bajó la cabeza y entre dientes siguió con su relato.

—Como la bomba no funcionaba, yo se la entregué a William Infante, éste la llevó a su celda, llamó a Rodríguez Cuadrado y se encerraron los dos a manipular el carrito; mientras William revisaba la bomba, Rodríguez Cuadrado tomó el control del televisor y lo encendió, en el acto estalló la bomba; William la tenía en las piernas y estaba sentado con la espalda al muro que da al patio llamado la Guyana.

"Pablito" se calla por un momento, toma aire y sigue con su relato. Era increíble ver tanta torpeza, necesidad de dinero fácil, o inocencia de estos improvisados terroristas.

—Todo el impacto lo recibió William. Las piernas quedaron en la celda; el resto del cuerpo cayó junto con el muro de cemento y la ventana del cuarto, que terminaron tiradas en el patio de la Guyana; la onda explosiva tiró a Rodríguez Cuadrado al piso. Perdió el ojo derecho y tuvo una fractura en el brazo, junto con unas quemaduras. La celda de William Infante quedaba en el segundo piso; cuando don Leonidas escuchó la explosión fue corriendo a preguntarle al moribundo Rodríguez Cuadrado quién lo había contratado para ese atentado. El pobre hombre sangrando, vuelto añicos estaba en *shock* y don Leonidas lo zarandeaba desesperado, tratando de sacarle la información porque sabía que la bomba era para él...

"Pablito" tomó aire y siguió con su historia, ante la curiosidad de "Popeye" que no perdía detalle.

—¿Quién lo contrató? ¿Quién lo contrató?... Dígamelo; dígame *hp*.... Repetía "don Leo", mientras el hombre chorreaba sangre por todos lados. La guardia rápidamente lo llevó a un hospital y Rodríguez Cuadrado, obviamente no le contestó nada, estaba muy delicado. Nosotros en el patio quedamos aterrados ante el fracaso del atentado.

Pero "Popeye" no era el único que tenía problemas, con Leonidas Vargas. Sicarios enviados por el narcotraficante asesinaron a la mujer de William Infante, quien había muerto en la explosión de la bomba. A la mujer la secuestraron, la torturaron y la mataron salvajemente porque ella fue la que entró los explosivos a la cárcel para armar la bomba. Así mismo asesinaron a otras diez personas más, vinculadas con William.

Leonidas Vargas había quedado enfermo con los residuos del suero envenenado que meses atrás le habían suministrado y como la porción fue tan grande y en la vena, le quemó una parte interna del corazón y también le estaban molestando los pulmones.

El capitán de la guardia penitenciaria Orlando Toledo Uribe, un viejo guerrero de las rejas, fue a las oficinas centrales del INPEC y exigió que "Popeye" fuera llevado al Patio de Alta Seguridad, porque su muerte era inminente.

Para dormir "Popeye" se turnaba con "Pablito". Habían logrado convencer al guardia para que les dejara instalar a ellos mismos un candado hacia adentro cuya única llave la manejaban los dos hombres, así sabrían cuando alguien quisiera entrar a la enfermería por el sonido del candado que era lo único que podría permitirles reaccionar a tiempo y salvarles la vida. Pasaron varios días de tensión e insomnio; los dos eran asesinos y tenían la sangre fría para morir en cualquier momento; no les importaba, pero claro, tampoco se la iban a poner fácil a sus enemigos, antes tendrían que morder el polvo unos cuantos y por eso peleaban por sus vidas con todo...

—¡Que muera en su ley! —dijo un corrupto de los que se vendió a Leonidas Vargas en la dirección del INPEC.

—El capitán Toledo era un hombre honesto y se opuso de manera enfática a que lo dejaran a su suerte; entonces, por fin lo ingresaron al Patio de Alta Seguridad.

"Pablito" quedó solo en Sanidad; el comentario que había en el bajo mundo es que matarlo era hacerle un favor; su situación lo estaba llevando a que le cortaran el hueso del fémur que se le estaba gangrenando. Con el tiempo la infección le avanzó hasta la columna vertebral. "Pablito" murió de la infección y "Popeye", una vez más, buscó su supervivencia en medio de ese nido de víboras que es una cárcel, aliándose con el más poderoso para seguir en la lucha y por supuesto... metido en problemas.

XXI

La mafia se toma las cárceles

En Colombia sucedía algo particular, cada departamento del país tenía un *Cartel* del narcotráfico y un *Capo* que manejaba la zona. El más conocido a nivel internacional fue el Cartel de Medellín por la guerra contra el Estado que lideró Pablo Escobar Gaviria, seguido por los Carteles de Cali y el del Norte del Valle; estos persiguieron ferozmente a Escobar e integraron el tenebroso grupo de "justicia privada" los "PEPES".

El Cartel del Norte del Valle se hizo famoso por su crueldad en los ajustes de cuentas y masacres. El Cartel de Cali, por haber financiado una campaña presidencial.

Para la época, años 80 y 90, los otros carteles del país, trabajaban a más bajo perfil pero utilizando los mismo métodos de crueldad y violencia de la gran mafia.

Uno de ellos fue el Cartel de la Costa, liderado por el capo Alberto Orlandez Gamboa, alias "el Caracol". A primera vista pasaba desapercibido, 1.58 metros de estatura, delgado, voz chillona, trigueño, parecía un niño de 12 años con cara de viejo; tenía unos 44 años de edad. Pablo Escobar decía: *policía pequeño, juez pequeño o mafioso pequeño, téngale miedo...*

Este hombre controlaba las ciudades de Barranquilla y la Guajira, en la Costa Atlántica Colombiana. Manejaba las rutas del narcotráfico, las bandas de sicarios y organizaciones del bajo mundo, en su zona.

"El Caracol" era especial, no compraba nada para él, ni siquiera gastaba su dinero en joyas o ropa; pero para la guerra aportaba todo el dinero que fuera necesario, era muy generoso; cuando se lo pedían o necesitaba eliminar a sus enemigos, abría sus "caletas" llenas de dólares y los gastaba a manos llenas en armas, hombres y violencia. Jugador de cartas empedernido y sagaz en sus movimientos.

Mantenía sus buenos enemigos de guerras pasadas. Estaba detenido por narcotráfico y pedido en extradición por los EE.UU., por hechos cometidos después del año 1997, año en el que se reimplantó la extradición en Colombia. El hombre buscaba desesperadamente la fuga. Aún así, llevó su guerra personal a la Cárcel Modelo, en Bogotá. Ordenó el asesinato de uno de sus peores enemigos, Serafín Valdeblánquez, capturado por las autoridades por el delito de secuestro. "El Caracol" se alegró al conocer la noticia y ordenó su muerte. La guerra entre estas dos familias había comenzado años atrás, con un hecho despreciable.

Según la versión de alias "el Caracol" y testigos que conocieron de primera mano la historia, contaron que, los hermanos Valdeblánquez fueron los autores intelectuales del secuestro del hijo menor del narcotraficante, con un agravante infame contra el pequeño niño.

El diminuto "Caracol" rápidamente salió al rescate de su hijo con todos sus hombres, pero no midieron las consecuencias y en medio de un tiroteo entre bandidos fueron emboscados. Sus enemigos los amarraron y llevaron a una casa en donde tenían recluido al inocente niño secuestrado; allí violaron ferozmente al pequeño, delante de su padre. La suerte acompañó al "Caracol" pues fue liberado por unos amigos; en una arremetida a sangre y fuego, por parte de algunos indígenas guajiros leales al "Caracol" que se tomaron el sitio y liberaron al niño, a su padre y demás personas secuestradas.

"El Caracol" inició una guerra brutal y sangrienta contra los secuestradores. El hombre que violó al niño fue capturado vivo y torturado salvajemente por el propio "Caracol" y su gente, quienes con sevicia le hicieron pagar con mucho dolor la violación al menor.

Por esos días ríos de dinero y sangre corrieron por las calles de la Costa Atlántica. Todo aquel que estuvo vinculado a la organización de los Valdeblánquez fue borrado del mapa, sobre todo los hombres de la familia; por años, barón que nacía en esa familia era asesinado por el bando contrario para evitar que cuando creciera pensara en cobrar venganza. Años de violencia vivieron estas dos familias. Los que lograron sobrevivir en Colombia salieron rápidamente del país tratando de salvar la vida de una guerra que no era la de ellos. El origen de esta *vendetta* estuvo en líos de droga entre los narcotraficantes. Las mujeres de las familias lloraron amargas lágrimas por sus hijos y maridos.

Los ajustes de cuentas siguieron salvajemente hasta que cayó en manos de "el Caracol", el cerebro del secuestro: Kiko Valdeblánquez. Su cuerpo terminó convertido en una horrible masa sanguinolenta; le aplicaron la Ley del Talión, ¡ojo por ojo y diente por diente!

Poco después cayó su hermano Serafín. Apenas entró a la Cárcel La Picota "el Caracol" le dio la bienvenida; pero la suerte estuvo del lado de la víctima y se salvó de milagro. El sicario encargado de asesinarlo inexplicablemente se equivocó de hombre y mató a otro guajiro mucho más importante que Serafín, un cacique y capo del narcotráfico en la alta Guajira llamado "el Águila". Serafín Valdeblánquez, aterrorizado pidió protección al INPEC. La institución lo trasladó al edificio de Alta Seguridad de la Cárcel Modelo.

El asesinato de "el Águila" le mostró a Serafín, que la muerte le respiraba en la nuca. Serafín, un hombre guajiro de unos 36 años, de piel oscura quemada por el sol, era un bandido de armas tomar, pero "el Caracol" era "el Caracol". Serafín no tenía el dinero del poderoso "Caracol" y se refugió bajo el ala del influyente narcotraficante del Cartel del Norte del Valle, Iván Urdinola.

El asesinato por equivocación del otro narco, alias "el Águila", amigo personal de Urdinola ofendió a éste, por ello protegió a Serafín y se enfrentó a "el Caracol". La buena fortuna acompañó al guajiro Serafín quien salió rápidamente en libertad. Iván lo envió al Norte del Valle para protegerlo. Serafín se movía confiado en la infraestructura del hombre fuerte del Norte del Valle.

"El Caracol" envió un emisario suyo donde don Orlando Henao, jefe del Cartel del Norte del Valle, quien ya conocía la historia de esta guerra y tenía amistad con "el Caracol"... Mala suerte para Serafín.

Por esta razón, Orlando Henao envió a su vez un emisario a la Cárcel de Itagüí, donde se encontraba recluido su cuñado, Iván Urdinola. Dos millones de dólares, en efectivo, ofrecía "el Caracol" por la cabeza de su enemigo. Iván aceptó en el acto y se comprometió a entregar a Serafín. Un hombre de total confianza de "el Caracol" fue con los bandidos de Orlando Henao, al Norte del departamento del Valle. Allí estaba esperándolos William Varela, alias "Jabón", su bandido estrella. Citan a Serafín Valdeblánquez en una finca; éste va desprevenido y para su sorpresa le alcanza la sed de venganza de "el Caracol". El hombre de confianza del "Caracol" lo asesina salvajemente, pero antes se asegura de informarle que está pagando con su vida por el secuestro y violación del hijo de su patrón.

Su problema de narcotráfico no era tan grave según decía "el Caracol"; lo de él era sólo el lavado de dinero... máximo seis años de cárcel en EE.UU., aseguraban sus abogados. "El Caracol" no se confió y planeó su fuga.

La guerra entre los bandos continuó. "El Caracol" tuvo una genialidad. Buscó su traslado para la Cárcel Modelo; allí tenía la huida lista. Los que le estaban ayudando en el INPEC le dijeron que provocara un enfrentamiento con otro preso para así justificar su traslado. "El Caracol" ingreso un joven a su nombre y dentro de la cárcel le entregaron una pistola con silenciador; apenas hacen el teatro de requisarlo y quitarle la pistola, el tipo suelta la siguiente acusación, a todo pulmón:

—"La pistola me la entregó un tipo de buzo rojo".

¡El único que tenía buzo rojo era "Popeye"! Se armó el escándalo. La policía del penal le cayó enseguida. El detenido de la pistola fue a parar a la Fiscalía y "el Caracol" se le fue encima al sicario:

—¡Me ibas a matar $hp.$!...

Volvió a sucederle: no tenía ni lugar a la presunción de inocencia. Tremendo lío se levantó una vez más. Otro capo amenazado, para su colección de enemigos. Él, como de costumbre no tuvo el derecho a la defensa y lo enviaron a su celda.

Al analizar los hechos, los policías lo encerraron con llave. Pero, contrario a los planes del "Caracol" las autoridades decidieron regresar a "Popeye" de nuevo a la Cárcel Modelo para evitar enfrentamientos con el capo que se quedó rumiando su rabia. La mala fama que tenía "Popeye" de asesino a sueldo no le ayudaba en nada y por lo visto, tenía que acostumbrarse a vivir con esa etiqueta el resto de su vida.

A lo que sí nunca se pudo acostumbrar fue al traslado en los furgones donde los llevaban de una cárcel a otra. Eran terribles, sin ventilación y siempre olían mal. Cuando el motor funcionaba con un combustible llamado A.C.P.M., era todavía más repulsivo; el humo mareaba a los presos en el acto. Lo peor llegaba cuando trasladaban detenidos que hacía años no viajaban en un carro; apenas subían, vomitaban por el olor pestilente que salía de su interior el cual no era aseado adecuadamente. Cuando el vehículo empezaba a moverse les producía mareo incontrolable, quizá por la posición en que van sentados, con las manos y pies encadenados, mirándose unos a otros, frente a frente en dos bancos largos. Esto les complicaba las cosas a los demás presos que tenían que aguantar en ese cajón de aluminio, siempre caluroso, el humor de ocho presos apretujados, vomitados y mal olientes. Todo se fundía en el ambiente. En medio estaba la malla de acero ubicada por dentro, con una puerta metálica que separaba el espacio en que iban los guardias. La tortura comenzaba al cerrar la puerta y emprender el viaje. Era una bendición de Dios, cuando los uniformados abrían la puerta y sentían circular el aire. Si el traslado era de una ciudad a otra se convertía en una pesadilla infernal. Los presos tenían que orinar en el piso y salpicar sus ropas porque no había más dónde poder hacerse, en ese espacio tan pequeño. Esto era un castigo adicional a sus condenas. El único lugar por donde podían recibir un poco de ventilación estaba en dos rejillas cuadradas de 15 por 15 centímetros, ubicadas en los extremos superiores por donde ligeramente circulaba el aire, por breves segundos y respiraban algo del mundo exterior, quizá con un poco de olor a naturaleza, o a los aromas de la calle, cuando el furgón rebotaba en cada curva o cada frenada de la carretera. Al final del viaje todos se bajaban del vehículo dando tumbos y enfermos del estómago, con asco de consumir alimentos. Tardaban hasta dos días para recuperarse, en tierra firme. Así aterrizó "Popeye" por enésima ocasión, a la Cárcel Modelo, en donde su vida, una vez más, estaría marcada por la violencia, el narcotráfico y la muerte.

XXII

En La Modelo se me olvidó la guerra

La Cárcel Modelo era vieja y mal construida, con reformas a medias. Los túneles que constantemente hacían los presos para fugarse, la mantenían agujereada por todos los costados.

Por esta prisión pasaban con frecuencia cuchillos, veneno y armas de fuego para los ajustes de cuentas. Iban camuflados en la visita de cada ocho días, que superaba las nueve mil personas, cuando llevaban a sus hijos.

La llegada de mafiosos de peso a la prisión y los líos que iban tras ellos eran elementos estresantes de cada día.

El dinero del bajo mundo todo lo compra, hasta la conciencia de humildes mujeres que tenían que arriesgar su propia integridad. Estas damas se especializaban en entrar a la prisión elementos prohibidos, en cada visita, por una buena suma de dinero que les permitía mantener a sus familias. En sus partes íntimas ingresaban marihuana, cocaína, bazuco, balas, *beepers*, teléfonos celulares y armas de corto alcance.

Había una señora entrada en carnes, grandísima, que en dos ingresos al penal coronaba una pistola 7.65. La entraba por partes, escondida en su vagina. También se arriesgó en varias oportunidades a meterse una granada de fragmentación. La forraba bien y... para adentro. Cuando estaba ya en la celda de visita, con sus dedos, la sacaba lentamente. Casi siempre para estas misiones *kamikazes*, se utilizaban mujeres que hubieran dado a luz recientemente; de esta forma la vagina estaba dilatada y las mujeres podían introducir con mayor facilidad diferentes artículos en su cuerpo.

Pero lo más increíble era ver ancianas de muchos años, que ingresaban bolas grandísimas de droga en sus vaginas sin ningún problema y repetían frecuentemente la misión. Igual había algunos hombres a quienes no les importaba hacer lo mismo en su recto; claro, el procedimiento era un poco diferente, ellos armaban un tubo plástico, lo llenaban con droga y luego lo introducían por el ano. La mayoría ingresaba normalmente, muy rara vez las autoridades detenían a alguna persona; si esto sucedía era porque la habían "sapiado", de lo contrario, la guardia penitenciaria no podía controlarlo.

En medio de todo este acontecer, "Popeye" seguía cumpliendo su condena de 27 años, después de haberse entregado a las autoridades colombianas, en un proceso de sometimiento a la justicia que contemplaba la acumulación de delitos. Al entrar a prisión, aprendió rápidamente los detalles de la supervivencia dentro del penal y se unió a sus compañeros con quienes se ingeniaban de todo para hacer la vida más llevadera.

Por esos días, nadie parecía fijarse en los presos del pabellón de Alta Seguridad de la Cárcel Modelo. Hasta los periodistas que los perseguían, se olvidaron de ellos; estaban dedicados a otros escándalos. Así que, aprovecharon y disfrutaron de la vida plácidamente, en medio de las circunstancias, planeando acciones ilegales y haciendo negocios dentro de la cárcel. Consumiendo licor, al punto que terminaban en tremendas borracheras. "Popeye" tenía un mini componente y allí escuchaba su música popular y tangos; se olvidó de la guerra al lado de una bella mujer.

En Medellín ya no se oía de muertos de renombre, ya todos los integrantes del Cartel de Medellín estaban acabados. Se escuchaba de violencia en las comunas por la reacomodación de las bandas de sicarios; había nuevos jefes en el bajo mundo del hampa en Colombia. Los sobrevivientes sabían que su tiempo era corto y decidieron disfrutar al máximo lo poco que les quedaba de vida. Eso fue lo que él hizo por un tiempo.

En la Cárcel Modelo entendió que nunca se debe mirar los rostros de inocentes o bandidos que comparten la misma desgracia, al estar privados de la libertad. En su profesión de sicario, aprendió que la ley del más fuerte impera en todas las circunstancias de la vida y que lo más inteligente para sobrevivir es: *...si no puedes vencer a tu enemigo, únete a él...* Y eso hizo exactamente al ver que todos sus padrinos en la mafia fueron cayendo asesinados. Cuando un ser humano muestra debilidad en cualquier entorno de su vida, paga las consecuencias.

En la prisión había sobrepoblación en los patios comunes; cada sector podía llegar a tener hasta mil presos. No podían ni caminar libremente por el sitio, vivían en un infierno. Los presos más osados no hacían sino buscar la oportunidad de evadirse. Había fugas de $50,000 USD otras de $100,000 USD, era todo un negocio.

Durante años el control de las cárceles estuvo a cargo de los jefes guerrilleros de las FARC que se hallaban detenidos en ellas. En La Modelo, sus líderes andaban libremente por los patios y hasta salían a la oficina del director; era normal ver caminando por ahí a los comandantes guerrilleros Yesid Arteta y Róbinson; eran los amos y señores de la prisión por esos días. Imperaba la ley de la guerrilla, era tal el control y descaro de los guerrilleros, que frecuentemente hacían formación militar en el patio y marchaban en filas gritando arengas comunistas con insignias de su grupo terrorista y un palo al hombro simulando los fusiles de combate.

Todo este poder fue desplazado poco a poco por los paramilitares, seguidores de la ideología de extrema derecha que combatía las ideas comunistas de los guerrilleros, sus peores enemigos. Los líderes de estas organizaciones paramilitares capturados, fueron ingresados a diferentes cárceles en el país, en donde comenzaron a tomar el control y a relegar a los guerrilleros que se enfrentaban a ellos fieramente para no perderlo.

La población civil de presos que no pertenecían a ningún grupo de estos, tuvo que acomodarse inteligentemente para sobrevivir. Había nuevos jefes dentro de la cárcel y tenían que obedecerles, por encima incluso de la propia guardia carcelaria a la cual le tocó hacer lo mismo. El poder de los paramilitares era monstruoso. Aplicaron sus métodos de eliminación sangrienta apoyados externamente por los grandes jefes del Estado Mayor, liderados por su comandante Carlos Castaño; estos les dotaron de armas pesadas y grandes sumas de dinero para apoderarse, a sangre y fuego, de todos los penales en Colombia.

En la Cárcel Modelo, los paramilitares cometieron el primer error: prohibieron las fugas de presos que se hicieran sin su autorización. El que desobedecía la orden e intentaba fugarse era recapturado y asesinado. El miedo se apoderó de los patios, la rabia de los guerrilleros se desbordó. Pocos presos les obedecían.

Rápidamente los paramilitares ingresaron un arma poderosa a la cárcel, un lanza granadas; todos quedaron aterrados; donde había tal acumulación de personas era un peligro, demasiado poder de fuego en un espacio tan pequeño. La guerra en las cárceles de Colombia había comenzado a finales de los 90.

Muchos en la cárcel tomaron posiciones. La guardia penitenciaria también se dividió, unos simpatizaban y colaboraban con la guerrilla y otros lo hacían con los paramilitares. Los que llevaron la peor parte fueron los directores de las cárceles; temían por su vida y asustados trataban de complacer a todos. El que no obedecía, se moría. Era natural ver cada mes un nuevo director.

La Cárcel Modelo se polarizó; resultaba una bomba de tiempo. De una población carcelaria de 6000 almas, se estimaba que al menos 5999 tenían armas, porque aún si no sabían manejarlas, debían colaborar en uno u otro bando o para su propia defensa. En las noticias se escuchaba de un tal "Plan Colombia" que llegaría a reformar el sistema penitenciario por parte del gobierno, para poder controlar el desorden que imperaba. En los pasillos, los presos se reían pensando que esa idea era utópica ya que afirmaban que el plan comenzaría con la construcción de una cárcel de alta seguridad en la ciudad de Valledupar, al estilo de las norteamericanas.

Día a día la anarquía y el caos se apoderó de la Cárcel Modelo. Los cabecillas máximos, Miguel Arroyave, jefe de los paramilitares de los bloques Centauro y Capital y Ángel Gaitán Mahecha, preso por paramilitarismo y narcotráfico, eran quienes manejaban el bajo mundo en Bogotá, movían las oficinas de cobro y la policía corrupta de la capital, a los que les pagaban millonarias sumas de dinero por colaborar con su organización. Gaitán Mahecha controlaba el hampa en la ciudad.

Diariamente, en los patios de la cárcel se veía de todo; los asesinatos casi se hacían por ventanilla, iban según el gusto del cliente; una inyección colocada en la vena para provocar un infarto casual, costaba desde $50 USD en adelante, según el personaje y para eso se tenía toda la red cuadrada, que incluía el diagnóstico en Medicina Legal y el dictamen para la familia. Era una muerte natural, lo mismo que para la justicia.

En otros patios, los bandidos más fuertes, rodeaban a un preso vulnerable, lo obligaban a hacer una nota de suicidio y luego lo ahorcaban con sus propias manos. Durante varios meses los homicidios se hicieron de forma discreta ya que no había orden de matar a bala ni siquiera con silenciador.

Los paramilitares presos en la Cárcel Modelo, tomaron el control de los calabozos del penal y desplazaron la guardia penitenciaria que, supuestamente, era la destinada por el gobierno para meter en cintura a los delincuentes que se encontraban detenidos en ese centro.

Los días pasaron y "el Caracol" continuó con su vida en la cárcel, jugando cartas y a toda hora atendiendo abogados, cuando sorpresivamente ingresa a la Cárcel Modelo, Jattin Arnulfo Pinto Vásquez, su asesino de confianza. Fue trasladado porque en la Cárcel de Palmira, en el departamento del Valle, no se lo aguantaron más.

Un día en medio de una de sus constantes borracheras y metida de vicio, se le pasó la dosis de cocaína, enloqueció y sin que nadie pudiera evitarlo, ahorcó a una joven de 15 años de edad llamada Carolina Zuleta Cerón, del municipio de Yumbo, Valle, que compartía con él la fiesta en la celda. La niña fue llevada a Medicina Legal y, con una fuerte suma de dinero, el dictamen fue "muerte por sobredosis de cocaína". Jattin le destrozó la tráquea, sus enormes manos acabaron con la vida de la niña.

A causa de este grave hecho, fue detenido el director de la cárcel por permitir visitas de menores de edad, sin el acompañamiento de un adulto de la familia y por permitir, supuestamente, dentro del penal drogas y licor. Las irregularidades eran variadas e iban desde visitas femeninas que pernoctaban en la cárcel, hasta salidas de presos a la calle.

Pero no solo algunos directores regionales estaban señalados. Para la época, la Dirección de Prisiones estaba permeada por la mafia; algunos funcionarios de las oficinas centrales en Bogotá recibían cuantiosas sumas de dinero por su ayuda incondicional a los narcotraficantes, y algunos guardianes siguieron el ejemplo. Los malos sueldos, la corrupción de los jefes y el descaro del INPEC en Bogotá, no eran un buen modelo para los carceleros que tenían que lidiar día a día con temidos personajes como "Popeye".

No todos los guardias eran corruptos, había guardias, suboficiales y oficiales que tenían sentido de pertenencia a su institución y no participaban en la cadena de corrupción; pero no podían hacer nada, los corruptos eran demasiados y el dinero era mucho. Si un guardia o un cuadro de mando, se les atravesaba en su camino, la mafia era informada por los corruptos y los mismos compañeros entregaban la dirección de la casa del guardia que no cooperaba. El caos era total. Los mafiosos cambiaban de cárcel cuando querían. No se fugaban porque les convenía más estar dentro de la prisión, para alejar a los norteamericanos.

La llegada de Jattin al patio no cayó muy bien, dado el grado de violencia y sus conocidos excesos con la droga; pero todos callaron por respeto con "el Caracol", su jefe. El personaje medía 1.76 metros, de estatura, muy costeño, fuerte como un toro, boca grande, cero educación y violento como ninguno, con 28 años de edad. "El Caracol" vivía orgulloso de su hombre. El pabellón se dañó con este personaje. En más de una ocasión Jattin quiso matar a los compañeros en medio de su traba y paranoia; no volvió a salir de su celda, lo tenía loco el miedo, sabía que sus enemigos también eran poderosos y ya estaban pagando por su cabeza dentro de la cárcel.

En Barranquilla no se olvidaban de todas las locuras que Jattin cometió; muchos muertos, personas a las que les quitó sus propiedades y luego asesinó; violaciones de mujeres y atropellos a mafiosos y bandidos. Según decían sus propios amigos, cuando estaba borracho y bajo los efectos de la cocaína, con un arma obligaba a sus escoltas para que le hicieran el amor a su propia mujer. Este asesino no respetaba a nadie; el final de sus días estaba cerca.

En una ocasión a "Popeye" le dio un fuerte dolor de muela. El malestar se le complicó con el paso de los días pero era imposible ir a la odontología de la prisión que quedaba en el lado sur, manejado por los guerrilleros. Obviamente ir a la enfermería lo dejaría al descubierto y no sólo perdería la muela sino el resto del cuerpo. Los guerrilleros vigilaban con fusil en mano todo el tiempo disparando a quien osara meterse en su territorio, ante la mirada ciega de los guardias que nada podían hacer para evitar estas disputas.

El dolor se le intensificó hasta que un día no pudo comer, así que llamó a su odontólogo particular. El hombre llegó rápidamente y lo atendió en una unidad móvil que había comprado Miguel Arroyave y la tenía instalada en el primer piso de su pabellón.

A pesar de la situación de peligro que se vivía en la cárcel, las esposas y novias de los presos seguían cumpliendo con sus visitas diarias sin importarles el riesgo al que se exponían. El día de la cita odontológica llegó Karen, la nueva novia de Jattin, que estaba más loco que nunca después de la muerte de sus familiares en Barranquilla. La joven saludó de beso a "Popeye"; era una niña de 19 años de edad, preciosa, nacida en Valledupar. Le presentó al doctor y después de los saludos de rigor se metió en la celda de su novio Jattin.

A los diez minutos llegó el "CORES", grupo especial del INPEC, al mando de un mayor de la Policía; eran hombres entrenados especialmente para manejar a los delincuentes más peligrosos. Cada entrada o salida del pabellón de Alta Seguridad a una diligencia era peligrosísima. El CORES tenía fusiles y pistolas 9 mm, pero no podían ingresar armados a la cárcel; daba risa esa norma, los presos tenían fusiles de asalto en sus celdas y los guardias, que trabajaban para el gobierno, tenían que dejar las armas en sus oficinas porque era ilegal entrar con ellas a los patios de la cárcel.

Los guardias llegaron para llevarse a Jattin. Éste dejó a su novia Karen en su celda, y se despidió de "Popeye" quien le contestó con la mano; el tratamiento odontológico que le estaban haciendo era largo y tenía que aprovechar al doctor que, después de una corta revisión, le dijo que sus problemas dentales eran más complicados de lo que aparentemente se veía.

Unos minutos más tarde se desató una balacera terrible, se oían durísimo los impactos de las balas en la puerta de hierro de la entrada al edificio; un ataque de la guerrilla, pensaron todos. La guardia se atrincheró, el doctor quedó pasmado y empezó a gritar.

—¡Me cagué! ¡Me cagué!

"Popeye" estalló en risas al ver al pobre odontólogo pálido y paralizado con la fresa en la mano. Pero, como buen sicario, rápidamente mandó su mano al revólver que siempre llevaba consigo y no lo pudo agarrar de la pretina del pantalón dada la posición en que se encontraba, volteó su cuerpo y lo sacó manteniéndose alerta, escondido en un sitio estratégico para evitar una bala perdida. Los guardias que estaban en el patio recibieron la orden por el radio de abrir la puerta blindada; ésta se abrió y entró corriendo el Mayor de la Policía gritando a todo pulmón:

—¡Mataron a Jattin! ¡Mataron a Jattin!

Detrás ingresaron los guardias del "CORES" asustados, tenían 2 heridos: el Cabo Anaya con herida en la pierna y un guardia, herido en el abdomen; Karen, la novia del muerto, estalló en llanto cuando salió de la celda y comprendió la situación. Una crisis de nervios la descontroló totalmente. El odontólogo no recobraba el color ni el habla, seguía petrificado con la fresa en la mano y los ojos desorbitados por el miedo; "Popeye" se paró rápidamente; fue a donde Karen, la tranquilizó pasándole el brazo por los hombros y volvió con el doctor. A los pocos minutos, al ver que todo estaba bajo control convenció al hombre que reanudara el trabajo odontológico, éste, tembloroso y a punto de sufrir un desmayo, como pudo le terminó de organizar la dentadura a toda velocidad y salió corriendo, angustiado, pretendiendo llegar a la puerta de la cárcel de primero, pero no lo dejaron salir; tenía que esperar a que se calmara la situación. "Popeye" subió al piso a hablar con los jefes.

A las dos horas dejaron salir al odontólogo y a Karen. Los asesinos de Jattin aprovecharon la vulnerabilidad de la entrada del patio para matarlo. Cuando se salía del edificio, se cerraba tras de sí la puerta blindada, seguía un corredor que estaba separado de otro patio solo por una malla de acero, a unos cuantos metros se alcanzaba la puerta en donde un guardia abría, dando paso a otro patio grande, de tránsito, que dirigía la visita hacia la otra puerta de requisa antes de llegar a la calle.

Jattin, el día de su muerte, había sido llevado al juicio que se le seguía por la muerte de "Kiko Valdeblánquez"; allí se encontró con "el Caracol", su jefe; la diligencia fue suspendida y éste fue regresado al penal. Cuando se acercaba para ingresar al edificio, encontró la muerte en manos de unos encapuchados que le dispararon desde el otro lado de la malla; se dieron cuenta que ésta no era acerada. El cadáver de Jattin fue llevado a Barranquilla. Dicen que muy pocas personas fueron a su entierro. A raíz de este asesinato, los jefes paramilitares mandaron construir un muro de ladrillo para proteger la salida y el ingreso al edificio de Alta Seguridad.

Con todo esto, los paramilitares comenzaron a hacer las cosas a su modo en los patios que controlaban. Diariamente llevaban al calabozo al preso que era castigado por ellos. La reprimenda no era sólo el aislamiento, sino que iba acompañada por palizas y baños de agua fría. El patio alto dio la pelea y se opuso a ser controlado por los paramilitares, a pesar de estar en su zona. Ellos comenzaron a secuestrar a otros presos para obligarlos a someterse. Fue el caso de alias "el Diablo". Este hombre fue obligado a llamar a su familia para que vendieran todas sus propiedades y pagaran el dinero a sus secuestradores, para salvar su vida. Mientras conseguían el dinero, lo mantenían encerrado en una oscura celda. Lo cuidaban cuatro hombres armados con pistola; lo llevaban a diario a la contada que realizaban los guardianes, una de las pocas actividades que todavía podían realizar, ya que habían perdido la autoridad y el respeto de los prisioneros.

Los jefes guerrilleros fueron relevados rápidamente del control de la prisión. Los nuevos jefes tenían prontuarios que atemorizaban al más valiente.

Ángel Gaitán Mahecha fue famoso por su enemistad con el desaparecido Gonzalo Rodríguez Gacha, alias "el Mexicano", segundo al mando del Cartel de Medellín. El ascenso de Ángel Gaitán en el mundo de las esmeraldas fue grande, hasta codearse con los reyes como Gilberto Molina y Víctor Carranza. Gilberto Molina entró en guerra con el capo de capos, Gonzalo Rodríguez Gacha. "El Mexicano" decía que Gilberto Molina lo estaba entregando a la DEA, y Gilberto Molina decía que "el Mexicano" se quería apoderar de las minas de esmeraldas; total, se trenzaron en una guerra a muerte.

Gilberto Molina se atrincheró en una de sus fincas de riego y sintiéndose seguro, organizó una fiesta. A esta fiesta, fue invitado Ángel Gaitán Mahecha. Éste tenía una fuerte amistad con los dos hombres en disputa, que se forjó cuando los dos titanes eran amigos. "El Mexicano" le prestaba hasta tres millones de dólares en efectivo a Ángel para que comprara lotes de esmeraldas. Cuando las minas botaban su producción, éste lograba buenos dividendos y devolvía el dinero a su benefactor.

Gilberto Molina era el mayor proveedor de esmeraldas y por ello ayudaba a Gaitán Mahecha. La casa finca donde se iba a realizar la fiesta era conocida al dedillo por él. Llegó el día de la reunión y allí estaba como invitado, con mucho licor, música de carrilera y hombres armados hasta los dientes. A las nueve de la noche, llegó el Ejército para control de rutina, así fueron reportados los dos camiones, llenos de soldados. Este control se convirtió en un allanamiento, la gente de Gilberto Molina, confiada, no opuso resistencia. El empresario esmeraldero, tenía todo en orden, era normal que el Ejército Colombiano, se moviera en esta zona.

Al calor del licor, Gilberto no calculó los riesgos y no reaccionó a tiempo. Cuando se dio cuenta, estaba en manos de los uniformados que lo asesinaron a sangre fría, al igual que a sus hombres. Fue una masacre con el sello de "el Mexicano"; no eran militares, eran paramilitares al servicio de Gonzalo Rodríguez Gacha.

La pregunta era: ¿y dónde estaba Ángel Gaitán Mahecha? Alguien lo vio salir corriendo como alma que lleva el diablo por la parte de atrás de la casa, se tiró por una ventana y cayó al río, llegó a una finca y no se volvió a saber de él. ¿Cuándo sucedió? Justo en el momento en que los supuestos militares empezaron a rodear la casa. ¿Y por qué no persiguieron a don Ángel?

Todas estas dudas se fueron contra don Ángel. ¿Cómo las resolvió? defendiéndose como pudo de cualquier sospecha contra él, declarándole la guerra a muerte a su antiguo amigo Gonzalo Rodríguez Gacha. Por eso Ángel Gaitán se unió a la familia y amigos del difunto Gilberto Molina y comenzó la guerra contra los asesinos de éste último.

"El Mexicano" no lo pensó dos veces y lo declaró objetivo militar. Ángel tenía suerte, mucha suerte. Un día estaba en un apartamento en Bogotá, mirando un alijo de esmeraldas que iba a negociar hasta que llegó la mano de su enemigo... El operativo estaba dirigido por un mayor del Ejército Nacional que cooperaba con Gonzalo Rodríguez, el militar iba con una orden de allanamiento falsa, rodeó el edificio y fue por la vida de Ángel Gaitán. Los soldados tumbaron la puerta y mataron a tres escoltas del esmeraldero. Cuando los soldados ingresaron, corrió al baño del apartamento y dejó la puerta abierta ocultándose atrás de ella. Dos soldados, fusil en mano, miraron rápidamente en el interior sin descubrirlo, les escuchó hablar, con el alma en vilo, aguantó la respiración hasta casi ahogarse. Sabía que lo iban a matar.

—No está, no está el grande. Vamos por mi mayor y volvemos a revisar de nuevo.

Aprovechó la oportunidad al salir los soldados, escuchó a lo lejos voces de otras personas en la calle, corrió al balcón del apartamento y gritó con fuerza:

—Me van a matar, soy Ángel Gaitán Mahecha, ¡hermano del alcalde de Chía!

Sin camisa y con los brazos en alto fue filmado por las cámaras de televisión que habían llegado rápidamente, ya que los vecinos llamaron al escuchar el estruendo de la balacera y del allanamiento que se estaba realizando en el lugar. Los presentes quedaron asombrados al ver al hombre semidesnudo agitando sus brazos en alto gritando angustiado. Sus asesinos lo miraron con furia; ya no era posible matarlo en presencia de todos. Tenían que justificar el operativo, en el apartamento había tres cadáveres. El lote de esmeraldas que estaba expuesto en la mesa de la sala junto a un maletín lleno de dólares desapareció misteriosamente de la escena del crimen, el mayor y los soldados afirmaron no haber visto nada.

El esmeraldero atribuyó la suerte de salvar su vida, por segunda vez, a un Cristo de oro que tenía incrustado en la piel, a la altura del corazón; decía que era mágico y le profesaba una gran devoción.

Sentía que la suerte por esos días lo acompañaba. En plena guerra con "el Mexicano" realizó un trato, para cambiar armas por drogas. El negocio se cerraría dentro del Aeropuerto el Dorado en Bogotá. Él pensaba que era el sitio perfecto y seguro para todos. Todo pintaba muy bien. Fue solo a la cita; sus escoltas esperaron afuera del aeropuerto. Durante tres horas aguardaron pacientemente a su jefe. Al llegar la noche, ya estaban preocupados. El jefe de escoltas fue a buscarlo dentro del aeropuerto, nadie lo había visto, no apareció por ningún lado, era imposible que el hombre desapareciera, como por arte de magia... ¡pero desapareció!

A los diez días el milagro se hizo y Ángel Gaitán apareció pero en el lugar equivocado. Estaba preso en los EE.UU., increíble. Fue extraditado sin un proceso sin un aval del ejecutivo o de la Corte Suprema de Justicia y sin que él se enterara. ¡En Colombia podía suceder cualquier cosa!

Estando en el aeropuerto, se sentó a conversar con su contacto, un puertorriqueño. Habló con el hombre por largo rato, el negocio que le planteaba le iba a dejar millones de dólares en armas para la guerra contra "el Mexicano"; don Ángel era muy astuto y sagaz pero en esta oportunidad el hombre le ganó. Don Ángel se paró al baño, regresó a la mesa y no recordó más.

Despertó horas después en un calabozo limpio y frío, le extrañaba que en la Cárcel Modelo todo fuera tan limpio y sin ruido, él ya conocía suficientemente las cárceles de Colombia para saber cómo lucían. Un fuerte dolor de cabeza se le acentuó cuando llegó el desayuno y el guardia norteamericano le sonrió.

—¿Dónde estoy? —Preguntó el hombre asustado, pensando que era un sueño.

El guardia no contestó nada. Lo ubicaron los otros presos del penal, que a gritos le hicieron ver la cruda realidad. Cuando comprendió la verdad, quedó parado de un salto en la pequeña celda y sus ojos desorbitados descubrieron su miseria; ¡había sido extraditado a los EE.UU., por narcotráfico!

Rápidamente fue condenado a 20 años de prisión. Ángel estaba aterrado con lo que le estaba pasando, pero no se dejó vencer y tenía todo el dinero para defenderse. La justicia norteamericana descubrió, que el agente de la DEA lo detuvo y extraditó ilegalmente. El agente trabajaba para Rodríguez Gacha.

Ángel siempre denunció que él había sido secuestrado en Colombia y el agente de la DEA lo reportó como capturado en las calles de Miami, en una operación de la DEA y la CIA. Durante cinco años peleó su caso hasta que se descubrió toda la verdad y la conexión del agente con Rodríguez Gacha. Lo dejaron en libertad y lo deportaron a Colombia rápidamente sin mucho escándalo. Al llegar al país, ya "el Mexicano" había muerto a manos de la Policía Nacional.

La trampa que le armó "el Mexicano" con el agente de la DEA, le costó su buen susto al "loco", —sólo sus más allegados le decían así—. Al llegar al país retoma sus actividades criminales, esta vez con más poder, por haber enfrentado al poderoso capo de capos; tenía más odio en su corazón y sed de sangre. Se enfrasca en una guerra con el poderoso capo Leonidas Vargas Vargas. En esta pelea estaba apoyando a su amigo Víctor Carranza. Nadie sabe por qué empezó el problema, lo único cierto es que todos fueron a parar a prisión. Él llegó con un escolta, sindicado de la muerte del abogado de Leonidas Vargas Vargas. A su nivel, el escolta era todo un personaje, no conocía la prudencia y su falta de educación le saldría cara, muy cara.

Ramón Plazas, llamado "Ramoncito" se ufanaba de la cercanía con el esmeraldero y utilizaba esto para cobrar dineros de deudas de la mafia. Ángel no lo veía como un jefe sino como un amigo, pero le molestaba la actitud abusiva de "Ramoncito", tenía que soportarlo porque estaban juntos en un proceso por asesinato y si lo mataba se enredaba más.

Dentro y fuera de la cárcel la vida continuaba. Cada quien buscando sobrevivir en medio de la jauría. Ninguno de los bandidos daba la espalda con confianza; las balas llegaban de donde menos se lo esperaban. Pero eran hombres acostumbrados a vivir al filo de la navaja y lo hacían, eso sí, sin olvidarse de los placeres mundanos de la vida.

XXIII

Manicurista fogosa

A "Popeye" le convenía que la cárcel estuviera en guerra, así se obligaba a cuidarse más, permaneciendo alerta todo el tiempo. Una cárcel en calma es peligrosísima.

Convivir veinticuatro horas seguidas con mafiosos, asesinos y demás hombres al margen de la ley, en un espacio tan cerrado es difícil, muy difícil y hay que tener mucha paciencia. El pabellón tenía unos treinta metros de largo, las puertas de las celdas eran seguidas, puerta con puerta, con cuatro metros al frente, en donde se veían las otras habitaciones en el mismo corredor.

El lugar tenía diez celdas, un saloncito al final y un comedor; la única distracción era subir a la terraza del edificio a jugar *vóleibol*. La terraza, por seguridad, estaba cubierta. Para no aburrirse, "Popeye" se divertía con las visitas femeninas que llegaban al penal a cumplir diversas actividades, como la de la manicurista, a quien un día casi mata del susto.

En su vida nunca había conocido un hombre más fogoso y enfermo por el sexo que Ángel Gaitán Mahecha, le tiraba a todo lo que oliera a mujer; no respetaba condición femenina. El tiempo en la prisión americana lo volvió enfermo sexual, se moría por todas las mujeres. Durante cinco años no tuvo relaciones sexuales y casi se vuelve loco.

La señora que les arreglaba las uñas, entraba dos veces a la semana y Ángel, apenas la veía, de una la pasaba por las sábanas.

Un día llegó la señora a hacer su trabajo y Ángel no estaba. "Popeye" la llamó para que le arreglara las uñas de los pies, tenía confianza en ella y mirándola con picardía le dijo:

—Mi amor venga, deme algo, que mi mujer me dejó y estoy llorando lágrimas de sexo.

—¡No, no, no, "Popeyito", yo soy una mujer muy seria! —le dijo riéndose.

—¿Y las veces que usted se encierra con don Ángel qué?

—Ni riesgos "Popeyito". —Le contesta y remata sin preguntarle nada: —Yo me encierro para trabajar tranquila.

Explicación dada a una pregunta no formulada es confesión anticipada... decía Pablo Escobar.

Se quedó mirándola con malicia mientras veía cómo traía un nuevo platón de agua para seguir arreglándole los pies. Lentamente los sumergió en el agua tibia mientras se hacía el desentendido, mirándola de reojo. Ya la mujer estaba picada y era cuestión de tiempo para que le sacara la verdad sobre sus encerronas con Gaitán. Ella comenzó a hacer su trabajo y de pronto le preguntó en tono casual, como para que él no sospechara nada:

—¿Eh, "Pope", y don Ángel?

—¡Ayyy… Mija… más preocupado!…

—¿Por qué "Pope"? —Le pregunta desprevenida.

—Mi amor, al viejo se lo llevaron casi muerto a las tres de la mañana de urgencias, al hospital.

—¡Virgen del Carmennnn! ¿Y eso, qué pasó? —Le contestó dejando a un lado el asientico en que estaba sentada, tratando de recobrar la respiración perdida por el sobresalto que le produjo la noticia.

—Mi vieja, hace como dos días el señor se puso muy mal, vino un médico de la calle a verlo y le descubrió unas manchas cafés en la espalda y se preocupó muchísimo. —Le soltó el hombre con toda la naturalidad del mundo, mientras tanto, sin dejar de mirarla a los ojos continuaba con su historia—. Al otro día, el médico regresó con el resultado de una muestra de sangre que le había sacado.

Observando la cara de terror que estaba asumiendo la mujer, aprovechó el silencio para ponerle más suspenso a la conversación; haciéndose el desentendido, se acomodó en su asiento con total parsimonia, mientras la mujer estaba cada vez más ansiosa por saber el final de la historia.

—Cuente, cuente "Popeyito" que me está asustando. —Insistía la señora súper intrigada.

—Mija… ¡SIDA, el viejo tiene SIDA! El *hp*…. hace tres años que lo tiene.

—¡Ay Dios mío!… ¡ay Dios mío! —gritó la manicurista parándose con la mano en el pecho y los ojos desorbitados por la noticia. "Popeye", con cara de sorpresa, la miró como si no supiera el motivo de la angustia de la mujer.

—¿De qué se preocupa mi amor? ¿No me acabó de decir que no le daba nada al viejo? —le dijo sonriendo maliciosamente, mientras la manicurista palidecía cada vez más.

—No, no, no "Popeyito", este *hp*., me cogía a la fuerza y me lo metía por un lado de los pantis. Le confirmó alzando la voz chillona, mientras se agarraba el corazón que parecía se le iba a salir del pecho.

—¡Ay mija por Dios! Pero al menos, ¿don Ángel se colocaba un condón?

—Cuál condón ni que *hp.*, lo hacía sin protección. —Le confesó mandándose las dos manos a la cabeza y en tono confidencial le narró más intimidades, como si fuera el día del juicio final.

—No, y no le digo más porque usted ni se imagina lo que me hacía.

"Popeye" la miraba divertido a punto de soltar una carcajada cuando ella dijo escandalosamente:

—¡Ay mis hijos! ¡Ay mis hijitos! "Pope", cójame que me desmayo.

Se le movió el piso y al suelo fue a dar… Ya no era tan divertido, pobre mujer, la estaba matando del susto. Se le estaba complicando. No sabía qué hacer y terminó preocupado porque si Ángel Gaitán regresaba de su diligencia en ese momento y lo veía en esa situación iba a tener problemas. Se paró rápidamente, la levantó y la sentó en el sofá; se secó presuroso, se colocó las medias y se calzó, dispuesto a decirle la verdad a la pobre dama.

—Mija, es una broma, don Ángel está en la Fiscalía en una diligencia judicial. —Le dijo mientras le tocaba suavemente la cara tratando de reanimarla. Con seriedad, afirmaba esto, mientras le tomaba las manos y le daba aire. Ella no creía nada de lo que "Popeye" le contaba.

—Usted me está diciendo eso para que me tranquilice ¿verdad? La humilde mujer estalló en llanto.

Le remordió la conciencia de verla así, pobrecita, y para convencerla que todo era una broma, le tocó llamar a "Ramoncito" a ver si a él le creía.

La mujer se fue angustiada y con dudas; nunca más la volvió a ver; no le quedaron ganas de regresar a hacer el arreglo de uñas en la Cárcel Modelo.

"Ramoncito" y "Popeye" terminaron riendo a carcajadas, contándole a todos en el patio que celebraban su buen humor. Pero esa risita le duró poco, porque a los días se le congeló el rostro al conocer el "pastel" que le tenían preparado los sabuesos investigadores del Departamento Administrativo de Seguridad, del país, DAS, que anunciaron la siguiente perla en rueda de prensa:

"Popeye" es un narcotraficante y ¡será extraditado!

La extradición tocó a su puerta. No sabía si reír o llorar, porque la situación era tan irreal y ni él ni nadie entendían nada.

La nota apareció en todos los noticieros y por andar haciendo bromas, ni se había enterado. Ángel Gaitán, que acababa de regresar a la prisión, llegó corriendo a su celda, sofocado por la noticia y le gritó angustiado:

—¡*Marica*, lo van a extraditar!

"Popeye" prendió rápidamente el radio que tenía en la mesita de noche y escuchó seguro y claro a un periodista dando con lujo de detalles, la chiva del día.

...El DAS realizó una exitosísima operación contra los narcotraficantes a nivel mundial. Países como EE.UU., Colombia, Holanda y Panamá, se unieron para la gigantesca redada antidroga. Como resultado se obtuvo la captura en Holanda de tres pesos pesados del narcotráfico. Las otras capturas se realizaron en Turbo (Antioquia), Bogotá y Panamá, en donde se allanaron las casas y oficinas de hombres claves de la organización, liderada desde la cárcel por el ex integrante del Cartel de Medellín, Jhon Jairo Velásquez Vásquez, alias "Popeye", quien será extraditado por narcotráfico...

Estupefacto escuchaba las noticias, acompañado de sus compañeros que se acercaron curiosos a la celda a enterarse de lo que estaba pasando. Imaginaban que pronto llegarían los hombres del CORES para trasladarlo a otro sitio, antes de su extradición, nadie sospechaba el montaje; ya daban por hecho la información ignorando el trámite legal que se debe hacer para tal efecto. Todas las emisoras en Colombia, hablaban del operativo antinarcóticos, y el supuesto capo de capos, líder de la organización, ni se había enterado del emporio que manejaba.

—Ahora si estoy metido en la hijueputa... —pensó, mientras sus compañeros le miraban entre divertidos y asombrados.

Al rayar el medio día, cuando iniciaron los noticieros de televisión, los titulares se concentraron en la noticia. Su imagen le estaba dando la vuelta al mundo y él todavía no entendía cómo se había metido en semejante película sin proponérselo.

...Aeronaves, barcos, dinero en efectivo y gran cantidad de cocaína incautada. Lo más importante, la recaptura en la Cárcel Modelo de Jhon Jairo Velásquez Vásquez, alias "Popeye". El gran jefe de la banda, el capo di tutti capi...

Así concluía el periodista su reportaje. Todos los presentes rieron de la ingenuidad de los reporteros. A la Cárcel Modelo no había llegado autoridad alguna para recapturarlo o trasladarlo. A su celda, menos se había acercado guardia alguno a preguntarle por tales hechos.

Él miraba asombrado las imágenes del televisor, ¿de dónde habrían sacado esos barcos, aviones, dinero y cocaína? Siempre había sido un sicario del Cartel de Medellín y nunca participó en actividades de narcotráfico, en la cárcel menos, pero ¿quién le iba a creer a un asesino confeso? Lo único era esperar a ver qué pasaba con su vida... concluyó con asombro y preocupación.

—O yo estoy perdido, o los perdidos son los periodistas y les falta investigar más...

"Ramoncito", no desaprovechó la oportunidad para hacer sus comentarios mordaces:

—Qué capo tan poderoso teníamos y no lo sabíamos. —Soltó una sonora carcajada. Tenía razón, la situación era risible, todo el que lo conocía sabía que no era narcotraficante, sino ¡sicario!

Ese día no le preocupó la extradición, ya tendría tiempo para defenderse. En lo único que pensó en ese instante fue en el delicioso almuerzo que el *chef* estaba preparando y se confió de la situación, gozándola también. Sabía que iba a ser muy complicado para él, pero era el momento en que todos los reclusos del pabellón se reunían a compartir, y "Popeye" ese día sería el actor principal de toda la película, no precisamente por lo detectivesca, sino por lo cómica.

Todos los que quisieron vomitar su veneno hacia él aprovecharon la oportunidad aquel día en que "Popeye" se convirtió en el motivo de burla del patio. Bajó a almorzar con el buen humor que siempre lo caracterizó y que fue su arma para enfrentar la situación. Echó mano de la dignidad que todavía le quedaba y se sentó a la mesa con una gran sonrisa, claro, de dientes para afuera; rio a carcajadas, junto a los otros presos que aprovecharon la ocasión para desquitarse de sus bromas. El jefe del patio, Miguel Arroyave, fue muy respetuoso y no se burló. Sabía que era un tema serio y le ofreció su ayuda para que los abogados de su organización investigaran y apoyaran en el caso.

Entre ofensas y ofensas llegó el siguiente noticiero de televisión. Todo estaba más delicado; el Coronel de la Policía Germán Gustavo Jaramillo, dio un dato importante y nombró a un tal Jorge Velásquez Camelo y dijo que era primo de él. Le metió veneno al montaje.

"Popeye" manejaba desde su celda en la Cárcel Modelo en Bogotá, una poderosa organización de narcotráfico, con rutas hacia Bélgica, Italia, Holanda y lo peor, ¡hacia los Estados Unidos!

La historia comenzó cuando un español llamado Leopoldo Bohigas Lorenzo murió con casi un kilo de heroína en el estómago. El tipo era un enfermo terminal de SIDA. "Popeye" *puede ser enviado a España en extradición para que responda por la muerte de Leopoldo*, —concluyó la periodista. Los comentarios de analistas y autoridades afirmaban que "Popeye" era un monstruo y que estaba utilizando enfermos terminales para sus oscuros propósitos de narcotráfico.

El muerto era una mula del narcotráfico y había salido rumbo al aeropuerto El Dorado en Bogotá para viajar a España, cuando se le reventó una de las cápsulas con droga que llevaba en su estómago; se agravó, sus cómplices lo llevaron a un hospital y allí murió. Fue abandonado en las puertas de una clínica. La noticia era cada vez más dramática y peligrosa para "Popeye". Por esta razón, el jefe de los paramilitares en la cárcel Miguel Arroyave lo llamó aparte y le dijo paternalmente:

—"Pope", lo felicito. Usted tiene coraje; si lo piden en extradición yo lo ayudo a escapar.

Él le dio las gracias y se retiró a su celda a reflexionar sobre el tema. No era fácil pero tenía que permanecer con la cabeza fría para tomar cualquier decisión. Irse con la gente de Miguel Arroyave significaría estar en manos de Carlos Castaño; más temprano que tarde, Arroyave cedería a la presión y lo tendría que entregar a Castaño quien lo quería matar a como diera lugar; y si lo extraditaban a EE.UU., jamás volvería; lo mejor era esperar.

Todo este lío arrancó con Jorge Velásquez, que entraba a la Cárcel Modelo a hacer mandados menores: entraba siempre a nombre de "Popeye". Él lo había conocido en Bogotá; según la investigación el hombre utilizaba su nombre para el tráfico con correos humanos. A este hombre fue a quien le encontraron el pasaporte del español muerto. Lo del dinero eran $100,000 USD que estaba entrando al país producto del tráfico de drogas; este dinero lo interceptaron agentes del CTI de la Fiscalía y se lo quedaron cargándoselo al expediente.

"Popeye" siguió adelante, tratando de no hacer caso a la burla de los compañeros riéndose también de su mala suerte. Se concentró en su defensa, porque creyó que la Policía estaba confiada en que lo iban a extraditar. Con el paso de los días se fueron aclarando varias de las mentiras que dijeron, no se sabía si los medios o las autoridades. Lo cierto es que durante todo el escándalo ningún funcionario lo visitó. Sólo diez días después de haber explotado la noticia fue que a una fiscal se le ocurrió ir a verificar personalmente con el inculpado su versión de los hechos.

La mujer apareció con agentes del DAS. Dicho y hecho, era un montaje. Al señor de los $20,000 USD que habían capturado en el departamento de Antioquia con dinero supuestamente ilegal y de su organización, lo absolvieron de todo y le devolvieron su dinero legal ofreciéndole disculpas por el error, al detenerlo en esa averiguación. Y los supuestos detenidos de Panamá nunca aparecieron. Tampoco los aviones, barcos y propiedades allanadas de los operativos que realizaron los 150 hombres del DAS y los expertos de Italia, Bélgica, Holanda, y Estados Unidos. De los $100,000 USD que se robaron los agentes del CTI y que pertenecían a uno de los detenidos, no quisieron indagar. Al final, la investigación quedó reducida a los kilos de cocaína que fueron embarcados en el puerto de Turbo en un gran barco bananero.

A "Popeye" no lo pudieron conectar con los detenidos en Turbo y menos con el español muerto. Toda una maquinación en la que no había ninguna evidencia para vincularlo. Él sabía que era inocente pero de algún modo quedó conectado a la investigación por el hombre que sí conocía en la Cárcel Modelo; se lo había presentado un amigo para que le vendiera un automóvil de lujo que tenía en Medellín. El tipo era un pequeño traficante de drogas y se interesó en su carro ofreciéndole buen dinero. Para concretarlo "Popeye" lo llamó a Holanda, el DAS rastreó la llamada y de una vez lo vinculó en el negocio de drogas.

Lo más curioso fue que con tanto escándalo, en ninguna parte del expediente se hablaba de algún pedido de las autoridades estadounidenses y menos de una orden de extradición de éste u otro país. "Popeye" no aceptó los cargos y se fue a juicio para demostrar su inocencia. Todos se sorprendieron porque creyeron que estaba muerto del susto y se iba a dejar amedrentar por el falso positivo, pero no. Lo más delicado sería ir a Holanda a defenderse, ahí el sistema penitenciario es constructivo, el más avanzado del mundo. "Popeye" creía que era tan bueno que al final en el juicio le dijo al juez:

—Señor éste es de los mismos montajes que hace el DAS; como en la muerte del doctor Luis Carlos Galán, o en el asesinato del Dr. Bernardo Jaramillo Ossa; el asesinato del candidato a la presidencia de Colombia Pizarro León Gómez, el atentado al avión de Avianca y muchos más.

El hombre no dijo nada, sólo lo miró con cara de sorpresa, pues no esperaba esa reacción por parte del acusado. El proceso judicialmente siguió su curso; sabía que de alguna manera buscarían la forma de crearle algún cargo, pues no podían quedar en ridículo las autoridades con esa confabulación. Su pasado no le ayudaba en nada. La diligencia fue en el primer piso y de una le cayeron los periodistas, él con su mejor sonrisa les dio el titular de prensa:

—¡Pido que me extraditen a Holanda, así cambio de ambiente y aprendo otro idioma!

Salió esposado por la guardia y bajo un espectacular operativo de seguridad, rumbo al nido de alimañas que le estaban esperando en la cárcel y que estaban ilusionados con su extradición.

—Todo "chimbo". Un montaje, no tenían ninguna prueba contra mí.
—Les dijo el sicario a quemarropa.

A varios se les borró la sonrisita de su boca. Se habían hecho ilusiones pensando que se lo llevarían bien lejos. Al verlo ahí, les tocó aguantarse.

—No se confíe... no se confíe, que le pueden dar una sorpresita.
Le advirtió Ángel Gaitán que era uno de los que más lo molestaba con el incidente. Por eso "Popeye" le reafirmó con seguridad:

171

—Si ya me indagaron, y si no vino la DEA es porque el caso queda en Colombia.

No dijo nada más. Por primera vez en todo ese tiempo Ángel Gaitán se quedó callado. En cambio a Miguel Arroyave le agradó la noticia y lo felicitó de nuevo, alegrándose con sinceridad.

Ningún funcionario del DAS o la Fiscalía, y menos el Coronel Jaramillo, dio declaraciones a la prensa.

¿Qué pasó con el gran golpe a la organización del capo "Popeye"?

Nadie volvió a tocar el tema y "Popeye continuó con su vida en la prisión. Años después una juez le dio una corta condena por el supuesto envío de droga a Holanda. Y ahí terminó el tan sonado caso.

XXIV

Vientos de guerra en La Modelo

El ambiente en la Cárcel Modelo se calentaba cada día más. Se podía oír a los jefes paramilitares Ángel Gaitán y Miguel Arroyave, autorizando grandes cargamentos de armas de alto alcance como fusiles AK-47 y 7.62 mm, pistolas, ametralladoras, granadas y municiones para la lucha entre paramilitares y guerrilleros que se estaba gestando en el penal. Cada organización controlaba un sector de la cárcel. La guerra era inminente y había que prepararse para morir o vivir en ella. Los hombres en los patios se entrenaban; el que no sabía de armas, aprendió a la fuerza.

Miguel Arroyave, también fortaleció su Bloque Capital afuera, sus hombres rápidamente se apoderaron del bajo mundo en Bogotá y todas las oficinas de cobro, bandas de delincuentes, sicarios, informantes, funcionarios corruptos y demás, pasaron a obedecer a la organización paramilitar cuyo poder creció a pasos agigantados. Así cayeron las seis principales oficinas de cobro de la capital Bogotana ante los poderosos hombres de Miguel Arroyave, sus hombres arrasaron con todo lo que olía a auxiliadores de la guerrilla.

Mientras se cocinaba la guerra en La Modelo, un problema doméstico en el patio tenía fuera de sus casillas a los poderosos jefes paramilitares dentro del penal: Ramón Plazas, alias "Ramoncito", un hombre joven de mediana estatura pero gigante en maldad, ambición y soberbia. Trabajaba al lado de Ángel Gaitán en el bajo mundo y juntos resultaron en el proceso de asesinato que los llevó a la cárcel y a compartir el mismo patio, situación que él aprovechaba para sobrepasarse en sus comportamientos delincuenciales a tal extremo que decidió montar, desde la cárcel, su propio grupo de cobradores y extorsionistas, por encima de los jefes supremos a quienes por jerarquía les debía respeto, tales eran Miguel Arroyave y Ángel Gaitán. "Ramoncito" no pensaba en esto y decía que no tenía que rendirle pleitesía ni dar informes a nadie de sus acciones delictivas. Su ambición desmedida y poca inteligencia lo llevaron a cometer errores y a ser descubierto rápidamente; sus hombres fueron a cobrar un dinero que dejó el esposo asesinado de una mujer que resultó ser la hermana del propio Miguel Arroyave, el jefe supremo de los paramilitares en Bogotá y en la Cárcel Modelo, su jefe y compañero de prisión...

Cuando el señor se enteró montó en cólera y lo llamó al orden. El bruto "Ramoncito" no lo negó sino que lo aceptó con soberbia y soltó esta perla:

—Yo tengo mi gente y la hago respetar.

Ángel Gaitán rabiaba a morir; se le veía más grande su nariz aguileña, pero no en frente de "Ramoncito", claro, no le convenía hacérselo enemigo porque estaban juntos en el proceso que los mantenía en la cárcel y era el único testigo que lo podía hundir. Ante esto a él y a Miguel Arroyave les tocó "tragarse ese sapo" y esperar la oportunidad para desaparecerlo sin levantar sospecha; decían rumiando su rabia: *¡"Ramoncito" ya te llegará tu hora!*

En el patio todos lo sabían y atentos esperaban el espectáculo que, por la gravedad del testigo, no podía ser a bala como se acostumbra entre bandidos y poderosos como los dos que tenía de vecinos, quienes después de analizar el caso optaron por otra solución más casual: ¡el envenenamiento! Esta alternativa de homicidio premeditado era mucho más discreta. Cuando "Popeye" vio el movimiento del ingreso del veneno al patio se mantuvo alerta, Miguel Arroyave se dio cuenta de la desconfianza de su hombre y lo llamó aparte para ponerlo al tanto del plan que tenían en mente.

—No se preocupe "Pope", que no es para usted; va para "Ramoncito".

A Miguel Arroyave le creía; era un hombre serio, auténtico. Nunca se andaba con rodeos. En medio de la planificación del crimen de "Ramoncito" les llegó una noticia que alertó incluso a la guardia.

¡La guerrilla está haciendo un túnel rumbo al edificio de Alta Seguridad! Su objetivo: ¡tomar a sangre y fuego el edificio y asesinar a todos los del patio!

Así lo narraban nerviosamente los infiltrados que los paramilitares tenían en las filas del enemigo. La situación era preocupante, pero manejable. Para que esto sucediera tenían que pasar primero por el patio cuarto que era manejado por los paramilitares y estos estaban armados hasta los dientes con un arsenal que envidiarían las autoridades.

Los días transcurren lentamente en el patio. Tampoco mejora el ambiente con el fastidioso de "Ramoncito", que confiado en que no le pasó nada por sus acciones delictivas se envalentonó y cada vez estaba más desafiante con Arroyave y Gaitán Mahecha. Se creía el gran capo, se metía con todos los compañeros y nadie se lo aguantaba; era inminente su eliminación de la faz de la tierra.

Miguel Arroyave, supuestamente un genio para organizar misiones especiales, planteó que el objetivo primario en esos momentos era matar a Ramón Plazas ahí mismo en el patio pero, con discreción por eso diseñó un plan audaz y certero, según él.

El sabio jefe quedó en preparar un súper veneno del cual les había hablado antes y decía que ese sí mataría al maldito bocón de *"Ramoncito"*; la pócima mortal le volvería pesada la sangre y lo eliminaría en doce horas, no quedaría rastro del bebedizo y el dictamen del médico en Medicina Legal sería un infarto. ¡El crimen perfecto!

Matar a Ramón Plazas a bala significaría una investigación dentro de Alta Seguridad y esto no les convenía, el objetivo principal de los paramilitares era la toma de la cárcel.

Ángel Gaitán, hipócritamente hace las paces con "Ramoncito" y lo acerca al grupo para no levantar sospechas, al otro día pone la pócima de veneno disimuladamente en un jugo. Se la dio tipo 4:00 p.m.; según los cálculos del genio Arroyave, quien diseñó el plan, la víctima estaría muerta a las 4:00 a.m., el veneno era súper potente.

La celda de Ramón Plazas quedaba frente a la de "Popeye", en diagonal a la de Ángel y pegada a la de Miguel. Todos se acostaron temprano, estaban ansiosos por ver los resultados, al otro día estarían libres de la pesadilla. La guardia acostumbraba a pasar todas las mañanas religiosamente a las 6:00 a.m., tocaban la puerta, cuando el preso contestaba seguían de largo, una vez confirmada su presencia.

Esa mañana el guardia tocó en la puerta de Ángel, luego en la de "Popeye"; éste contestó *buen día;* siguió hacia la celda de Miguel y por último a la de Ramón Plazas quien contestó de una, con voz enérgica…

—¡Buenos días!

Todos lo escucharon desde sus habitaciones y quedaron fríos. No pasó absolutamente nada con el poderoso veneno y el flamante plan del genio autor de la idea.

Lo que vieron esa mañana los dejó sin palabras: el fastidioso "Ramoncito", se levantó a trotar en una máquina que había al final del pasillo, y los saludó muy efusivamente, mientras sus compañeros con las caras largas lo miraban detenidamente a ver si de pronto tenían suerte y con el ejercicio caía muerto como un pollo pero… nada, el hombrecito cada vez se veía más saludable.

Miguel Arroyave inmediatamente llamó por teléfono al famoso neurólogo que le proporcionó el brebaje y le comentó en clave el sorprendente caso. Ángel le comentó que el doctor le confirmó que un veneno no se puede dar con algo que tenga dulce.

Con estos datos, ellos no se desanimaron y volvieron a intentarlo. Esta vez le dieron a la víctima una buena dosis del veneno en la sopa. Tenían que esperar el nuevo día a ver si al fin se quitaban de encima al sujeto.

A las seis de la mañana del siguiente día se repitió la historia con el conteo. Los hombres con los oídos bien abiertos para escuchar cuando llegaran a la celda de "Ramoncito". Estaban seguros de que esta vez no fallarían. El veneno, decía el cerebro del crimen perfecto, era mortal...

Pasó el guardia, como de costumbre, revisando una a una las celdas. Cada quien iba contestando en su momento, hasta que llegó a la celda de "Ramoncito". El guardia gritó:

—¡Buen día!

Silencio total... Sus compañeros retuvieron la respiración, sumando los segundos, imaginando que de un momento a otro el vigilante abriría la puerta de la celda del hombre que seguramente estaría babeando y agonizando a su miserable vida.

El guardia vuelve y dice con voz más fuerte:

—¡Buen día!

Silencio total... Cuando el guardia hizo sonar las llaves para ingresar, los presos escucharon una voz fuerte y alegre que gritó desde adentro:

—¡Buenos díaaaas!

Nada... No pasó nada. El veneno no sirvió y la furia de Ángel y Miguel fue tal que el neurólogo que suministró la pócima no quiso volver a la cárcel ni volvió a dar la cara; se voló con $10,000 USD que ellos le habían pagado por el famoso brebaje de un veneno inútil que no funcionó en la humanidad del fastidioso "Ramoncito" quien más alegre que nunca, pasaba sonriente ante ellos que lo miraban como si estuvieran con el mismísimo Rasputín. Ese hombre tenía las siete vidas del gato y seguía fastidiándolos a todos. El más ofendido era el cerebro de la organización, Miguel Arroyave. Tenía tanto coraje con el médico que lo declaró objetivo militar de su organización y a "Ramoncito" también sentenciándole mil veces entre dientes apretados. Sus días estaban contados y pronto le llegaría la hora. La sonrisita irónica con que siempre los miraba olía a formol. Finalmente Miguel dijo furioso un día:

—¡Yo no me aguanto más a este hijo de puta!.. ¡Démosle cianuro ya que el otro veneno no funcionó!

—¡Ni de riesgos, es imposible! —Responde Ángel, explicándole las incidencias de una muerte con el famoso veneno que sí dejaba rastro. A él era a quien menos le convenía una muerte tan evidente. Las autoridades investigarían y todos estarían en serios problemas.

A todas éstas, llegó al edificio de Alta Seguridad el famoso y publicitado alias "Bochas". Juan Pablo Ortiz, fue capturado con bombos y platillos por el

DAS, como autor material del asesinato del humorista Jaime Garzón. Este organismo de seguridad es cosa seria. Otro inocente a la cárcel.

El "Bochas", Juan Pablo, era un *buen* joven; criado en las comunas de Medellín; hijo de la violencia, bandido y leal. El "Bochas" no era un santo; había matado a otra persona y por eso también tenía un caso que pagar, pero no tuvo nada que ver con el asesinato del célebre Jaime Garzón; tenían un enemigo en común: Carlos Castaño. Lo quería matar para cubrirse él. Era un buen aliado para "Popeye". Rápidamente se unió al grupo y se ganó el cariño de todos. Lo protegieron. Un muerto en Alta Seguridad y con los medios de comunicación encima era un peligro.

El humorista había estado un día antes de su asesinato en el Patio de Alta Seguridad de la Cárcel Modelo. Jaime Garzón, era amigo de Ángel Gaitán y de Claudia Zapata, la novia de Ángel.

Había saltado a la fama por sus simpáticas imitaciones de políticos y personajes del *jet set* criollo y sobre todo, por su crítica certera contra todas las entidades corruptas y los escándalos del país. Nadie escapaba a sus mordaces comentarios. El periodista, además de tener un programa de televisión, también participaba activamente con sus editoriales humorísticas en un noticiero radial en las mañanas; por sus severas y temerarias críticas se ganó muchos enemigos en el país, entre ellos al poderoso comandante de las autodefensas de Colombia, Carlos Castaño, quien lo tenía como objetivo militar.

Por esta razón, aprovechando su amistad con Ángel Gaitán y su hermosa novia, el humorista se animó a visitarlos en la cárcel para pedir ayuda, en su afán de tener una comunicación directa con el comandante paramilitar y así aclararle la situación de sus actividades, ayudando a familias que tenían a alguno de sus integrantes secuestrado por la guerrilla de las FARC. Jaime Garzón, en diversas ocasiones había servido de intermediario de buena voluntad buscando la liberación de los rehenes, lo que ocasionó el malestar de los paramilitares, eternos enemigos de las FARC.

Cuando Jaime Garzón ingresó al Pabellón de Alta Seguridad, saludó a todos los presos de manera formal y sonriente. Al ver a "Popeye" se dirigió hacia él y con una gran sonrisa le pidió que le diera una entrevista para su programa de humor, en el noticiero de televisión. En este espacio Garzón caracterizaba a un genial lustra botas; sin dientes, incisivo y audaz al preguntar y cuestionar a los entrevistados, este "embolador"[3] ganó altísima audiencia y la simpatía del público.

---

3   Embolador: en Colombia, término con el que se designa al lustrabotas. N. de E.

A "Popeye" le causó gracia la invitación y aceptó la entrevista, el hombre le resultaba simpático e inteligente. Pero ese no era el motivo que llevaba al periodista a visitar la cárcel, así que mientras hablaba con "Popeye" miraba ansiosamente para todos lados, hasta que ubicó a Ángel Gaitán y a Miguel Arroyave, ellos al verlo se acercaron para saludarlo y le ofrecieron un trago. Ese día hubo fiesta en el patio, todo era alegría, comilona y bebida...

El humorista pidió a Miguel Arroyave y a Ángel Gaitán que le comunicaran telefónicamente con el poderosísimo Carlos Castaño, quien estaba en la clandestinidad, escondido en su territorio en los campamentos del Urabá Antioqueño, mientras todos los organismos de inteligencia lo andaban buscando para meterlo preso por los asesinatos que se le atribuían.

El periodista buscaba la comunicación con Carlos Castaño para aclararle que él no era colaborador de la guerrilla y pedirle que le perdonara la vida; pretendía solicitarle que autorizara una visita personal para hablar con él.

Al inicio de la reunión, Miguel y Ángel lo recriminaron por sus contactos con la subversión; éste los negaba y usó su palabrería para cubrirse de las serias acusaciones que estos le hicieron en medio de la fiesta.

Al final ellos aceptaron contactarlo con Carlos Castaño. Broma viene, broma va, todo acompañado por risotadas; el humorista Jaime Garzón se quitó los dientes y empezó a hacer su *show* como lo hacía en televisión. Todos rieron a carcajadas. Pasó el tiempo y otro trago fue brindado al ilustre visitante; la fiesta continúo. Ángel quería encerrarse en su celda con Claudia Zapata, su novia y continuar así con la constante luna de miel que mantenían. Mientras, Miguel estaba pasándose de tragos. El humorista los miraba en medio de las risas pero se le veía en sus ojos la angustia que llevaba. Quería hablar rápidamente con Castaño para salir de la cárcel lo más pronto posible. Con ganas se tomó el siguiente trago y volvió a insistir en la comunicación con su victimario.

Al final de la tarde, y después de varios intentos de llamar por teléfono a los campamentos del jefe paramilitar, no se pudo hacer la comunicación con el comandante Carlos Castaño; éste no estaba en la zona. El destino de Garzón estaba jugado.

—¡No importa, lo llamamos después!...

Fue el comentario de Miguel y de Ángel; para ellos era rutinario que Castaño no contestara, no siempre estaba disponible; tenía mucho trabajo con su tropa y se movía por toda la región en su helicóptero privado. Hablaron de esto con naturalidad ante la mirada decepcionada del periodista que para estar a tono con la conversación y no dejar ver su temor, contestó:

—¡La próxima vez será!..

El humorista bajó la mirada. Acomodó sus grandes gafas y jugando con sus dedos repitió casi para sí mismo:

—¡En otra ocasión será!

Estaba confiado en que tendría una segunda oportunidad para su vida. Aunque intentaba disimular era evidente la desilusión. Su rostro denotaba una triste resignación; tenía muy claro que el tiempo apremiaba y estaba allí en un esfuerzo por salvarse. Pero el destino ya había elegido por él.

Alguien le ofreció una bebida más, seguramente para "espantarle el miedo". La tomó de una sola vez, recobrando la compostura rápidamente. Sin duda presentía su final. Horas atrás, los enviados de la muerte habían arribado a la capital y esperaban por él.

En su programa se burlaba abierta y descaradamente de todo el mundo. En alguna ocasión lo hizo abiertamente de "la Kika", el hermano de "Taison", un sicario fuerte del Cartel de Medellín y hombre clave de Pablo Escobar.

"La Kika" estaba preso en los Estados Unidos, pagando condena por participar en la explosión de un avión con 107 pasajeros en el que se encontraban a bordo dos estadounidenses.

Cuando "Taison" vio el programa del humorista Jaime Garzón, no le hizo ninguna gracia la imitación del comediante quien, ingenuamente, creyó que sus comentarios burlones y representaciones sarcásticas no tendrían consecuencias y que todos gozarían con sus personajes. Pero en Colombia no todos disfrutan del humor y menos algunos bandidos que se vieron afectados.

"Taison" envió a Bogotá tres de sus mejores asesinos; la misión: matar a Jaime Garzón. "Popeye" estaba por esos días preso con Pablo Escobar en la Cárcel La Catedral, después de haberse entregado al gobierno en una negociación que hicieron los sobrevivientes del Cartel de Medellín.

En esa ocasión "Taison" subió a la Cárcel La Catedral y le contó de sus planes contra el periodista, al verlo en la televisión en un programa que se transmitía en esos momentos.

—¡"Pope", mandé a matar a ese *hijueputa* de Jaime Garzón por burlarse de mi hermano!

—¡Ayyy, mi amigo, usted está loco!

—¿Por qué "Pope"?... —indagó ingenuamente el hombre.

—Esto es súper delicado estando nosotros acá en prisión, ¿cómo lo va a matar?

"Taison" no había dimensionado la gravedad del crimen con ellos en prisión. La vio fácil, él sólo estaba pensando en su orgullo herido...

—¡Mi amigo, a mí me da mucha pena pero yo le tengo que decir al "Patrón"!

Sin esperar respuesta "Popeye" se dirigió a la celda de Pablo Escobar para contarle la situación y detener el atentado que estaba por ocurrir.

Como era de esperarse, Escobar se molestó y le habló a "Taison" sobre el grave riesgo y las consecuencias de una acción como ésta justo en esos momentos. "Taison" reflexionó y abortó el operativo contra el periodista. Esta situación nunca trascendió y el periodista jamás se enteró que estuvo a horas de morir; la vida le dio una segunda oportunidad. Pero como decía Pablo Escobar, ¡...*el día de morirse es uno solo y a todos nos llega...!*

¡Asesinado el humorista Jaime Garzón cuando se dirigía a su trabajo en la Radio!...

Esos titulares despertaron a Colombia la mañana del 13 de agosto de 1999, la noticia estaba en todos los medios de comunicación y rápidamente trascendió a escala internacional. En el Patio de Alta Seguridad de la Cárcel Modelo, algunos presos apenas se estaban reponiendo de la resaca del día anterior cuando fueron despertados abruptamente por fuertes golpes en sus celdas.

—¡Don Ángel... don Ángel... mataron a Jaime Garzón...! ...Lo mataron... don Miguel... don Miguel ¡mataron a Garzón!

Ángel abrió rápidamente la puerta y salió sin camisa, con cara de asustado. Lo mismo hizo Miguel Arroyave, apareció presuroso, pasándose las manos por la espesa cabellera e intentando componer su atuendo mañanero, mientras comentaba la noticia. Sabían lo que se les venía encima... ¡el humorista que había estado departiendo con ellos en el patio...!

—¿Quién lo mato? —preguntaban. Nadie se atrevía a señalarlo pero todos sabían el nombre del asesino.

"Popeye" lo pensó también:

—Lo alcanzó la mano asesina de Carlos Castaño... sí, pronto me llegará a mí también sólo es cuestión de tiempo...

Al medio día llegó al Patio de Alta Seguridad el director de la cárcel; estaba asustadísimo, muy apurado, con angustia, los ojos casi desorbitados. En voz baja, como para que los otros presos no escucharan, les dijo a los jefes paramilitares:

—¡Virgen del Carmen! ¿Qué voy a hacer? La Fiscalía sabe que Jaime Garzón estuvo aquí y necesita saber a nombre de quién entró...

Nadie dijo nada, todos guardaron silencio. Sabían que venían más problemas, en unas horas los periodistas caerían al lugar como perros hambrientos, buscando información.

—¡Pues apúntemelo a mi nombre!

La voz era de "Popeye". Él no tenía nada que perder y menos estaba involucrado en muerte alguna, de modo que por qué no asumir algo tan insignificante como era aceptar que Jaime Garzón había entrado a visitarlo a él.

El director se relajó e inmediatamente le acercó una hoja de papel para que "Popeye" firmara el permiso de visita. En realidad el humorista había entrado sin ningún control, como lo hacían muchos de los asiduos visitantes al Patio de Alta Seguridad. Estos personajes especiales nunca firmaban nada ni se sometían al reglamento de la cárcel. El director tenía que admitirlo o se atenía a las consecuencias con los paramilitares.

Afuera, el asesinato del periodista generó el repudio total de la sociedad y el dolor era generalizado. Todos los comentarios se volcaron contra los asesinos; no hubo una sola persona que no rechazara el crimen.

Los colombianos habían bajado la guardia después de la muerte de Pablo Escobar creyendo que ya nunca más se volvería a presentar otro gran homicidio. ¡Se equivocaron! había una nueva máquina de la muerte y se llamaba... Carlos Castaño Gil.

El jefe paramilitar se asustó ante el tremendo impacto de la noticia y salió a los medios a negar su autoría. Miguel Arroyave y el "Loco" Gaitán Mahecha se veían preocupados ante el desarrollo de los acontecimientos.

Al amanecer, Ángel Gaitán fue sacado de la cárcel rumbo a la Fiscalía para interrogarlo, el Cuerpo Técnico de Investigaciones, CTI, se tomó el Pabellón de Alta Seguridad en busca de pruebas. Allanaron de manera drástica las celdas de Miguel Arroyave y de "Popeye". Buscaron milimétricamente en cada rincón alguna evidencia que los incriminara con la muerte del periodista. De nuevo "Popeye" era inculpado sin necesidad de pruebas; bastaban sus antecedentes sicariales para implicarlo. Y a Miguel Arroyave, por pertenecer a la organización de Carlos Castaño.

—Eso fue "Popeye"...

Pensaba el fiscal del caso, mientras miraba detenidamente todas las pertenencias encontradas en la celda de "Pope"... Él estaba tranquilo. Hallaron una supuesta prueba; en la agenda de Jaime Garzón apareció el número de busca personas de "Popeye" y eso lo hacía culpable, según los fiscales. Cuando comenzaron a interrogarlo con sevicia, él se defendió fríamente diciéndole al investigador:

—Por favor, ¡saque su gente de mi celda que quiero mostrarle algo!

El detective, con cierto recelo, sacó a su gente. "Popeye" abrió su caleta y le mostró el número de teléfono del humorista. Lo tenía anotado en una libreta de apuntes. Le enseñó los números para que no quedara duda alguna de que sí habían intercambiado datos para una eventual entrevista.

Afortunadamente para "Popeye" todo se aclaró. Le explicó su relación casual con el humorista y listo, no había nada más qué hablar...

Ángel Gaitán regresó asustado de la Fiscalía y más se preocupó cuando supo del allanamiento. Les contó que lo llevaron a preguntarle por el asesinato de Jaime Garzón y que fueron muy incisivos creyendo que él sabía algo.

—¡Hey! ¿Usted qué dijo "Popeyito"?—Le interrogó cuando terminó su historia, mirándolo fijamente.

—No don Ángel, ¡la verdad!

Ahí entró en pánico y abriendo los ojos como platos, le preguntó angustiado:
—¿Cuál verdad?

—La única don Ángel, a lo que vino el humorista... —Le dijo seriamente el sicario, tomando una pausa para seguir en la conversación disfrutando el momento de susto de Ángel.

—¿Cómo así?... ¿cómo así?...—Pregunta disgustado el hombre que se estaba poniendo pálido.

—Pues mi viejo... ¡que vino a hacerme una puta entrevista...!

Gaitán descansó, no tenían nada que ver en el asunto pero por cualquier detalle los podían involucrar dados sus antecedentes penales y cercanía con Castaño. Enseguida insistió en las preguntas:

—¿Usted dijo algo de la llamada?

—No señor.

Le contestó la verdad y no habló nada más, retirándose para su celda; era mejor dejar así las cosas.

Garzón fue sepultado, acompañado por miles de seguidores que lloraron su muerte. Colombia aún lo recuerda. Como muchos otros, tampoco él merecía morir de esta manera.

De otro lado, las autoridades se volcaron a investigar por los autores materiales. Capturaron al "Bochas", como presunto autor material y con los años un Juez de la República lo declaró inocente, pero fue más allá... El Juez en su providencia dijo que el D.A.S hizo un burdo montaje.

"El Bochas" no pudo quedar en libertad porque le comprobaron que asesinó a otra persona y tenía que pagar por ello. Se confirmó la autoría intelectual del jefe paramilitar Carlos Castaño.

La vida siguió en la cárcel con los problemas de siempre, pero en lo que para todos era la *normalidad*. En Alta Seguridad, en medio de las comilonas y de las noches bohemias, con la infaltable compañía femenina, los dos jefes paramilitares dejaron tranquilo por el momento a "Ramoncito", mientras se dedicaban a sus demás labores. Para esos momentos en la cárcel imperaba un gran desorden, bajo un régimen de terror a manos de guerrilleros, paramilitares, delicuentes comunes además de las peores organizaciones del bajo mundo.

La Modelo podía con cualquier escándalo; todos siguieron adelante. No paraban las muertes diarias con armas de fuego, tanto en el norte como en el sur, la carrera armamentista a la orden del día. La presión crecía día a día, el ataque era cuestión de horas, decían los espías de lado y lado. Era tanta la adrenalina y el dinero que había en la Cárcel Modelo que no se pensaba en una gran fuga, era más fácil y seguro, vivir dentro del penal.

En la noche sólo se contaba con cien guardias de servicio en toda la cárcel. En una oportunidad un sargento y diez guardianes, sorprendieron a veinte presos cavando un túnel; les reclamaron y estos encañonaron a los guardias con fusiles. Los guardianes tuvieron que guardar silencio y salir corriendo del túnel ante la amenaza de ser ejecutados ahí mismo, si decían algo.

Con tanto poder de fuego en manos de los presos era facilísimo cerrar filas y salir por la puerta principal, el único obstáculo era un batallón del Ejército que estaba cerca al penal. Era tal la paranoia que se vivía a diario, que se creía que los túneles que hacían en la zona de la guerrilla se usarían para entrar armas, dinamita y apoyo en caso de una gran pelea. Estos pasos eran delatados por los "Paras" y ¡lo mismo sucedía en el bando contrario!

Sólo un túnel tuvo éxito hacia la calle; fue hecho por presos comunes del Patio 2. Estos enviaron a uno de sus compañeros a hacer la última excavación hacia las 10:00 p.m., y pasadas tres horas, el hombre nada que regresaba. Los otros presos preocupados lo llamaron tan insistentemente que el hombre les contestó el celular a las 3:00 a.m. ¡Ya estaba escondido donde un amigo!.. No quiso regresar; los otros aprovecharon la oportunidad y corrieron hacia el túnel, salieron siete presos cómodamente hasta que un gordo se atoró en el camino y se ahogó. El pasadizo fue cerrado y los otros presos recapturados...

Se decía que bajo la Cárcel Modelo había unos tubos inmensos que habrían sido utilizados en el pasado para las aguas negras de la ciudad; llegar a ellos significaba salir a una alcantarilla fuera del penal y de allí a la libertad. La prisión ya era un caos total. En cada contada de la guardia faltaban veinte y treinta presos; otros días ya no contaban. La rotación de directores era altísima.

En medio de estos acontecimientos del diario vivir, sucedió algo grande en la cárcel...

XXV

Romance entre *Miss* Colombia y comandante guerrillero

*P*or aquella época era constante el ingreso de armas al penal. En los patios funcionaban pequeños negocios de venta de comida o artículos permitidos por la cárcel, los famosos "caspetes", los cuales eran manejados por los internos; estos resultaban perfectos para los planes de paramilitares y guerrilleros.

Los paramilitares aprovecharon los enfriadores de carne para ingresar las armas; tenían un buen contacto con los guardias que inspeccionaban los aparatos cuando salían o regresaban al penal. Constantemente se sacaba el enfriador a la calle con el cuento de que se había dañado y tenía que llevarse donde el técnico adecuado. Ya reparado el enfriador ingresaba de nuevo, pero esta vez lleno de fusiles y municiones para la guerra que estaba a punto de reventar. Una buena suma de dinero hacía ciegos a los guardias.

La guerrilla, que manejaba la otra mitad de la cárcel, no se dejó asustar por los paramilitares y también se abasteció de armas. Tomó el control de las basuras y del suministro de la madera para los talleres; allí ingresaban armas y explosivos. El reloj comenzó su cuenta regresiva; era poco el tiempo que faltaba para que explotara la guerra entre estos dos titanes del bajo mundo.

En este contexto, cada día seguían llegando al penal nuevos detenidos. Unos inocentes y otros culpables; todos, absolutamente todos los que eran ingresados a los patios generales, tenían que pasar por la prueba del famoso TREN...

Un día, iban los paramilitares a extorsionarlos y al siguiente, la guerrilla. Les quitaban el poco dinero y dignidad que les quedaba. La cárcel era el reflejo de la quebrantada sociedad, tal cual sucedía afuera. Cada vez ingresaban más guerrilleros y paramilitares.

En el TREN se clasificaba a los nuevos. *¿Guerrillero o paramilitar?* —Preguntaba el encargado. Según la respuesta iba para el norte o al sur; ya la cárcel estaba dividida por estas dos fuerzas. Si era un preso social, elegía con quién estar, con la guerrilla o con los "Paras". El mejor Patio era el 3; éste lo controlaban los "Paras". Allí llegaban la mafia y los bandidos con dinero. En La Modelo todo costaba, pero había una economía fuerte. En el Patio 3 una celda costaba entre $2,000 USD y $3,000 USD. Todo este dinero a las arcas de los jefes. Tenían que comprar armas, pagar la guardia penitenciaria, la nómina era de más de cien personas diarias, que servían a la infraestructura de la organización paramilitar dentro de la cárcel. Lo mismo hacía la guerrilla en su zona, pagando gente para que los abastecieran y mantuvieran informados de las actuaciones de sus enemigos en el otro lado de la cárcel. Fuera de ésta se movían las oficinas de cobro y los negocios de narcotráfico y secuestro, de los dos grupos en disputa.

La guerrilla de las FARC, al mando de los líderes guerrilleros, "Yesid Arteta" y "Róbinson", controlaba el licor y la droga, dentro de los patios que les pertenecían. Allí una celda podía costar $300 USD; el que no tuviera dinero tenía que dormir a la intemperie en los pasillos. El hacinamiento era bestial; a veces los presos no tenían ni cómo moverse en el corredor de la cantidad de reclusos que permanecían prácticamente unos encima de otros, por la falta de celdas, con temperaturas en la noche de 4 grados centígrados y debían comer del llamado *Wimpy*, esto era, del comedor normal de la cárcel, que estaba al lado de los paramilitares y era controlado por ellos.

Claro, la alimentación del penal era poquita y asquerosa. Había empresas privadas que licitaban con el INPEC y ganaban el contrato para abastecer los alimentos en las cárceles pero, casi siempre estos concursos eran sólo un negocio respaldado por la corrupción. Las empresas ahorraban dinero en la comida de los presos y les daban unos alimentos miserables incluso muchas veces, en descomposición. Miles de dólares iban para los bolsillos de los dueños.

En el Patio de Alta Seguridad se tenía la ventaja de vivir con los jefes que manejaban su propio *chef* y la comida abundaba; hasta el director subía a veces a comer con ellos y los invitados que nunca faltaban, al lado de hermosas mujeres que pasaban diariamente por el patio.

Los rumores cada día eran más fuertes en cuanto a que la guerrilla había ingresado dinamita al penal para minar el techo en el área de Sanidad y Máxima Seguridad, pensando en activarla en caso de un ataque paramilitar. Algunos presos comunes habían instalado una fábrica rudimentaria para producir licor dentro de la prisión; ésta abastecía los patios que eran controlados por la guerrilla, pero su *industria* quedó en medio del campo minado.

El negocio dentro de la cárcel era muy próspero para guerrilleros y paramilitares; los que no estaban muy contentos eran los antiguos caciques de patio, que fueron relevados rápidamente de sus actividades.

En la prisión se paga por todo: por seguridad, por los teléfonos celulares, por dejar dormir a la mujer de un día para el otro; por dejar pasar la cocaína, la marihuana, el bazuco, las armas, las prostitutas etc. Se sabía que el secretariado de las FARC estaba enviando armas a sus hombres; también Carlos Castaño apoyaba a su gente en la toma de la Cárcel Modelo. En medio de esta zozobra los jefes paramilitares y guerrilleros también tenían sus debilidades sentimentales.

En el patio de los paramilitares el romance más conocido era el de Ángel Gaitán con Claudia Zapata, quien permanecía casi todos los días en la cárcel y se quedaba a dormir; las peleas y reconciliaciones de esta pareja hicieron historia allí.

Cupido también flechó a los guerrilleros en especial al comandante supremo del patio, Yesid Arteta; un guerrillero inteligente y de buena familia.1.78 metros de estatura, atlético, serio y fuerte. Conocía el arte de la guerra, sumamente estructurado política y militarmente, un hombre educado y culto, había sido capturado por el Ejército. Fue una baja importante para las FARC, era uno de sus ideólogos.

Su novia era una ex Señorita Colombia llamada Nini Johana Soto, una mujer espectacular: 1.80 metros de estatura, cabello negro como el azabache; tenía unos ojos negros inmensos que maquillaba ostensiblemente, además de una gran sonrisa. Un día llegó a la Cárcel Modelo en busca de votos. Atrás había dejado su época de reina. Con su porte y cuerpo escultural, caminaba como una gacela, erguida y elegante. Logró meterse entre las finalistas en el reinado de Miss Universo, en el año 80. Quedó como Virreina Universal de la Belleza, en representación de Colombia, por el departamento de Santander.

Después del concurso tuvo un romance con un jeque árabe que la mantuvo como toda una reina, pero le quería cortar las alas. Regresó a su país y se metió en política. Pretendía llegar al Congreso de la República como senadora de un movimiento no muy conocido, para el año 2002. Su ideal: pelear por los derechos de los presos. En la Cárcel Modelo no sólo conoció la realidad de un país sino al amor de su vida: El comandante de las FARC, Yesid Arteta. Por esos días todavía se movía *libremente* por los corredores de la prisión, sin miedo a los paramilitares. Cuando conoció a Nini Johana se enamoró perdidamente de la hermosa mujer. Él era un hombre atractivo, culto y sabía cómo tratar a una mujer como ella, independientemente de su ideología izquierdista. Nini Johana comenzó a visitar la cárcel frecuentemente, vestida con largas faldas y con su cabello recogido en una moña. Sus ojazos reflejaban felicidad y su sonrisa le alegraba el día a los guardias con quienes siempre fue muy amable. La historia de amor se conoció rápidamente en la cárcel. Ella pasaba todo el día en la celda de su amado guerrillero que se dejó llevar por las mieles del amor sin descuidar la guerra.

Los que no disfrutaron mucho del romance fueron los enemigos de Yesid Arteta. El comandante de los paramilitares, Carlos Castaño, los tenía en la mira.

Cuando la Cárcel Modelo quedó bajo el control de los paramilitares, la pareja de enamorados tuvo problemas. La seguridad de la bella *miss* Colombia comenzó a complicarse... la estaban vigilando y las amenazas le llegaron por haberse enamorado del hombre equivocado. Con el tiempo, ella fue disminuyendo las visitas a la prisión pero aun así hizo público su romance y se mantuvo fiel a su hombre. Años después, cuando el guerrillero fue trasladado a la Cárcel de Cómbita ella no fue a visitarlo por miedo, pero lo cierto es que el amor se mantuvo intacto durante algún tiempo hasta que ella alzó vuelo en busca de un nuevo amor.

Otro que siempre se mantuvo fiel a Yesid Arteta fue su mano derecha, y de "Róbinson", un guerrillero muy violento y fuerte, de armas tomar y líder, no tanto como Yesid, pero hablaba y peleaba ferozmente por su causa. Según los espías, en la celda de Yesid Arteta había un potente radio de comunicaciones conectado con el secretariado de las FARC, en las montañas de Colombia...

Yesid Arteta Dávila, ex guerrillero de las Farc.

XXVI

La ley del silencio

La cárcel olía a muerte. En el edificio de Alta Seguridad estaba el hermano de "los Feliciano", unos ricos hacendados del Casanare a quienes Héctor Germán Buitrago alias "Martín Llanos", jefe paramilitar del Llano, había expropiado y asesinado. Balmes Parra, uno de los sobrevivientes, llegó a la cárcel por homicidio y por narcotráfico; peleaba contra el asesino de sus hermanos.

Ángel Gaitán tenía un aliado suyo que era amigo del poderoso jefe "Para" del Casanare y buscó un arreglo, para evitar la guerra. "Martín Llanos" no seguía los lineamientos de Carlos Castaño ni de "don Berna" y mucho menos de don Vicente Castaño; esto les enfurecía. Lo mismo de siempre: el emisario decía que todo el lío se debía a que Arroyave estaba apoyando a Balmes Parra en contra de los Buitrago; lo más extraño fue que, días después, comenzó Ángel Gaitán con un cuento raro...

—Vamos a salir a la cancha de fútbol. —Decía sonriente.

Ésta era la única zona verde de todo el penal; pero estaba a la vista y fácil acceso de los Patios 1 y 2.

—El que no vaya es un cobarde, ¡un *marica*!... —gritaba Ángel ruidosamente, mientras "Popeye" se preguntaba el porqué de esta actitud tan extraña.

Toda la semana con ese sonsonete, "Popeye" pensó que era para matar a "Ramoncito"; la seguridad de todos al salir del patio la iban a brindar los bandidos aliados de los "Paras" en el Patio 2; listos para un ataque.

En caso de *algo* tenían que correr hacia el norte; una última recomendación no podían pegarse a los patios del sur manejados por la guerrilla.

La guardia autorizó la salida a la cancha. Salieron todos menos Miguel Arroyave; a "Pope" esto le dió *mala espina*, sin embargo no llevó su revólver; se alejó de Ramón Plazas y se le pegó a Ángel Gaitán, éste se reía. Aquel día no pasó nada, a las dos horas regresaron al pabellón, desmontaron la seguridad y todo perfecto; incluso llegó a pensar que la guerrilla era un tigre de papel porque pudieron disparar en ese momento y no lo hicieron. Días después, la retahíla de Ángel, nuevamente.

—Cobardes *hps.*, maricones la salida es cada ocho días, a la cancha. —Anunciaba a voz en cuello el "loco Ángel Gaitán".

Ahí si se preocupó "Popeye"; algo raro estaba pasando, no era normal esa nueva distracción en el patio y menos que Ángel hostigara a todos para demostrar su valor saliendo a campo abierto, exponiéndose a un tiro del bando enemigo.

Sólo se consolaba pensando que la estrategia era para matar a "Ramoncito", si bien todos estaban en peligro: "el Bochas", Ramón Plazas y "Popeye". "Ramoncito" se tenía ganada *la matada*, "Bochas" era un bandido duro que no se arrugaba ante nada y, a "Popeye", todos lo querían eliminar. Transcurrieron los ocho días y de nuevo a la cancha. "Popeye" ya tenía bien descifrado a Ángel; no había duda en que era un perro de la guerra, sin principios ni lealtades. La vida lo forjó así. Y sí, como él decía, fue secuestrado y apareció en una cárcel en EE.UU., no tenía por qué respetar ninguna norma.

Durante toda esa larga semana pasaron cosas extrañas; reuniones en la celda de Ángel a puerta cerrada, mucho secreteo. El ambiente estaba pesado. Guerra fría al interior del penal, guerra abierta afuera; muertos continuamente por todos lados.

Llegó el día de volver a salir a la cancha de fútbol. "Popeye" no estaba tranquilo... Ángel comenzó a gritar:

—Cancha, cancha. Cancha...

Miguel Arroyave lo vio preocupado y le pidió que hablaran.

—"Pope", ¿usted confía en mí? —Le preguntó casi paternalmente.

—Sí señor. —Contestó sin titubear mirándolo a los ojos.

Arroyave le pidió lo más sagrado para él:

—Entrégueme su arma y salga tranquilo a la cancha, que no es para usted.

Se le enfrió todo, no le contestó nada; respetuosamente sacó el revólver de la pretina y se lo entregó, salió de la celda ya jugado, su destino puesto en manos del jefe paramilitar. Ésta era la muestra más grande de confianza que le había dado en su vida criminal a un jefe similar. Se dirigió al pasillo de la muerte desarmado; sabía que las cosas estaban mal, muy mal y que ese día uno de los jugadores de la cancha no volvería con vida al patio.

Ángel Gaitán los convocó con un balón en la mano y fue al encuentro de un cabo de la guardia quien los llevaría a la zona verde; fueron bajando todos, uno a uno, a jugar el partido de la muerte sin saberlo, menos Miguel. En el tercer piso se les unieron tres presos más y uno en el segundo, en total fueron 12 presos. Se abrió la puerta blindada e inesperadamente Ángel Gaitán le pasó el balón a "Ramoncito" y se devolvió diciendo que tenía que hacer una llamada urgente. "Pope" lo miró y le dieron ganas de devolverse; sin su revólver era presa de los asesinos, pero la suerte estaba echada y ahora era tarde para él; quiso regresar pero en ese instante se cerró tras de sí la puerta blindada del pabellón. El destino ya mostraba sus cartas. Caminaron en la zona segura que protegía el muro que mandaron a construir meses atrás Ángel y Miguel, para mayor seguridad de todos; éste tenía como 7 metros de altura.

El grupo caminaba relajado charlando animadamente. "Popeye" iba solo quedándose atrás. Sospechaba lo que pasaría a pesar de no tener la certeza del crimen, creía que sería la víctima; pensó en todo. Oía en eco las risotadas de sus compañeros, miraba pero no escuchaba el balón rebotando contra el piso; presentía que al entrar al pasillo algo malo iba a suceder, se veía cayendo al suelo con varios tiros en su cuerpo; mentalmente se despidió de su hijo:

—Adiós Mateito. ¡El buen Dios te proteja!

Tomó fuerzas y cambió sus pensamientos a positivos, *quizá tenga suerte y logre salir con vida de ésta...* decía dándose moral. Se alejó de "Ramoncito" con la esperanza de que él fuera el muerto. Venían a su mente las palabras de Miguel Arroyave: *"Pope", ¿usted confía en mí?*

Él confiaba en el hombre, creía que era serio y leal, ¿por qué entonces estaba preocupado? Así reflexionaba mientras miraba para todos lados esperando el tiro de gracia. Si se hubiera devuelto al patio junto a Ángel, habría sido motivo de burla de sus compañeros que lo llamarían cobarde y su ego no se lo perdonaría jamás; en el bajo mundo es preferible morir como un valiente que huir como un cobarde y él no iba a ser la excepción. Respiró con fuerza y siguió caminando hacia la cancha. Se sentía con la lápida pegada al cuello, porque si el muerto era él, no había nada que hacer.

Qué triste morir así tan estúpidamente... pensaba mientras llegaron a la reja que protegía el túnel de entrada al edificio. Lo tranquilizó un poco saber que la puerta blindada que daba hacia el norte estaba cerrada pero el pasillo que iba hacia el sur estaba despejado.

No pasa nada. El encierro me está afectando... decía mentalmente, trataba de aparentar calma y sonreír un poco; sus compañeros se veían tranquilos.

Siguió caminando, todavía les faltaban algunos metros para ingresar a la cancha a jugar. Pensó en otros temas y se animó dando pasos firmes hacia adelante; llegando al rancho, que es el sitio donde guardan y cocinan los alimentos del penal, se le pegó a Balmes Parra tratando de alejarse de "Ramoncito", así si le disparaban él estaría lejos de la víctima.

Sorpresivamente se abrió la reja del rancho que daba entrada al comedor y cuatro encapuchados salieron, tres con pistola en mano y uno con un revólver 38 largo; en el acto le dispararon en el pecho a Balmes, éste cayó pesadamente mientras un gran charco de sangre oscura quedó en el piso. En cuestión de segundos sus compañeros corrieron velozmente a alcanzar la cancha, "Popeye" se tiró al suelo. El cabo de la guardia se lanzó como un león herido a defender a "Balmes", le protegía la cabeza y a manotadas intentaba quitarles las armas a los encapuchados; desde su posición "Popeye" no dejaba de mirar, en una milésima de segundo vio que uno de los encapuchados le tendió la pistola al cabo para volarle la cabeza; sin pensarlo "Popeye" se levantó y le gritó al tipo:

—Oiga, hijo de puta ¿cómo va a matar al cabo?

Los demás bajaron las armas y se miraron cayendo en la cuenta de la gravedad de su acción. "Popeye" ya había vuelto a tirarse al piso esperando que le dispararan también; aprovechó un momento de confusión de los asesinos, se arrastró un poco hacia donde estaba el guardia y como pudo jaló al hombre de la camisa hacia un lado, lo tomó de nuevo de la chaqueta y lo sacó de encima de Balmes que ya estaba muerto. El cabo cojeaba y se apoyaba en él mostrándole la ingle, creyendo que estaba herido. "Pope" lo arrastró hasta la cancha; le preocupaba que estuviera herido en la femoral. El guardia de la garita al final de la cancha, les montó el fusil a sus compañeros pensando que era un ataque contra él, estos se devolvieron y llegaron hasta el herido.

Le bajó el pantalón al cabo y no le vio sangre; éste se seguía quejando. Los patios de la guerrilla se atrincheraron, la guardia corrió al armerillo del penal a sacar las armas largas para repeler el ataque. Le miró la bota del pie derecho y vio que tenía un balazo justo en el tacón, pero no tenía nada, sólo fue el susto de la emboscada.

Si hubieran herido al cabo esto hubiera provocado que los guardias entraran disparando a la loca; allí los habrían matado a todos los que estaban al descubierto; era ley de la cárcel; los presos muertos no interesan, un guardia muerto traerá respuesta armada en el acto.

—¡Ay "Pope"! Pensamos que era usted, —le dijo el "Bochas" preocupado. El tono de solidaridad era honesto; siempre se llevaron bien. En el pasillo se percibía el olor a pólvora y el humo no terminaba de expandirse. En cuestión de minutos llegaron dos guardias armados y le preguntaron en tono enérgico:

—Mi cabo ¿está bien?

Ellos los tranquilizaron y de inmediato dieron la orden esperada.

—Todos, al edificio de Alta Seguridad. Vamos rápido, rápido.

Nadie corrió todos se tomaron su tiempo para pasar por el lado del cadáver y detenerse por un segundo a ver lo que quedó del hombre que minutos antes reía junto a ellos, Balmes Parra. Le destrozaron la cabeza a bala; ahora yacía sobre un pozo de sangre; todavía olía a pólvora, "Popeye" se quedó de último y caminó lentamente con el cabo, que ya no cojeaba. Cuando iba a ganar el túnel, lo cogió del brazo y le dijo con efusividad:

—"Popeye" ¡le debo la vida! ¡Gracias, muchas gracias!

Con una sonrisa se despidió del valiente hombre; no todos los guardias eran corruptos en La Modelo, había muchos hombres honestos como el cabo, que se jugaba la vida a diario por su institución; tenían sentido de pertenencia al INPEC.

Cuando subieron al Patio de Alta Seguridad nadie dijo nada, silencio total. Sólo se veían miradas de reojo entre los presentes, todos sabían que fue una trampa para asesinar a Balmes Parra, por quien habían pagado una millonaria suma de dinero, nadie se atrevía a hablar contra los jefes no era oportuno, ellos tenían el poder y había que obedecer pero esto no parecía seguirlo el impertinente "Ramoncito".

—¡Qué susto tan *hp*! La próxima vez avisen.

Todos lo miraron percatándose de la imprudencia, él ni lo notó y para cerrar el capítulo Ángel Gaitán les cuestionó con su particular forma de hablar, sin cuidar sus palabras:

—Cobardes hijos de puta ¿y el balón de fútbol que les presté?

Los hombres se interrogaron entre sí con la mirada, el muerto aún estaba caliente y el jefe preocupado por algo sin importancia, con semejante balacera nadie supo dónde quedó el maldito balón. Silenciosamente se voltearon y cada uno se dirigió a su celda. "Popeye" aprovechó y fue directamente donde Miguel Arroyave que lo recibió con una sonrisa y de una le estiró la mano con el revólver, devolviéndole así su preciada joya.

—"Pope" gracias por confiar en mí.

No había nada más que decir, todo estaba claro. Las cosas no quedaron así; la guardia fue a Alta Seguridad y se reunió con los dos jefes paramilitares.

—¿Cómo es posible que de los patios controlados por los paramilitares, se asesine a otro paramilitar importante como lo era Balmes Parra? —Les dijo el enfurecido director.

—Entregaremos a los culpables. ¡Lo hicieron sin consultar! —Contestaron los jefes con toda la autoridad.

A las dos horas se escucharon varios impactos de bala, la cárcel en alerta de nuevo. Cuatro cadáveres fueron tirados en la puerta blindada del lado norte de la cárcel, en sus bolsillos encontraron las capuchas. Ahí terminaba todo; esos fueron supuestamente los asesinos de Balmes Parra. La realidad fue otra; esos cuatro muertos curiosamente fueron los hombres que estuvieron presos en los calabozos de los paramilitares dentro de la cárcel, por estar extorsionando sin autorización a nombre de la organización y en ese momento aparecieron como asesinos de Balmes... Nadie dijo nada. El director se tuvo que quedar callado al igual que los demás presos. La ley del silencio imperaba en la cárcel y la vida para ellos continuaba con sus productivos negocios de bandidaje en el penal. La economía de los guerrilleros y paramilitares dentro de la cárcel se fortalecía con asesinatos por encargo y fugas autorizadas. Dentro de la cárcel seguían apareciendo muertos misteriosísimos: un hombre joven con un infarto fulminante, o el típico ahorcado atado de pies y manos con nota de suicidio y todo.

El patio principal de los paramilitares en el lado norte, era liderado por un hombre forjado en el bajo mundo, un personaje de absoluta confianza de los comandantes paramilitares. "Cadavid", se llamaba, un hombre joven, alegre y aguerrido, oriundo de la ciudad de Medellín; también sabía pelear con valor y sangre, le gustaba la guerra. Él, junto a sus hombres, estaba imponiendo el terror en los patios.

En medio de este marco delincuencial "Popeye" tenía sus momentos de sentimentalismo y recordaba a su único hijo, como un bálsamo que le permitiera mantener el equilibrio en su mente expuesta a los muchos horrores que se vivían cada día:

¿Dónde estará mi Mateo? ¿Qué estará haciendo? ¿Me recordará? o seguramente me habrá olvidado... estando tan lejos de este país.

Durante horas, recostado en su cama reflexionaba en las circunstancias en que ese niño llegó al mundo, en medio de la guerra que libraba su padre. Afuera de su celda corría la sangre diariamente. Para el silencioso padre ya era normal vivir así, pero su secreto anhelo era el de sobrevivir para su hijo. *No me puedo dejar matar para poder verlo algún día frente a frente...* —pensaba.

Le consolaba saber que su madre fue una leona con su cachorro, la mejor parte de ella como mujer fue esa, que peleó por su hijo y por eso se fue de Colombia para evitar que le pasara algo. Alguien tocó la puerta de su celda e interrumpió su nostálgico momento. Al final de sus pensamientos volvía a ubicarse; en prisión no hay mucho espacio para la ternura, es el mundo real y como siempre "Popeye" seguía sentado en un polvorín. Se levantó rápidamente para ver quién lo interrumpía. Era Ángel, pues siempre solía buscarlo.

Los jefes en Alta Seguridad continuaban en sus negocios raros. Por esos días organizaron la fuga de dos extraditables del Patio 3. Un sábado día de visita, los dos hombres salieron por la puerta principal. Dos millones de dólares fue el pago. Algunos guardias se llevaron su buena tajada; con *whisky* se celebró en Alta Seguridad la fuga. Fue descubierta a los 20 días; dos hombres venidos de la calle, cubrieron a los dos prófugos. La contada del patio era lo que interesaba a la guardia y a la cárcel. Se le bajó el perfil a la fuga y los periodistas ni se enteraron.

En esa época, los guardias trabajaban turnos demasiado largos y extenuantes. Debían entregarle a los compañeros los presos contados; el relevo comenzaba a las 6:00 a.m., y terminaba tipo 8:00 a.m., del siguiente día, todo de afán para poder ir a descansar. Dentro de los patios reinaba la ley del más fuerte. Los presos sin influencias o poder tenían que pagar por una celda; si no lo hacían eran hombres muertos y muertos también terminaban los violadores o detenidos que se salían de las reglas de sus victimarios, estos eran desaparecidos; cortados en pedazos en una funda de almohada les deshacían la cabeza contra el piso y todo esto a la basura o a las alcantarillas de aguas negras que pasaban por el penal.

La guardia penitenciaria ya estaba acostumbrada a ver los presos fuertemente armados, muchas veces eran dos guardianes para cuidar 800 presos; esto era delicado, bandidos drogados o borrachos con armas de fuego. Se sabía que la guerrilla tenía armados a los bandidos del patio alto; que el ataque era inminente, que el túnel estaba muy avanzado. El mal ejemplo también permeó a los guardias y un día explotaron sus bajas pasiones. La envidia, celos y ambiciones de algunos terminaron con la persecución y delación entre ellos mismos.

Una caneca grande con pintura fue interceptada al ingresar por el área de la guerrilla, 20 fusiles y munición fueron descubiertos. Los custodios aliados de la guerrilla comenzaron a presionar la infraestructura de los paramilitares; los guardianes leales a estos se molestaron, todos sabían que se estaba cocinando una guerra entre guardianes. Don Miguel y su socio estuvieron todo el tiempo pendientes de sus tropas en los patios, expectantes a los resultados; contrario a lo presupuestado, la guerrilla inteligentemente entregó el control de algunos de los patios a sus eternos enemigos. Fue una salida maestra porque el manejo de tanto bandido y tanto problema, en vez de mejorar distraía sus objetivos y ello quedó en evidencia días después.

Las autoridades afuera estaban alerta pero nadie se atrevía a hacer requisas y menos a trasladar presos. Mucho dinero llegó a los bolsillos adecuados por parte de los patrones que se protegieron con algunos funcionarios corruptos. Los guardias tensos, todo el mundo sabía que la cárcel era una bomba de tiempo. Los periodistas encima rondando el penal, como fieras hambrientas detrás de la presa, sabían que era cuestión de esperar a que se diera el verdadero combate, conocían del arsenal que estaba entrando a la cárcel, solo tenían que ubicarse en el sitio adecuado a la hora indicada para no perder detalle.

En la cárcel, inesperadamente se complicó el ingreso de armas y munición. No faltó la periodista que habló de cómo se estaban dando las cosas y el escándalo de prensa asustó a la guardia; los paramilitares y la guerrilla acudieron a los correos humanos de siempre: las mujeres. Los presos, tanto del norte como del sur, se descararon y andaban con las armas al descubierto en los patios y los integrantes de los dos grupos en conflicto usaban sus distintivos militares en sus brazos, con pequeños brazaletes donde se leía claramente las siglas de su organización. FARC representaba a la guerrilla y AUC a los paramilitares. También cada uno hacía sus rondas de vigilancia y formación de tropa dentro del penal gritando arengas de su movimiento, ante la mirada distraída de los guardias y los presos comunes, que nada podían hacer ante la anarquía que se vivía.

Se reforzó la vigilancia en el pabellón de Alta Seguridad que era independiente de los patios comunes, tenían que estar alerta. Era difícil que se lo tomaran, pero no imposible, algunos guardianes eran leales a ellos, lo que les facilitaría las cosas. Se necesitaba una alerta temprana para controlar un ataque por sorpresa, podía suceder en cualquier momento, incluso con la visita de familiares dentro del penal. Los presos se mantenían las 24 horas vigilando con radios de comunicación y teléfonos celulares; en una toma armada al ingresar al edificio los matarían a todos. Con un espacio tan cerrado y lleno de túneles, no era fácil dar de baja al adversario; el lanzagranadas allí no servía ya que requería de mayor área para operar; lo ideal para el combate eran las granadas de mano y la munición.

La guerrilla se preparó para el ataque; su gran fortaleza, la dinamita que tenía camuflada en el patio era suficiente para volar la entrada a su territorio en caso de una agresión del otro lado. El peligro para "Popeye" y el "Bochas" era que los jefes Miguel y Ángel cedieran a la presión de Carlos Castaño y en una balacera de esas, los asesinaran; también legalizándolos como se acostumbraba, por eso ellos tenían que estar alerta y cuidarse mutuamente las espaldas.

Mientras se reacomodaban los grupos en disputa y la prensa seguía sus denuncias, dentro de la cárcel un grupo de bandidos que estaba en el Patio 2, controlado por la guerrilla, decidió pasarse al bando contrario y cooperó discretamente con información clave. Los hombres iban tras el dinero que ofrecían los paramilitares por las cabezas de los comandantes Yesid Arteta y "Róbinson". Pero no solo esas cabezas estaban en promoción. El comandante supremo de los paramilitares, Carlos Castaño, desde la clandestinidad, informó que su gente interceptó una comunicación del secretariado de las FARC, y que la orden era matar como fuera a Ángel Gaitán y Miguel Arroyave; el objetivo, la cabeza de los dos jefes del patio paramilitar en la cárcel.

En medio de esta guerra, los dos jefes paramilitares cometieron un grave error; prohibieron la venta, tráfico y consumo de cocaína, bazuco y marihuana en todos los patios del Pabellón Norte. Todos los bandidos aliados de esta organización se molestaron, los propios paramilitares que peleaban en esos patios también se enfurecieron; la droga era una buena fuente de financiación y daba trabajo a mucha gente dentro y fuera del penal (jíbaros, mulas y viciosos) mantenía contentos a los bandidos y muchos paramilitares que eran viciosos; así eran leales al problema y cuando había que pelear peleaban duro. Esta decisión la tomaron don Miguel y don Ángel porque las deudas del vicio estaban trayendo muchos muertos y demasiada violencia, en los patios controlados por sus hombres.

Para la época, en la Cárcel Modelo había buen flujo de efectivo y con ello se compraba cemento y materiales de construcción para arreglar las celdas, la mano de obra sobraba dentro del penal; el cemento y lo demás era utilizado para hacer caletas en donde se ocultaban fusiles y otras armas; estas caletas eran eléctricas, tenían que ser rápidas tanto para guardar como para sacar.

A veces, ingresaban grupos especializados antisecuestro de las autoridades a rescatar *secuestrados* dentro de la propia prisión. Eso sólo pasa en Colombia. Cuando esto sucedía, había que ocultar las armas largas y la munición en las caletas.

XXVII

Sepultando el alma

En medio del caos, los personajes de esta guerra tenían vida privada y conyugal, como todo ser humano. Su punto débil: el corazón y el pantalón. Sus sentimientos se veían confrontados continuamente en la realidad que tenían que desafiar.

A Ángel Gaitán todas las mujeres le parecían lindas, todas le gustaban; su esposa oficial, Consuelo, era una buena persona. Lo acompañó en su cautiverio en los EE.UU.; una mujer intachable, que cuidó con esmero los tres hijos de su unión con Ángel: una niña y dos niños. Consuelo ya sabía de los amoríos de Ángel con Claudia Zapata, pero lo capoteaba por sus hijos.

En una ocasión, la astuta Claudia estaba en la celda con Ángel y se las ingenió para marcar desde el celular de él, al de la esposa; disimuladamente, dejó el canal del celular abierto para que la mujer escuchara cuando ellos hacían el amor. Por supuesto, la excitante escena de amor le costó caro a Ángel y le ocasionó un gran problema, casi saca a Claudia de su vida, porque notó que lo hizo a propósito y ella se confirmó en medio de una gran pelea. Al final, los apasionados amantes se reconciliaron, pero ya Claudia estaba muy desilusionada de Ángel y de sus constantes infidelidades. Buscó refugio en otros brazos más jóvenes y menos poderosos.

La espectacular mujer, viuda del gran capo Jairo Correa Álzate, quería un amor fuera de la mafia y entabló una relación con un cantante medianamente famoso.

Al interior de la cárcel, tomaba forma el golpe final de la guerra entre paramilitares y guerrilleros. Los dos bandos se la estaban jugando toda para quedarse con el control absoluto de la Cárcel Modelo y eliminar para siempre a su oponente. Ángel Gaitán, también quería borrar de la faz de la tierra al cantante que le había arrebatado a su amada. Los días de Iván estaban contados.

Ángel descubrió todos los detalles del romance. Puso el grito en el cielo y le fijó precio a la cabeza del enamorado de Claudia. Claro, él sí podía tener todas las amantes que quisiera, pero jamás aceptaría que sus mujeres hicieran lo mismo. Con Claudia se equivocó.

Furioso, rompió las fotos que su bella novia le había dado. Él era feliz mostrando aquellas fotografías en las que se veía a Claudia bellísima, arriba de un caballo blanco, desnuda y montada a pelo en el animal; lo enloquecía ver a su amada pegada al lomo del caballo de paso fino. Parecía un adolescente traicionado por su primer amor y al fin dejó en evidencia su lado débil; no era tan duro como presumía.

Esta premisa la olvidó el poderoso hombre. El desespero del capo era peligroso; con este personaje no se jugaba y menos, se le traicionaba. Por esos días no disfrutaba del sexo, ni de la guerra que se cocía en la cárcel; estaba meditabundo, con la mirada perdida; por primera vez lo vieron serio y callado. La decisión estaba tomada y un muerto en vida daba su último concierto.

"Chiqui", uno de los mandos medios del Bloque Capital de los paramilitares fue llamado con urgencia a la cárcel; a su grupo lo enviaron contra Claudia Zapata y su amante. Los enamorados olían a cadáver. Fueron ubicados en los Llanos Orientales, ella sin sospechar nada paseaba tranquilamente con su amado Iván.

Al enterarse de la decisión de Ángel, Miguel Arroyave rápidamente intercedió y aconsejó a su socio que no matara a Claudia junto con el cantante; el escándalo sería brutal porque el artista era conocido. Cuando los sicarios los tenían en la mira, sonó el teléfono y se les dio la orden de abortar el asesinato. Desde ese día, Claudia Zapata y su amante fueron seguidos las 24 horas. Sus teléfonos intervenidos y sus amigos ubicados. Ángel quería saber todos los detalles de los amantes, se le volvió una obsesión esta historia, en medio de la guerra que tenía encima. Los hombres del Bloque, encargados de eliminarlos, pasaban diariamente la información al narcotraficante despechado.

Claudia era una mujer valiente. No en vano fue la esposa del narcotraficante Jairo Correa Alzate a quien le dio cuatro hijos; aun así, a sus 38 años era bellísima y con un cuerpo escultural; parecía una modelo de revista, imponente y elegante. En la época en que su esposo tuvo tanto dinero y poder, acostumbraba trasladarse en helicóptero a su finca en Medellín. En su *clóset* sólo había ropa de los más finos diseñadores del mundo, se cambiaba de traje hasta tres veces en el día. Nadie podía explicar cómo una mujer tan fina y de clase alta como ella, fue a terminar con un bandido como Ángel Gaitán...

Pero quizá la respuesta era simple: ¡Por supervivencia! Cuando Iván Urdinola asesinó a su esposo, los cobradores se abalanzaron como buitres tratando de apoderarse de la inmensa fortuna del difunto. Ya el gobierno les había confiscado 44 propiedades que pasaron a la dirección de estupefacientes y Claudia las estaba peleando. Perdió la bellísima hacienda "Villa Claudia", ubicada en el Magdalena Medio, en donde fue secuestrado su esposo por paramilitares que lo entregaron al Cartel del Norte del Valle. Lo torturaron, luego lo asesinaron, le cortaron la mano derecha y se la llevaron a Iván Urdinola como prueba de que el hombre estaba muerto. Esa mano fue la que se atrevió a darle una bofetada al poderoso Iván Urdinola en la Cárcel Modelo años atrás, cuando don Iván le prestó 2 millones de dólares a Jairo Correa y, pasado el tiempo, éste no quiso pagar; por el contrario, cuando don Iván le cobraba, le respondía de forma arrogante y prepotente, hasta que un día se atrevió a darle una bofetada, humillación que le costó más que la mano.

Claudia, quedó sola con sus hijos pequeños. Inteligentemente se movió en aguas peligrosas y como le sucede a muchas mujeres de narcotraficantes, paramilitares y demás hombres con poder en el bajo mundo, al quedar solas deben buscar un padrino o un nuevo marido para evitar que las maten y les quiten las propiedades, o peor aún que los otros narcotraficantes abusen de las circunstancias y las hagan sus amantes. Era común escuchar comentarios como *¡Esa viuda es para mí!* o *¡Danielito ha coronado varias viudas en Medellín!*, o *¡Mató al marido para quedarse con la viuda!*...

Eso le pasó a Claudia. Ella no tenía mucha opción. Primero visitó a Leonidas Vargas y le pidió ayuda; éste, al ver a la hermosa mujer cayó rendido a sus pies y le ofreció total ayuda, pero siempre y cuando se acostara con él y se convirtiera en su amante. Claudia observó al hombre que lucía una correa de piel de serpiente con una gran chapa en el centro y unas botas puntudas, como de cantante de corridos y salió huyendo despavorida de la cárcel. No tuvo estomago para entregarse al caricaturesco narcotraficante.

Los días pasaron, el acoso de los enemigos de su esposo se volvió insoportable y se la jugó. Ella sabía quién era Ángel Gaitán y tenía que buscar la protección de un hombre con agallas que enfrentara a sus enemigos, que tuviera dinero y poder en el bajo mundo pero sobre todo, que la protegiera. Ángel fue perfecto para sus planes. Cuando Ángel la tuvo enfrente enloqueció con la bella mujer e inteligentemente no le pidió nada a cambio, al contrario se portó como un caballero con ella y con sus hijos. Lentamente la fue conquistando con tiernos detalles y costosos regalos, le quitó a los enemigos de encima y le recuperó dinero y propiedades que los adversarios le habían quitado. Ya nadie se atrevió a meterse con la viuda de Jairo Correa. Un nuevo y poderoso hombre, que manejaba toda el hampa y la policía corrupta de Bogotá, estaba entrando al corazón de la bella mujer.

Pasaron los meses y Ángel Gaitán ya tenía orden de captura por homicidio; andaba en la clandestinidad con la hermosa Claudia. Él era agradable con las mujeres y sabía conquistarlas a pesar de que no era físicamente *pinta*; tenía algo que gustaba a las damas. Estar 24 horas seguidas con el hombre fue permeando los sentimientos de la triste viuda que, sin pensarlo cayó.

Ángel enloqueció por ella. Precisamente porque creía que la mujer sólo estaba con él por protección. Claudia no evidenciaba sus sentimientos y esto hacía que él se enamorara más. Un día no aguantó y estando en una casa al norte de Bogotá, huyendo de las autoridades, ingresó intempestivamente a la habitación de ella. Acababa de tomar una ducha; envuelta en la toalla se veía como una diosa griega. Ángel se quedó mirándola y no resistió. La tomó fuertemente por los hombros, la empujó contra la pared y la besó apasionadamente. Quería plasmar en sus labios el sabor de toda la pasión que lo estaba consumiendo mientras sus manos acariciaban, al fin, el deseado cuerpo de su diosa griega. Ángel Gaitán se había prendado de esta hermosa mujer. Mientras le hacía el amor salvajemente contra la pared del baño, le decía en medio de jadeos:

—¡Acéptalo, acéptalo! Tú también me quieres. No lo niegues más...

Claudia, al principio trató de resistirse, no quería demostrar sus debilidades porque podía perder terreno ante el hombre, pero la pasión y los sentimientos que crecían en su corazón se desbordaron y se dejó llevar; admitió que también ella se había enamorado. Esa noche hicieron el amor como si la vida se les fuera a escapar de los cuerpos. A partir de ese momento la pareja se dedicó a vivir su aventura; afuera la Policía buscaba intensamente a Ángel, hasta que lo capturaron y lo llevaron a la Cárcel Modelo.

Las cosas cambiaron para Claudia. Los primeros meses ella se la pasaba en la cárcel con su amado. A veces dormía en la celda y desvelaban a todo el mundo por las escandalosas noches de placer, que todos disfrutaban por el alboroto que armaban. Pero a Claudia se le olvidó que Ángel era casado y que también estaba enfermo por el sexo. En varias oportunidades lo descubrió con otras mujeres; las peleas fueron históricas y el final siempre fue el mismo: una eterna luna de miel. Ellos se amaron a su manera y así lo demostró Ángel cuando ella lo dejó por el cantante.

Claudia sabía que Ángel iba a matar al cantante. No midió las consecuencias y un día se apareció en la cárcel. Estaba más hermosa que nunca; a don Ángel, apenas la vio, le brillaron los ojos. Pero ya el destino estaba trazado para ambos. Claudia era soberbia y altiva, creía que tenía el mundo a sus pies y desafió al poderoso Ángel Gaitán Mahecha, lo amenazó de frente y le dijo que si le mataba al cantante, ella iría a la DEA y le entregaría toda la información y pruebas que tenía sobre la droga que Ángel y sus socios estaban mandando a los EE.UU. Ahí perdió la bella viuda, que se jugó el todo por el todo, pensando que el amor que le tenía Ángel iba a alcanzar para perdonarle la vida. Cuando ella salió de la celda, había perdido el brillo en los ojos, aunque simulaba felicidad. Olvidó que con la mafia no se juega.

Pasaron los días y Ángel parecía un león enjaulado. Era evidente que estaba sufriendo por su hermosa amante, pero tenía mucho dolor y sed de venganza. En el patio todos guardaban prudente distancia sin mencionar el tema. Cuando los paramilitares que cuidaban a Claudia le daban el informe de seguimiento a Ángel Gaitán, éste se encerraba en su celda y no volvía a salir. En las noches se le sentía dando vueltas en su cuarto planeando su venganza. No le volvimos a conocer a ninguna mujer.

—Se le murió el pipí... —decían algunos compañeros riendo discretamente.

No era cuestión de sexo, era cuestión de amor, dolor y honor. "Popeye" decía: *he conocido en mi vida cientos de hombres poderosos, bandidos y valientes, capaces de desaparecer del planeta a miles de seres humanos sin que les tiemble la mano. Pero lo curioso es que hasta el día de hoy, no he conocido el primer hombre que sea indiferente al dolor que produce el abandono del verdadero amor y me incluyo en este grupo. Para gente del bajo mundo es mas fácil matar a otro ser humano que aceptar el dolor que produce la traición de una mujer...*

Y al parecer, ni Ángel ni Claudia pudieron superar sus sentimientos de amor y odio. Para Claudia no fue fácil separarse de su protector. Comenzó a cometer errores; el primero fue permitir que su nuevo novio le cambiara la vida. Ella andaba en una súper camioneta blindada, al cantante no le gustaba y se la hizo devolver a Ángel; terminó manejando una camioneta sencilla sin blindaje ni protección. Ella sabía lo que esto significaba. Cada día estaba más deprimida y desesperada. Se dejó lavar el cerebro y le dio por acudir a brujos y adivinadores. Su romance con el cantante no iba nada bien. Viajaron varias veces a Cuba a visitar santeros para que los protegieran con su magia.

Claudia era muy astuta y de tanto andar con bandidos aprendió rápidamente. Sospechaba que su cantante no era tan honesto como ella creía y ordenó a sus amigos del bajo mundo que le interceptaran el teléfono; así se enteró de todos los movimientos del cantante y se desilusionó. En su apartamento había cientos de grabaciones telefónicas y de video que le hizo a su novio. También tenía un diario en el que anotaba todo lo que iba pasando en su vida y las cuentas de dinero o negocios que ella manejaba, así como una lista de las hermosas joyas que poseía.

Durante horas escuchó las grabaciones de su cantante. Una de ellas era comprometedora. El hombre y su ex esposa estaban hablando muy cariñosamente y según Claudia, él le pedía tiempo, diciéndole que deseaba regresar a su hogar porque era la mujer que amaba y pronto abandonaría a su amante. Esta traición, sumada a otras irregularidades que según ella el hombre había cometido, la dejaron completamente defraudada de su nuevo amor. Ángel también le mostró y le dejó escuchar otras conversaciones que sus hombres le habían interceptado. El pobre cantante estaba entre la espada y la pared sin saber que todo el bajo mundo le estaba conociendo la vida.

El pasado no perdona y menos el de los bandidos; cuando las mujeres se enredan con delincuentes, pagan las consecuencias de su decisión.

Hacia las ocho de la noche, la bella viuda iba en el asiento delantero de su camioneta al lado del chofer; reía alegremente con dos amigos que iban sentados en la parte trasera del carro mientras transitaba por la autopista norte. A esa hora el tráfico en Bogotá es desesperante. Claudia jugaba con su teléfono celular, lo llevaba en su mano derecha al tiempo que apretaba fuertemente la cartera en sus rodillas; reclinó la silla, relajó su esbelto cuerpo y suavemente echó la cabeza hacia atrás. Por eso no vio la moto que silenciosamente se fue acercando hacia su ventanilla. En fracción de segundos, el sicario que iba sentado en la parte de atrás de la moto, sigilosamente sacó el revólver y apuntó a la cara de Claudia que percibió el reflejo y volteó a mirar. Sus ojos se llenaron de asombro, miedo y terror cuando vio el arma.

La muerte venía por ella y sus pequeños hijos quedarían desamparados, una vez más. Los sicarios aprovecharon que el semáforo estaba en rojo y la camioneta parada, pues no la conducían los escoltas de Claudia, los había despedido días atrás. El conductor ese día era un amigo suyo que se asustó cuando escuchó las detonaciones. El asesino tenía instrucciones precisas de Ángel. No podía dispararle a la cara, sino al cuerpo y así lo hizo. Disparó tres veces. El primer tiro atravesó el vidrio y le pegó en la pierna, otro le pegó cerca al corazón y un tercero quedó incrustado en el brazo de uno de los amigos que iba en la parte de atrás. La orden era no herir su hermoso rostro, el asesino fue contundente al pedir al sicario que no dañara la belleza de su amada.

Claudia no murió en el acto. Antes de perder el conocimiento pidió a sus amigos le dijeran a sus cuatro hijitos que los amaba mucho y marcó varias veces al celular de su novio Iván, tratando de advertirle del peligro que corría; éste nunca contestó, su teléfono estaba apagado. Grababa su nuevo disco y sólo se enteró de la noticia horas después cuando ella ya estaba muerta, en la clínica a donde la llevaron sus amigos, desesperados, intentando salvarle la vida. Cuando él llegó, el cadáver estaba en la morgue del centro asistencial. El hombre, enloquecido por la noticia no podía ni pronunciar palabra. En sus temblorosas manos estaba el documento de identificación de Claudia Zapata. Lo único que se atrevió a decir fue:

—¡Su pasado la alcanzó!

Esa noche cuando los sicarios llamaron a Ángel para notificarle y confirmarle la muerte de su ex amada; abrió una botella de *whisky* y brindó ante la mirada atónita de los otros presos. Su actitud fría le dio para llamar por teléfono a la nana de los hijos de Claudia y pedir que le pasara a los niños al teléfono. Les prometió que jamás los iba a desamparar y que él se encargaría de ellos; los pequeños lloraban desconsoladamente sin entender por qué su madre no iba a dormir en casa esa noche.

También envió a varios de sus hombres para que cuidaran el apartamento donde Claudia vivía y dio órdenes estrictas a la servidumbre: nadie podía entrar a sacar cosas del apartamento sin su permiso; previniendo que el cantante fuera a sacar los valiosos cuadros que Claudia tenía en su casa. No imaginó siquiera que el pobre hombre rápidamente puso pies en polvorosa y no se le volvería a ver.

Después de todo esto, con la cara descompuesta y los ojos vidriosos, Ángel Gaitán se refugió en su celda y no salió hasta el día siguiente. Fue evidente que le dolió tener que asesinar a la mujer que adoraba. Así sepultó su alma. Pero así es como aman los bandidos, asesinando lo que más quieren, porque los hace vulnerables, y lo peor, es que en medio de esta historia de amor, la guerra en la Cárcel Modelo tenía que continuar.

Al día siguiente de la muerte de Claudia, Ángel, se levantó fortalecido para la pelea, pero sus ojos ya no tenían brillo, ni su sonrisa era franca. La alegría de vivir se le escapó de las manos, su alma se la había llevado "la loca Claudia" como cariñosamente la llamaba.

"Popeye" entendía lo que él estaba sintiendo. Lo vivió en carne propia cuando asesinó a su amada Wendy Chavarriaga por haberlo traicionado con la Policía. Fue la mujer que más amó y con su muerte, sepultó también parte del alma, igual que lo hizo Ángel Gaitán con Claudia Zapata.

Y otros que también perdieron su alma, fueron los dos sicarios que la mataron. El jefe jamás dejaba fichas sueltas en su juego de la muerte. Días después los periodistas registraron el misterioso asesinato de dos hombres en un centro comercial. Es un hecho, quien pisa el mundo de la mafia difícilmente se liberará de sus tentáculos.

Nadie volvió a tocar el tema, ni siquiera a nombrar a la hermosa Claudia.

XXVIII

Cuñado de Carlos Castaño se fuga de La Modelo

Y como la vida continuaba para los que aún tenían la suerte de estar vivos, en La Modelo todos se concentraron en los últimos detalles para la "hora cero". Se sabía que los paramilitares tenían copado el 50% del territorio colombiano; las noticias daban cuenta de masacres y muertos por todo el país, buscando exterminar del territorio a los terroristas de las FARC.

Reinaba el caos. Carlos Castaño, comandante supremo de los paramilitares y que vivía en la clandestinidad en las montañas de Colombia, en la zona del Nudo de Paramillo, envió una orden contundente a sus hombres en la Cárcel Modelo:

—¡Tienen que colocarme a "H2" en mi territorio, mínimo en un mes, o se atienen a las consecuencias!

El famoso "H2" se había convertido en un problema para los jefes paramilitares del Estado Mayor. Éste era un hombre de la guardia personal de Carlos Castaño y además estaba casado con su hermana. El cuñado de Castaño fue detenido en el departamento de Sucre, junto a treinta de sus hombres, por robo de ganado. Lo ingresaron en la Cárcel Modelo en el Patio 3; esto se manejó en total secreto; ni siquiera los astutos periodistas se enteraron de la importancia del personaje; el temor era que la noticia se filtrara a la Fiscalía en donde tenía procesos delicadísimos por masacres de campesinos.

"Don Berna" dijo que él daba el dinero para cuadrar la guardia y que "H2" debía ser sacado a un hospital, de ahí una operación comando se lo llevaría a Carlos Castaño. El plan perfecto. Dentro del penal el médico del Patio 3, que era un preso aliado a los paramilitares fue encargado de inyectar a "H2" para simular un paro cardiaco; el hombre haría el resto aparentando los síntomas. En una camilla improvisada por los cómplices fue sacado del patio. Todos gritaban asustados.

—¡Se muere "H2", es un infarto!

—¡Llevémoslo a la enfermería!

—¡No, no! Ese lado está controlado por la guerrilla. —Decían los otros actores de la película, mientras el enfermo se apretaba el pecho desesperadamente.

Los guardias conocedores de la fuga se marginaron de todo lo que tenía que ver con "H2". Ya sabían que los comandos paramilitares apostados en la calle, se lo iban a llevar a sangre y fuego, y no querían exponerse tontamente.

"H2" es llevado a la plaza de armas, allí un médico de la cárcel dice alarmado:

—Está mal, muy mal, y estamos esperando una orden de la dirección para sacarlo al hospital antes de que se nos muera aquí...

Pero como no hay crimen perfecto, la actitud de ciertos guardianes levantó sospechas en el astuto comandante de vigilancia quien no estaba comprado y ordenó que, por muy grave que estuviera el enfermo no lo fueran a dejar sacar del penal y que él asumiría las consecuencias. Llamaron a don Ángel y a don Miguel para enterarlos de la situación; los hombres entraron en cólera y amenazaron con una guerra apocalíptica si "H2" se moría y no era llevado rápidamente al hospital. El capitán de la guardia reaccionó rápidamente y llamó al Ejército que patrullaba en el exterior. Todo se complicó, la cárcel se llenó de uniformados que portaban fusiles de asalto y estaban al mando de un coronel muy serio. Estos se pararon a la entrada de la cárcel y la rodearon por todos lados. Así era imposible un rescate.

Al caer la tarde, el médico declaró que el enfermo se encontraba estable. Todo salió tan mal que el mismo "H2" no aguantó más; fuera de casillas se levantó rápidamente de la camilla, quitándose el supuesto suero que le estaban aplicando y salió caminando al patio. Muy digno y lleno de frustración se encerró en su celda. Un total fracaso. Esto dejó al descubierto la importancia del poderoso hombre. Su estatura de 1.72 metros, la delgadez extrema y su cara campesina, no despertaban sospechas. Pero el tipo era un duro.

Nadie en el patio jamás había visto a Miguel Arroyave tan disgustado; culpó al médico, a los guardias, a sus hombres en los patios; rabiaba y prometía muertes a diestra y siniestra. Ángel Gaitán no se quedó atrás y pidió responsables. Tenían razón, ellos debían enfrentar la furia del comandante Carlos Castaño que cuando fue informado del fracaso del operativo, gritó tanto que le tiró el teléfono a Miguel y amenazó con terminar hasta con el perro de la casa de los culpables que frustraron el operativo.

En el patio todos guardaron silencio. Lo único que consolaba a los jefes era que "H2" seguía en el patio común y no lo ingresaron al de Alta Seguridad del cual era imposible que se fugara. Todavía se podía hacer algo.

Las semanas siguientes se convirtieron en una tortura para los jefes paramilitares, presionados por Castaño, que se volvió intenso y llamaba a toda hora presionando la fuga e intimidando al mundo entero. Los jefes estaban desesperados con el tema; andaban con el genio tan alborotado que por esos días se olvidaron de la guerra que tenían pendiente con los guerrilleros del lado sur, los cuales seguían armándose aprovechando la guerra fría que se vivía en Alta Seguridad.

Un día, Miguel Arroyave apareció con un plan fantástico; ya los tenía acostumbrados a sus operaciones brillantes. Mandó subir a uno de los líderes de los patios comunes y a puerta cerrada, se diseñó una nueva estrategia.

Llegó el domingo, día de visita. Aparentemente reinaba la normalidad. En todas las cárceles ese día es sagrado para los presos; se visten las mejores galas; nada de pantalonetas, chanclas o interiores a la vista secándose en los patios. Ese día no hay peleas, alegatos, palabras soeces y menos, muertos en la cárcel. Aun así, nadie se descuida y se mantienen alerta. Lo único extraño en Alta Seguridad fue que, precisamente ese domingo, los jefes no permitieron el ingreso de sus propias familias. La visita se desarrolló normalmente, todos entraron con hijos, ollas llenas de comida y la ilusión de pasar el día con sus seres queridos. En esa oportunidad habría más de tres mil personas en el penal.

Sobre las 11:00 a.m., se desató un tiroteo en los patios del lado norte y disparaban hacia el lado sur; la guerrilla contestó ferozmente a pesar de que sus familiares también los estaban visitando. Todo fue un caos, las mujeres gritaban y lloraban; los niños igual.

La culpa fue de la guerrilla, —decían los "Paras—; sólo nos estamos defendiendo.

La situación era delicadísima con la visita dentro del penal; nadie se atrevía a dirigirse al pasillo central para buscar la única puerta de salida que tenía la Cárcel Modelo.

—¡Hay tiradores de la guerrilla en los techos! —Gritaban los paramilitares…

—¿Qué les pasa a estos hijos de puta paramilitares? ¿No ven que hay niños y mujeres? —Gritaban los guerrilleros.

Todo hacía parte de un plan bien organizado. La Policía acordonó la cárcel en la parte externa, la guardia tomó posiciones con sus fusiles; de los patios salieron corriendo los guardianes que estaban de servicio, las mujeres y los niños se metían debajo de las literas protegiéndose de las balas, sus hombres tomaban lugares para pelear y los periodistas afuera trasmitían eufóricos la chiva en medio del sonido de las balas, que les disparaba la adrenalina con sólo transmitir las imágenes externas del penal. La puerta blindada de Alta Seguridad permanecía cerrada; los tiroteos esporádicos no dejaban enfriar la situación. Se corrió el rumor de que había llegado la "hora cero" y que los paramilitares se iban a tomar el ala sur. El pánico fue total.

Miguel Arroyave pensaba en el éxito de la operación; estaba en juego su reputación como jefe paramilitar, su ingreso como máximo hombre al Bloque Centauros de las Autodefensas y su consolidación como gran jefe del Bloque Capital. También se estaba jugando la estabilidad dentro del Estado Mayor de los paramilitares, ya que si la operación fallaba, se podía cuajar muy fácilmente una guerra entre Carlos Castaño, quien estaba obsesionado con rescatar a su cuñado y "don Berna" que estaba financiando la operación; esto dividiría a los dos poderosos jefes paramilitares del Estado Mayor con consecuencias funestas.

Llegó el nuevo día y nadie pudo salir del penal; la orden de los paramilitares fue contundente.

—Nadie, absolutamente nadie sale o entra de la cárcel sin nuestro consentimiento, ¡el que desobedezca se muere!

El director de la cárcel y los guardias pidieron ayuda a los jefes de Alta Seguridad para financiar los imprevistos de este enfrentamiento. El comedor de la cárcel tenía que dar alimentos a más de mil quinientas personas en cada comida, entre presos, mujeres y niños; tenían un problema adicional de pañales y toallas higiénicas; por el miedo, a muchas mujeres les llegó el período menstrual y los baños estaban atascados. A otros, el susto les produjo diarrea.

Con una llamada telefónica, los jefes resolvieron el problema en medio de las balas. Un camión con pañales, papel y útiles de aseo, llegó rápidamente a la cárcel; detrás venía otro cargado con arroz, panela y sal; y uno más con agua, leche, huevos, pan, aceite y harina. Los jefes eran muy generosos.

A los dos días de la toma, una comisión de la Cruz Roja, la Defensoría del Pueblo y la Procuraduría, logró establecer confianza y un acuerdo con los jefes paramilitares para que la visita retenida en la prisión saliera libremente. Las autoridades temían que los presos aprovecharan el desorden y se fugaran vestidos de mujer. Se extremaron los controles cuando se autorizó la salida de mujeres y niños. Durante horas, largas filas se vieron en los corredores de la prisión. Los guardias, policías y miembros del DAS revisaron los documentos de identidad y huellas dactilares de los visitantes mirándolos con lupa para que nadie se escapara.

Al final del tercer día las autoridades respiraron tranquilas; según ellos, era imposible que algún preso se hubiera escapado, con tantos controles. Recogieron sus campamentos y se fueron a descansar. Todo volvió a la normalidad. Ángel y Miguel se abrazaron felices y brindaron con *whisky*. La toma había sido magistral y el éxito fue apoteósico. Los guerrilleros del lado sur se rascaban la cabeza preguntándose por qué los paramilitares se habían enloquecido de esa forma tan irracional.

La respuesta estaba celebrando feliz, en el Nudo de Paramillo en los campamentos paramilitares al lado de su esposa y cuñado Carlos Castaño Gil. Éste riendo a carcajadas, llamó por teléfono a don Ángel y a Miguel para darles las gracias y felicitar a sus valientes combatientes en los patios. "Don Berna" llamó también y agradeció la operación; el único que no se reportaba vía telefónica era Vicente Castaño; el viejo zorro se cuidaba mucho de los teléfonos por miedo a las interceptaciones de las autoridades. Pero con los días llegaron sus agradecimientos.

Poco después las autoridades y los guardias se descerebraban preguntándose cómo fue que "H2" llegó tan rápido al campamento de Castaño.

Fácil. Como los paramilitares tenían el control del rancho y comedor situados en el lado norte, en donde se cocinaban y servían los alimentos de los presos, allí ubicaron a "H2" para que trabajara.

Al otro día de la toma de la cárcel, llegaron los camiones con los víveres que los jefes habían autorizado. A "H2" se le asignó descargar el camión con los huevos. "H2" se subió para ir bajando cuidadosamente los panales. Un cocinero de los paramilitares, le preparó una deliciosa carne de res, con papas y ensalada, al guardia que estaba vigilando el descargue de los alimentos. El inocente guardia confiado y ante el olor del delicioso plato, fue tras la comida. ¿Qué más podía pasar ese día en medio de semejante desorden? Los pobres guardias estaban trasnochados y hambrientos con la toma. El joven miró una vez cómo descargaban los panales de huevos y se concentró en su exquisito plato sin atender a otra cosa. Estaba a prudente distancia del camión y nada podía pasar.

Dos panales de huevos estaban estrellados en el piso del vehículo; el olor era insoportable. El conductor esperó pacientemente al guardia para que revisara que todo estaba en orden y así cerrar la puerta del camión (con carrocería de aluminio); a los pocos minutos llegó el vigilante. contento y satisfecho del almuerzo. Revisó rápidamente el interior; detuvo la mirada en el piso al contemplar el reguero de huevos babosos esparcidos por todo lado y sentir el olor nauseabundo que expedía el camión, su rostro se llenó de asco y se retiró rápidamente. Con un gesto demostró que no pensaba subirse al furgón a realizar una requisa más detallada y menos, iba a ensuciar sus brillantes botas con los asquerosos huevos.

—Todo está bien. Puede salir.

Hizo una señal con la cabeza, dando la orden de abrir la puerta para que pasara el camión. El otro guardia cerró rápidamente cuando el carro salió del rancho, un guardia se subió en el puesto del ayudante. La presencia del uniformado dentro del vehículo evitaba que desde la garita del lado sur, dominada por los guerrilleros, le dispararan.

Cuando el camión ya estuvo en la calle, el guardia se bajó y se despidió amablemente del conductor que lentamente abandonó la zona, pasando los retenes de la Policía, el Ejército y el enjambre de periodistas que estaban afuera del penal. El chofer tomó la avenida y se dirigió velozmente hacia un parqueadero cercano en donde lo esperaban los paramilitares del Bloque Capital, que rápidamente sacaron de su escondite a "H2" y lo pasaron a una camioneta Toyota. Ésta salió veloz vía "La Calera" hacia una finca en donde el helicóptero de Carlos Castaño lo estaba esperando. "H2" se bajó de la camioneta corriendo como alma que lleva el diablo y se subió al aparato que ya estaba encendido. El piloto tomó altura, mientras "H2" miraba sonriente el paisaje; el corazón se le quería salir del pecho por el susto que todavía tenía; no podía creer que estaba libre, y ...¡oliendo a huevo!

El pequeño camión de los huevos fue acondicionado con un piso de doble fondo que sólo se abría por una persona oculta adentro. Por fuera todo parecía normal. Solo cabían dos personas. El chofer estaba en el plan, cuando el guardia se retiró para tomar su exquisito almuerzo, "H2" discretamente rompió los huevos en el piso, haciendo el reguero que se necesitaba y dio unos golpecitos en clave en el piso que se abrió de repente para que se introdujera junto al hombre que estaba dentro. La caleta era tan perfecta que, a simple vista no se evidenciaba nada más que un piso lleno de huevos babosos.

Mientras "H2" brindaba feliz en Urabá y la cárcel volvía a la normalidad, el único que quedó frustrado con los acontecimientos fue Ángel Gaitán. No permitió que su familia ingresara ese día a la cárcel, pero sí invitó a una linda mujer a que pasara el fin de semana con él. Cuando la mujer se fue, Ángel entró abruptamente en el comedor y se *descuadernó*:

—¡Maldita! ¡Pero ¿por qué me pasa esto a mí?...a mí...!

—¿Qué le paso don Ángel? —le preguntó "Popeye" preocupado, pensando que su bella acompañante le había robado sus finos relojes.

—Esta vieja me salió afeitada, "Popeye"... ¿podés creerlo? Se la peló toda para venir acá a visitarme...no lo puedo creer...¿cómo me va a hacer esto a míííí? Si apenas ayer la tenía peludita peludita, como me gusta.

El grupo soltó la carcajada al escuchar la historia... solo a él se le ocurría salir con esas intimidades después de que todos en la cárcel estaban en la mira de las autoridades por la fuga y con una feroz guerra que se les venía encima con la guerrilla, y el loco preocupado por una vagina afeitada. Esas eran las debilidades de los poderosos hombres en prisión, que debían dejarlas aflorar para no volverse más locos de lo que ya estaban.

XXIX

Manso como una paloma, astuto como una serpiente...

A mediados del año 2001, el país estaba *patas arriba*; las cárceles no eran la excepción. Se dispararon los secuestros y las extorsiones afuera del penal. Los presos, descaradamente, realizaban vía telefónica estas acciones delictivas y adentro de la cárcel lo hacían de frente, sin importarles las consecuencias. Algunos guardianes estaban ocupados entregando a los compañeros que les resultaban incómodos para sus negocios. Inesperadamente, en la calle comenzaron a aparecer los primeros cadáveres de guardianes ajusticiados. La respuesta a cada asesinato de un paramilitar era un muerto de la guerrilla. Ángel y Miguel pusieron el grito en el cielo y terminaron de raíz con el problema, que no era bueno para ellos. Hicieron lo correcto.

Una cosa es matar presos y otra muy distinta guardianes. El diálogo fue fundamental para terminar con esto y los comandantes guerrilleros estuvieron de acuerdo. El mensaje fue claro, contundente y así lo recibieron los guardianes; todo se arregló.

Nuevamente se programó la "hora cero" en la Cárcel Modelo. Al fin se llegó el tan temido día. Todos estuvieron listos. *La mejor defensa es el ataque...* reza una norma básica de guerra; los jefes ordenaron la toma del patio alto; unos hombres fueron asignados para vigilar que la guerrilla no entrara y para apoyarlos un grupo especial de los hombres más fieros y los guardianes leales se ubicaron estratégicamente para proteger el edificio.

El tiroteo comenzó y Miguel Arroyave pidió un fusil para "Popeye" quien estaba sirviéndole de escolta. Éste lo rechazó con inteligencia, su especialidad eran las armas cortas. Él sabía que tenía su revólver para defenderse; dos pistolas les fueron entregadas por sus hombres a los jefes del patio, estaban en zona de guerra y cualquiera podría morir por alguna bala perdida o una toma sorpresiva de los guerrilleros.

Su privilegiada situación vanguardista la daba el contar con un lanzagranadas y con "Cadavid", el jefe urbano de los paramilitares que dirigía el ataque. Sus hombres, dentro del patio de la cárcel, portaban fusiles y lucían en sus brazos brillantes brazaletes de las A.U.C. (Autodefensas Unidas de

Colombia). Las milicias en la ciudad se hallaban alerta para apoyar desde afuera; todo listo para la guerra dentro de la prisión.

En el ala sur se vivía la misma situación con los guerrilleros, quienes también sacaron su poderoso arsenal y orgullosos mostraron las insignias de las FARC.

Una fuerte explosión abrió un boquete del Patio 5 al Patio 4. Los guerrilleros asumieron posiciones; la fiesta había comenzado. Los guardias hicieron lo adecuado: salir corriendo de los patios para atrincherarse en lugares seguros, ellos sabían que era una guerra entre bandidos y mucha sangre correría.

Y así fue. La balacera resultó brutal. Granadas de mano fueron lanzadas de patio a patio; las explosiones eran ensordecedoras, se escuchaban ráfagas intermitentes, toda clase de munición se estrenó en este combate donde llovieron balas 7.62 y 9 mm. Los paramilitares y guerrilleros, cargaban y descargaban rápidamente sus fusiles AK-47 los primeros, y R-15 los segundos.

En este ataque la realidad superó la ficción, pues, desde su punto de observación los presos de Alta Seguridad veían cómo en los otros patios, de un lado corrían los paramilitares con sus distintivos de A.U.C., armados hasta los dientes, y, del otro, los guerrilleros de las FARC movían sus hombres estratégicamente y se defendían como fieras.

Nunca habían visto un campo de batalla tan limitado para pelear, pero de tanta bestialidad. Los cadáveres fueron quedando dispersos en los patios; la mayoría de presos comunes, ajenos al conflicto y que no sabían moverse en la guerra, cayeron por las balas perdidas, o, por el impacto de las explosiones de las granadas. Parecía el fin del mundo. Los presos comunes, asustados, buscaban refugio debajo de las literas. El edificio de Alta Seguridad, donde estaban los jefes dirigiendo la toma, fue ametrallado por los enemigos, desde el Patio Alto.

El peligro latente era el cilindro bomba que tenía la guerrilla listo, en la zona minada que protegía la zona sur, del ingreso del otro bando. El objetivo de los paramilitares era matar a los dos jefes guerrilleros Yesid Arteta y "Róbinson", para tomar así el control de los Patios 1 y 2, además del 4, de presos civiles manejados por los guerrilleros.

Con el paso de las horas se prendió a bala la Cárcel Modelo. La primera avanzada trataba de sorprender a los centinelas de la guerrilla pero fracasaron en su intento, lo que desató un tiroteo atroz en los patios.

Las granadas de mano aparecieron como por arte de magia y fueron lanzadas de patio a patio. La guerrilla se atrincheró y respondió el fuego.

El Ejército y la Policía abordan el penal en la parte externa, mientras, llaman refuerzos pero sin atreverse a entrar porque sabían que la guerrilla había minado las entradas. Los guardias abandonaron los patios como pudieron. Las garitas expuestas al fuego, quedaron sin protección. Todo un caos dentro de la cárcel.

Los paramilitares inicialmente no lograron ingresar al Pabellón Sur, liderado por sus enemigos, ante esto se replegaron y buscaron acceder por el llamado "Rancho", sitio estratégico donde se almacenan víveres, pero tampoco pudieron hacerlo. Para ese momento habían perdido el efecto sorpresa y ya todos los presos se encontraban alerta.

El tiroteo no cesaba. En Alta Seguridad recibieron los primeros impactos de fusil; todos corrieron a resguardarse rápidamente. Les tranquilizaba que un grupo de paramilitares desde afuera los estaba protegiendo. Cubrían el edificio donde se encontraban atrincherados, a cierta distancia de la zona donde se desarrollaba el enfrentamiento.

El infierno estaba ardiendo; total fracaso. La guerrilla se enfrentaba con los bandidos aliados de los "Paras" en el Patio 2; el llamado fue de auxilio pidiendo que los ayudaran pero los "Paras" los dejaron solos, estaban muy ocupados reorganizando sus hombres; se presumía que iba a ser un combate largo y mortal; el lanzagranadas no se escuchaba como se esperaba; Miguel y Ángel, líderes de esta guerra estaban preocupados; no esperaron que la guerrilla estuviera preparada con tanta munición; hasta ese momento todo iba mal; parecía que las cosas resultaban en contra de los paramilitares que inicialmente se hallaban desordenados.

"Popeye" se mantuvo alerta con Ángel Gaitán; los demás compañeros se cubrieron. En todo momento fue impactado el edificio de los "Paras"; gritos aquí y allá, explosiones y disparos. La pelea se concentró en el Patio 2. Los paramilitares no pudieron apoyar a sus aliados en las primeras horas de combate; la guerrilla se los impidió con francotiradores. Ésta se quería tomar el pabellón de Alta Seguridad para matarlos a todos; por eso se prepararon para pelear allí; les preocupaba la dinamita; ya Ángel no se veía tan seguro, sabía que la situación estaba complicada. Llegó la noche y todo se acentuó; la guardia aseguró el pasillo central para evitar una salida masiva de presos. Los disparos eran esporádicos, sólo se estaban sosteniendo posiciones; ya se hablaba de 2 muertos y 10 heridos en las tropas paramilitares; de la guerrilla no se conocían cifras.

Esta pelea iba a ser definitiva. Todo el mundo, dentro y fuera de la cárcel, estaba atrincherado; las bajas a esas horas eran pocas pero sabían que si se confiaban, podían terminar muertos todos. Los jefes en Alta Seguridad se agazaparon en sus celdas, a esperar reportes de "Cadavid", "Ospina" y "Cano", los fieros comandantes paramilitares que manejaban el combate en los patios.

La entrada al edificio de Alta Seguridad quedó abandonada por algunos paramilitares que supuestamente la estaban custodiando; estos se habían ido a apoyar a los compañeros dentro de los patios. La coordinación se hacía a través de los teléfonos celulares que tenían adentro. Se sentía a la guerrilla cerca del pabellón. "Popeye" no creyó la versión y fue a confirmarlo con sus propios ojos. Salió sigilosamente cubierto por la oscuridad y pegado al muro. Se asomó con cautela y no vio a nadie. Pensó en voz alta.

—¡Es cierto, nos dejaron solos... los paramilitares que nos cuidaban se evaporaron! ¡Ahora sí nos van a masacrar!

Cuando se volteó para emprender la retirada alguien prendió la luz accidentalmente, su silueta se reflejó a los ojos de los francotiradores de la guerrilla que apuntaban directamente al pabellón y dispararon al momento en que todo se iluminó. "Popeye" fue impactado en el cuello. Se tiró al suelo arrastrándose para buscar refugio en la primera celda que encontró, mientras palpaba su cuello. Sintió algo caliente que le bajaba lentamente por el pecho. Vio que era muy poca sangre; por suerte para él la bala pasó a milímetros de su arteria y sólo fue un raspón sin importancia.

Durante horas se sintieron disparos y explosiones. Por ratos un silencio sepulcral acompañaba la espantosa noche. Los cadáveres esparcidos por los patios comenzaban a oler, nadie se atrevía a retirarlos de donde habían quedado, cada cual se preocupó por salvar su pellejo. Hacia las 3:00 a.m., un nuevo ataque de los paramilitares a la guerrilla retumbó en la cárcel. Los jefes autorizaron el ingreso de una comisión de la Cruz Roja Internacional que gestionaba la salida de los heridos. Les propusieron a los jefes que buscaran un contacto con los cabecillas guerrilleros para terminar con el baño de sangre. Ya era tarde, no se podía suspender la guerra, el jefe guerrillero Yesid Arteta se había atrincherado en el Patio 1.

—¡Es una locura! ¡Todos ustedes están locos!

Afirmaron con miedo los miembros de la comisión y salieron asustados del penal.

El grupo especial de la guardia, el CORES, quiso entrar a sacar a "Popeye" cuando les informaron que estaba herido creyendo que era grave; no les convenía que el polémico preso se les muriera en la cárcel; pero no pudieron, pues para ese momento la guardia había perdido el control del pasillo de la muerte. Lo de "Popeye" no era delicado; contrario a lo que se creía la Policía recibió la orden del Presidente de la República, Andrés Pastrana Arango, de entrar al penal al amanecer del día siguiente, para retomar el control de la cárcel.

Adentro la pelea siguió al rojo vivo. Gritos, humo, detonaciones... era una locura. La Policía rodeó la parte externa de la prisión, lo mismo el Ejército que era el tercer anillo de seguridad; los periodistas montaron sus satélites y trasmitían en directo la toma. Algunos patios fueron incendiados. Los familiares de los presos lloraban y peleaban con los reporteros frente a la prisión.

Varios médicos que estaban presos, improvisaron una sala de urgencias en el patio para atender a sus compañeros que morían ante sus ojos, por la falta de implementos adecuados y medicinas para la cirugía.

Los líderes del patio resistieron el primer ataque y se blindaron. "Cadavid" fue herido en una pierna, pero, valientemente continuó el ataque. Era un combatiente sagaz y sanguinario, nada lo detenía. Le daba valor a sus hombres en pleno combate. La situación no era fácil para nadie, incluso para los que dirigían la ofensiva desde Alta Seguridad y por momentos sentían las ráfagas que estremecían el pabellón.

El lanzagranadas de los paramilitares se distinguía fácilmente en medio de la confrontación, su capacidad de fuego y muerte era aterradora. Finalmente estaba cumpliendo con su deber. Por momentos el ataque disminuía mientras los grupos se reorganizaban en el combate.

Después de unas horas, toda la artillería pesada de los paramilitares arremetía de nuevo con el lanzagranadas al frente, disparando hacia los grupos guerrilleros que combatían ferozmente; se les notaba el entrenamiento y compromiso con la guerra, al contrario de los paramilitares que se veían un poco desordenados quizá porque muchos presos civiles tuvieron que echarse un fusil al hombro para poder salvar su vida.

Desde su punto de observación los presos de Alta Seguridad, miraban detenidamente el desarrollo del combate a través de unos potentes binóculos. El cuadro era macabro. El enfrentamiento estaba dejando una estela de muerte y dolor dentro de la cárcel. Hombres desmembrados tirados en el piso, otros estrellados en las paredes agujereadas por los impactos de bala. Las caras de los heridos de ambos grupos reflejaban la miseria de los seres humanos. Era increíble ver esos guiñapos humanos arrastrándose desesperados en medio de las balas asesinas de sus enemigos. Jóvenes que no llegaban a los 25 años y ahí estaban guerreando por su vida. Otros con menos suerte terminaron tirados en un charco de sangre. "Popeye" observaba toda esta carnicería diciéndose a sí mismo: *¿Valdrá la pena tanto cadáver y tanto dolor sólo por tomarse el poder de la cárcel?*

Al llegar la noche, los paramilitares lograron meterse con el lanzagranadas a territorio enemigo. Su poder de fuego explotó la pared de uno de los patios contrarios. Los guerrilleros que pudieron, huyeron despavoridos al tercer piso disparando como locos; los que no lograron huir se entregaron con tristeza, sabían lo que les esperaba, hubieran preferido morir en combate. Si la situación fuera al revés sus enemigos les habrían aplicado la misma fórmula de ajusticiamiento.

A un grupo grande de guerrilleros acompañado de algunos presos civiles que les apoyaban, los paramilitares los arrodillaron en fila y les dispararon uno por uno, a sangre fría, lanzando gritos de victoria ante cada descarga recordándoles a sus víctimas por qué se estaban muriendo.

—¡Éste era vigilante de la guerrilla!... bannng.

—¡Este guerrillero nos gritaba ofensas cada vez que podía! ... bannng, bannng.

—¡Éste secuestró a mi hermana! Bannnng.

—¡Éste mató a mi amigo! Bannnnng.

Después de varios muertos, casi al final de la fila, uno de los guerrilleros se acobardó y llorando pidió negociar, dijo que él sabía dónde estaba el famoso túnel que estaban construyendo los guerrilleros y también conocía la ubicación de la caleta madre donde tenían escondidas las armas y munición.

Luego de entregar lo prometido el *chivato* se convirtió en cadáver.

—¡Por sapo...! banng, bannng.

Veinte disparos se oyeron al amanecer en medio de las ráfagas de fusil. Veinte cuerpos quedaron tirados al lado de la destruida pared, mientras la sangre teñía lentamente el piso lleno de casquillos de bala regados por todas partes.

En Alta Seguridad se escuchó el retumbar de los tiros de gracia. Todos estaban replegados en sus celdas, nadie decía nada. Con cada disparo la vida de un hombre se esfumaba. Así lo sentían en los patios. Los tiros de gracia traían un sonido seco que erizaba la piel, todos se preguntaban quién sería el desgraciado que lo estaría recibiendo y cuántos más tendrían que caer para que la masacre terminara.

Horas después los paramilitares dieron parte de guerra; los líderes vencedores confirmaron por qué los asesinaron. Unos por guerrilleros otros por estar en el patio equivocado. Culpable o inocente, nunca lo sabremos;

sus cuerpos quedaron ahí, algunos fueron desmembrados y desaparecidos en las alcantarillas del penal, no se podían dejar demasiados cadáveres visibles porque después quién aguantaría a los periodistas investigando la toma.

Hacia las 10:00 p.m., se conoció que "Bam-Bam" y "Fabio" eran los únicos guerrilleros que seguían resistiendo en el Patio 3. Los hombres lucharon a muerte para no dejarse vencer.

Dieron las 11:00 p.m. Se esperaba el ataque final de los paramilitares para ajusticiar al pequeño grupo que resistía con las uñas la pelea, en la convicción de que ya no tenían municiones para seguir peleando. El penal era sobresaltado por esporádicas detonaciones, al final, el lanzagranadas se quedó sin su munición. Afuera, la Policía, el Ejército, la Fiscalía y hasta los medios de comunicación, no podían creer que en pleno centro de la ciudad de Bogotá los presos de una cárcel combatieran tan sangrientamente sin que ninguna autoridad pudiera hacer nada para evitarlo y peor aún, ¿cómo era posible que prisioneros tan peligrosos como los que allí se encontraban tuvieran en su poder fusiles AK-47, granadas, dinamita, pistolas y un poderoso y moderno lanzagranadas?

Esto sólo sucede en Colombia.

Los periodistas se dieron gusto trasmitiendo y cuestionando la situación. El presidente en la casa de Nariño pedía explicaciones; comenzaron a rodar cabezas en el INPEC.

Mientras tanto, el olor a pólvora y muerte se tomaba los patios. Transcurrieron 24 horas antes de lograr una negociación de rendición de los combatientes. Las autoridades, desde afuera, intentaron retomar el control del penal sin éxito. Esta intención fue una trampa para ganar tiempo y reacomodar fuerzas en los grupos combatientes. Los paramilitares aprovecharon esta tregua para ajusticiar a todos los bandidos civiles que se habían refugiado en patios de los guerrilleros y que tenían cuentas pendientes con su organización.

Ante tal situación la fuerza pública no pudo ingresar a la prisión en ese momento. Fueron prudentes; los presos estaban armados y estaban con la adrenalina del combate a flor de piel. Los patios de acceso a la cárcel fueron minados por la guerrilla que instaló explosivos en los corredores para evitar que la Policía ingresara a la cárcel.

Desde la medianoche, una comisión de la Procuraduría y la Defensoría del Pueblo que había logrado ingresar al pabellón en medio del combate, negoció con los líderes Ángel Gaitán y Miguel Arroyave, para sacar vivos a los guerrilleros "Bam-Bam", "Fabio" y a sus hombres que estaban heridos, varios de ellos a punto de morir; ya no tenían munición y temían caer en manos enemigas. En esta guerra fueron cruciales los teléfonos celulares. Finalmente y ante tanto muerto, los dos líderes paramilitares decidieron terminar con el enfrentamiento y dieron su palabra de respetarle la vida a estos dos guerrilleros con una condición: tenían que ser trasladados a otro centro de reclusión.

Aparentemente, todo terminaría a las 5:30 a.m., del siguiente día, después de dos días de combate.

Los muertos reales fueron más de 72 y 55 heridos mal contados. Las víctimas pertenecían a los dos bandos y una gran mayoría, a presos civiles. Obviamente, a los medios de comunicación y organizaciones de derechos humanos las cuentas nunca les dieron porque los boletines oficiales de las autoridades manejaron sus propias cifras. La prensa hablaba ese día de 27 muertos y 73 heridos. La verdad se encuentra en las profundidades de la Cárcel Modelo.

"Popeye", quien vivió de frente el combate, cree que los muertos superaron los cien, porque en el Pabellón de Alta Seguridad se planeó, dirigió y amasó el operativo y fue allí en donde se manejaron los pormenores del enfrentamiento con el parte de guerra que dieron los sobrevivientes.

Ahí se enteraron que en los patios generales, se fusiló mucha gente y se desmembró a otro tanto; al día de hoy, se sabe que muchos de los muertos jamás fueron reclamados por sus familiares, porque simplemente no tenían dolientes que los extrañaran.

Al día siguiente, cuando la Policía tomó el interior del penal, decomisaron fusiles, pistolas, revólveres, granadas, munición, ametralladoras, el lanzagranadas y más de cuarenta perros de todos los tamaños, que eran las mascotas de algunos reclusos. Nadie sabe cómo ingresó tanto perro al penal, pero lo que sí se supo fue que estos sobrevivieron al ataque, algunos sentaditos al lado del cadáver de su amo al que cuidaron durante horas, antes de ser rescatados por la Policía.

En medio de la retoma de las autoridades, los paramilitares aprovecharon y se apoderaron del Patio 4, que era controlado por los guerrilleros. Para esos momentos, dominaban entonces los Patios 3, 4 y 5. Sus enemigos guerrilleros, diezmados en fuerzas y armas, sólo se quedaron con los Patios 1 y 2.

Rápidamente todo se enfrió; Carlos Castaño llamó para enterarse de cómo estaban sus hombres y sobre todo, don Miguel y Ángel. Los felicitó por la manera como dirigieron el ataque y por el éxito de la operación.

El saldo final de este enfrentamiento fue exitoso para los hombres de Castaño; una cosa es una pelea de paramilitares entrenados contra bandidos sin experiencia en el combate, a una pelea con guerrilleros igualmente entrenados. A pesar de que los guerrilleros fueron vencidos, se les debe reconocer la disciplina y valor con que se defendieron; nadie lo esperaba, por momentos parecía que iban a ganar porque pelearon con honor y valentía, dispuestos a morir en la toma.

El túnel que estaban haciendo los guerrilleros no se dirigía al pabellón de Alta Seguridad como decían; era hacia la calle e iba muy adelantado; tenían planeado una fuga masiva; Miguel ordenó clausurar la boca del túnel y tenerlo reservado para un futuro por si se les ofrecía, algún día.

Afuera los periodistas seguían dándose gusto con la noticia. ¿Cómo era posible que dos días después la cárcel siguiera en manos de los bandidos y los grupos de asalto de la Policía y el INPEC no la hubieran recuperado?

Ante esta anarquía del crimen la orden del gobierno fue clara.

A las 8:30 de la mañana del día siguiente, llegaron a las afueras del centro de reclusión, dos generales de la Policía con sus coroneles y demás oficiales y las fuerzas especiales de la institución. La guerrilla se dio cuenta y cesó el fuego, lo mismo hicieron los paramilitares. Ya los bandos estaban sin munición y no era inteligente enfrentarse con la autoridad. Sin pensarlo dos veces, hombres altamente entrenados con fusiles de asalto, ametralladoras M-60 y francotiradores profesionales tomaron el control del pasillo de la muerte. Crearon un corredor limpio entre el pabellón de Alta Seguridad y la parte externa de la cárcel, aseguraron la puerta blindada que daba al norte y el pasillo que llevaba al sur.

La Policía había sido alertada de la zona minada; en cuestión de minutos entraron al edificio de los "Paras", los bajaron a todos al primer piso del pabellón de Alta Seguridad. "Popeye" había escondido su revólver, era un alivio ver a la Policía. Por primera vez en su vida se alegró de verlos, en esos momentos representaban la salvación. Los guerrilleros estuvieron muy cerca de entrar al pabellón de los jefes; si hubieran tenido suerte, en cuestión de horas se les habrían metido asesinándolos a todos. Ese era su objetivo. Delegaron a un grupo de los más aguerridos guerrilleros para esta misión, ellos eran los encargados de alcanzar el patio, eliminar a Ángel, Miguel, "Popeye" y los demás, recuperando así el control de la cárcel que los paramilitares les habían arrebatado.

Los uniformados tomaron el edificio donde estaban los jefes, como base para atacar a la guerrilla, instalaron una ametralladora M-60 en la terraza; rompieron láminas y ubicaron francotiradores uniformados, con rifles 7.62. Los comandos tomaron las posiciones estratégicas para repeler el ataque de los subversivos.

Que paradójica es la vida, las propias autoridades se apoyaron en ese momento en los paramilitares para someter a los guerrilleros. Si "Popeye" no lo hubiera visto con sus propios ojos no lo creería y menos lo contaría.

Los jefes Miguel y Ángel, fueron llamados por los generales a la terraza y se comprometieron a que los paramilitares no atacarían a la Policía en los patios; vía telefónica, estos dieron la orden para que les colaboraran con lo que necesitaran. —*Esto pinta bien...* —pensaba "Popeye" haciendo sus cábalas.

Ante la llegada de la autoridad los hombres de la guerrilla cubrieron con sábanas todas las rejas del Patio 2 y se alistaron para pelear; a distancia les dispararon a los policías y estos respondieron a los francotiradores.

El general que dirigía el operativo, mandó a llamar a "Popeye", éste subió tranquilamente a la terraza del pabellón escoltado por cuatro policías; después de ser requisado lo dejaron acercarse. Él no se la creía, un sicario del Cartel de Medellín frente a frente con un General de la Policía y sin un cortaúñas encima. Era para tomarles una foto.

"Popeye" mostró su mejor sonrisa, saludó cordialmente al general que lo miró a los ojos y moviendo la cabeza de lado a lado le manifestó en tono preocupado:

—¡Aayy "Popeye"! ...¿Qué vamos a hacer con usted? ¡Mire toda esta locura!

Él sorprendido, contestó con respeto. En esa ocasión era inocente en el desarrollo de los acontecimientos:

—No señor general, yo no tengo nada que ver, yo sólo estoy cumpliendo mi condena.

Éste se rio con fuerza y le dejó quedarse en la terraza. Le pareció simpático el apunte, él también bromeaba, sabía que la guerra que estaban viviendo era de bandos igual o peor de crueles que los narcotraficantes y no terminaría hasta que se eliminaran de la faz de la tierra.

"Popeye" se instaló cómodamente en la terraza pensando para sí:

—Sólo falta que también me adjudiquen todos esos muertos... y yo sano... porque, al menos por el día de hoy, no he matado a nadie.

Se relajó y se instaló junto a Ángel y Miguel. Todos estaban en silencio mirando hacia el horizonte en donde se veían los movimientos de los guerrilleros, de pronto Miguel le pregunta:

—¿Usted qué opina de esto "Pope"?

—Señor, todo parece muy bonito; las autoridades se llevarán a Yesid Arteta, "Róbinson" y los demás jefes guerrilleros; imagino que ustedes tomarán el control total de la cárcel... todo perfecto. ¿No le parece?

Éste no dijo nada; había captado el tono irónico del sicario, era un hombre inteligente y prefirió seguir escuchando.

—Pero la realidad es otra señor, apenas tome la Policía el control de los patios de la guerrilla, también va a tomar el control de los patios de ustedes y todos para afuera.

Ángel dijo mirando a Miguel:

—¿Es que es adivino este *hp.*?

Él también era un hombre de guerra y sagaz como ninguno, entendió sus palabras aunque no quería aceptar su teoría porque sabía que era lo que a todos les iba a pasar.

En el fondo tenía la certeza de sus comentarios, el panorama era evidente. Los dos jefes paramilitares se negaban a ver la realidad, estaban felices con lo que sucedía, todavía faltaba solucionar el problema de los aliados de los paramilitares en el Patio 2. Se acordó, vía telefónica, abrir un corredor hacia el norte para que los presos corrieran; la condición era que salieran sin paramilitares.

Se armó una escaramuza; tiros van y más tiros vienen. Los francotiradores de los grupos especiales respondieron y dieron de baja a algunos de los guerrilleros que les disparaban. Varios bandidos, en veloz carrera, llegaron al lado norte.

De nuevo se restableció la negociación, la guardia penitenciaria es la encargada de acercar a las partes; un guerrillero bruto abrió fuego contra uno de los francotiradores de la Policía y éste lo dio de baja en el acto. Por poco les impacta, la bala pegó en una puerta del tercer piso, la M-60 lista a la orden de los oficiales de la autoridad. A los francotiradores, altamente entrenados con sus fusiles, daba gusto verlos: un disparo, un muerto.

En el tire y afloje, la guerrilla aceptó salir a la cancha de fútbol. Nubes de uniformados acordonan el campo con los fusiles listos para disparar. Los grupos especiales ingresaron a las celdas de los Patios 1 y 2, los antiexplosivos desminan el techo de Sanidad y el techo de ingreso al sur; desmontan trampas, detonan controladamente granadas que no explotaron en la pelea; ésta no era la misma policía que estuvo en el enfrentamiento, indudablemente estos eran mucho más profesionales. Al contrario de lo que se podría esperar, los policías hablaron tranquilamente con "Popeye"; un teniente que tenía un fusil de última tecnología, para francotirador, contestaba todas sus preguntas sobre el arma, sin misterio y amablemente. Así que no sólo eran profesionales, también eran educados. Este contacto con las fuerzas especiales le gustó.

—¡Pobres las generaciones de bandidos que vienen! —pensó "Pope" mirando con admiración las armas que tenían estos comandos y la actitud profesional y honesta que manifestaban.

Un coronel de la Policía llamó a Ángel Gaitán para que subiera a una pequeña terracita donde se divisaba perfectamente la cancha de fútbol.

Allí estaba Ángel, mirando con unos binóculos de alta potencia, hacia el campo deportivo lleno de presos. El objetivo era ubicar a los jefes guerrilleros camuflados entre los otros presos.

—¡Yesid Arteta! ¡Ese es Yesid Arteta! Gritó con felicidad señalando con el dedo la posición del hombre a distancia.

La autoridad lo individualizó y fue por él. Se vio que "Yesid" se quitó una toalla amarilla de su cuello y se la pasó a otro guerrillero; con ese gesto delegó el mando.

El coronel, vía radio, ordenó que capturaran también al que recibió la toalla; éste al ver a los policías que iban por ellos hizo lo mismo que su jefe y entregó la prenda a un tercer guerrillero. La toalla amarilla tiene un simbolismo de liderazgo en el combate dentro del grupo guerrillero de las Fuerzas Armadas Revolucionarias de las FARC. El líder fundador y jefe supremo de los terroristas, el legendario Manuel Marulanda Vélez, conocido como "Tirofijo", durante toda su vida anduvo con una toalla amarilla colgada al cuello. Ésta, además de servirle para limpiarse el sudor que le producían sus largas jornadas en el monte, fue su eterna compañera en combate. No en vano los soldados del Ejército Nacional al dirigirse a zonas de orden público a combatir estos grupos, se daban moral gritando ante los periodistas la famosa frase "¡VAMOS POR LA TOALLA DE TIROFIJO!". Cuando se daban los fieros combates en las selvas de Colombia los militares soñaban con esta toalla amarilla como símbolo de triunfo sobre su enemigo.

Desde su campo de observación, el coronel de la Policía los vigilaba con sus poderosos binoculares y se dio cuenta de la acción de relevo de mando; ordenó que esposaran a todo guerrillero que recibiera la *toalla amarilla*. Los guerrilleros hábilmente decidieron tirar la toalla al suelo para no seguir poniendo en evidencia al cuadro de mando.

La Procuraduría y la Cruz Roja Internacional, vigilaron minuciosamente que no se violaran los derechos humanos a los guerrilleros. Esa fue una de las exigencias del grupo para deponer las armas y dejarse llevar a la cancha de fútbol por parte de la guardia y la Policía.

Cuando las autoridades ingresaron a la celda de "Yesid Arteta" encontraron el radio de comunicaciones con la antena, que les permitía comunicarse con el Secretariado de la FARC, sus jefes, quienes vivían en la clandestinidad en la selva colombiana. También encontraron una poderosa escopeta y documentación importante. A todas éstas la Policía no había ubicado al segundo al mando, "Róbinson", quien fue el otro poderoso jefe guerrillero que lideró los combates.

Sabían que había sobrevivido y que estaba entre los cientos de presos desplegados en la cancha de fútbol rodeados por los policías que caminaban, de un lado para otro, tratando de identificar a todos los jefes de la guerrilla.

Ángel, desde su ubicación privilegiada miraba y miraba entre más de dos mil presos, hasta que lo ubicó; listo, le echaron mano a "Róbinson". La autoridad sacó fusiles, pistolas, revólveres, granadas, munición, teléfonos celulares, licor y droga. En el campo deportivo la requisa también fue brutal. Cuando los presos vieron que la Policía venía con todo a requisar sus cuerpos, al piso fueron cayendo, disimuladamente, pistolas, revólveres, munición y proveedores. Todos quedaron desnudos, a la guardia penitenciaria la dejaron al margen de la requisa; cuando las fuerzas especiales entraron a la cárcel, Miguel astutamente, ordenó que todos los paramilitares guardaran las armas en las caletas.

La Policía asumió el control total del lado sur; el lado norte seguía bajo el dominio de los paramilitares, que sin armas y en total calma se dedicaron a organizar un poco el desorden que habían provocado. Así llegó el siguiente mediodía, en el cual desmontaron el operativo, cambiaron a los oficiales que estaban dentro de la cárcel y sorpresivamente la Policía se metió por asalto al lado norte, tomó control de todos los patios del lado de los paramilitares que no esperaban la acción. No hubo tiroteo, todo el mundo se entregó.

Pero la sorpresa no sólo fue para el lado norte, a los de Alta Seguridad también les cayeron sin importar que los jefes les habían ayudado. Ahí entendieron por qué en horas cambiaron a algunos oficiales. El pabellón de los jefes paramilitares fue allanado en minutos, hombres de la Fiscalía, la DIJIN[4], policías y guardias penitenciarios cayeron como buitres a las celdas

---

4 DIJIN, antigua sigla de la hoy Dirección de Investigación Criminal e Interpol. N. de E.

en busca de algo comprometedor. En la celda de "Popeye" no encontraron nada, su revólver estaba en otro lado encaletado; requisaron minuciosamente a jefes paramilitares, sus celdas fueron revolcadas milímetro a milímetro, así lo hicieron con todo el edificio, mientras ellos se miraban de reojo, el enjambre de autoridades estaba ansioso de involucrarlos con algo ilegal pero no lo hallaron; ellos los seguían con la mirada, sabían que no existía algo comprometedor, habían sido muy cuidadosos en esconder armas, celulares y agendas. Todos estaban relajados creyendo que se irían en minutos pero cuando menos pensaron, les echaron mano.

¡Esposado "Popeye"! Cuando volteó a mirar ya tenían en las mismas a Ángel Gaitán y a Miguel Arroyave, era el fin de todo pero el sicario sintió un gran alivio; a "Ramoncito" se le vio una gran sonrisa en su maliciosa cara, con la salida de la cárcel de los jefes él podría hacer de las suyas a sus anchas sin ningún control; las autoridades no lo consideraron importante y lo dejaron tranquilo. Por eso él lo miró fijamente y pensó:

—¡Ahora sí te van a matar, *hp*., falso!

El CORES, grupo especializado del INPEC, los escoltó fuera del penal donde un gigantesco operativo de seguridad los esperaba. Fueron trasladados a la Cárcel Distrital de Bogotá, una prisión moderna y sobre todo, aseada, que depende de la Alcaldía. La guardia allí era muy tranquila.

Por suerte el director conocía a Ángel Gaitán, les dejó entrar comida y un teléfono celular; se respiraba una tranquilidad maravillosa. La seguridad seguía a cargo del grupo CORES.

En el término de la distancia llegó un grupo de abogados de los jefes paramilitares. Horas después arribaron sus esposas; todo mejoró con el paso de las horas.

Comieron como reyes, hicieron bromas de verse en esa situación y se rieron un rato acordándose del combate y las anécdotas que vivieron sobre todo con las salidas de Ángel que era muy gracioso con sus comentarios subidos de tono, al final cada uno se fue en privado con su esposa pero no sin antes preguntarse unos a otros en coro:

—¿Alguien sabe a qué cárcel vamos?

Ya Miguel había avisado a Carlos Castaño y éste estaba pendiente de la suerte de los dos jefes "Paras". Sobre las 6:00 p.m., se enteraron de su nuevo destino, cuando entró un guardia gritando con voz en pecho:

—¡Don Ángel Gaitán... Cárcel de Valledupar!; ¡Don Miguel Arroyave... Cárcel de Palmira, Valle!, ¡Jhon Jairo Velásquez, alias "Popeye"... Cárcel de Valledupar!

Todos se miraron, quedaron fríos. Por andar metidos en su burbuja de la guerra no se habían dado cuenta que el tiempo real en la calle había pasado, el país estaba cambiando y el INPEC, también construyendo cárceles de verdad para delincuentes como ellos.

La Cárcel de Valledupar fue el primer penal de alta seguridad en el país construido por el famoso Plan Colombia. Sus instalaciones se diseñaron bajo los parámetros de las cárceles norteamericanas; los gringos brindaron asesoría para aplicar la misma disciplina y el rigor de sus centros de reclusión. Provocaban miedo los comentarios que comenzaron a escucharse al respecto. Ese día se rompió en dos la historia de las cárceles en el país y del manejo que hasta el año 2001 el INPEC les daba.

Los comandantes guerrilleros y paramilitares, por estar disputando el control de las cárceles e incrementando su poder, no se habían enterado de lo que se les venía encima. El martirio que les esperaba no era para hombres débiles. Y para completar aún más la situación, la guardia penitenciaria también estaba cambiando, aquellos que fueron elegidos para cuidar estas cárceles de alta seguridad eran jóvenes honestos, llenos de ideales, mejor remunerados económicamente y sobre todo, habían sido entrenados por expertos norteamericanos que con base en el desarrollo del Plan Colombia estaban en el país cumpliendo esta misión. Todos fueron sometidos a la prueba del polígrafo.

"Popeye", con tranquilidad y dignidad, aceptó su nuevo destino sin olvidar su frase preferida para poder sobrevivir en la cárcel:

¡Manso como una paloma, astuto como una serpiente!...

XXX

Nada te turbe... nada te espante... todo se pasa

Decían que un norteamericano supervisaba toda la información dentro de la Cárcel de Valledupar en el departamento del Cesar, a 660 kilómetros de la capital colombiana, a donde trasladaron a "Popeye". Todos coincidieron en afirmar que el gringo era el todopoderoso, que estaba por encima del director de la cárcel y que al comandante de guardia le tocaba recibir órdenes directas del estricto hombre.

Adiós a la televisión por cable en sus celdas; adiós a muchas cosas... al licor, a las variadas visitas femeninas todos los días, adiós a las armas de fuego, la buena comida, los equipos de sonido, los teléfonos celulares, *beepers*, incluso los radios pequeños para oír música y noticias, adiós a sus amigas manicurista, masajista, esteticista... Adiós al control de los presos en los patios. Éste era el único punto bueno del nuevo sistema; cuando los presos controlan una cárcel la anarquía es total. El ejemplo de esto lo estaban viviendo en esos momentos. O sea ¡Adiós al viejo INPEC!

—Lo siento "Popeyito". ¡No puedo hacer nada por usted! —le dijo Miguel Arroyave sinceramente preocupado por el sicario que tantas veces le acompañó en las largas noches de farra en la Cárcel Modelo, sentado junto a él cuidando que nadie se le acercara mientras el hombre disfrutaba su parranda.

—No se preocupe señor. Yo estaré bien.

Se dirigió a su pequeña celda; no le quedaba sino lo que llevaba puesto, no les dejaron sacar nada de la Cárcel Modelo. Ángel se burló de él; había tenido suerte, movió sus influencias y con mucho dinero consiguió que le cambiaran de la Cárcel de Valledupar a la Cárcel de Palmira en el departamento del Valle, esa no era una cárcel de alta seguridad.

—¡Te llevó el putas; ahora sí te va a matar Leonidas Vargas! Jajajaja.

Esta vez no se quedó callado y le contestó con gallardía:

—¿A mí sólo...? ¡Claro, como usted es de acero!

Se rio como loco de su apunte y él lo hizo también, porque al final tenía razón, ahora eran más vulnerables y sus enemigos los iban a matar a todos; ya no tenían el poder de controlar una cárcel y estarían más expuestos.

La nueva cárcel a donde lo trasladaron no sólo era de altísima seguridad sino que estaba ubicada en una zona de elevadas temperaturas; el clima era brutal, en tiempo de verano subía hasta 42° centígrados, un desierto. Fue un cambio de vida carcelaria demasiado drástico pero también una verdadera condena, de los 9° grados centígrados, en Bogotá a las 6:00 a.m., a los 42° en Valledupar a las 2:00 p.m.; mientras le decía esto a Ángel, éste se compadeció de él y en tono consolador le habló:

—¡"Pope", no se preocupe que allá está el capitán Tovar!

Le dio felicidad; el capitán era aliado de los paramilitares y subía frecuentemente a Alta Seguridad. Un día Miguel Arroyave le entregó delante de "Popeye" $10,000 USD y éste ni se inmutó de que el sicario lo viera; se guardó su plata y salió de la habitación del jefe muy sonriente y relajado. Por eso se confió y pensó que no todo era malo para él en Valledupar con un aliado de la guardia en ese lugar.

Se enteraron que a los líderes guerrilleros, protagonistas, también de esta guerra carcelaria les fue mejor que a ellos, Yesid Arteta y "Róbinson" fueron llevados al pabellón de Alta Seguridad de La Picota.

La noche previa al traslado durmieron en dos calabozos a puerta abierta, Miguel en uno y Ángel y "Popeye" en el otro; Ángel Gaitán se acostó en la plancha de cemento y "Pope" en el suelo; mientras se acomodaba le advirtió cómo era la Cárcel La Picota, por si lo llevaban a ella.

—¡Don Ángel si lo traen para lo de su juicio, no se vaya a dejar meter a la Cárcel La Picota, porque en el pabellón hay armas de fuego en todos los patios!

El hombre se sentó tranquilamente en la litera y le contestó con tono enérgico:

—¿Acaso yo soy un cobarde como vos? ¡Yo pongo a barrer y a trapear a ese par de guerrilleros hijos de puta!

Se refería a Yesid y "Róbinson". "Popeye" no le habló más; pensó que jamás le iba a volver a decir cobarde, pero lo hizo de nuevo; los días demostrarían quién sería el verdadero cobarde.

Esa noche no durmió, pensando que en la Cárcel Modelo, había quedado el plan de la fuga más grande del mundo. Se estaba diseñando en Alta Seguridad y era perfecto. Miguel Arroyave tenía pensado comprar una casa a una cuadra de la cárcel y cortar todas las líneas telefónicas del sector. Buscaba la salida de unos 1500 presos, todos a las filas de los paramilitares. Las milicias desde afuera, con camiones preparados para el operativo apoyarían la fuga hasta llegar al Bloque Centauros en los Llanos.

Todo tenía que ser perfecto, ya que si se alertaba al batallón del Ejército todo se dañaría.

A pesar de las circunstancias que estaba viviendo "Pope" se alegró de alejarse del yugo de Ángel Gaitán, de la presión constante en La Modelo; sabía que le venía una dura prueba en Valledupar pero al menos cambiaba de problema.

Llegó el nuevo día. Los hombres del grupo CORES del INPEC, muy respetuosamente les pidieron que se alistaran para salir. Todos se despidieron de abrazo. Los jefes paramilitares salieron rumbo a la Cárcel de Palmira en el departamento del Valle, al sur del país.

Transcurrieron dos horas antes de que llegara otro grupo a buscar a "Popeye". Lo sacaron esposado rumbo a la Cárcel de Valledupar. Salieron bajo un fuerte operativo de seguridad; lo subieron rápidamente al furgón de traslados. En minutos llegaron al Aeropuerto El Dorado; en un hangar privado estaba el pequeño avión que los transportaría. En tono enérgico el guardia le ordenó abordar; él saludó y nadie contestó. Lo amarraron con gruesas cadenas al asiento del avión. Detrás de él llegaron más presos; eran los líderes del Patio 1, los guerrilleros que habían peleado ferozmente contra los paramilitares. Lo miraron con rabia y desprecio; les devolvió la mirada en los mismos términos.

El vuelo se completó con más presos de La Modelo, eran 18 en total. Sólo vio a dos amigos que le hicieron señas para que estuviera alerta; él permanecía tranquilo. Los guardias armados con fusiles los vigilaban atentos. El viaje le pareció eterno. Quizá les tomó cerca de dos horas y media arribar a su nuevo hogar. Por fin llegaron a la famosa Cárcel de Valledupar; el avión aterrizó, el copiloto abrió la puerta sorpresivamente y les pegó el fogonazo del clima tan terrible. La Policía acordonó la pista; por la pequeña ventanilla de la aeronave veía cómo los guardias de la cárcel se aproximaban. Llegaron en dos furgones, no faltaron los periodistas que ansiosos daban seguimiento al arribo, los enfocaron con sus poderosas cámaras de televisión sin perder detalle de la situación. Los guardias los desencadenaron de las sillas y les ordenaron salir del avión; ahí ya estaba el capitán Tovar con sus guardias.

—¡Todos abajo! —Ordenó el alto oficial; "Pope" se alegró al verlo, buscó su mirada y el hombre se la esquivó; resignado, pensó optimista que quizá ese no era el momento para intentar un acercamiento y el capitán tenía que guardar las apariencias para no demostrar preferencias con los presos. Por lo pronto prefirió concentrarse en evadir el recibimiento hostil del clima. El calor que sintió en el avión mientras los organizaban no era nada comparado con el que emanaba del pavimento que les quemaba, se sentía la humedad, sus cuerpos estaban emparamados por el sudor pegajoso, ¡cómo ansiaba un buen duchazo y una ropa limpia! La autoritaria voz del guardia lo regresó a la realidad.

Uno a uno les fueron colocando cadenas en los pies y en la cintura, abrazando las muñecas de las manos. Prácticamente tuvieron que ser subidos a los furgones; los guardias no contestaban a las preguntas inquietantes de los prisioneros recién llegados. Era otro tipo de guardia penitenciaria, con el mismo uniforme, pero con otra actitud. Lo sentaron al lado de "el médico", el galeno que estuvo en el ala norte de la Cárcel Modelo y ayudaba a los paramilitares atendiendo a los heridos; el hombre estaba muy mal anímicamente, se veía triste y deprimido; no pensó que lo trasladaran, no era la clase de sujeto que soporta el duro régimen de la prisión; lo saludó a medias, bajó su mirada al piso a punto de romper en llanto; se veía que estaba asustado; lo cierto era que, para ese momento, todos lo estaban.

Los furgones salieron rápidamente del aeropuerto, rumbo a la cárcel. La carretera era destapada, casi una brecha. El polvo inundó el cerrado camión de aluminio. Allí hacía mucho calor tanto que era difícil respirar. A los 15 minutos llegaron al penal. Una inmensa puerta se cerró tras de sí. Todos a "Recepciones"; no faltaban las amenazas y los roces entre los presos que ahí viajaban.

Al llegar, "Pope" fue encerrado solo; a los demás los instalaron de a seis en cada celda; él miró con detenimiento el lugar y procedió a quitarse la ropa, hasta quedar en interiores buscando estar más fresco. La humedad era insoportable. Estaba entretenido ubicándose en su nuevo hogar cuando otro preso le gritó con voz estridente:

—¡"Popeye", aquí es mano a mano!

Él se paró en seco tratando de identificar la voz y sonriendo le contestó a su interlocutor sin saber exactamente quién le hablaba:

—¡No se preocupe que yo no soy manco!

El hombre se quedó callado al ver que "Popeye" no había caído en el juego del terrorismo psicológico. Éste se relajó y se dedicó a explorar el calabozo; encontró un letrero que decía:

¡Bienvenido al infierno!

Sacó un pequeño lápiz del bolsillo y escribió abajo del letrero su frase de guerra:

Nada te turbe... nada te espante... todo se pasa...

Esas hermosas palabras de Santa Teresa de Jesús las leyó un día cualquiera y desde ese momento las asumió como un conjuro contra la desesperanza.

Buscó adaptarse psicológicamente a su nuevo hospedaje; estaba fuerte analizando la situación, el lugar y sobre todo, esperando a su amigo el Capitán Tovar. Llegó la hora del almuerzo: una sopa aguada con ahuyama; varios presos de las celdas vecinas la rechazaron; al fondo se escuchó que uno de ellos le dijo a sus compañeros:

—¡No la boten no, no, no! ¡Cuánto diera una persona de las que viven debajo de un puente, por una sopita como ésta!

Justo el comentario para la que sería su primera comida realmente carcelaria en casi 10 años de prisión. La consumió a trancazos. Un arroz con una diminuta porción de carne era todo el menú e incluía una deliciosa agua de panela helada. Se comió todo pero quedó con la misma hambre y extrañó al *chef* de la Cárcel Modelo; pero, ni modo, tenía que adaptarse a su nueva vida.

Trascurrieron las horas que le parecieron eternas; al fin llegó la cena, más mala que el almuerzo, sólo tomó el agua de panela helada.

Al caer la noche el murmullo en el calabozo bajó, el calor se intensificó cuando apareció el sereno. El colchón estaba empapado por el sudor de otros presos, el olor a sucio penetraba su nariz y trataba de respirar pensando en otra cosa, pero por más esfuerzos que hacía no conseguía distraer su mente; además el sanitario estaba lleno de excrementos humanos, lo que complicaba más la situación. No había agua, el mal olor era tan fuerte y desagradable que producía nauseas. Llamó al guardia para pedirle un poco del líquido para descongestionar el inodoro cuyo olor lo tenía al borde del vómito, pero por más que insistió el guardia no contestó, ignorándolo completamente. Tuvo que tragarse sus espasmos porque en el nuevo sistema penitenciario a los guardias se les tenía prohibido hablar con los presos, bajo amenaza de sanción con copia a la hoja de vida.

El primer día entendió que le tocaba acostumbrar su nariz a los nuevos olores. El desespero por la falta de agua en las celdas logró exasperar también a los guardias que la instalaron por fin, horas después y ante la algarabía que empezó a sentirse de nuevo en el lugar.

Eran diez calabozos; estaban ubicados muy cerca, una puerta frente a otra. Con cuatro metros de lado, los calabozos pegados se hallaban muro con muro. El calor era tanto que hasta los calzoncillos le incomodaban. Se dejó llevar por el cansancio. A última hora logró conciliar el sueño. De pronto, a lo lejos escuchó unos gritos; no lograba identificar lo que decían pensando que era un sueño hasta que se hicieron más fuertes y angustiosos. Despertó de un salto.

—¡Se muere, se muere, se muere!

Se paró y miró al calabozo de enfrente; un hilillo de sangre salía por debajo de la puerta; el guardia corrió y abrió la reja. Era "el Médico". Se había cortado las venas. Fue sacado bañado en sangre. El intenso calor le agilizó el sangrado; no aguantó el régimen de Valledupar y prefirió morir.

El llamado "Médico" era famoso en la Cárcel Modelo por el excelente trabajo que hacía, en medio de las circunstancias que lo rodeaban y sin el instrumental clínico adecuado para ejercer su profesión. El hombre era un duro, practicaba liposucciones, quemaba verrugas, cosía a los presos cuando tenían algún accidente o una riña pasajera; en las peleas de La Modelo realizaba cirugías complejas y estabilizaba al paciente hasta que pudiera ser sacado a un hospital. Más de un preso le debía la vida al doctor; no medía más de 1.65 metros, delgado, cara de bandido, blanco, no aparentaba ser médico. Ahora la existencia que buscaba preservar para otros, perdía todo valor para él. Se cansó de luchar por sobrevivir e intentó fabricar su propia muerte...

Era muy útil en la Cárcel Modelo; en una ocasión una pistola 7.65 se le atoró en la vagina a una señora de edad; el único que la pudo sacar fue el doctor. No le faltaba el suero, la anestesia, su máquina de liposucción, algunos implementos de cirugía, tenía todo un equipo dentro del penal que, sin ser óptimo, servía.

Su historia era tenebrosa. Nació en una familia adinerada de Bogotá, su madre lo indujo a estudiar medicina. Era el orgullo de la casa; tenía tres hermanos. Ya convertido en médico, su padre murió y dejó una cuantiosa fortuna. Enterraron al muerto y cuando leyeron el testamento una desagradable sorpresa les esperaba...

El viejo le dejó todo el dinero a una hija natural; nadie contaba con esto y el ambicioso médico tomó una decisión drástica: mandó asesinar a la niña de seis años. La pequeña salió en uniforme del colegio con una maletica, que resaltaba su inocencia. Dos sicarios se le acercaron y le dispararon en la cabeza; en los noticieros de televisión salió el pequeño cuerpo de la niña tirado en la calle tapado con una sábana, despertando la indignación nacional. Rápidamente la Policía capturó a uno de los sicarios, éste habló y contó cómo el "Médico" los había contratado. El doctor fue condenado a cuarenta años y llevado a la Cárcel Modelo.

Pero "el Médico" sabía que en la cárcel de Valledupar las cosas eran diferentes; esa sí era una cárcel de verdad y él no lo podría soportar, por eso tomó la decisión de suicidarse. Llegó el amanecer y la novedad fue que el doctor se salvó; fue dejado en la enfermería del penal para su recuperación.

Comenzó el nuevo día y el mísero desayuno no prometía nada bueno: un pan pequeño, rodaja delgada de salchichón y agua caliente con un poco de café. Primero llegó el brillante sol que calentaba toda la celda, con su potente fuerza. Hacia las dos de la tarde el calor era insoportable y la humedad amenazaba con enloquecer al más cuerdo.

Las paredes estaban lo suficientemente calientes como para no permitir que alguno olvidara que se hallaban en el infierno. Con la algarabía normal del calabozo llegó un guardia y se acercó a su reja. Sabía que no le iba a hablar pero extrañamente violó la norma carcelaria y le dijo despectivamente, mirándolo con soberbia:

—¿Qué "Popeye", se le acabó el poder?... ¡Ahora somos nosotros los que mandamos en las cárceles! Jajaja.

—¡Lo felicito mi comandante!

Le dijo parándose del borde de la litera. El guardia notó su tranquilidad al responder, esperaba una agresión de su parte y al no encontrar confrontación se enfureció tanto que con odio le gritó.

—Oiga "Popeye", usted aquí se va a morir... esto es muy duro, yo prefería suicidarme que pagar una condena en este infierno. Jajajaja.

Él ya estaba acostumbrado a ser desafiado constantemente, el objetivo siempre era el mismo hacerle perder la paciencia. Como buen bandido tenía mente hábil y sagaz para torear a los enemigos.

—¿Oiga mi comandante, le puedo hacer una pregunta?

—Sí, dígame "Popeye".

—¿Cuántos presos hay en esta cárcel?

El hombre cayó en su trampa mental y le contestó con ímpetu.

—Pues, actualmente tenemos como 1500 presos.

Él sonrió, con toda la maldad del caso, le calló la boca con su comentario.

—Imposible que yo sea el más cobarde de esta cárcel ¡Triple hijo de puta!

El guardia quedó desconcertado ante la arremetida del hombre, no tuvo tiempo de contestarle nada cuando "Popeye" le agregó de forma contundente dándole la espalda a su desafiante interlocutor:

—No olvide que yo soy "Popeye"... A mí no me da miedo nada... ojo, no se le olvide: "Popeye"... "Popeye".

Pronto le asignaron patio a sus compañeros que estaban en los otros calabozos, uno de ellos se despidió de él con una advertencia:

—¡Te espero en el patio hijo de puta!

No le contestó nada, sólo lo miró a través de la reja; la única ventaja en ese penal era que la puerta tiene barrotes y el calabozo no se ve tan pequeño.

Hacia las 2:00 p.m., sintió que no podía respirar por el calor tan insoportable; la falta de ventilación lo desesperó y pensó en otras cosas para distraerse. A lo lejos escuchó voces, reconoció una de ellas: la del Capitán Tovar. Animado, esperó que llegaran a su reja. Se vistió rápidamente. El hombre se acercó despacio, venía acompañado por el director del penal un tal Aranguren; caminó como un general romano llegado de una conquista.

—Buenas tardes mi capitán.

Lo saludo él con ánimo y expectativa recordando las palabras de Ángel sobre el capitán. Pero éste asumió una actitud despectiva, sin mirarlo e ignorando el saludo se volteó con arrogancia hacia el director y le dijo señalando con el dedo al recluso:

—Este interno es un peligro para la cárcel, yo lo conozco, fue el que dañó La Modelo.

Él calló con prudencia mirándolo con desagrado y sorpresa pues no se esperaba esa actitud de quien fuera aliado de los paramilitares en La Modelo. El capitán con toda tranquilidad siguió hablando y remató su conversación con una orden:

—¡Este tipo al calabozo!

El director de la cárcel sólo lo miró con curiosidad sin decir nada. Los dos hombres se voltearon y partieron sin más. "Popeye" quedó sin palabras, tratando de guardar alguna esperanza pensó para sí:

—No. El capitán se comportó de esta manera porque estaba con el director de la cárcel, tiene que disimular; él no es tan mala persona y ya tendremos oportunidad de hablar.

Llegó el peluquero del penal y le rapó totalmente. Casi calvo fue un alivio en ese infierno en donde el calor no dejaba ni respirar. Un guardia le tiró un uniforme que le quedó grande y unos zapatos que no le entraron; era la primera vez que le ponían un uniforme en los años que llevaba preso. El uniforme era de color caqui con unas rayas naranja de cinco centímetros de ancho que van desde el cuello de la camisa por toda la manga, en el centro y a ambos lados lo mismo. El pantalón con su raya naranja de la pretina hasta la bota por la parte externa.

A las 6:00 p.m., llegó otro guardia y con rudeza dio una orden.

—¡Desnúdese es una requisa!

Se quitó la camisa, el pantalón, los zapatos y se dejó los interiores y las medias; el guardia le gritó destempladamente:

—Le dije que se desnudara totalmente ¿no escuchó?

Lo miró feo y se desvistió completamente, el hombre le pasó un detector de metales por todo el cuerpo y no contento con esto le ordenó secamente que hiciera tres cuclillas, es decir bajar el cuerpo sin sentarse y volver a subir rápidamente, tampoco quedó satisfecho y le exigió que se agachará y le mostrara el ano; él lo observó con sorpresa ante el pedido tan extraño y sin entender la orden del guardia se agachó y le mostró su parte íntima no sin desagrado. El guardia satisfecho le dijo que se vistiera, ordenándole con fuerza:

—¡Al calabozo!

Emprendió su camino hacia el lugar asignado y todavía inquieto por lo que le acababan de hacer pensando con incredulidad y molestia:

—Este *hp.* es tremendo cacorro hacerme a mí que le muestre mis partes íntimas. ¡Es el colmo!

El guardia lo llevaba cogido del brazo; iba esposado con las manos atrás, a su paso se comenzaron a abrir rejas y rejas, que permitían el acceso a cada uno de los patios por donde pasaban. De "Recepciones" a los calabozos era un largo paseo, había que avanzar por entre las nueve torres que componen el penal hasta lo último que son los temidos calabozos. En el camino los guardias que abrían las rejas lo miraban con desprecio, él hacía lo mismo. Uno de ellos lo observó despectivamente y sonrió con burla al verlo en la misma situación miserable de los demás presos, en una verdadera cárcel de alta seguridad. Reían porque a "Popeye" y sus amigos se les había acabado el desmadre que manejaban en la Cárcel Modelo; al fin iba a saber lo que era estar recluido en una prisión de verdad.

Cuando llegaron al tan anunciado patio de calabozos el guardia lo entregó a otro que le ingresó abruptamente a la primera celda del corredor. Él estaba relajado, después de lo mucho que había visto en las últimas horas ya nada lo sorprendía, pensó que no todo era tan malo. La celda tenía un bombillo que podía prender y apagar él mismo. La taza del sanitario se encontraba en la punta de la cama, era de porcelana con tanque para el agua, lo maravilloso fue que el sanitario no tenía excrementos acumulados, no se hallaba tan limpio pero al menos no apestaba como el anterior.

En estos cuatro metros cuadrados estaba la nueva vida de "Popeye"; al fondo una plancha de cemento para el colchón de algodón en el que todavía se percibía el olor de sus antiguos propietarios. Lo tendió con una sábana limpia que le dieron al ingresar, se quitó la ropa empapada de sudor y quedó en interiores. En los calabozos no hacía tanto calor como decían; por los barrotes se filtraba un viento caliente, no era mucho pero en estas circunstancias cualquier soplo refrescante era bienvenido. Un pequeño muro separaba un minúsculo patiecito que conducía a la reja de la entrada, esto le daba algo de privacidad a su cama. Lo mejor del calabozo era la ducha ubicada a un lado; se había imaginado ese infierno peor de lo que decían los otros presos con sus comentarios incendiarios, metiendo terror sobre el temido penal de Valledupar. Él se acomodó más fácilmente de lo que hubiera pensado y disfrutó por un momento del aire que entraba por la reja. Pensó que era fenomenal, aspirando e inundando sus pulmones de ese soplo de libertad que le reponía las fuerzas perdidas. Apoyado sobre la reja se dio ánimo repitiéndose:

—No estoy tan mal, los otros están peor que yo, paciencia, mucha paciencia e inteligencia "Popeye". ¡Aguanta!

Exploró el calabozo de nuevo, sus ojos se detuvieron con picardía en la pared principal que se veía limpia sin *grafiti*. Sonrió con sorna, era su momento, buscó un pedazo de lápiz que todavía conservaba encima y con fuerza escribió su tradicional eslogan de guerra:

"Nada te turbe
Nada te espante
Todo se pasa...".

Rio con ganas ante la situación, no le quedaba más. La única posesión que le quedaba era su vida y se había prometido luchar por ella hasta el final. Esa cárcel no lo iba a derrotar, daría la pelea. Con este simbólico acto se adueñó del calabozo —su nueva casa— repitiéndose entre dientes mientras se acostaba:

—¡Vamos bien! ¡*Astuto como una serpiente y manso como una paloma*!

Por primera vez en sus diez años de prisión estaba durmiendo en una verdadera cárcel para criminales. Esa noche, entre resignado y optimista, se dedicó a dormir lo más cómodo que pudo. Envolvió los zapatos en la minúscula toalla, los utilizó como almohada y a descansar. No había ruido de otros presos, él estaba en la cola del sistema penitenciario colombiano, en la prisión más temida por los bandidos, para la época; en la cárcel de la cárcel... no todos vivían en los calabozos.

Mientras le vencía el sueño hacía castillos en el aire, optimista de que podían mejorar las circunstancias para él apenas pudiera hablar con el capitán Tovar. Era su salvación como lo fue muchas veces para Ángel Gaitán y Miguel Arroyave a quienes ayudó en varias situaciones graves en La Modelo, seguro que el capitán era agradecido y no lo iba a dejar solo en este infierno, más cuando veía los cambios en los nuevos guardias; asustaba la actitud incorruptible que mantenían, no se dejaban comprar se veían diferentes. Muchachos jóvenes con sus dentaduras bien tenidas, orgullosos de sus uniformes, bien presentados, algunos educados. Era el nuevo INPEC. El dinero que llevaba se lo decomisaron al ingreso, estaba prohibido que los presos manejaran efectivo. Tuvo que resignarse. Sus ojos se fueron cerrando con pesadez, la tranquilidad lo fue arropando; lentamente se metió en el túnel del sueño, lejos del yugo de los jefes o narcotraficantes poderosos, las ofensas de otros, la zozobra de la Cárcel Modelo, algo le decía que en ese lugar iba a estar bien, muy bien; el sueño lo venció y durmió plácidamente hasta que una pesadilla se le cruzó en el camino...

—El agua, el agua, el agua. ¡Muévanse... el agua, el agua!

El grito provenía de un malgeniado guardia que pasaba su bastón de mando por los barrotes de las puertas. En realidad aullaba. "Popeye" saltó de la cama y corrió a la ducha, el chorro fuerte y constante salpicaba el colchón pero no le importó, estaba feliz, era un baño casi al aire libre que lo dejó despierto y con energía.

—¡Qué duchazo! ¡Qué delicia!

El primer chorro de agua estaba caliente, el siguiente no tanto; las cosas iban mejorando, se secó rápidamente con el pedazo de toalla que le habían entregado al ingresar y quedó frente a la reja; un espectáculo maravilloso se reveló a sus ojos, eran las cinco y treinta de la mañana y el amanecer era grandioso cuando miró hacia el cielo desde sus barrotes. A la distancia el día despuntaba desnudando ante él la majestuosidad de la naturaleza.

No lo podía creer, después de años de encierro al fin podía disfrutar la dicha de ver, desde su calabozo, una de las maravillas de la naturaleza de su país: la esplendorosa Sierra Nevada de Santa Marta, uno de los sitios turísticos más visitados y territorio sagrado de los indígenas Kogui que viven en la Ciudad Perdida en el parque Tairona. Algunos decían que esas montañas eran mágicas, por su gran concentración de energía cósmica. Lo cierto es que para él lo fueron, porque desde la primera vez que las vio quedó embelesado, atraído por ese imponente conjunto de montañas frente a la Cárcel de Valledupar.

Se aplastó contra la reja para apreciarlas mejor; un bonito espectáculo para criminales como ellos, que añoraban la libertad. Lo más cerca que tenían era ese portento que se las recordaba.

—¡"Popeye", "Popeye"!

Pensó en no contestar al compañero que le llamaba, le estaba interrumpiendo su momento pero necesitaba información del sitio y le respondió con amabilidad.

—Si mi amigo ¿en qué puedo servirle?

—¡Qué alegría tenerlo de vecino. Soy admirador de Pablo Escobar y de usted!

Rio con el comentario, era bueno contar con un aliado en ese lugar, entabló conversación con el vecino. Se trataba de un famoso bandido de apellido Preciado, alias "El Diablo", un sicario nacido en la Hormiga, Putumayo, condenado a 40 años por homicidio; le contó que las requisas humillantes a que son sometidos los presos mostrando el ano, al guardia son normales dentro del nuevo régimen carcelario al igual, que lo hacen en las cárceles norteamericanas.

Los presos acostumbran usar unos pequeños tubos de P.V.C., en los cuales meten puñales, dinero o droga y luego introducen el tubito en el recto. Al hacer las cuclillas el guardia se da cuenta si el preso esconde algo allí, por eso le hace una inspección más detallada y procede a sacarle el objeto o bien, pasa la requisa.

Todo esto era nuevo para él. Haber vivido siempre en pabellones de alta seguridad controlada por los jefes del bajo mundo, lo había excluido de estas medidas que apenas estaba conociendo.

A su nuevo amigo Preciado, sólo le escuchaba la voz y le veía las manos, estaba recluido en la celda de al lado; hablaban largamente acercándose a la reja, así se les hacía el tiempo más corto. Con el paso de los días entablaron una bonita amistad; a él le gustaba cantar, y contar historias de su pueblo. Cuando lo sacaban del calabozo para Sanidad forcejeaba con los guardias para saludar a "Pope" de mano. Lo lograba a jalonazos y se iba feliz; era su pequeño triunfo de bandido.

Los calabozos eran una hilera de cajones de cemento, no pasaban de 12 en la parte delantera y 12 en la de atrás. Estaban ubicados en el ala posterior del Pabellón número 1. Tenían mucha actividad. A veces era insoportable porque, algunos presos pasaban la noche entera dando gritos y golpes a las rejas con los pies.

En la tarde cuando encerraban a los presos recibió una buena noticia:
—"Pope"… "Pope", "Pope". le decía una vocecita chillona. Él miró para todos lados tratando de ubicar de dónde provenía el llamado. Subió el pie en la reja y se sostuvo con las manos, miró a lo alto y descubrió tras otra pequeña reja el rostro de "Chalito". Era su amigo, lo saludó lamentando su situación, lo tranquilizó diciéndole que estaba bien; le concretó una cita para la tarde cuando el nivel del ruido bajara y así lograrían hablar mejor.

"Chalito" estaba condenado a 40 años como uno de los supuestos autores intelectuales de la masacre del barrio "La Chinita", en Apartadó, Antioquia, habitado en su mayoría por miembros de la Unión Patriótica, un partido político de ideas izquierdistas, que fueron asesinados por paramilitares de Carlos Castaño.

Cuando llegó el Ejército detuvo a un grupo de inocentes que estaban de chismosos y los culpó de la masacre, fueron rápidamente judicializados y condenados como paramilitares y asesinos de "La Chinita". Once personas terminaron en la cárcel, nadie les preguntó o las defendió, lo único que sabían era que estaban pagando la condena sin saber por qué. Uno de ellos fue "Chalito" y su amigo Arturo.

Con "Chalito" se conocieron en la Cárcel La Picota años atrás. Presenciaron una de las historias más dramáticas que había visto en su vida carcelaria.

El joven "Chalito" de 23 años de edad, 1.60 metros de estatura, tez oscura y súper servicial, trataba de sobrevivir en la cárcel ayudando en lo que fuera, era muy pobre al igual que su amigo Arturo quien a pesar de ser amable era un poco retraído. Alto, musculoso, de la raza negra, bien presentado, con 27 años de edad; su esposa, una humilde campesina, llegó del pueblo a vivir en Bogotá, para estar al lado de su marido. Tuvieron un bebé; la señora trabajaba en lo que le saliera, para sobrevivir.

Un buen día Arturo se volvió irritable, no hablaba con nadie; "Chalito" comentó que la mujer se le había *putiado*, que había llegado una amiga de Apartadó y se la pasaban bailando y saliendo con amigos que las invitaban.

Arturo citó a su mujer a la cárcel y le pidió que le llevara a su amiga de parranda, a la visita del domingo. Los cuatro, incluido el bebé, se encerraron en la celda, que estaba ubicada enseguida de la del comandante "Bochica". Todo normal, "Popeye" estaba en el patio con "Bochica" ninguno de los dos tenía visita, charlaban amenamente; pocos minutos después vieron que de la celda de Arturo una mujer sacaba la mano y la movía angustiosamente por la ventanita de la puerta que estaba trancada por dentro; no le prestaron atención y siguieron hablando.

La señora seguía insistiendo y gritaba con dificultad. Su voz no salía, parecía que la estaban ahorcando. "Popeye" creyó que se trataba de un problema de marido y mujer. En el acto se acordó del bebé que también estaba en la celda; salió corriendo hacia donde se hallaba la mujer parada en la puerta, dentro de la habitación. Desnuda, el pánico le alteró el rostro, apenas lo vio gritó con gran esfuerzo.

—¡Se mató, se mató, se mató!

"Bochica" llegó detrás de él, forzaron la puerta y entraron; allí estaba él, desnudo tirado en la cama y botando babaza por la boca. Arturo ya estaba muerto boca abajo encima de la amiga de su esposa que yacía también desnuda y muerta; el bebé estaba a salvo, ellos miraban la escena apenados por la mujer que estaba a punto de desfallecer, en esos momentos llegó corriendo el capitán de la Policía y sacaron de un tirón a la sobreviviente con el bebé en brazos, la humilde mujer entró en una crisis nerviosa, no pudo sostenerse más en pie y se desmayó.

Arturo se había cortado la garganta con un cuchillo después de envenenarse. El peso de la condena, la situación económica y la infidelidad de su mujer lo colapsaron. Arturo era inocente de la masacre de "La Chinita", no pudo con el atropello de la justicia que lo condenó sin haberlo escuchado y con el tiempo se comprobó que sólo fue un chivo expiatorio de las capturas apresuradas de las autoridades.

La señora de Arturo sobrevivió, su hombre planeó muy bien la venganza. Antes de matar a las mujeres las confrontó. A su esposa por sus infidelidades y a la amiga por haberla inducido. Las mujeres lloraban desesperadas pero por miedo no hicieron nada para defenderse. El hombre las tenía intimidadas con el cuchillo y las obligó a desnudarse. Primero abusó de su esposa mientras le ponía el arma en el cuello, ante la mirada aterrada de su amiga que protegía al bebé. Arturo obligó a su mujer a abrir la boca, le introdujo el cianuro y la empujó al piso pensando que ahí se moriría, con rabia agarró del pelo a la amiga y la tiró violentamente en la cama, se le subió encima, la violó y luego a la fuerza le abrió la boca y la obligó a tragarse la pócima mientras la mujer lloraba desconsoladamente, él a su vez tomó el bebedizo y con fuerza se cortó la yugular, murió pensando que había tenido éxito con la venganza.

Su esposa tuvo suerte, en el afán de asesinarla Arturo no le dio demasiado veneno y éste no le hizo efecto. Ella para salvarse fingió estar muerta hasta que sintió que él estaba agonizando; ahí sacó valor por el bebé y corrió hacia la puerta a pedir ayuda.

Años después de esta tragedia el destino cruzó a "Popeye" nuevamente con uno de los sobrevivientes de la historia: "Chalito", el amigo de Arturo a quien recordaron ese día, evocando el pasado. Para bien o para mal la vida siguió para ellos y tenían que sobrevivir en el infierno de Valledupar. Él le pidió un favor especial.

—"Chalito" por favor vea las noticias en el televisor del patio y por la noche me las cuenta.

—Listo "Pope", yo le cuento.

Le gritó a distancia "Chalito", quien se agachaba hasta el piso mirando hacia abajo a los calabozos donde estaba "Popeye"; ese era un buen método de estar al día con la actualidad noticiosa. Eran pequeños gustos que se podía dar y lo disfrutaba, sentía que todo mejoraba para él: ya iba a tener información del exterior. También le autorizaron una llamada diaria en la noche, desde el teléfono público de la cárcel.

Tener algo qué esperar era un buen aliciente para matar el día en el calabozo; resultaba toda una esperanza y con la llamada estaba *full* con sus pensamientos.

En el día caminaba tres pasos hacia la puerta y los mismos hacia la cama, acompañaba con flexiones de pecho, moviéndose para no oxidarse; las normas internacionales carcelarias ordenan que un preso tiene derecho a recibir una hora de sol al día. Como esa prisión fue ideada por los norteamericanos, se inventaron el diminuto patiecito para recibir el sol. Allí cabía un preso sentado con los pies estirados, no alcanzaban a acostarse; en la noche era sacado para hacer su llamada. Esa noche tenía curiosidad por saber qué pasaba en el exterior, marcó a la Cárcel Modelo al teléfono celular de un amigo; allí todavía seguían utilizando, a escondidas de la guardia, los teléfonos celulares que ocultaban en las caletas después de la salida de los jefes.

Su amigo le contó que "Cadavid", el jefe paramilitar que dirigió el combate en los patios y era la mano derecha de don Miguel Arroyave, no fue sacado de la Cárcel Modelo en la purga que hizo la Policía y en esos momentos estaba recluido en el edificio de Alta Seguridad donde estuvieron ellos. Su confidente era súper aliado de "Cadavid" y sabía que algo grande iba a pasar en el pabellón.

Colgó el teléfono y se fue meditabundo al calabozo. Recostado en su cama analizaba la información cuando la voz chillona de "Chalito" se escuchó a lo lejos llamándole.

Las noticias de televisión no eran del otro mundo, le dio las gracias y se despidió de su improvisado periodista. Quedaron citados para el siguiente día a la misma hora. Allí no había relojes, radios transistores y menos televisores en las celdas, solo había un televisor en el patio para 200 presos, el reflejo del sol no dejaba ver bien la imagen, pero algo es algo y se conformaban.

Se enteró que Miguel Arroyave fue trasladado de Palmira a la Cárcel de Itagüí en el departamento de Antioquia y a Ángel Gaitán lo llevaron a los calabozos del DAS, en Bogotá.

Los días fueron pasando. Cada vez llegaban remisiones con nuevos reos a la Cárcel de Valledupar. Los calabozos se fueron llenando todavía más. La pelea entre presos y guardias se fue incrementando, la represión de los guardias era brutal, los presos atacaban duro; se enteraron que en el Patio 2 un interno bañó con heces fecales a un grupo de guardias que intentaban entrar al pabellón a pegarles con un garrote. El personaje tomó un balde y con una *coquita* lo llenó de excrementos y se lo arrojó a los guardias; se le facilitó porque los baños permanecían llenos ya que un preso tenía que hacer sus necesidades encima de las de los demás, el agua sólo la instalaban tres veces en el día: 5:00 a.m., 12:00 p.m., y 6:00 p.m., durante 15 minutos en cada ocasión, y no se alcanzaban a lavar los baños.

Con el intenso calor que hace en ese centro de reclusión, el guardia que fuera bañado con excremento no se quitaba el olor en una semana. Este comportamiento traía consecuencias graves para el preso, una garrotera brutal y a rastras lo llevaban para los calabozos; allí comenzaron a llegar presos con la clavícula quebrada, brazos y piernas fracturadas, nariz reventada, ojos morados. Las peleas eran terribles. El ambiente estaba caliente era cuestión de tiempo que esta bomba estallara. Ya no era una guerra por el control de la cárcel; en este sitio el enfrentamiento era a muerte entre presos y guardias, sólo para sobrevivir en condiciones medianamente dignas para seres humanos.

Su amigo, "El Diablo" era campeón para cazarles peleas a los guardias. Les prometía que se iba a portar bien para que lo llevaran a un patio, estos le informaban al director y le daban el permiso; a los tres días aparecía garroteado, sangrando y de nuevo en el calabozo.

La mayoría de los problemas en esta cárcel se presentaron porque los guardias no hablaban con los presos, el régimen interno lo prohibía, los reclusos no podían solucionar cosas tan básicas como un daño en el teléfono, en el televisor o sacar a un preso a la enfermería. Como los guardias no les contestaban ni asumían responsabilidades, los muchachos revolucionaban el patio; arrancaban de cuajo los mesones de cemento que servían de comedores y los arrojaban a los vidrios blindados de la garita de guardia, la respuesta era inmediata, los guardias se apostaban en la terraza de la torre y disparaban gases lacrimógenos y entraban con máscaras antigás, dando garrote. Luego ocho o diez presos iban al calabozo. El INPEC no había entendido que no estaban en los Estados Unidos con ese régimen tan drástico implantado en Colombia, en donde las cosas eran a otro precio y no podían aplicar el estricto modelo carcelario norteamericano, tenían que cambiar la norma antes de que ocurriera una tragedia.

Los guardias estaban envalentonados y crecidos, perdieron el piso y comenzaron a hablar pero sólo para ofender a los presos. Cada rato llegaban a la puerta de "Popeye" a burlarse de él. Éste callaba por prudencia, no era su momento; llenos de poder y soberbia, estaban locos, él tenía que aguantarse; ya llegaría su hora.

Como él estaba en el primer calabozo los oía hablar mientras prestaban guardia; felices acostándose con cuanta mujer encontraban en la ciudad de Valledupar, cuando salían del trabajo. Ganaban buen dinero y comenzaron a gastarlo comprando motos, pistolas, tomando licor; tenían buen ingreso. Fuera de eso tenían prima de seguridad y prima de clima; recibían casi $900 USD mensuales.

Pero olvidaron que la zona de Valledupar no era un paraíso; su gran arrogancia no les permitía ver el peligro en que estaban, su juventud los enceguecía. Muy poquitos fueron los que actuaron con profesionalismo.

La mayoría se enorgullecía de haber hablado con un norteamericano y de poder pasar la prueba del polígrafo, se sentían con la doble nacionalidad colombo-estadounidense. La cárcel estaba muy mal situada. No recordaban que muchos de los presos que a diario maltrataban y humillaban pertenecían a poderosas organizaciones al margen de la ley, como eran los guerrilleros, paramilitares y narcotraficantes. Estos inocentes guardias se creyeron el cuento del régimen carcelario gringo y pensaron que vivían en EE.UU., en donde los presos no toman venganza contra la guardia. Incautos jóvenes, olvidaron que Colombia es Colombia...

Los guardias se sentían seguros porque el Ejército tenía presencia a 5 kilómetros. El batallón La Popa estaba situado al comenzar la carretera hacia el penal y los soldados patrullaban cerca; mantenían unos doce soldados en una loma para una alerta temprana.

A pesar de su arrogancia se veía que los guardias le temían al Bloque Caribe de las FARC que operaba en la zona, pero no dimensionaban el verdadero peligro: los paramilitares. Había mucho preso de las autodefensas, estaban en su zona; algunas veces "Popeye" escuchó cómo un paramilitar golpeado y humillado le decía al guardia:

—Le voy a mandar a contar a "don Jorge" que nos están golpeando.

Y el guardia le contestaba mostrándole su apellido escrito en el uniforme:

—Vea, apréndase bien mi nombre y dígale a ese viejo triple hijo de puta que yo le pegué.

Y remataba:

—¡Nosotros somos 8000 guardianes y también tenemos armas!

Craso error por parte de estos jóvenes. No sabían que el día de la visita, una nota de papel contando la situación saldría en la vagina de una mujer a las manos del tal "don Jorge".

Este súper personaje en quien ponían sus esperanzas los paramilitares de la cárcel y a quien temían los guerrilleros, era el poderoso jefe paramilitar "Jorge 40", jefe de jefes, quien mandaba en varios departamentos entre ellos Magdalena, Guajira, Atlántico, Santander y por supuesto el Cesar ya que su casa era Valledupar; allí lo respetaban y temían. Tenía un ejército de más de 3000 hombres armados hasta los dientes, controlaba todas las ciudades de la región, su dominio iba hasta la Alta Guajira y por si fuera poco su base quedaba a 5 kilómetros de la cárcel.

Algunos miembros del Ejército lo protegían, lo mismo que la Policía. La cárcel estaba construida en los dominios del comandante "Jorge 40". Cuando la estaban levantando los paramilitares, junto con el Ejército, vigilaban para que la guerrilla no la tumbara.

"Popeye" sabía que de un momento a otro la suerte cambiaría, sólo había que aguantar y tener cerrada la boca. Todo el tiempo los guardias lo provocaban buscando pelea; Preciado le criticaba porque él se quedaba callado.

—"Pope" usted es un *güevón*, no se deje atropellar de esa manera.
—Le decía "El Diablo" furioso cuando veía que el guardia se pasaba en humillaciones contra él.

—Amigo apréndase esto: *manso como una paloma, astuto como una serpiente...* ¡Nunca se le olvide!

Esto le daba como consejo a Preciado que insistía en que el enfrentamiento físico y verbal era la solución con los guardias.

Al fin un día lo visitó el capitán Tovar; entró a su calabozo, no saludó, él tampoco lo hizo; lo miró con desprecio. Le reclamó porque, según él, tenía mucha agua y ordenó que le requisaran todos los días. En actitud arrogante alzó su pie derecho y le botó los vasos desechables llenos de agua que tenía acumulados para refrescarse cuando faltaba el líquido.

El hombre miró el reguero que había provocado, se rio con sorna, dio media vuelta y salió echando madres, dejando atrás a su ex amigo "Popeye". Había olvidado lo bien que la pasaba en el Patio de Alta Seguridad al lado de Miguel Arroyave y Ángel Gaitán, en esa época era muy amable con él, pero los tiempos habían cambiado; ese hombre prepotente que acababa de tirarle el agua al piso era el que mandaba en la cárcel y tenía el poder de humillarlo todas las veces que le diera la gana.

"Popeye" no era el único que sufría los maltratos, los guardias también estaban cansados del hombre; los trataba a las patadas, por cualquier cosa les pasaba un informe. Lo odiaban más que los presos; un guardia se le acercó y le dijo con fiereza:

—"Popeye" por qué no desenmascaró a ese hijo de puta, nosotros sabemos que es un corrupto.

Él lo miro a los ojos y sonriendo con ironía le contestó:

—Lo que ustedes me hacen a mí, él se los hace a ustedes... qué paradoja ¿no cree?

Y le dio la espalda. El guardia se fue furioso golpeando fuertemente con su pie la reja.

La cárcel está compuesta por nueve torres cada una de cinco pisos; en el primer nivel no hay celdas, para evitar los túneles. En el centro se ubica el patio. Las celdas cuentan con dos camarotes de cemento uno sobre el otro, una ducha con sanitario y una pequeña ventana alta y estrecha que da al exterior; la construcción parece que encerrara más el calor, los pisos de arriba se ven más frescos pero no les alcanza a llegar el agua copiosamente. A los presos los sacan de la celda a las 6:00 a.m., los suben al final de la tarde, sobre las 5:00 p.m., para encerrarlos en sus respectivas celdas.

Una mañana le visitó el director del penal de apellido Aranguren; era un hombre pequeño de estatura, arrogante y déspota con los presos; abiertamente se burlaba de "Popeye".

—Vea donde está... eso le pasa por asesino.¡ Jajaja!

No le contestó nada, sólo lo miró como si fuera un insecto asqueroso; llevaba puesta una camiseta con el distintivo del *Buró* de Prisiones Norteamericanas.

—Nunca lo voy a sacar del calabozo "Popeye", aquí se va a morir. ¡Jajaja!

—No se preocupe que acá estoy bien. Y que pena con usted, no lo puedo atender más, tengo que hacer mis ejercicios... adiós... señor director.

El tipo salió enojado, creyó que lo iba a intimidar y el intimidado fue él. Como dicen, el que ríe de último ríe a carcajadas y eso hizo después de la visita del fastidioso director.

En la noche tenía su acostumbrada cita con "Chalito" para el resumen de noticias de televisión. Él las anotaba en un papelito y se las gritaba desde arriba tirado en el piso, asomando la cabeza lo mejor que podía; él subido en la reja de la celda las escuchaba con atención. "Chalito" se había convertido en el reportero de los calabozos; los otros presos también se pegaron de este improvisado noticiero y ansiosos esperaban la voz chillona de "Chalito".

—"Pope" mataron en la Cárcel La Picota a un tal Ángel Gaitán.

—¿Cómo? —Le gritó a "Chalito".

—Sí "Pope" lo mató un tal "Róbinson".

Ángel Gaitán Mahecha fue uno de los jefes paramilitares que sacaron de la Cárcel Modelo; lo habían dejado en los calabozos del DAS, pero él movió influencias para que lo llevaran a la Cárcel La Picota. Cuando llegó la guardia le dijo que no lo podían meter al Pabellón "A" porque ahí estaban los comandantes guerrilleros Yesid Arteta y "Róbinson", sus peores enemigos, con quienes había peleado a muerte en la Cárcel Modelo, generando el traslado de todos; obviamente meterlo en el patio donde ellos estaban era un suicidio.

El ego de Ángel Gaitán fue más grande que su inteligencia. Creyó que podía manejar la situación buscando un acercamiento con los guerrilleros, insistió tanto a los guardias y tocó puertas por todos lados para que lo pasaran al patio; no quería quedarse en los calabozos estaba estresado encerrado todo el día en la pequeña celda.

Los guerrilleros se alegraron al saber que su enemigo estaba en el mismo pabellón. Uno de ellos ya tenía el plan perfecto para vengarse de Ángel por todo lo que les había hecho en La Modelo, nunca olvidó que éste junto a Miguel Arroyave les había arrebatado el control de la prisión, relegándolos al lado sur. A las dos horas de estar ahí, "Róbinson" fue al calabozo y saludó amablemente a Ángel, diciéndole que todo estaba bien y que las diferencias que hasta ese día se presentaron entre ellos quedaban superadas para lograr convivir en paz en el patio. Ángel inexplicablemente se comió el cuento, habló con la guardia y le dijo que todo estaba perfecto. "Róbinson" le agregó astutamente:

—Don Ángel, lo pasado es pasado, bien pueda ingrese que acá estamos tranquilos.

Con el paso del tiempo todos se preguntaron cómo pudo un hombre tan vivo y sagaz como Ángel Gaitán Mahecha creer esa historia; quizá le tocaba morir en esa fecha y de esa forma. Su destino estaba marcado. Paradójico que aquel día se cumplía el primer mes del asesinato de su novia Claudia Zapata, el mismo que él ordenó.

Ángel era un viejo zorro, muy astuto y desconfiado y más si se encontraba en terreno desconocido, gobernado por sus peores enemigos. Estaba solo, sin protección alguna y estrenando cárcel.

Pero don Ángel con su arrogancia y actitud de jefe se metió sin pensarlo al Patio de Alta Seguridad. Yesid Arteta lo saludó formalmente como si nada hubiera pasado. "Róbinson" le ofreció un jugo de naranja y don Ángel se lo tomó con ganas, todo era perfecto hasta que se instaló cómodamente en su celda. Pasadas las horas llegó Consuelo, su esposa; no se demoró mucho, tenía que salir del penal porque no era ya tiempo de visita. Al despedirse de su marido le dijo inocentemente a "Robinson":

—¡Me lo cuida mucho!

Éste sonrió con ironía ante el comentario ingenuo de la mujer. Ángel debió notar la cara del guerrillero y la regañó por esta recomendación tan absurda con su ex enemigo. La mujer lo miró con sus grandes ojos verdes llenos de lágrimas; se sintió triste, quizá presintió que no lo vería más. El reloj marcó las 5:20 p.m.

Ángel Gaitán se quedó parado en el segundo piso, a los pocos minutos dio la vuelta y emprendió el camino hacia su celda confiado, sin percatarse de que "Róbinson" se le fue detrás discretamente; en la mano derecha portaba un arma y con la mirada asesina fija en la cabeza de su peor enemigo. A sólo un metro de distancia le disparó por la espalda con una pistola 7.65, el balazo le penetró el omoplato pero no lo inutilizó; Ángel, al sentir el impacto, volteó la cara y vio a su asesino. Los ojos de "Róbinson" estaban inyectados de sangre; el odio le salía por los poros, Ángel olió la muerte sintió que iba a morir, trató de correr; parecía que el destino le quería dar una última oportunidad cuando al asesino se le trabó la pistola que le puso en la cabeza para dispararle por segunda vez. Ángel entró en pánico, el miedo no le permitió aprovechar la oportunidad para tirársele encima al asesino o correr hacia la guardia, lo único que se le ocurrió fue meterse en la primera celda que vio abierta dándole toda la oportunidad a su victimario que se metió con fuerza detrás de él, sabía que lo tenía acorralado, Ángel intentó cerrar la puerta, "Róbinson" le dio una patada y del empujón envió al suelo al hombre que gritó desesperadamente.

—¡No me mate, no me mate, no me mate!

"Róbinson" descargó la pistola encima de su cuerpo, con toda la furia. Allí terminó la vida de Ángel Custodio Gaitán Mahecha; el asesino se quedó mirando con desprecio el cuerpo inerte de uno de los hombres que los humilló en la Cárcel Modelo. Sentía la adrenalina de su asesinato, miró una vez más el cadáver y salió rápidamente de la celda. Sabía a lo que se exponía: una nueva condena de 30 años por asesinar a un hombre en prisión, pero no le importó, se sintió satisfecho de matar a Ángel Gaitán, entregó el arma a los guardias y les dijo con arrogancia:

—¡Sí, yo lo maté y me entrego!

"Popeye" había escuchado con detenimiento las noticias que "Chalito" le narró y regresó pensativo a su celda, desde su cama vio muchas cosas en el desarrollo de la guerra entre bandidos en Colombia. Estaba solo, sin padrinos ni poder, encerrado en un calabozo a muchos kilómetros de la capital y otro de sus peores enemigos, Leonidas Vargas, jefe del Cartel del Caquetá, había salido libre también, complicándole aún más su seguridad personal. El narcotraficante le había jurado que no descansaría hasta matarlo.

Él entendía que si quería sobrevivir en medio del escenario delincuencial de la cárcel tenía que ser astuto y paciente. Creía que lo mejor estaba por llegar.

A todas estas, los guardias cumplieron la orden del capitán Tovar y le requisaban a diario su celda. Se paraban con las botas sucias sobre su cama, tiraban al suelo las pertenencias y le obligaban a mostrarles su ano, lo cual hacía con mucho desagrado; así comprobaban que no tenía algo ilegal guardado en ese sitio.

Los meses pasaron y él se acostumbró al nuevo régimen. En el mes de septiembre del año 2001 conoció al famoso norteamericano asesor de las cárceles; los presos afirmaban que él era el amo y señor del lugar, que hasta el director le obedecía y le informaba de todo a la embajada norteamericana. Nunca entendió qué hacía un estadounidense del *Buró* de Cárceles de ese país dando órdenes y tomando decisiones en una cárcel de alta seguridad colombiana.

El hombre portaba un uniforme camuflado con tenis; era de origen puertorriqueño. Se creía un Dios, prepotente, orgulloso y humillante con los presos, a quienes frecuentemente visitaba para mortificarlos con sus comentarios.

—Nosotros matamos a tu "Patrón". —Le dijo un día a "Popeye" parándose despectivamente frente a él y sonriendo irónicamente. "Popeye" lo miró de arriba a abajo con desprecio y no le contestó nada; no era prudente hablar. El hombre estaba un tánto obeso, aparentaba unos 38 años de edad, era el rey de reyes en Valledupar, todos le corrían, sabían que él representaba los intereses de los Estados Unidos en las nuevas cárceles del país. El funcionario inspeccionaba todo con rigor dando instrucciones a los guardias que le obedecían con miedo.

Para él era extraño que funcionarios de un gobierno extranjero, supervisaran a los presos de otro país, pero en Colombia todo puede pasar y se ve normal porque nadie preguntó ni cuestionó la actitud del hombre. Él tampoco lo pensaba hacer, decidió que lo mejor era ignorarlo y se acostumbró a las fastidiosas visitas del asesor, que al final se aburrió de molestarlo y se fue a burlarse de otros presos.

Una tarde cualquiera escuchó voces en el corredor; presuroso se acercó a la reja e intentó, pegado a los barrotes, mirar de quién se trataba. Los guardias fuertemente armados entraron con el comandante guerrillero de las FARC Yesid Arteta Dávila, fiero enemigo de él y sus amigos en la Cárcel Modelo. Al fin lo habían trasladado a Valledupar después de la muerte de Ángel Gaitán. Eso le gustó. El nuevo régimen carcelario se lo estaban aplicando a todos los bandidos por igual; el INPEC estaba cambiando.

Lo metieron en los calabozos del lado de la torre; eran más complicados pues no tenían vista a paisaje alguno, con olores fortísimos por la escasez de agua, los presos hacen sus necesidades fisiológicas en bolsas plásticas y las arrojaban por las pequeñas ventanas hacia fuera. Las heces quedaban pegadas en la pared o caían al suelo y nadie las limpiaba; así los presos ahorraban el agua de los tanques de los sanitarios.

Al ver pasar al guerrillero se acostó a meditar las cosas que se estaban complicando.

—"Popeye", "Popeye".

El susurro lo alertó. Identificó la voz de Yesid Arteta. Extrañado de que su enemigo lo llamara, la curiosidad le ganó y rápidamente se subió a la reja y le contestó, ubicando su boca en los barrotes para que el otro preso le escuchara claramente.

—Sí, señor lo oigo.

—¿Tiene revistas?

—Ya se las envío.

No hablaron más. Se asomó de nuevo a la reja ubicó a un preso encargado de hacer el aseo para que le entregara las revistas al guerrillero. Se enteró que "Róbinson", el otro comandante guerrillero que acababa de matar a Ángel Gaitán, también había sido trasladado a Valledupar, estaba en la Torre 1.

El tiempo transcurría lentamente, para "Popeye". El árido clima de Valledupar, propicia la proliferación de toda clase de insectos. En la cárcel, nubes de zancudos hambrientos se tomaban las celdas; cada época del año traía su plaga: un tiempo para las moscas que llegaban en enjambres gigantescos; las cigarras que no faltaban, con su agudo chillido, toda la noche; había montones de ellas y volvían locos a los presos que no podían dormir por su constante sonido, que atenta con desequilibrar al más cuerdo. El odioso animalito chilla por horas hasta que se revienta, es un sonido muy fuerte hasta que los seres humanos terminan acostumbrándose. Los reclusos también tenían que lidiar con miles de hormigas por preso.

Y para completar el zoológico de la cárcel aparecen repugnantes serpientes, que se multiplican cuando fumigan en los campos cercanos; los alacranes, las arañas y los ciempiés, completan el hábitat de la tenebrosa prisión de Valledupar.

Los que en esos momentos estaban ahí, eran los pioneros de este nuevo sistema carcelario y tenían que soportar, no sólo la brutalidad de la guardia sino la de los asquerosos animales que les mantenían en carne viva el cuerpo, no había forma de utilizar un toldillo y menos de un ventilador.

Los cientos de delincuentes que habitaban en el penal vivían un verdadero castigo en Valledupar, una de las prisiones más duras de Colombia. Todos temían esta prisión a la que finalmente llegaron en medio del miedo y la ansiedad. Terminaban por acostumbrarse; la mayoría debía cumplir largas condenas por sus crueles delitos contra la sociedad.

Pero no todo era tan perverso en el penal. "Popeye" un día logró ver desde su celda, pegado a los barrotes, unas aves hermosas que bajaban volando de la Sierra Nevada, lentamente pasaban majestuosas por encima de la cárcel, orgullosas de volar en libertad mientras algunos presos disfrutaban del espectáculo nostálgicos, comprendiendo las paradojas de la vida. Era una visión colorida y relajante en la mañana o al final de la tarde. Los prisioneros se deleitaban observando bandadas de loros verdes y amarillos que parecían hablar entre sí con su algarabía. El inmenso cielo azul contrastaba con el vuelo soberano de imponentes águilas de color negro y blanco que expandían sus esplendorosas alas, en su viaje al firmamento. A este espectáculo se sumaban también los gavilanes y otros pájaros de colores que con su silbido distraían por momentos a los reos.

Dentro de la celda también tenía su distracción. En su calabozo se volvió experto en hormigas, allí tenía miles; les daba agua de panela, les rociaba un poquito sobre la hilera de la pared por donde pasaban; al oler el dulce de la panela se multiplicaban. Como él tenía todo el tiempo del mundo se dedicó a estudiarlas por horas. Observó que las hormigas son extremadamente organizadas, siempre mantienen la fila rigurosamente; analizó cómo protegían a su reina, individualizó las obreras, las guerreras y las más inteligentes; por ellas, él sabía cuándo iba a llover, ya que las hormigas se desaparecían rápidamente así estuviera haciendo sol. Con el tiempo entendió que cuando no las veía en la pared deleitando el dulce era porque algo raro pasaba, minutos después caía tremendo aguacero en la región.

En el calabozo no sólo aprendió de bichos sino también del horario y calendario, sin tener reloj o medio de comunicación alguno, ya que estaban aislados todo el tiempo. Sabía la hora del desayuno, la ducha de la mañana, la del medio día y la de la tarde, por la posición y sombra que proyectaba el sol sobre la pared, tal como lo hacen los campesinos e indígenas lejos de tecnología alguna.

Pero no solo de bichos y tecnología prehistórica aprendió sino también de supervivencia, para no volverse loco en ese encierro; se la jugó y habló con los guardias diciéndoles que no tenía ningún lío con Yesid Arteta para que pasaran al guerrillero a una celda cerca de donde él estaba.

Obviamente no le creyeron pero insistió tanto que al final con desconfianza lo pasaron para la línea de celdas de enfrente y el guerrillero fue ubicado en el último calabozo, en diagonal al suyo. A veces los seres humanos prefieren hablar con sus enemigos a enfrentar sus propios demonios en soledad y por eso se hacen estos acercamientos en las cárceles, es sólo supervivencia mental, su enemigo entendió la jugada y participó de ella.

Los guardias estaban alerta mirando el desarrollo de esta petición; Yesid Arteta era un hombre inteligente, entendió, aceptó y sin aparentes rencores siguieron conviviendo apoyándose mutuamente a distancia. Cuando a él le llegaban revistas se las prestaba, lo mismo hacía él para mantener ocupada la mente y así no se hacían tan largas y monótonas las horas en ese infierno.

Yesid era un buen lector y un escritor con talento, nunca tuvo ningún lío con "Popeye" a ninguno de los dos le convenía recordar enemistades del pasado. En la Cárcel de Valledupar era solo supervivencia, los dos hombres guerreros con experiencias duras lo entendían. No faltaban los presos chismosos que regaban el cuento que estaban enfrentados y se iban a matar en cualquier momento pero solo eran habladurías porque la realidad era que los dos se apoyaban en lo que podían.

Los días pasaban y en una de sus cotidianas salidas del calabozo para llamar por teléfono, escoltado por los guardias, "Pope" se enteró de algo impactante. Como de costumbre, marcó a uno de los celulares de un preso en la Cárcel Modelo quien le informaba de todos los movimientos del penal; ese día la noticia era grande.

Recordó que el jefe paramilitar Miguel Arroyave tenía muy presente a "Ramoncito", ex compañero de ellos en La Modelo, lugar donde permanecía detenido.

Por esta razón Arroyave, astutamente desde su nuevo sitio de reclusión en la Cárcel de Itagüí en el departamento de Antioquia, organizó a distancia un operativo más efectivo que el famoso veneno mata cansones que había utilizado en el pasado contra "Ramoncito".

Esta vez el jefe paramilitar fue a lo seguro, él nunca olvidaba una ofensa y la de "Ramoncito" era de las peores, por eso hizo que su hombre de confianza, "Cadavid", permaneciera recluido en el patio de Alta Seguridad de la Cárcel Modelo y no permitió que lo trasladaran a otra cárcel, él tenía un plan perfecto y necesitaba a su hombre al lado de "Ramoncito". Para esto pagó una cuantiosa suma de dinero a unos amigos en la dirección de prisiones quienes gustosos dejaron a "Cadavid" en el patio.

El plan fue infiltrar la organización de "Ramoncito" Plazas. El hombre seguía con sus oficinas de cobro delinquiendo sin respetar la jerarquía de sus jefes. "Cadavid" informó a su jefe que tenía todo bajo control en el pabellón y que había logrado infiltrar a "Ramoncito" fingiendo ser su amigo inseparable, se había ganado su confianza y hasta estaban trabajando juntos para conocer cómo era que operaba su grupo. Llegado el momento el Bloque Capital se organizó para un gran operativo, por fin era la hora de "Ramoncito".

A las 7:30 p.m., pegada a la celda de Ramón Plazas estaba la mesa de billar. Dos presos jugaban, tres miraban. Todo parecía normal; "Cadavid" entró como siempre a la celda de su amigo "Ramoncito". La cortina de la puerta aislaba el exterior; le pidió permiso para usar el baño, éste cerró la puerta. "Ramoncito" estaba sentado en su cómodo sofá con los pies en el colchón de la cama, veía televisión con el control remoto en su mano.

"Cadavid" se puso unos guantes de látex; sacó su pistola 7.65 con silenciador, vació el sanitario, abrió la puerta y salió disparando, a donde estaba "Ramoncito" quien no alcanzó ni a bajar los pies del colchón. Dos tiros fueron suficientes: el primero en la cabeza y el segundo a quemarropa en el corazón. El asesino desmontó la pistola, le quitó el silenciador lo metió en el bolsillo de la chaqueta, la pistola la guardó dentro de la pretina del pantalón, se quitó los guantes, los escondió en su ropa y salió rápidamente de la celda cerrando la puerta tras de sí; la acción perfecta duró pocos minutos, lo que se oyó afuera de la celda fue mínimo, nadie dijo nada, todos sabían en el pabellón que "Ramoncito" iba a morir ese día pero todos callaron, bajo la ley del silencio.

"Cadavid", sacó cuidadosamente del edificio toda la evidencia del crimen por una ventanita de su celda al Patio 3, vecino al pabellón de Alta Seguridad, a escasos 10 metros, con una polea artesanal sus cómplices recogieron la ropa que él tenía puesta, la pistola, el silenciador y los guantes que "Cadavid" bajó lentamente, amarrados desde la ventanita de su celda que daba a ese lado del patio. Los hombres en minutos desaparecieron todo, "Cadavid" quedó limpio de sospecha.

La segunda fase del plan entró en acción después de una llamada clave. La pequeña organización de colaboradores de Ramón Plazas fue desmantelada, asesinaron a tres de sus miembros y cinco más se unieron a los paramilitares. Toda la infraestructura y cobros pasaron al control del Bloque Capital.

Llegó el nuevo día.

El guardia tocó a la puerta de "Ramoncito", nadie respondió. Volvió y golpeó más fuerte... lo mismo. Siguió de largo a contar en las otras nueve celdas, terminó y volvió a la puerta de "Ramoncito", nada que contestaba, se impacientó y abrió la puerta corrediza de metal luego corrió la cortina de tela; un olor pestilente lo obligó a taparse la nariz, cuando el guardia miró hacia adentro casi se le salen los ojos, allí estaba muy tieso y muy muerto Ramón Plazas.

—¡Mataron a "Ramoncito", mataron a "Ramoncito"!

Los otros guardias llegaron rápidamente. La celda apestaba a muerto y a excrementos, pues cuando el hombre vio la pistola, el miedo le hizo soltar el esfínter y ¡se cagó! Los guardias salían corriendo con náuseas y asustados; ordenaron una requisa.

Por el perfil de "Ramón Plazas" que estaba en un proceso muy publicitado por la muerte de la hija y el yerno del narcotraficante Leonidas Vargas, llegaron al edificio la Fiscalía e Inteligencia del INPEC.

La requisa fue brutal, recogieron la ropa que los internos tenían puesta para buscar trazas de pólvora, las cámaras del pasillo no captaron nada. Al final la investigación exhaustiva de las autoridades terminó como siempre, en nada concreto.

Los meses siguieron su rutina en Valledupar. El Director le mejoró la vida a los presos de los calabozos y les autorizó una salida semanal a la inmensa cancha de fútbol, no fue fácil para ellos disfrutarla; el calor sofocante los diezmaba, pero salir una hora del calabozo a una zona verde donde podían respirar el olor a libertad era fenomenal, se sentían libres en medio de las cercas alambradas.

La Torre 9 está ubicada en un lugar privilegiado, con zona verde, luego están los cubículos para recibir la visita de abogados; con ellos sólo se comunican por un citófono y los ven a través de un vidrio. En el sitio hace tanto calor que parece un sauna, no tiene ventilación. En ese punto se ve una doble fila de torres desde la número 8 hasta las torres 1 y 2, estas últimas contiguas a los calabozos. Todo está cerrado por un inmenso muro, con garitas de vigilancia para los guardias. A lo largo del muro están los corredores que le dan toda la vuelta a la cárcel. Cada dos torres tiene un patio de visitas con habitaciones para la visita íntima que por reglamento era de una hora cada 45 días.

Así nació el nuevo INPEC, con las cárceles de alta seguridad. Todo tenía que ser perfecto, la disciplina se veía. Los presos no aceptaban el nuevo sistema; lo rechazaban frecuentemente, sobre todo cuando les aplicaban el temible *escorpión*; La guardia de Valledupar se daba gusto aplicando esta brutal tortura. Para ir al baño el castigado dependía de si el custodio se compadecía, si no, tenía que hacerse en la ropa, así podía durar un preso hasta 24 horas. Esta práctica era la salida de los guardias, cualquier problema le decían a los presos sonrientes y felices de desquitarse:

—Le pongo el *escorpión*.

A él nunca se lo pusieron, aguantó con inteligencia todas las ofensas callado; ya había hecho el curso intensivo con sus enemigos en otras cárceles, sabía que *uno es esclavo de lo que dice y dueño de lo que calla*.

El gran inconveniente era que llegaban muchos presos del viejo INPEC, adictos a la droga, y como en Valledupar no circulaban estas substancias empezaban a padecer el síndrome de abstinencia y estos atacaban a la autoridad con fiereza; ahí venía toda clase de violaciones a los derechos humanos.

Era normal ver presos con fracturas por los garrotazos, cabezas rotas, moretones por todos lados, palmadas en la cara, patadas brutales. Todo al orden del día; era normal la vida así.

Las quemadas de la piel eran terribles, con esa temperatura tan alta los poros de la piel están más abiertos y el gas lacrimógeno que utilizaba la guardia para someter las revueltas entraba fuerte en el cuerpo, los presos resistían con valor, pero siempre terminaban perdiendo. Todo un infierno; por todo lado se oía como les daban duras golpizas.

"Popeye" hasta se había salvado de estas palizas y con paciencia logró ganar un pequeño espacio: lo sacaron a barrer por los calabozos; estaba feliz, así rompía la rutina. Allí se enteró de la delicada situación en la cárcel.

Algo le aterró. En los calabozos de atrás un paramilitar estaba herido por una puñalada, pensó que había sido otro preso e increíblemente le contaron que lo atacó un guardia, se lo reconfirmó el compañero que estaba en otro calabozo.

El paramilitar herido le pidió que le regalara una tarjeta para llamar a su esposa para que fuera a visitarlo y así enviarle una carta a su comandante supremo contándole todo lo que sucedía en la cárcel, cómo los estaban tratando y denunciarle la aplicación del *escorpión*.

El clima también afectaba a los guardias, se hacían más feroces, se ufanaban del que fuera más brutal y se burlaban de los guardias que no golpeaban a los presos o que no estaban de acuerdo con esta práctica, pero ellos no podían hacer nada para impedirlo porque se ganaban la enemistad de los otros.

Se escuchaba de la construcción de nuevas cárceles iguales a la de Valledupar; poco a poco el Estado Colombiano fue tomando el control del sistema penitenciario apoyados por el *Buró* de Prisiones de los EE.UU., y el Plan Colombia. Las nuevas reglas retumbaron en todas las cárceles del país. La orden fue prohibir el manejo de dinero por parte de los presos dentro de las cárceles. Se adaptó el sistema para que cada interno tuviera una cuenta en la que su familia le consignara una cantidad permitida para sus gastos personales en la cárcel, sin tener directamente contacto con el dinero en efectivo.

También terminaron con los pequeños negocios de venta de comida que durante décadas estuvieron en los patios manejados por los presos, más conocidos como los *caspetes*; a partir de ahí se implementó que todos tenían que recibir sus alimentos en el comedor del penal.

Todos los guardias fueron reentrenados, nuevos hombres con renovada actitud y buenos sueldos, algunos eran demasiado jóvenes, la vida no les había dado la oportunidad de la experiencia. Estos guardias jóvenes probaron la sangre con los presos y a algunos les gustó. Con la adrenalina a flor de piel en Valledupar, no le tenían miedo a nada, ni a nadie, según ellos estaban protegidos por los norteamericanos. Les habían metido en la cabeza que la Cárcel de Valledupar tenía que ser ejemplo de disciplina y rectitud. Aseguraban que jamás se les fugaría un preso de ella, era una locura pensarlo.

El gobierno, siguiendo las instrucciones de los asesores del *Buró* de Prisiones de EE.UU., ordenó la formación de un grupo de choque llamado el G.R.I. (Grupo de Reacción Inmediata), hombres entrenados en combate armado, equipados con escudos antibalas, fusiles 5.56 y pistolas 9 mm. Usaban un uniforme camuflado. Eran los encargados de desarmar a los presos y tomar en minutos el control total del penal que estaba revuelto; era un grupo serio y listo para la pelea, imponían a la fuerza la disciplina; adiós a los presos con pistola.

Los presos cada vez más sometidos y resignados. Las noticias del exterior no eran buenas; se anunció la construcción de una nueva cárcel en Cómbita, departamento de Boyacá; decían que iba a ser peor que la de Valledupar.

Le sucedió algo bueno a su amigo Preciado, le rebajaron la condena de 40 a 25 años; esto se dio por un decreto de reforma a la justicia, allí se redosificaban las condenas buscando descongestionar las cárceles.

Preciado se veía feliz; en dos años sería hombre libre. Le pidió que le hiciera un documento conciliando con la dirección del penal, a ver si le acumulaban las 22 sanciones que tenía para así poder recibir visita y arreglar la conducta, quería ir a un patio y tranquilizarse. Todo perfecto.

A Preciado en ningún patio lo querían, llegaba y a los dos días ya tenía problemas de sangre; de nuevo a los calabozos; tenía toda clase de enemigos. Fue soldado profesional, de cuerpo atlético, buenas abdominales, ágil como ninguno, 1.65 metros de estatura y piel trigueña oscura. Decían que tenía un pacto con el diablo y se sabía una oración poderosa para invocarlo, nunca le quiso hablar de la oración, era secreta.

Le faltaban dos dedos de la mano derecha que perdió en una pelea a machete en la Cárcel de Palmira, Valle. Hablaba con orgullo de esa gran pelea, sabía manejar bien el cuchillo. El pacto que tenía con el demonio tampoco lo revelaba; soñaba con comprarse una camioneta roja y vestirse todo de negro para llegar a su pueblo como un gran señor.

La suerte del "Diablo" cambió y la cárcel le dio la oportunidad de que buscara una nueva vida; le dieron por saldada la deuda por todos los meses que llevaba en el calabozo y éste se comprometió a tener una conducta intachable. Se despidió de él, por primera vez vio que no estaba esposado con las manos atrás, sino adelante; se había convertido en todo un señor. Regresaba a los patios por el poco tiempo que le faltaba de condena, con la rebaja de pena que le hicieron.

Sucedió algo espectacular; se fugó un preso. Increíble en la súper cárcel. El hombre se lanzó a la montaña, era un preso de confianza y se ganó poco a poco su espacio; fue sacado a la zona verde a cortar el césped, no había peligro quedaba dentro de la malla, después del gran muro, por allí pasaba un riachuelo de aguas negras y pegaba contra la base de la malla, saliendo por un tubo de buen tamaño. El reo iba cortando el césped y analizando la situación; al otro día volvió ya listo: debajo del uniforme llevaba una pantaloneta.

10:00 a.m. Los guardias se descuidaron conversando, el preso se lanzó al riachuelo y cruzó sin dificultad la malla, salió de la corriente de agua, se quitó el uniforme y en pantaloneta corrió cuidándose del guardia de la garita. A los 15 minutos los guardias descubrieron que su hombre no estaba podando el césped, lo buscaron angustiados y gritaron la fuga haciendo tiros al aire; comenzaron la búsqueda en el punto donde el hombre dejó su uniforme.

Todo a favor del fugitivo; los guardias se equivocaron y regresaron al penal a organizar una búsqueda exhaustiva, tenían que moverse rápido antes de que llegara la noche.

Fue llamado de urgencia el coronel del Ejército, éste no llegó a tiempo y el Capitán Tovar cometió un grave error; torpemente envió a ocho guardias con fusiles a buscarlo, en una zona con guerrilla, paramilitares y bandidos organizados sin un guía o un plan de búsqueda estructurado. Los fusiles que tenían, era lo mejor, espectaculares, tipo comando 5.56 Galil. A la guerrilla le caerían muy bien si se encontraban con los guardias que salieron como locos, sin saber a ciencia cierta para dónde ir. Al fin llegó el coronel pero fue demasiado tarde.

Y por supuesto, ese día hubo fiesta entre los presos que hacían sus apuestas, se enteraron rápidamente de los detalles de la fuga porque nada más peligroso y veloz que la lengua de un prisionero. Los primeros en enterarse fueron los de la Torre 9 y estos filtraron la noticia por todo el penal hasta llegar a los calabozos. Esta fuga era importantísima para los presos.

Así se caería el tenebroso régimen de Valledupar al que veían como invencible y sobre todo, se le borraría la sonrisa triunfadora que mantenían los incautos guardias que hasta ese momento creían que estaban jugando, sin aterrizar en el mundo de los bandidos de carne y hueso.

El preso no era ningún pintado en la pared, tenía 22 años de edad y era oriundo del departamento del Caquetá, una zona con selvas y montañas, en donde se había criado. Manrique Cerón era un duro, la energía de sus compañeros lo iba a ayudar a escapar, todos rogaban para que lo lograra. Él había estado muchas veces bajo cerco policial y militar; sabía que era fácil burlarlo, si llegaba la noche y no había sido ubicado sería hombre libre. El día fue largo; al fin llegó la noche; estaba a la expectativa de cualquier ruido, si la esperanza caía el hombre terminaría con una ejemplar paliza en los calabozos, esto era un buen aliciente para que el prófugo corriera lo más lejos que pudiera, estaba desafiando al nuevo INPEC.

Horas después, el Ejército encontró a los guardias perdidos. Los militares los escoltaron a la cárcel de regreso y sin el fugitivo, el radio se les había quedado sin carga, por ello no contestaban. El capitán respiró tranquilo revisando que los fusiles estuvieran a salvo...

Durmió preocupado; llegó el amanecer y Manrique Cerón seguía huyendo. Se animó de nuevo al igual que el resto de los presos pendientes de las noticias, estaban felices y gritaban vivas al fugitivo. Pasaron horas y llegó la nueva noche y un nuevo día, el Ejército desmontó el operativo, nadie lo vio pasar, no descubrieron un solo rastro del hombre, se lo tragó la montaña para felicidad del resto de presos de Valledupar.

Los guardias recibieron todo el ataque del capitán, el director de la cárcel, y de paso también de Jerry, el fastidioso gringo puertorriqueño, asesor del *Buró* de cárceles que todavía andaba por el lugar vigilando y dando órdenes como si fuera el dueño del sitio. La fuga le dañó el genio, estaba furioso y cuestionó a los funcionarios responsables de la cárcel; los dos guardias que lo dejaron fugar perdieron su puesto, estaban en periodo de prueba, que en el INPEC es de 1 año. Los periodistas se dieron gusto contando la historia. A partir de ese día la guardia no se veía tan segura. Jerry volvió al calabozo y esta vez fue a burlarse de Yesid Arteta, éste no se dejó intimidar y como una fiera le contestó mostrándole su tatuaje del Che Guevara, el argentino que luchó al lado de Fidel Castro en Cuba y que era su ídolo.

Jerry se le fue encima gritándole con furia.

—¡A ese lo matamos nosotros! …¡Jajajajaja!

Yesid rabió a morir, nunca lo habían visto tan ofendido y fuera de sí, con el comentario lograron alterarle su estado mental y el gringo se fue riéndose del guerrillero. Ya tenía alguien más con quién entretenerse.

Llegó otra noche. Había pasado ya una semana y el fugitivo aparentemente logró su objetivo porque desapareció y las autoridades se cansaron de buscarlo. La rutina en la cárcel siguió pero con un nuevo agravante. Los teléfonos públicos de los patios estaban muertos, así se quedaban hasta 10 días. Unos ladrones inescrupulosos acostumbraban a robar la línea para vender el cobre; ahí los dejaban a todos *jodidos*. Tenían que bajar la cabeza y rogarle al director para que fuera a la telefónica de la ciudad a solicitar que restablecieran la comunicación. La situación era tan crítica que enviaban a un guardián en una moto a vigilar el cable, éste se descuidaba y se lo robaban de nuevo.

Allí las huelgas no funcionaban. Un buen día los del Patio 2, quemaron los uniformes y las cocas plásticas de la comida, en protesta por el daño del teléfono. Pues les enviaron la comida en dos bolsas plásticas, en una la sopa, el arroz una yuca y la mísera carne y en la otra bolsa el agua de panela. Como no tenían uniforme no podían salir al abogado o a la visita conyugal, menos a la enfermería, pero la sorpresa no era el teléfono malo, era algo más grande.

Llegó un nuevo vecino al calabozo, "El Veneco"; lo castigaron porque arrinconó con cuchillo a todo el Patio 1. Era un tipo alto, fuerte, de nacionalidad venezolana, supremamente ágil con el puñal.

—Viejo "Pope" ¿cuánto lleva acá?

—Diez meses mi amigo.

—¡No, no. Ni por el putas yo aguanto esto! —Dijo furioso.

"El Veneco" era un personaje; no se le arrugaba a nadie. Con dos cuchillos se paró frente a todo el patio y los sometió. En la Cárcel del Barne secuestró a un guardia para fugarse y, en la bronca mató a otro. Había matado varios presos en prisión, todos peleando a cuchillo limpio. Increíble que le temiera al calabozo; no lo pensó dos veces, desarmó una máquina de afeitar desechable y de una se cortó las venas; la guardia actuó rápidamente y lo sacó al hospital, casi le cuesta la vida, se salvó de milagro.

"Popeye" se alimentaba de todo esto para no flaquear en el calabozo, la debilidad del "Médico" y "El Veneco" lo fortalecían.

Con el compromiso de que no se volvería a cortar las venas "El Veneco" fue devuelto al patio. La Embajada Venezolana veía por él, o al menos eso decía "El Veneco".

Los enemigos a vencer en el calabozo son la monotonía y la soledad. Todos los días son exactamente iguales: esperar el delicioso duchazo del medio día y la oportunidad de inundar el calabozo para enfriarlo un poco. Repetía la rutinaria caminata: tres pasos hacia el planchón que sostenía el colchón y los mismos tres pasos de vuelta a la reja, así pasaba hasta tres horas del día no tenía nada más que hacer. Esperaba con ansiedad la llamada telefónica y la lectura de noticias de su amigo "Chalito".

Ya la temida Valledupar no le asustaba, el nuevo terror era "Cómbita"; decían los guardias que tenía diez pisos bajo tierra, que era muy difícil respirar, que el frío era brutal, que estaban entrenando una guardia supremamente estricta, que el director iba a ser un norteamericano súper bravo, que iba a ser la cárcel más dura en toda Latinoamérica... En fin, repartían miedo a diestra y siniestra. Él sabía que sólo era cuestión de tiempo para que lo llevaran a ese infierno llamado Cómbita, según decían peor que Valledupar.

Él creía que nada podía ser peor que el sitio donde vivía en esos momentos. Un calabozo a 42° de temperatura con olor a excrementos humanos, las 24 horas del día, espantando unas moscas verdes para tomar la mísera sopa, picado a toda hora por los zancudos, las requisas diarias de los guardias, su arrogancia y desprecio por el preso, la amenaza constante del temido *escorpión* y para completar su destino le llegó el pedido de divorcio de su esposa Ángela María Morales, quien desde New York le envió por escrito el documento de separación. Ella felizmente formalizó otra relación sentimental con un joyero judío quien amaba al hijo de "Popeye" como si fuera suyo. Se rio del pedido dadas las circunstancias que estaba viviendo en prisión, aun así también se alegró de que su ex mujer rehiciera su vida. También él tenía un nuevo amor que lo apoyaba en Valledupar y estaba pendiente de su caso, al menos el corazón estaba tranquilo y fuerte para aguantar la condena.

Mientras miraba los papeles del divorcio, escuchó al fondo, en el segundo piso, la voz chillona de "Chalito", el improvisado periodista de los calabozos que, agachado, se pegaba a la rejilla que daba al área gritando ansioso su nombre.

Se paró rápidamente de la cama y salió a la reja, supuso que había noticias importantes.

—¡"Pope"… "Pope", "Pope"!

—¿Qué pasó amigo? ¿Qué más dijeron del nuevo capo muerto?

—No "Pope", que lo llevan hoy para el Norte del Valle.

—¿Cómo así "Chalito"? Explíqueme bien.

—¡Siiii! Que al señor lo encontraron muerto en el baño de su celda, fue un infarto fulminante.

—¿Qué nombre dieron del señor muerto?

—Iván Urdinola Grajales

—¡Aayyyy Dios mío no puede ser!

"Popeye" quedó frío con la noticia, acababa de perder al último Patrón que lo protegía en el bajo mundo, se había quedado sin padrinos y con todos los enemigos pululando a su alrededor. Apoyado sobre la reja se fundió en sus pensamientos aislándose de la cárcel; adiós a don Iván. Él fue bueno y lo protegió. Paz en su tumba. Sabía que tenía que sobrevivir y cargarse de valor para enfrentar el destino y esperar su final.

Con los días una vez más la vida le mostró la debilidad de los seres humanos. Una noche escuchó ruidos fuertes en el pasillo, se paró rápidamente para mirar, entre maldiciones, empujones, gritos y ruidos de cadenas llegó de nuevo Preciado, mejor conocido como "El Diablo", otra vez al calabozo. Estuvo de buenas, no le colocaron el *escorpión*. Con la sábana hizo una hamaca y la colgó de la reja del techo del patiecito, para poder hablar más de cerca:

—¿Qué pasó esta vez Preciado?

Le preguntó con pesimismo "Popeye".

—No "Pope" un *hp.*, me quería ver la cara en el Patio 5 y me prendí a cuchillo con él. Para variar la guardia me dio una garrotera. —Dijo bravísimo soltando una frase lapidaria.

—"Pope", yo mato a un *hp.* guardia de estos o lo hago embalar, si me siguen molestando.

—¿"Diablito" y la libertad?
—Cuál libertad ni que nada "Pope".
Él trató de bajarle el tono a la furia de Preciado.
—¿Y la Toyota, con el vestido negro y el sombrero con el que va a llegar a su pueblo cuando salga en libertad?
—Que va "Pope" yo no tengo ni con qué llamar por teléfono.
Preciado estaba jugado, su destino era morir en prisión. Tristemente le contó una infidencia a su amigo.
—"Pope" yo quiero llamar a mi familia. ¡Hace tres años no sé de ellos, pero no tengo dinero para comprar tarjetas!
—Cuando quiera le regalo una tarjeta mi amigo dígame nomás ¿qué necesita?
Le contesto él con cariño y tristeza, sentía que este joven bravucón no iba a durar mucho con esa actitud frente a los guardias.
Con los días Preciado se volvió insoportable en el calabozo; le dio por destruir el lugar, tenía una fuerza brutal, la ansiedad por la falta de droga lo llevó a fumarse partes del colchón, secaba al sol tiras del banano que les daban cada quince días, luego con telaraña y algodón hacía un cigarrillo y se lo fumaba.
Estaba desesperado. Era un problema real en el penal. Buscando calmarlo le consiguió con la guardia un permiso de tres horas para llamar a la familia, esto era toda una odisea. Le regaló una tarjeta con suficiente tiempo y lo llevaron a hablar por teléfono a la Torre 2. Tenían que sacarlo bien tarde porque los presos lo odiaban y lo podían atacar.
Llamó al Putumayo, una zona selvática lejísimos de Valledupar. Allí le contestaron de milagro en un teléfono comunal, indagó por su familia; estaba de buenas, ahí conocían a su hermano pero era muy tarde, éste suplicó y quedaron en una cita para el otro día.
Volvió feliz al calabozo. Al otro día llegó el momento de la cita telefónica y el guardia no lo quiso llevar, ahí se armó la gorda, acabó de destruir lo que quedaba de la taza del sanitario y el muro que separaba el patiecito del planchón de cemento; la guardia se metió en su celda y le pegaron como a un animal, le dieron tremenda paliza y le pusieron el *escorpión*, pero "El Diablo" aguantaba; empezó a invocar a su protector y a maldecir a los guardias, hablaba bien bajito, hacía la oración que lo conectaba con el más allá. Con el cambio de guardia llegó el que le estaba ayudando a comunicarse con la familia, llamó a un sargento, le quitaron el *escorpión* y le prometieron que en la noche lo sacaban a llamar. Éste lo tranquilizó.

La noche iba a ser pesada, si no le contestaban, le iba a *dar pata* toda la noche a la reja.

—Qué pena con usted "Pope", pero si no me sacan esta noche a llamar le voy a dar duro a la reja hasta que amanezca.

Él tranquilo se hizo a la idea

—Mi amigo, dele duro que a mí no me preocupa, tranquilo.

Estos problemas no eran del todo malos ya que rompían la monotonía de la prisión. Entrada la noche llegó el gran momento, "El Diablo" fue sacado al teléfono. Su hermana estaba ahí, ésta no se desanimó y volvió al otro día por si su hermano llamaba; habló casi una hora. Volvió feliz.

Ni la mamá ni el papá quisieron hablar con él, pues había sembrado el terror en La Hormiga, Putumayo. Sus padres eran unos campesinos trabajadores y honestos. Con 28 años de edad su hijo ya tenía historia criminal tenebrosa y ellos se apenaban con la comunidad por esos actos violentos.

Con los días el director de la cárcel se enteró del disfrute que estaba teniendo "Popeye", deleitándose con la hermosa panorámica de la Sierra Nevada. El funcionario ordenó que lo pasaran a los calabozos de atrás. Adiós a la distracción, la brisa y su celda limpiecita; con una sonrisa de oreja a oreja un sargento de la guardia se le metió en su habitación; iban listos para sacarlo a la fuerza por si él se negaba a salir. No les dio el gusto y recogió sus cosas tranquilamente, le dieron el calabozo más sucio; como pudo lo arregló. Allí se sentía más fuerte el olor a excrementos humanos. Su vecino era el muro de la torre, a donde iban a parar las heces fecales que lanzaban los otros presos, ahora sí estaba en la cola del infierno. Pero había algo bueno: no se tenía que subir a la reja para hablar con "Chalito". Desde el patiecito le hablaba cómodamente en dirección a su celda.

A los 10 días el malvado director Aranguren ordenó de nuevo que lo pasaran al frente. Su antiguo calabozo ya estaba ocupado y fue metido en otro en medio de "El Diablo Preciado" y un cartagenero que trajeron del Patio 3. Para él fue un alivio volver a ver las montañas y recibir la brisa fresca en su cuerpo, pero el ambiente del vecindario estaba pesado; el cartagenero se veía como un enviado de Dios y Preciado era el representante del demonio en la Tierra.

Con la mitad de ese problema tenía. Todo el día y parte de la noche se la pasaban discutiendo el bien y el mal. Y él en medio de los dos. El director de la cárcel se oponía a que fuera sacado de este infierno. Él, junto al jefe guerrillero Yesid Arteta, eran su mayor posesión en la cárcel y no les pensaba hacer fácil la estadía a los dos delincuentes.

Llegó la fiesta del preso, que se celebra el día de la Virgen de las Mercedes, patrona de los reclusos. La directiva instaló una grabadora con música vallenata en el pasillo, a todo volumen. Él le hubiera agradecido el detalle si no es porque el amoroso director llegó a las cinco de la mañana con la música y un grupo de mariachis que cantaron una canción frente a cada uno de los calabozos. Cuando llegaron al suyo, el directivo se paró con cara sonriente y con ironía ordenó que le tocaran la famosa canción mexicana que dice... *pero sigo siendo el Rey*.

El hombre disfrutó el momento mientras el sicario le siguió la idea, con humildad y sonriente, también se quedó parado en la reja escuchando toda la canción. Cuando terminaron agradeció el detalle. El director entendió el mensaje y siguió su camino rabiando por la actitud de "Pope". Para desquitarse hizo lo mismo en la puerta de la celda de Yesid Arteta.

Por esos días tuvieron un respiro en el duro régimen de la prisión. Salió de vacaciones el Capitán Tovar, llegó el teniente Chacón Chaux, un excelente ser humano. Todo el mundo respiró tranquilo, guardias y presos; el teniente fue a los calabozos y ordenó que les instalaran un televisor, una grabadora y permitió que todos en el calabozo compraran en el improvisado expendio que instaló, en donde podían abastecerse de pequeñas cosas con el poco dinero que les podían consignar sus familias, en la cuenta autorizada por el INPEC.

Los presos compraban lo fundamental, tarjetas para llamar, agua en bolsa y gaseosa. El televisor se lo turnaban frente a cada calabozo, fue una dicha para ellos así la imagen se viera pálida y sin nitidez, por la fuerte luz del sol.

En la noche era un espectáculo de distracción para sus almas atormentadas, en la rutina del calabozo. Eso lo sabían los guardias y algunos aprovechaban esta debilidad humana para vengarse de sus propias frustraciones.

Cuando algún guardia estaba de mal genio desconectaba temprano el televisor y la grabadora, dejándolos a todos aburridos y lanzándole maldiciones. Luego se retiraba con actitud arrogante por tener el poder en sus manos, aunque sólo fuera el dominio del control remoto de los aparatos que en ese momento lo hacían poderoso.

Ante esto los presos se dedicaban a disfrutar de los otros tesoros. Para ellos fue felicidad total comprar agua en bolsa helada y apoteósico disfrutar de una gaseosa congelada; la bolsa llegaba echa una piedra y se iba descongelando rapidísimo en la celda. Era genial ver cómo los hombres se relajaban colocándosela en la frente, en la nuca y luego se la bebían con ganas hasta satisfacerse; la gaseosa era gigante, de dos litros, no la alcanzaban a aprovechar toda porque rápidamente se calentaba, era prohibido darle a otros presos. Decían los guardias que con esto se compraban conciencias para atacar el sistema.

Un día detectó movimientos raros, los guardias muy nerviosos se veían con miedo. El motivo fue que el Ejército confirmó que el Bloque Caribe de las FARC estaba listo para atacar el penal para rescatar a los comandantes guerrilleros Yesid Arteta y "Róbinson", presos en el calabozo y si se daba la toma matarían a los guardias y de paso a él. La dirección ordenó moverlos a todos a un sitio más seguro. El único era "Recepciones". Dentro de la sábana echó las pocas pertenencias que tenía. Fue esposado, aun con la dificultad de cargar el bulto al hombro, se lo llevaron.

El equipaje de Yesid era más grande: cargaba más de veinte libros, lápices, libretas y revistas, fue una caminata larga hasta "Recepciones". El lugar resultaba más caliente que los calabozos; insoportable. Fue metido a la misma celda que lo recibió el primer día de su arribo al penal; allí estaba todavía su eslogan de guerra, lo contempló con espíritu triunfalista, para él significaba mucho que no se lo hubieran borrado: *Nada te turbe, nada te espante, todo se pasa...*

Al final el traslado no resultó tan malo, al menos ahí tenían televisión sin el manejo de la guardia y podían ver tranquilamente los noticieros. Los días pasaban lentamente, se dedicaba a sus ejercicios y Yesid Arteta leía compulsivamente, sólo se detenía cuando el calor era tan intenso que no lo podía hacer más y se quejaba abiertamente.

—"Popeye" no puedo leer más... ¡este calor es insoportable!

Para que un hombre como Yesid se quejara, se necesitaba que la situación fuera caótica. Era un hombre disciplinado y fuerte pero el calor logró sacarlo de su límite de resistencia. Allí a los dos hombres les tocó luchar ya no con las armas de los hombres sino con las de la naturaleza. El calor los diezmaba y desesperaba, les tocó olvidarse de sus pasadas diferencias de la Cárcel Modelo y unir fuerzas para resistir.

A veces se apozaba el chorro de la ducha y él se sentaba un buen rato en el agua disfrutándola a plenitud simulando una bañera, pasaba largos minutos disfrutando del baño. La sensación resultaba indescriptible; eran pequeñas cosas que en su situación le daban bienestar.

Una noche hacia las 11:00 p.m., dormía plácidamente y creyó escuchar unos gemidos en lo más profundo de su pensamiento. A pesar del sueño acostumbraba a permanecer alerta por seguridad y fue cuando se sobresaltó al oír la voz angustiada de Yesid Arteta, era evidente que el guardia no lo escuchaba, su voz no se sentía fuerte. El prendió la luz y le preguntó alarmado qué le pasaba.

El hombre estaba pálido. Tenía los ojos cerrados y se cogía el estómago con angustia. Yesid era un hombre serio y nunca se había quejado por nada y si en ese momento lo hacía, sin duda, se estaba muriendo. "Popeye" se asustó y llamó con fuerza al guardia mientras su compañero insistía en su malestar.

—Siento un dolor fortísimo en la parte baja del abdomen.

Por fin apareció el guardia de turno diez minutos después, llegó con paso lento y cara soñolienta se veía relajado y preguntó qué era tanta llamadera. Le comunicó lo que pasaba. El guardia dirigió su mirada al enfermo y sin decir palabra alguna se fue sin prisa a llamar al oficial de servicio.

El comandante guerrillero se retorcía en su litera sudando copiosamente, se volteaba de un lado a otro agarrándose con fuerza el abdomen; no resistía quedarse quieto, su cara cada vez era más dramática mientras "Popeye" lo miraba angustiado sin saber qué hacer. Observaba con desespero el corredor con la esperanza de ver aparecer a alguien que pudiera ayudarles. Yesid estaba a punto de desmayarse. Veinte minutos después llegó el guardia con la enfermera que entró a la celda, examinó al paciente y dijo tranquilamente:

—Es apendicitis y tiene que ser llevado a un hospital.

Los hombres se miraron aterrados. Era un peligro sacar de la cárcel a Yesid Arteta en plena zona paramilitar. Ellos controlaban absolutamente todos los pueblos de la zona y por ende el hospital, si el guerrillero era recluido en menos de dos horas podría ser asesinado.

Al escuchar el diagnóstico y la solución, Yesid dejó de quejarse y pasó a evaluar la situación. Si salía era hombre muerto en manos de sus enemigos y, si se quedaba, se moriría en la cárcel por la apendicitis.

Yesid era un hombre valiente, no tenía miedo de morir pero prefería seguir dándole la pelea a la vida, sabía lo que le esperaba afuera y corrió el riesgo, pidió que lo llevaran al hospital. Los que iban más asustados eran los guardias que rápidamente lo sacaron hasta el hospital de Valledupar, bajo un fuerte operativo militar. Eran aproximadamente las 3:30 a.m. En el acto, a cirugía. Los aliados de Yesid en ese momento fueron los guardianes, lo tenían que cuidar con sus vidas. Durante tres horas el hospital se paralizó. Las caras de los guardias eran de papel, tensos agarraban con fuerza sus fusiles esperando el momento en que los paramilitares hicieran su aparición en el hospital. Pasadas las diez de la mañana respiraron tranquilos y se llevaron al paciente de regreso a la prisión, para terminar su post operatorio tras las rejas.

Yesid llegó debilitado; poco a poco se fue recuperando. El director fue a la reja de Yesid buscando reconocimiento por haberle salvado la vida, empezó a echarse flores y Yesid lo sacó con *el rabo entre las patas*. Esto le gustaba a "Pope" del guerrillero, que era frentero. Cuando los guardias le tiraban al suelo los libros éste les hablaba duro y los amenazaba con la guerrilla.

Días después fueron llevados de nuevo a los calabozos; un estudio de seguridad dejó en evidencia que estaban muy cerca de la puerta principal, estarían más resguardados en los calabozos. Tuvieron suerte, él y Yesid; quedaron en las celdas que daban de frente a la Sierra Nevada y pudieron seguir disfrutando del hermoso paisaje. Con extrañeza vio que "El Diablo" no estaba ya en los calabozos; se alegró por él pues seguro estaba disfrutando de los patios.

Una tarde lo sacaron para llamar por teléfono. Al pasar por la Torre 2, vio a Preciado en uno de los calabozos que daba al pasillo central. Estaba quejándose con las manos en el estómago.

—¿Qué le pasó Preciado?

—¡La guardia me pegó!

En ese momento no pudo pararse a hablar detenidamente con el preso y por eso no le prestó mayor atención, pues que le pegaran al hombre era algo rutinario. Media hora más tarde volvió a pasar por el sitio y lo vio tirado en un rincón, estaba vencido; no era normal en él. Lo miró por un momento y siguió pensando que su compañero se veía raro, pero no le dio demasiada importancia y regresó a su celda. Al amanecer sintió movimientos raros; de repente la cárcel se paralizó. Al fondo escuchó una frase que anunciaba muerte; a pesar de haberla escuchado muchas veces aún le producía escalofrío:

—¡"El Diablo" está muerto... lo mató la guardia!

Se quedó frío cuando escuchó el rumor que fue creciendo en todos los patios de donde salieron en pie de lucha muchos de los presos a protestar. Los que antes odiaban al "Diablo" se solidarizaron con su situación.

Del calabozo externo de la Torre 2 fue llevado a la enfermería, a las 7:30 p.m., y murió a las 9:00 p.m. Se había enfrentado a un grupo de seis guardianes, dentro de una celda de esa torre, le hicieron una extracción de celda, los guardias con cascos, escudos y protectores de grueso plástico en todo su cuerpo, lo redujeron y le colocaron el *escorpión* para someterlo; lo golpearon fuertemente con sus bastones de mando.

En el viejo INPEC los guardias utilizaban un bolillo de madera, pero en el nuevo INPEC los norteamericanos les enseñaron y entregaron unos bastones más sofisticados de plástico con alma de aluminio, un plástico duro, en la punta tenían una bola de aluminio pequeña; este bastón de mando, con la debida instrucción en su manejo, era mortal.

A Preciado le desprendieron un riñón y le estallaron el hígado. El director, para calmar los ánimos, anunció una exhaustiva investigación y lo comunicó por el parlante de la cárcel; Aranguren vio que la cárcel se le estaba saliendo de las manos y solicitó que el cadáver del "Diablo" fuera sometido a una necropsia vigilada por la Procuraduría y la Fiscalía.

Los guardias asesinos fueron Rambal y sus cinco compañeros. Descaradamente decían que ellos no se preocupaban porque los norteamericanos los iban a proteger, pero en esta ocasión no se trataba sólo de la muerte de "El Diablo" sino de todos los heridos que iba dejando la continua y brutal confrontación entre guardias y presos.

En los patios gritaban:

—¡Asesinos, asesinos, asesinos! ¡Justicia, justicia, justicia!

Los guardias se reían, para ellos era gracioso que un puñado de matones condenados les gritara a ellos "asesinos".

Encartado estaba el teniente Chacón, un buen hombre, y el sargento de la compañía. En la investigación se comprobó que los guardias apagaron la cámara de video que siempre acompaña en estos procedimientos, para golpear con sevicia a Preciado quien, inerme ante la fuerza de los seis guardianes no pudo defenderse y murió a las pocas horas por la golpiza.

Los guardias alegaron en su defensa que la pila de la cámara se agotó y tuvieron que remplazarla, el capitán Tovar se fue contra sus subalternos, lo mismo que el director.

"El Diablo" fue enterrado en el cementerio de Valledupar, sin ningún respeto ni familia que lo llorara; la misma guardia lo llevó al hueco en donde su golpeado cuerpo quedó como evidencia de la brutalidad del nuevo sistema carcelario. Según el director, no hubo forma de avisarle a la familia del muerto, todos sabían que a ellos les convenía que fuera así. Pasaron los días y todo se calmó, el director puso la cara ante los presos y prometió justicia. Éste fue el único acto de responsabilidad que se conoció de Pedro Germán Aranguren Pinzón.

Después de la muerte de "El Diablo" la cárcel ya no fue la misma; los guardias se envalentonaron mucho más, antes sabían que podían pegar y no pasaba nada, ahora podían matar y la investigación no avanzaría porque se ocultó información a la prensa que nunca supo los detalles de este asesinato.

Pero los que sí estaban bien informados de los abusos fueron los guerrilleros y paramilitares de la zona. A los pocos días comprobaron que el poder paramilitar era real.

Un guardia se dirigía en una motocicleta hacia la cárcel a comenzar su jornada, iba con un compañero. Fue abordado por un grupo de ocho hombres armados con fusiles; mataron en el acto al conductor y al parrillero le dispararon impactándole un testículo, no lo quisieron matar. Los atacantes se fueron tranquilamente.

El herido representaba un mensaje muy claro para los guardianes. Como siempre, al otro día ya se sabía todo dentro del penal, la cara de los guardias ya no fue la misma, se veían preocupados, era la cruda realidad. Se les acabó la sonrisa y la amenaza de que a ellos no les pasaba nada porque los gringos los protegían.

La violencia que sembraron se les devolvió; los presos felices, había una esperanza, no estaban solos, no faltaba el interno bocón que gritaba a los cuatro vientos.

—¡Un muerto adentro, un muerto afuera!

Para la guardia, fue el comienzo de una guerra de nervios, por fin se enteraron que estaban en la zona roja, al fin supieron quiénes mandaban en la región.

El capitán Tovar y el director asustados pidieron ayuda a la Policía para el desplazamiento de los guardianes entre la cárcel y sus casas en la ciudad, los agrupaban y los custodiaban un grupo de veinte hombres fuertemente armados de la Policía, mientras el carro a toda velocidad ingresaba a la cárcel a donde llegaban pálidos y ojerosos; era evidente que el pánico los estaba carcomiendo.

Se escuchó que varios guardianes fueron abordados en el Río Guatapurí, un lugar turístico de Valledupar; con lista en mano, sujetos de civil llegaron armados en busca de los hombres que trabajaban en la prisión de alta seguridad. Se salvaron porque eran de los buenos.

En Valledupar hay dos cárceles, la Distrital y la de Alta Seguridad. Ese día a los paramilitares sólo les interesaba hablar con los guardias de Alta Seguridad, los otros estaban cumpliendo con su deber sin excederse.

El miedo que los presos sentían adentro, lo estaban sintiendo los guardias afuera, solo se hallaban seguros dentro del penal; empezó la guerra fría… unos días les llegaba el rumor que iban a dinamitar uno de los puentes por los que cruzaba el carro de los guardias, otro día decían que les iban a colocar la ametralladora M-60 cuando pasaran para volarlos a todos. Los guardias estaban amedrentados se les acabó la tranquilidad y el placer con el que golpeaban a los presos.

Cuando los guardias tenían que salir a hacer sus compras se llamaban vía teléfono celular y se acompañaban mutuamente; se asustaron más cuando se enteraron tardíamente que la base central del famoso "don Jorge" estaba a escasos 5 kilómetros de la cárcel, y mucho más los preocupó al saber que algunos militares del batallón que tanto los tranquilizaba, eran aliados de los paramilitares. Al fin comprendieron que estaban solos y peor aún, por ningún lado se volvió a ver a sus protectores, los norteamericanos. Hasta el fastidioso Jerry desapareció de la cárcel.

En el caso de Preciado se hizo justicia con sus asesinos. Fue detenido el teniente Chacón, el sargento, Rambal y sus compañeros. El teniente estuvo el día de la extracción de celda, no hizo nada para evitar la golpiza, lo mismo que el sargento, se cumplió la premonición del "Diablo": *¡Yo mato un hp. de estos o los hago embalar!*

Poco a poco se fue cayendo el sistema de la temida Valledupar, los guardias pararon las golpizas, las requisas ya eran normales, la agresividad fue disminuyendo de parte y parte. El *escorpión* no se volvió a ver, los guardias súper amables con la visita, el diálogo era fluido entre ambas partes, se olvidaron de la norma de no hablarles y terminaron hablando hasta por los codos. En todo momento se buscaba concertar antes de la confrontación.

Pero era ya tarde, los desmanes de Valledupar se conocieron en todo el país y con más detalle en las organizaciones al margen de la ley, para desgracia de la guardia carcelaria.

Un día, dos de estos muchachos jóvenes fueron trasladados a una pequeña cárcel en Ituango, Antioquia. Este pueblo estaba controlado por la guerrilla; los dos guardianes con el antecedente de que habían trabajado en Valledupar fueron abordados por tres hombres de civil y ejecutados en el acto. Los guerrilleros también cobraron los abusos a sus hombres.

Esto les cayó muy mal a los ya asustados guardianes de Valledupar; la prisión era un maremágnum de emociones, pero no había tiempo de sentir alivio. El clima brutal no daba tregua; siempre se podía jurar que el día siguiente sería más caluroso que el anterior. Todo un infierno. El cemento acumula el calor con ganas.

En Valledupar sucedió algo bueno en medio de tanta tragedia. "Chalito" fue dejado en libertad, la Corte Suprema de Justicia tumbó el proceso y aceptó la teoría de la defensa que comprobó el montaje que algunos militares del Ejército Colombiano hicieron para involucrarlo en la masacre de "La

Chinita". Su compañero Arturo, el que se envenenó en la Cárcel La Picota, también fue exonerado. Lástima que no supo aguantar y buscó la salida del suicidio sabiéndose inocente.

XXXI

Amarga experiencia para una periodista

"Popeye" volvió a la realidad cuando una periodista de Bogotá llegó a visitar la Cárcel de Valledupar para mirar, con sus propios ojos, lo que estaba pasando. Entró a los calabozos pero a la única celda que no se arrimó fue a la de él. Días después salió su informe en el prestigioso periódico donde trabajaba. El artículo denunció las condiciones infrahumanas en que se vivía y concluyó su informe con esta frase: *El único que merece estar allí es "Popeye"*.

La periodista Jineth Bedoya era una excelente reportera del diario el Espectador en Bogotá; siempre estaba buscando las noticias en el sitio donde se producían, una mujer valiente e íntegra que un día cualquiera recibió una llamada telefónica de un preso recluido en la Cárcel Modelo. Esta llamada desgració su vida.

Jineth ya había estado dentro del edificio de Alta Seguridad buscando noticias, entre los paramilitares y narcotraficantes; esta misma curiosidad ya la había llevado a los patios de la guerrilla en donde también esperaba conseguir una gran primicia periodística, entrevistando a los jefes guerrilleros de las FARC. Estas visitas y un informe que publicó el periódico, en donde decía que los guardias del penal permitían a los presos de los paramilitares tener pistolas en sus celdas, la marcó como auxiliadora de la guerrilla. Sólo denunció lo que todos sabían y ninguna autoridad en la época se atrevía a confrontar.

La diminuta mujer que no mide más de 1.60 metros de estatura, posee una personalidad fuerte. No le tiene miedo a nada y husmea por todas sus fuentes persiguiendo la verdad, no es ni guerrillera, ni paramilitar, sólo es una periodista.

Un día la reportera recibió la llamada telefónica de un hombre que se hizo pasar con el alias de "El Panadero". Le pidió que fuera a la Cárcel Modelo para darle la exclusiva sobre sus crímenes. "El Panadero" era muy conocido en los medios de comunicación, porque correspondía al alias de un comandante paramilitar del departamento de Santander, a quien se le atribuía la muerte de más de 400 personas. Todos los periodistas de la época querían hablar con él.

La inocente mujer cayó en la trampa. Muy puntual llegó a las afueras de la cárcel en compañía de su compañero Jorge Cardona, jefe de redacción del periódico.

Para ingresar a la cárcel se tenía que acceder con un permiso escrito que el preso entregaba a los guardias, estos siempre llegaban a la puerta principal portando la orden para entrar, que los visitantes pacientemente debían esperar; claro, excepto las visitas especiales como esposas, amigas y demás personas que no querían dejar evidencia de su visita.

Hacia las 10 de la mañana de aquel 25 de mayo del año 2000, Jineth se acercó a la puerta principal para preguntar por su permiso, varias personas estaban allí: guardias, abogados y visitantes; su acompañante se quedó en la acera de enfrente esperando, pero pendiente de ella.

Las horas fueron pasando y su compañero comenzó a inquietarse porque no la volvió a ver, ni se enteró si había entrado a la cárcel; se acercó a preguntarle a la guardia pero nadie le dio razón. A escasos 10 metros de la puerta de ingreso, la periodista Jineth Bedoya Lima desapareció, como por arte de magia. Jorge Cardona, angustiado decidió regresar al periódico con la esperanza de que ella estuviera allí.

Al final de la tarde toda la visita carcelaria es sacada por reglamento, después de las cinco nadie puede permanecer en el penal. Sus colegas en el periódico ya estaban sintiendo que algo no andaba bien. Jineth no volvió a la redacción, sus jefes desesperados dieron la voz de alerta a la Fiscalía; la Policía comenzó a rastrear su teléfono celular. A las 6:30 p.m., las autoridades ingresaron a la cárcel requisando por todos los patios pensando que la tenían secuestrada en el interior.

Uno de sus jefes llamó por teléfono a otra periodista que tenía contacto directo con los presos de Alta Seguridad, que eran fuente directa de información para el trabajo que ella realizaba en su noticiero. Ella tenía los números celulares de los presos de ese pabellón. Su colega le contó la situación y le hizo un llamado angustiante.

—¡Dígale al "Panadero" que nos devuelva a Jineth!

La periodista habló con Miguel Arroyave y Ángel Gaitán preguntándoles por Jineth, ellos dijeron no saber nada y se comprometieron a exigirle al "Panadero" que llamara a esta periodista para aclarar la situación.

El llamado "Panadero" sí existía en el patio de los paramilitares; los jefes lo llamaron de inmediato para preguntarle por la periodista y lo hicieron subir ante ellos. El hombre entró asustadísimo, le dijeron que si la periodista no aparecía él era hombre muerto; le dieron el teléfono de la periodista que estaba intermediando, para que aclarara la situación. "El Panadero" la llamó y ésta le dijo que se comunicara de inmediato con los periodistas del periódico El Espectador diciéndoles quién era él y contara lo que sabía.

"El Panadero" así lo hizo y los jefes de Jineth angustiados lo insultaron gritándole varias veces:

—¡Devuélvanos a Jineth que usted la tiene!

"El Panadero" cada vez estaba más enredado y complicado en esta desaparición; según él no sabía nada del tema y por eso estaba poniendo la cara y así se lo dijo a su comandante supremo Carlos Castaño, quien también lo llamó furioso amenazándolo con desaparecerlo del mapa si la periodista no aparecía.

A las 8:30 p.m., Jineth apareció en un paraje cerca de la carretera de la ciudad de Villavicencio. La encontró un taxista caminando desorientada. Jineth estaba brutalmente golpeada, drogada y habían abusado sexualmente de ella. Fue llevada a una clínica, allí la estabilizaron y la sacaron de un *shock* nervioso. Repetía insistentemente el nombre de otros periodistas que cubrían noticias de temas relacionados con los grupos guerrilleros, ella decía que sus captores le habían advertido que matarían a estos reporteros por sus informes y que sus secuestradores decían pertenecer a los grupos paramilitares.

El secuestro y violación de Jineth fue asqueroso y repudiable, los que hicieron eso merecían morir como los perros que eran. Cuando "Popeye" lo supo se indignó mucho al ver los detalles en el noticiero, no fue el único en el patio pero por más que indagaban había algo que no encajaba en este secuestro. Nadie se explicaba qué estaba pasando, la noticia causó revuelo internacional, los periodistas conmocionados al punto que algunos rápidamente salieron del país ante las amenazas.

Este secuestro estuvo muy bien planeado y con ayuda de la autoridad. Nadie se explicaba cómo fue posible que en una ciudad como Bogotá se llevaran a una periodista de la puerta de la cárcel, frente a todo el mundo y horas después apareciera en otra ciudad, a la que se llegaba pasando varios retenes de las autoridades.

Era inexplicable que se hubiera trasladado una secuestrada en automóvil por carretera con todos los controles de seguridad que tenía la Policía y el Ejército en esa importante vía a la ciudad de Villavicencio. Estos vigilaban la carretera para evitar acciones de la guerrilla, por eso hacían retenes, revisaban los carros, hacían bajar a los pasajeros para verificar sus documentos.

Pero el caso de Jineth fue diferente. Con los días se supo que cuando ella se acercó a la puerta de la cárcel la drogaron y la llevaron a una casa cercana, luego la pasaron a un carro de un supuesto alto oficial de la Policía Nacional, amigo de los paramilitares. El objetivo no era asesinar a Jineth, sino utilizarla para enviar un mensaje claro y tenebroso a los demás periodistas afines en su ideología de izquierda con los grupos guerrilleros, o que simplemente escribían en contra de la violación de los derechos humanos de los uniformados o de las acciones violentas de algunos paramilitares.

Al día siguiente de estos hechos mientras la noticia circulaba en todos los noticieros, la periodista estaba recluida en una clínica en Bogotá recuperándose. Los culpables: los paramilitares. El comandante supremo de estos Carlos Castaño, llamó a otra periodista y le pidió que le contara toda la historia.

—¡Yo no ordené ese hecho tan miserable y es evidente que alguna autoridad les ayudó. Voy a investigar y juró que mataré a los que le hicieron eso!

Le pidió a su interlocutora que le ayudara a contactarse con Jineth Bedoya. Él quería hablar con ella y explicarle que su organización no había tenido nada que ver en este hecho tan repugnante. La llamó por teléfono a la clínica donde ella estaba reponiéndose y le dijo que él nunca había dado esa orden y que la amenaza a los otros periodistas era falsa por parte de su organización. Le prometió encontrar a los culpables para ajusticiarlos.

Los meses pasaron y la valiente periodista se restableció lentamente de sus heridas físicas, las emocionales tardaron más. Es una mujer honesta e inteligente que salió adelante y siguió trabajando en la misma línea periodística; intentaron arrebatarle su dignidad de mujer, pero con su fuerza para levantarse demostró el gran valor que tiene su vida, su espíritu, su honestidad y compromiso con la verdad.

Con el tiempo "Popeye" se enteró de que Jineth creía que él había participado en su secuestro. Un día ella fue a visitarlo a la Cárcel de Cómbita y hablaron largamente. Él le contó la verdad que conocía. En el patio esta historia no se discutió mucho pero todos sabían que la mano de Ángel Gaitán permeó el bolsillo de algunos uniformados corruptos que participaron en el secuestro.

Asimismo, el comandante Carlos Castaño llegó a conocer la verdad de los hechos que le fueron contados a conveniencia y por eso no hizo nada, su íntimo amigo, el alto oficial estaba de por medio y ahí murió la historia sin venganza ni ajustes de cuentas como lo había prometido. Es probable que la justicia de los hombres no les llegué a los culpables, pero sin duda un día les llegará la de Dios.

Ninguna mujer merece lo que le hicieron a Jineth.

Jineth Bedoya, periodista víctima de secuestro y posterior abuso sexual, supuestamente planeado por paramilitares de Bogotá y los Llanos, no se ha confirmado pero se dice que con la complicidad de miembros de la Policía. Actualmente trabaja en el diario El Tiempo. Ha recibido varios premios por su trabajo periodístico. En 2012 fue galardonada con el *International Women of Courage Award* de manos de Hillary Clinton y Michelle Obama, Secretaria de Estado y Primera Dama de los EE.UU., respectivamente.

XXXII

De Valledupar a Bogotá: otra vida

"Popeye" estaba a punto de cumplir su primera década en prisión. Le faltaban 17 años más. En esta etapa sólo se había dedicado a mantenerse con vida sorteando a los más peligrosos bandidos que marcaron la historia criminal de Colombia, de los que hacía parte él mismo, reconocido como uno de los más despiadados. Su destino lo llevaba de una cárcel a otra.

En el año 2003 lo trasladaron nuevamente. Salió de Valledupar bajo un fuerte operativo de seguridad, rumbo a Bogotá. Fue ingresado en la Cárcel La Picota para una diligencia judicial, en el caso de la droga a Holanda que todavía seguía abierto. Para él era bueno el cambio, el salir del calabozo y ver otra gente era refrescante mental y físicamente. Si había logrado salir vivo de la tenebrosa Cárcel de Valledupar, estaba listo para soportar cualquier cárcel en el mundo. Ahí se encontró con un colega suyo muy famoso por esos días.

Luis Fernando Soto Zapata, "Sotico", el sicario que asesinó al renombrado periodista del periódico La Patria de Manizales, Orlando Sierra, le dio la bienvenida cuando llegó de nuevo a La Picota.

El asesino estaba en la cocina del Patio de Alta Seguridad, su nuevo domicilio temporal. Le hizo unos platos deliciosos con enormes porciones de carne. "Pope" estaba feliz, sobre todo después de probar la miseria de Valledupar. Pasaron los días, ganó peso y tranquilidad. Sentía un alivio enorme de no volver a ver el infierno de Valledupar y a su macabra guardia.

"Sotico" le dijo que temía que los autores intelectuales de la muerte del periodista lo mandaran a asesinar porque él sabía demasiado y los podía delatar; ellos eran ricos y muy poderosos. Se quejaba de que no le habían pagado todo el dinero del crimen. Envió un familiar a cobrar y se lo desaparecieron.

En los días que compartió con él, esperando su diligencia judicial y gracias a Dios lejos de Valledupar, le contó historias de reconocidos personajes que había conocido en el lugar, años atrás.

—"Sotico", ¿ves esa celda, la tercera de ahí?

—¡Sí, la veo!

—Mi amigo... en esa celda han vivido dos personajes muy sonados: el "Comandante Bochica" y otro que además de conocido, fue siniestro, Fedor Rey, el llamado "Monstruo de los Andes".

—¡Sí, lo recuerdo... yo estaba en Palmira cuando en un día de visita mataron a Fedor!

"Sotico" es trasladado de la cárcel La Picota a la prisión de Cómbita en Boyacá. Allí, en el patio 2, compartí con él como siempre muy amable:

—¡Pope salgo y le sirvo, soy buen sicario!

Me decía "Sotico".

—¡Amigo estoy retirado! —Le contestaba con una sonrisa.

"Sotico" siempre andaba trabajando para descontar de su condena.

Poco después fui trasladado de la Torre 2 para "Recepciones". Me comunicaba con "Sotico" por carta; le enviaba implementos de aseo y tarjetas de teléfono para que pudiera llamar.

Un día, cuando menos lo esperaba, "Sotico" me llama desde la reja:

—"Pope", "Pope", "Pope"... ¡Me voy!

Era la primera vez que lo oía gritar tan fuerte. Me acerco a la puerta y con todo el volumen le digo:

—"Sotico"... ¡Dios me lo proteja! Cuídese de esos Tapasco.

El guardia se lo lleva y llega la libertad para "Sotico".

Pienso, qué increíble, "Soto" con un negocio de esos encima y en libertad.

Sigo con mi rutina luchando a brazo partido.

El tiempo pasó y un buen día vi en las noticias:

¡Dado de baja Luis Fernando Soto Zapata, por la Policía Nacional!

Me entristeció mucho. Sotico se dejó engañar; lo contrataron para matar a un ganadero en Cali, lo hizo y saliendo de allí la Policía lo ejecutó.

Fue una trampa.

Los Tapasco son políticos muy peligrosos del departamento de Caldas; demasiado fuertes en la ciudad de Manizales.

XXXIII

El Patio de "Recepciones"

La muerte de "Cadavid" no sorprendió a sus amigos; era de esperarse. Lo que sí asustó fue la forma como murió su esposa. *Las mujeres de los bandidos saben a qué atenerse cuando se enredan con ellos* —decían algunos, otros afirmaban que fue una estupidez de "Cadavid" llevarla.

La realidad era que, la vida en el país y en las cárceles, proseguía. El gobierno del Presidente Álvaro Uribe les metió el primer susto a los comandantes paramilitares desmovilizados. Las críticas sobre la existencia relajada que estaban llevando incorporados a la vida civil, sin responder realmente por sus acciones delictivas, generó malestar en varios sectores de la sociedad y ello obligó al gobierno a tomar medidas. Gran parte de los comandantes paramilitares fueron privados de su libertad. Inicialmente permanecieron en una granja carcelaria y tiempo después los enviaron a verdaderas prisiones, en diferentes zonas del país. Nadie les hablaba de extradición ni de los delitos por narcotráfico por los que seguían pedidos en EE.UU. Todavía tenían poder, aunque ya estaban presos. Faltaban algunos como Vicente Castaño, alias "el Profe". También "los Mellizos", estos no creían en las promesas del gobierno y prefirieron vivir en la clandestinidad hasta que les llegó su fin.

En medio de este ir y venir, encontrándose ya en la Cárcel de Cómbita, se descubrió un plan para asesinar a "Popeye". Lo sacaron del Patio de Alta Seguridad, de manera intempestiva y fue llevado al pequeño espacio llamado "Recepciones".

Una vez más desempacaba maleta, que en realidad era "sábana", en donde metía sus escasas pertenencias cada vez que lo movían de celda o de cárcel.

Concentrado en el arreglo de su nuevo hogar pensó en las paradojas de la vida. Diez años atrás vivía como un rey en la Cárcel Modelo con los bandidos de moda. Tenía su propia celda, televisor con cable, baño privado, celular, *beeper*, gimnasio en el patio y un *chef* que les preparaba deliciosos manjares; todo esto sin olvidar la compañía femenina que disfrutaba a diario. Al igual que muchos otros, pensó que los lujos le durarían toda su condena. No podía evitar analizar su vida, la que parecía una colcha de recuerdos y añoranzas; se daba cuenta que desde siempre debió buscar su supervivencia, moviéndose al filo del abismo; quizá lo había logrado por la manera como aceptaba su destino, con la mayor serenidad que podía e intentando siempre acomodarse a las circunstancias.

Estaba convencido de que si había sobrevivido a la temible prisión de Valledupar, podía salir ileso de ese pequeño patio llamado "Recepciones". Sólo había 20 celdas allí. El área resultaba pequeña, comparada con el resto de las instalaciones. El patiecito no tenía más de unos 15 metros cuadrados. Todo el mobiliario era una mesa con dos asientos y al fondo un televisor en el que la guardia veía las noticias en la noche.

"Popeye" acostumbraba a pararse frente a la pequeña ventanita de su celda, después de las 6:00 p.m., hora en que lo encerraban con llave. Desde su estratégico punto de observación alcanzaba a divisar, las novelas o los noticieros que los guardias veían y que le permitían mirar. Esta guardia la conformaban jóvenes llenos de ilusiones y mística por la profesión, muy diferentes a los del pasado que los golpeaban con bastones y los sometían con gases lacrimógenos. La nueva guardia del Instituto Carcelario Colombiano era mucho más humana con el preso, o al menos con "Popeye", en los últimos años de su condena.

Una vez más se había salvado de ser asesinado. En esta ocasión, en los patios estuvieron cerca de matarlo con un cuchillo, a manos de un preso que tenía varias condenas encima. La amenaza venía por la publicación de un libro en donde relató con detalle su vida y actividades al lado de Pablo Escobar.[5]

Las revelaciones que hizo como miembro del Cartel de Medellín lo convirtieron en testigo estrella de la Fiscalía General de Colombia, contra un poderoso político que, gracias a su testimonio, fue capturado y enviado a la cárcel como partícipe del magnicidio del candidato presidencial Luis Carlos Galán, en 1989. Esta confesión, unida a su pasado delictivo, le tenían en esos momentos, la espada de Damocles sobre su cabeza y lo mantenían en el ojo de la opinión pública en Colombia, generando entre sus detractores una aversión hacia él que soportó con dignidad; resistió las acusaciones de delator con que lo señalaban día a día. Y ahora llegaba nuevamente...

Tomó como premonitorio que le asignaran la celda número uno pues fue esa la primera que pisó años atrás. Su optimismo tambaleó cuando se

---

[5] *El Verdadero Pablo, Sangre, traición y muerte.* Astrid Legarda. Bogotá, 376 pp. Ediciones DIPON, Ediciones Gato Azul, 2005. N. de E.

enfrentó al mal ambiente de sus compañeros en ese patio. El cuento estaba regado por todo el país:

—¡"Popeye" se volvió sapo!

En "Recepciones" estaban los presos con mayor seguridad de la cárcel y de Colombia. Dos personajes famosos le dieron una mala bienvenida. "Ojitos" y Rodrigo Granda Escobar, alias "el canciller de las FARC", secuestrado en Venezuela como consecuencia de un excelente trabajo de la inteligencia colombiana que lo condujo a su patria, cuando se paseaba tranquilamente por el vecino país. Lo dieron como detenido en Cúcuta en la frontera colombo-venezolana. En el camino quienes lo "secuestraron", le decían que eran paramilitares. Rodrigo sólo pensaba en la motosierra y la tortura. Fue un susto fenomenal. Cuando ya lo tuvieron las autoridades y lo mostraron en Cúcuta como capturado, le volvió el alma al cuerpo.

Era inteligencia militar actuando como bandidos. Quinientos mil dólares pagaron a unos oficiales venezolanos que los apoyaron en el secuestro y luego en el recorrido hasta territorio colombiano. Este complicado hecho creó un lío diplomático entre las dos naciones.

Granda cada vez que firmaba un documento le colocaba ¡Secuestrado por la República de Colombia! Un ser despreciable, que respira odio por el país y por sus instituciones. "Popeye" había convivido en las cárceles con revolucionarios pero éste era caso aparte. Granda veneraba a Cuba y a sus comandantes; odiaba a "Popeye" porque en su libro había denunciado el tráfico de drogas del Cartel de Medellín a través de Cuba, con la complacencia de los hermanos Castro. Esto hizo que cuando el sicario ingresó al patio lo rechazara de frente haciéndole la vida imposible, tratando de voltear a los demás presos en su contra. Incluso les decía que no le hablaran. "Popeye" sabía que le ganaba la pelea, sólo tenía que tener paciencia e inteligencia.

Rodrigo Granda aparentaba unos 53 años de edad, delgado, enfermizo y fumador empedernido, se veía frágil e inofensivo, pero su mirada fría y asesina traspasaba las lentes de sus grandes gafas. Sus ínfulas eran aún más grandes: se creía El Presidente de la República de Cómbita y parecía suponer que su segunda era la Doctora Imelda, directora de la prisión, con quien no congeniaba. Granda estaba loco y así lo comentaban los demás presos y guardianes.

Cuando "Popeye" salía a ver a su abogado en la parte de atrás de "Recepciones" Rodrigo Granda y "Ojitos", un preso del Cartel del Norte del Valle, le gritaban:

—¡Se fue el sapo, se fue el sapo!

285

Él los escuchaba y se echaba a reír sin darles importancia; se sentía privilegiado de estar en "Recepciones" en dónde solo había siete presos, veinte celdas, cada una con baño privado y tres duchas comunales. Además del teléfono que vivía todo el día desocupado, era una dicha la greca para preparar café. Pero lo mejor de todo era la tranquilidad de no estar el día entero cubriéndose la espalda para evitar una puñalada trapera. En ese patio tenía que cuidarse de la lengua mordaz y del mal genio del "canciller de las FARC", Rodrigo Granda. Para "Popeye" era como vivir en el paraíso con dos serpientes. Enseñado a sobrevivir en otras prisiones con asesinos de la misma clase que éste y gente despreciable en su máximo esplendor, no se iba a dejar acorralar por Granda y "Ojitos", que no conocían la cárcel, ni sus trampas. "Ojitos" estaba esperando su extradición para los EE.UU. Fue capturado en Caldas, un municipio del Valle de Aburrá del departamento de Antioquia. Hasta allí llegaron a buscarlo, delatado por un "amigo".

Estaba escapando de la Policía del Valle y de las guerras de su Patrón. Los norteamericanos lo solicitaban por narcotráfico y tenía un pequeñísimo problema: había asesinado a tres amigos en un apartamento en New York, para robarles dos millones de dólares. Eso sí es grave en los Estados Unidos.

Era un hombre de 44 años de edad, trigueño oscuro, oriundo del Valle. Delgado, de 1.70 metros de estatura, le temía a su extradición. Sabía lo que le esperaba.

Su jefe sí era poderoso. Manejaba las oficinas de cobro en Cali y tras la muerte de su gran jefe Orlando Henao, incursionó en el narcotráfico, asociándose con un peso pesado del trasiego de cocaína: "Chupeta".

"Ojitos" vivía orgulloso de su jefe, pensaba que éste lo iba a salvar, que era todopoderoso. "Ojitos" era astuto y tenía que sobrevivir en el patio. Para eso convenció a Rodrigo Granda de que él también era admirador del libertador Simón Bolívar y con ello se ganó su confianza y protección. En el patio también estaba el ex parlamentario y miembro de la Comisión de Acusaciones de la Cámara, Carlos Oviedo Alfaro, condenado por un asesinato; todos lo recordaban por ser uno de los congresistas que absolvió al Presidente Samper en el sonado caso del proceso 8000.

El Patio de "Recepciones" se había inaugurado con el famoso comandante del Bloque Caribe de la guerrilla de las FARC, Ricardo Palmera, alias "Simón Trinidad". Éste estaba listo para ser extraditado a los EE.UU., por narcotráfico, cuando "Popeye" llegó a "Recepciones". Los dos guerrilleros eran vigilados sigilosamente y encerrados en sus celdas todo el día, Simón Trinidad en la celda 06 y Rodrigo Granda en la 12. En las mañanas se saludaban a gritos.

—¿Quién vive? —Gritaba Granda.
—¡Simón Bolívar, camarada! —Le contestaba Simón Trinidad.
Y luego lo hacía Trinidad.
Estas apologías guerrilleras molestaban al resto de los habitantes del patio que comentaban entre dientes su descontento diciendo:
—¡El prócer Simón Bolívar nos liberó del dominio español y estos guerrilleros de las FARC nos quieren someter al yugo a punta de pistola!
Granda, obsesivo con Simón Bolívar, todo el día hablaba de él y del sueño bolivariano, hasta el punto que ya nadie quería escucharlo por intenso con el mismo tema. Era feliz burlándose de la tragedia de los norteamericanos del 11 de Septiembre. Cada mañana gritaba a todo pulmón:
—¡Tumbaron las Mamonudas! ¡Jajaja! —refiriéndose a las Torres Gemelas y soltaba una sonora carcajada.
También se reía y ridiculizaba cada cosa que veía en las noticias cuando el Presidente de la República Álvaro Uribe con voz potente anunciaba:
—¡La culebra está viva! —decía el Dr. Uribe, refiriéndose a que las FARC no estaban derrotadas en su totalidad.
Granda se burlaba del mandatario imitándole su actitud, gritando a voz en cuello, ante la mirada reprobatoria de los otros presos y la guardia que creían que estaba loco:
—¡Ja,ja,ja, la culebra está viva, jajaja!
La sonrisita se le pasmó el día que llegaron por "Simón Trinidad" para extraditarlo a los EE.UU. Lo esposaron y ni tiempo tuvo de despedirse de su sueño bolivariano.
Después de la salida de Trinidad, la situación en el patio mejoró; las celdas ya permanecían abiertas en el día y bajó la presión, antes se temía una fuga o un operativo de rescate por el guerrillero pero todo volvió a la normalidad. En medio de esto "Popeye" una vez más, sobrevivió al ambiente hostil. Ese lugar era un pequeño infierno. Esperó el momento oportuno para atacar. La pelea era de bobos. Ellos se levantaban diariamente a buscar la forma de sacarlo del patio y él, todos los días en los medios de comunicación por sus denuncias en la publicación de su libro, lo que le generaba mala vibra con sus compañeros.
En todo esto, Rodrigo Granda se enferma de la próstata y empezó a caminar por todo el patio con una sonda en la vejiga y una bolsa llena de orines. A los otros presos les molestaba, con toda la razón pues resultaba desagradable, pero a él no le importaba y así se sentaba a la mesa a cenar con los demás. Esta visión les quitaba las ganas de consumir sus

alimentos, a algunos les producía asco, no lo ocultaban tratando de que Granda mejorara su apariencia o al menos ocultara su desagradable bolsa de orines, pero él ni se inmutaba, al contrario, con mayor avidez comía ante la mirada de los demás. A veces alguno se disculpaba para pararse de la pequeña mesa de plástico que servía como comedor y se retiraba a su celda o comía después.

Los días del "Canciller de las FARC", transcurrían en la Cárcel de Cómbita fumando cigarrillo, tomando tinto y cambiándose su bolsa de orines, mientras no perdía oportunidad para hablar mal del gobierno. El hombre no manejaba dinero; su amigo "Ojitos" era quien le financiaba los cigarrillos, el café, el expendio, las tarjetas para llamar y una prostituta de $25 USD que le mandaba traer cada mes para la visita conyugal.

En la Cárcel de Cómbita las cosas iban mejorando para los presos. Ya la visita conyugal no era cada 45 días, sino cada 30 días. En "Recepciones" les tocaba hacerla en su propia celda.

Mientras los compañeros disfrutaban con su conyugal, incluyendo a "Popeye" a quien lo visitaba su novia, a Rodrigo Granda se le complicó el problema de próstata y la prostituta no volvió. El médico le informó que tenían que operarlo de urgencia. El hombre se preocupó y un día "Popeye" lo cogió pensativo y le preguntó qué le pasaba, él le dijo que tenían que operarlo. "Popeye" aprovechó y le soltó todo su veneno para desquitarse de las ofensas anteriores.

—¡Don Rodrigo, no se vaya a dejar operar por médicos del gobierno que le colocan un *chip*, luego lo liberan y le llegan al señor Marulanda... Ojo con eso!

El hombre abrió sus ojotes y le dio la razón en el acto, con cara de angustia.

Días después, fue llevado para la cirugía, al hospital de la pequeña ciudad de Tunja, en Boyacá, cerca del penal. Granda, probablemente se acordó de lo que "Popeye" le recomendó y se retractó, no se dejó operar, ante la incredulidad de los médicos que le advirtieron que era urgente la intervención, aun así no se dejó convencer y volvió con su bolsa de orines al patio.

El Capitán Toledo, comandante de la guardia, encargado de coordinar la salida del guerrillero, llegó furioso al patio donde "Popeye" y lo regañó por haberle dicho semejante estupidez a Granda. Su salida fue organizada con personal del Ejército, bajo estrictas medidas de seguridad, para evitar un eventual rescate por parte de la guerrilla y, por una broma, terminó malograda.

"Popeye" miraba con sorpresa al capitán Toledo pero en su corazón reía; se gozó como nunca esa pequeña venganza de su enemigo. Pasaron los días y él, como buen bandido aplicaba la premisa que reza: *manso como una paloma, astuto como una serpiente*. La aplicaba diariamente con el guerrillero ya que el pequeño lugar en donde los siete presos estaban recluidos les obligaba a interactuar así no se soportaran. Los meses transcurrieron y la situación de Rodrigo Granda se complicó; la operación era un hecho si quería sobrevivir en la cárcel.

Un día llegó la Cruz Roja Internacional y con delegados del Gobierno buscaron un mecanismo para que Granda aceptara dejarse operar sin creer en que le iban a instalar algún *chip*, para llegarle a sus compañeros del secretariado de las FARC en las montañas, como se lo había hecho creer "Popeye". La solución era llevarle un médico de absoluta confianza de los guerrilleros que pudiera estar presente y vigilar de cerca la operación. En ese contexto estaban cuando le llegó la noticia de que uno de sus abogados se salvó de milagro, intentaron asesinarlo a bala en Bogotá. Esto asustó más al guerrillero, no dejaba de fumar y tomar tinto todo el día pensando que lo podían asesinar a él también cuando lo estuvieran operando.

Acusaba de frente al Presidente de la República del atentado. Se volvió insoportable. "Popeye" reía viéndolo asustado, Granda era un ideólogo no un combatiente y lo mejor, temía morir como cualquier mortal.

A los días ingresa de visita el médico de las FARC, un tipo sucio, barbado, con una sudadera rota. Habló con Granda y lo convenció de que se dejara operar, confirmándole su presencia en la cirugía en calidad de garante para evitar que le instalaran el temido *chip*. Granda accede y en la cárcel se organiza un operativo gigantesco con el Ejército. La operación de la próstata fue un éxito. Para sus curiosos compañeros esto no fue suficiente, todos apostaron a ver cómo le había quedado su lívido y no era porque les preocupara su salud. Esperaron un tiempo prudencial para que el hombre se recuperara y meses después le mandaron traer a la prostituta para satisfacer su morbo, no el de Granda, sino el de sus chismosos vecinos de celda...

Un domingo llegó la prostituta. Granda se veía con carita feliz, le funcionó todo perfectamente, ante la desilusión de sus enemigos que esperaban lo peor.

La vida continuaba su imparable curso. Un día, sin saber por qué, el ex parlamentario Carlos Oviedo Alfaro fue trasladado a la Cárcel de Valledupar. Salió lloroso y asustado; sabía el infierno que le esperaba.

Por su lado Rodrigo Granda cometió un craso error. Su prepotencia rayaba en la locura. Un buen día retó a la directora de la cárcel. La citó al patio y convocó a una reunión con todos los presos, incluyendo a "Popeye".

Granda se echó un discurso larguísimo y sin sentido, ante el asombro de todos. Y al finalizar concluyó diciéndole a la Directora Imelda:

—¡Se va "Popeye" o me voy yo! ¡Le doy hasta mañana!

La directora lo miró seria y contestó calmadamente mientras se levantaba de la mesa:

—¡Mañana le soluciono Rodrigo!

Y se fue sin mirar atrás. Los demás intercambiaron expresiones y se levantaron sin decir palabra, dirigiéndose a sus respetivas celdas. Minutos después "Popeye" fue llamado a la parte posterior del patio. La directora le preguntó qué era lo que estaba sucediendo allí. Él le explicó. Muy inteligentemente le aconsejó que no peleara con nadie, que ella lo resolvía.

Él sabía que no era conveniente confrontarlos y se jugó una última carta. Ingresó de nuevo a "Recepciones" y se despidió de todos.

—¡Señores, gracias por todo. Mañana me llevan para la Cárcel La Dorada!

Granda sonreía feliz. "Ojitos", su amigo, lo secundaba.

Llegó el nuevo día y prometía una gran sorpresa. Tipo 10:30 a.m., llega la capitana Miriam. Granda estaba escribiendo en la mesa. La capitana le dice en tono enérgico:

—¡Rodrigo, empaque que va de traslado!

Éste se ríe relajadamente, voltea a mirar a "Popeye" que está en una esquina del patio y descaradamente invita a la capitana a sentarse.

Ésta muy seria le dice de nuevo en tono más alto:

—¡No estoy bromeando. Empaque!

Rodrigo de repente se bloquea, no sabe qué decir y palidece ante la mirada fría de la capitana que estaba perdiendo la paciencia. Él lo asimila y se levanta rápidamente, va hacia su celda, saca sólo un pequeño bolso de mano. Pasa ante "Popeye" quien lo mira con desprecio y sin poder evitar una sonrisita irónica, Éste lo mira también pero va tan confundido que voltea la cabeza presuroso. Un helicóptero se oye en la lejanía acercándose al penal. Rodrigo Granda Escobar, alias "el Canciller de las FARC" rumbo a la Cárcel La Dorada. Su amigo Julio López, alias "Ojitos", quedó frío y no volvió a comentar nada en todo el día esperando su turno. Al llegar la noche el Teniente Millán le cae.

—¡Empaque que va para la Torre 7, la de los extraditables!

"Ojitos" se desencajó y suplicó que no lo llevaran a ese sitio porque allí lo mataban los enemigos de su patrón. Al final el teniente le dio la razón y no lo sacó. El peligro era real. Amaneciendo el día, "Ojitos" era todo amor con "Popeye" y los otros presos ya habían olvidado a su ex amigo Rodrigo Granda. A partir de ese día el Patio de "Recepciones" se convirtió en un remanso de paz. "Popeye" saboreó su pequeño triunfo, sin mover un solo dedo, ganó la "guerra de los bobos" como había bautizado a su confrontación con estos hombres y una vez más se repitió la premisa que tanto le ayudaba a sobrevivir entre bandidos:

Manso como una paloma, astuto como una serpiente...

Mientras daba sus batallas en "Recepciones", un fin de semana de visita llegó la guardia con la noticia de que "Ojitos" sería extraditado ese mismo día. Lo que tanto temía le llegó. Era un sábado en la mañana, estaba feliz hablando con su hijo menor cuando el guardia le notificó la mala noticia. Esto golpeó al niño con fuerza. "Ojitos" le pidió una bebida caliente para darle al menor que se descompuso al escuchar la noticia.

"Ojitos", con dolor, se separó del niño y dirigiéndose a su celda, sacó unas pocas pertenencias, luego se agachó para abrazar con fuerza a su hijo; parecía que el alma se le fuera en ese encuentro. Intentando que su voz no se quebrara le prometió al niño que volvería en un año. El menor, a pesar de su corta edad entendía la situación, por eso en ese momento se bloqueó completamente, parecía mareado y a punto de desmayarse se quedó callado; sus hermosos ojos se llenaron de lágrimas, las mismas que su padre trataba de controlar para no caerse enfrente de él, quería que lo recordara con honor y valentía ante su extradición.

El niño no sabía qué hacer, los que observaban la escena e incluso la misma guardia, tampoco se atrevía a interrumpir la despedida final de un extraditado frente a su pequeño hijo.

Sin saber muy bien qué hacer, a Julio López se le vio en el rostro reflejado el dolor, la frustración y la tristeza, era consciente de su situación, pero ningún hombre está preparado para ese momento. "Popeye" miraba la escena con tristeza, recordando que al lado de Pablo Escobar luchaba contra la extradición y nunca pensó llegar a ver los últimos minutos de un hombre que es llevado a ella, menos dejando atrás a su pequeño hijo quien tampoco entendía muy bien por qué tenía que aceptar que unos hombres armados lo obligaran a desprenderse de su padre.

La visita que allí se hallaba aquel sábado, junto con los demás presos, miraban acongojados otra de las horribles caras que también produce el negocio del narcotráfico en la vida de la gente inocente; a más de uno se le escapó una lágrima. "Ojitos" demostró un gran valor en esa despedida. Sabía que en EE.UU., podría enfrentar una pena de por lo menos 20 años, si no colaboraba con las autoridades. Todos quedaron tristes en el patio ese día. En la cárcel se sentía con fuerza cada vez que un hombre era subido al temido "vuelo de la muerte" rumbo a los EE.UU. Algunos regresaban pronto, pero en Colombia siempre hay alguien esperándolos para ajustar cuentas...

Rodrigo Granda, denominado el "Canciller de las FARC" actualmente se encuentra en libertad y hace parte de los negociadores del grupo guerrillero en el proceso de Paz que se lleva a cabo con el gobierno del Presidente Juan Manuel Santos.

XXXIV

"Piraña": narcotraficante colombo-mexicano

*E*l pabellón era un paraíso en comparación con los otros patios y sobre todo, mucho más seguro, por eso los *pesos pesados* llegaban directamente a "Recepciones" que casi siempre era la antesala de la extradición. Meses después de la partida de "Ojitos" llegó el narcotraficante Leyner Valencia Espinosa, alias "Piraña". Era del Norte del Valle; su centro de operaciones era México. Trabajaba junto con sus hermanos alias "El Médico" y "Remache". Según las autoridades abastecían de cocaína el Golfo de México desde el Puerto de Buenaventura, en el Pacífico Colombiano. Trabajaban para el capo mexicano, Arturo Beltrán Leiva.

"Piraña", estaba delatando ante la DEA a Arturo Beltrán Leiva y a alias "Conejo", pesos pesados de la mafia mexicana.

De forma inusual alias "Piraña" tenía visita conyugal en días de semana. Era un hombre amante de las mujeres bellas que le llegaban a diario, por encima del reglamento que sólo permitía la conyugal cada 30 días. Él era un testigo estrella para la DEA y le estaban permitidos ciertos gustos que los demás presos no tenían lo que generaba malestar en el patio. Al capitán de la guardia, Toledo, no le gustaba esto, pero las órdenes de las visitas llegaban firmadas por el director del INPEC supuestamente a petición de la Embajada Norteamericana. La directora del penal, la Doctora Imelda, había cumplido su ciclo y fue trasladada a la Cárcel La Picota en Bogotá.

El nuevo director de la cárcel, un mayor retirado del Ejército de apellido Sandoval, también protestaba pero al final le tocaba cumplir órdenes.

Alias "Piraña" tenía una debilidad: las mujeres. Todas hermosas y jóvenes. En especial una, que era la sobrina del Coronel de la Policía Danilo González Gil, quien con el tiempo se convirtió en un poderoso narcotraficante del Norte del Valle y luego fue asesinado por la misma mafia. Su sobrina era un espectáculo de mujer que daba gusto mirarla y ella se había fijado en el menos indicado. El destino es algo serio; alias "Piraña", heredero del poder del desaparecido Varela, odiaba al Coronel Danilo González, quien en su buena época de policía fue homenajeado como uno de los mejores policías del mundo, la DEA lo consideraba un héroe y años después lo perseguía por ser un temible narcotraficante del Norte del Valle. "Piraña" nunca confió en él y lo odió hasta la muerte. Con los años su hermosa sobrina se le cruzó en el camino hasta convertirse en su quinta mujer. Lo visitaba frecuentemente en Cómbita, claro no era la única. "Piraña" sabía que pronto lo extraditarían y ganaba tiempo no sólo con sus novias sino también con su información ante la DEA.

Por esos días en Colombia había tres norteamericanos secuestrados por las FARC y "Piraña", supuestamente, se los iba a comprar a la guerrilla. Ese era el plan de colaboración para que le rebajaran la condena por narcotráfico que le esperaba en EE.UU. Pero a la DEA, que preparaba una ofensiva contra la poderosa mafia mexicana, le interesaba más toda la información que "Piraña" les suministraba de Arturo Beltrán Leiva, "Conejo" y los policías corruptos que les colaboraban en México, para el ingreso de grandes cantidades de cocaína desde Colombia.

El gran problema de "Piraña", era que no pensaba propiamente con la cabeza y sabía que en EE.UU., mientras durara su condena, no tendría mujeres lo que le desestabilizó sexualmente y en vez de concentrarse en su colaboración con las autoridades norteamericanas, se dedicó a sus conquistas femeninas ocasionando un problema con los otros presos del patio y sus familias.

Casi no quería permitir su visita familiar para poder ingresar ese día a una de sus amantes, pero en la familiar no se puede tener sexo porque hay niños y para eso está fijado el día de la conyugal. "Piraña" no respetaba y se las ingeniaba para su momento de placer. Desafiaba a los guardias y en cualquier rincón delante de los niños y la visita, se desfogaba. No le importaba nadie. Se ingenió un buen sistema para sus mujeres. De alguna manera logró que en el patio ¡partieran la visita en dos! Como eran seis presos que estaban por seguridad en "Recepciones" organizaron dos turnos de visita: tres horas en la mañana y los restantes en la tarde. "Piraña" quedó en el grupo de la mañana y "Popeye" en la tarde. Como él por esos días no tenía visita, le anotó en la lista a dos de las amantes de "Piraña". El ingreso era de 7:00 a 11:00 de la mañana y de 1:00 a 5:00 de la tarde.

El día de la conyugal entraba, en la mañana, la bella sobrina del Coronel Danilo y cuando ella salía "Piraña" se bañaba y acicalaba para su otra mujer; ésta entraba a nombre de "Popeye". Todo perfecto. El futuro sin sexo lo asustaba como a muchos extraditables, creía que con la colaboración que le estaba dando a la DEA, estaría un par de años tras las rejas. Al fin le llegó el momento de su extradición, días antes estuvo muy nervioso; tenía el tic de morderse un cachete en la parte interna; casi pierde las muelas por el estrés porque nunca pudo comprar los secuestrados norteamericanos a las FARC, como creía en su loco plan. Fue sacado del patio; nos despedimos de abrazo. Se veía muy triste. A los 18 meses fue condenado a 20 años de cárcel en los EE.UU., la Fiscalía le tuvo en cuenta varias de sus delaciones, pero todavía no caía Arturo Beltrán Leiva y menos "Conejo". Lo condenaron tan alto porque la DEA descubrió que lo de la compra de los secuestrados a las FARC, fue un engaño de "Piraña" para obtener credibilidad y rebajas y no lo apoyó ante la Fiscalía y el Juez. Los 20 años, se los dieron para presionarlo para que hablara más ya que todos sabían que poseía información valiosa. Según supo "Popeye", al día de hoy sigue colaborando y es una pieza clave dentro de la lucha de los norteamericanos contra los poderosos carteles mexicanos.

Arturo Beltrán Leiva, capo de capos de México, cayó en 2010. Fue ejecutado por el Ejército Mexicano en un apartamento de su propiedad. "Piraña" ayudó mucho con información valiosa y detallada que tenía sobre el mafioso: sus gustos, lociones, mujeres, familia, amigos, enemigos, todo fue minuciosamente detallado por él a la DEA, e informado a las autoridades mexicanas hasta que el hombre fue dado de baja.

Al centro, el Alto Comisionado de Paz, Luis Carlos Restrepo, a su derecha Salvatore Mancuso y de gorra "Don Berna". En la reunion entre los delegados del Gobierno y los paramilitares, en julio de 2003, en Santa Fe de Ralito.

XXXV

Llegada de "Don Berna" y "Macaco"

En medio de todos estos acontecimientos "Popeye" se organizó mejor en el Patio de "Recepciones", en donde las cosas se estaban moviendo rápidamente. Los presos que llevaban ahí eran sólo de paso. Él era el único residente permanente del vecindario por eso se instaló lo mejor que pudo, dentro de lo que permite una prisión.

Una vez más, desempacaba sus pocas pertenencias para vivir un nuevo destino, quizá hasta el final de su larga condena, en la celda numero 17. No más Granda, no más "Piraña" no más "Ojitos". Ahora estaba solo. Analizaba el día a día del nuevo sistema penitenciario. El reinado de los capos viviendo en cárceles de cinco estrellas había terminado a principio del milenio, cuando llegaron los funcionarios del *Buró* de Prisiones de los EE.UU., a apoyar el sistema carcelario de Colombia y ayudaron en la construcción de prisiones de alta seguridad, como las que hay en el país estadounidense.

Después de 20 años, el sicario sólo le apostaba al destino para que le permitiera salir con vida. Envejeció en las cárceles más peligrosas de Colombia sobreviviendo a las apuestas mordaces de sus compañeros que, sin escrúpulo alguno se daban el gusto de hacer cábalas con su vida.

—¡El viejo "Pope" no saldrá vivo de prisión!

—¡Yo digo que no saldrá caminando de la cárcel y menos de Colombia!

—¡A "Pope" lo matan este año! Y si sale ¡seguro no vive mucho en libertad!

—¡Sólo saldrá libre con los pies por delante; es cuestión de tiempo ya verán!

Él los escuchaba y se reía a carcajadas de los que lo *frenteaban* con sus predicciones y más se ha reído, a través de los años, cuando ha visto morir como perros a algunos de ellos mientras él envejeció en prisión. A sus 50 años se prepara para salir en libertad sin perder el entusiasmo y las ganas de vivir. Y para eso se reconfortaba decorando su pequeña celda.

Una cajonera plástica, de tres puestos se ve adornando una de las paredes. El director se la dejó ingresar; más de 20 años de condena pesan en la cárcel y mueven influencias. Instaló su cajonera entre el planchón del colchón y el lavadero; encajó perfecto. Con una esponjilla fabricó una antena para su radio de varias bandas, su única entretención en las largas noches de soledad.

Sus buenas cobijas le permiten soportar el gélido frío del amanecer, que paraliza hasta el cerebro. Guardó su ropa en la súper cajonera. Pegó a la pared cinco ganchos de plástico que había logrado entrar, así se veía agradable la celda de 4 metros de largo por 3 metros de ancho. Los colores amarillo, verde y rojo, de la cajonera le daban vida, junto con la cobijas. Fue afortunado, por buen comportamiento, le aceptaron el ingreso de una buena cafetera y quedó feliz. Esa era su vida llena de cosas sencillas pero de gran valor para su supervivencia física y mental.

Afuera de su celda se ve el pequeño Patio de "Recepciones" adornado ahora con seis mesas y sus sillas; resulta agradable. El televisor y el teléfono son la alegría del hogar. Estaba solo por órdenes de la dirección, pero anímicamente se sentía bien. Los días sábados era acompañado por amigos del pasillo de seguridad, detenidos que departían con él cuando les llegaba la visita familiar.

La orden de la dirección del Instituto Nacional Penitenciario y Carcelario de Colombia, INPEC fue contundente: "Popeye" tiene que estar solo.

Pero la soledad le duró poco, el mecanismo de la guerra en Colombia y sus protagonistas, obligaron al cambio de planes de aislamiento de "Popeye". Se sabía que el lugar más seguro de las cárceles del país era el Patio de "Recepciones", en Cómbita y ahí era donde enviaban los pesos pesados de los diferentes actores del conflicto y los extraditables. Un día cualquiera, el destino volvió a confrontarlo con su pasado y dejó de estar sólo por una temporada cuando recibió a sus *nuevos inquilinos*. Ya en Cómbita se saborea la extradición: Diego Fernando Murillo Bejarano, alias "Don Berna" y Carlos Mario Jiménez, alias "Macaco", jefes paramilitares desmovilizados, pedidos en extradición por los norteamericanos, por delitos de narcotráfico.

Las autoridades colombianas comprobaron que algunos comandantes seguían delinquiendo desde las cárceles y el gobierno del Presidente Álvaro Uribe ordenó recluirlos en Cómbita, antes de su extradición. Los hombres llegaron al penal bajo un fuerte operativo de la Policía Nacional.

La cárcel rompió la rutina, tanto los guardias como los presos estaban alerta; el operativo supuestamente era secreto, pero hasta los periodistas se enteraron del ingreso de los poderosos comandantes.

En "Recepciones" los guardias estaban ansiosos y "Popeye" atento. Se abrió la puerta del patio, la primera figura que vio fue la de su viejo enemigo

"Don Berna" ex jefe de los "PEPES", enemigos a muerte del Cartel de Medellín y de Pablo Escobar. Ingresó moviendo su pesada figura, maqueándose con las manos para poder manejar la prótesis de una de sus piernas; lo saludó con amabilidad y él le respondió con respeto, mirándolo fijamente y de frente. Detrás de él venía "Macaco". Se veía fuerte y con paso firme, llegó con una sonrisa en los labios, lo saludó con afecto y desprevenidamente; "Popeye" hizo lo mismo, todavía los protegía su aura de jefes paramilitares y fueron tratados con respeto por la guardia. "Macaco" gana su primera batalla; no se dejó quitar una gorra de colores vivos que llevaba puesta sobre su cabeza, el guardia no se complica y lo deja seguir con su trofeo. La primera noche ocuparon las celdas números 18 y 19 de "Recepciones" y luego los instalaron en las celdas aledañas al corredor del patio, que eran más cómodas y había menos ruido.

El encuentro con estos personajes fue mágico; ahí estaban los tres famosos hombres compartiendo un mismo destino. Habían perdido la libertad por el narcotráfico. El fantasma de la extradición estaba presente entre ellos de diversas formas. En el pasado dos de ellos, "Don Berna" y "Popeye" fueron enemigos a muerte por el mismo tema y en esta ocasión la vida los volvía a cruzar; esta vez, en igualdad de condiciones en cuanto a la pérdida de la libertad. "Popeye" entendió la situación y fue solidario con el hombre que más lo persiguió para matarlo cuando era PEPE y él era subordinado de Pablo Escobar. Ese no era el momento para recordarlo. Sacó su colchón y se lo entregó a "Don Berna", con su precioso radio para escuchar noticias, junto con las cobijas y revistas; todo pasó a ser posesión del nuevo inquilino. Luego se ocupó de "Macaco". Le pasó también cobijas y le prometió conseguirle un radio pequeño para que estuviera informado. Luego fue a prepararles algo de comer. Él era un mago, para calentar la comida en la greca. Tenía un gran tesoro. Logró entrar una tapita de acero inoxidable que encajaba perfecto en la greca y al taparla, el vapor calentaba intensamente. Comer caliente en la Cárcel de Cómbita era algo grande y más fuera del horario establecido por el reglamento.

En esos momentos "Macaco" se veía tranquilo, no dejaba de hacer bromas por todo. "Don Berna" estaba de buen ánimo también, los dos muy seguros de que su estadía en esa cárcel era pasajera.

Él miró de reojo a "Don Berna"; no era el mismo que había conocido en el pasado. Manejaba todos los temas con altura e inteligencia, se notaba que estaba estructurado y había estudiado empíricamente. Mirando la malla metálica que tapaba el patio donde estaban presos dijo con firmeza:

—¡Uhm! ¡Donde Carlos estuviera acá, ya se habría ahorcado!

Refiriéndose así al asesinado jefe de los paramilitares, Carlos Castaño y su temor a ser encarcelado y extraditado.

Él se quedó callado. No hizo comentarios, era mejor cuidar las palabras al igual que "Don Berna" lo hacía.

Mientras los hombres se organizaban, se dedicó a conseguirle el radio que le había prometido a "Macaco". El pequeño aparato le llegó rápidamente en el correo de las brujas de la cárcel. También les entregó tarjetas para que llamaran por teléfono a sus familias. Al final del día los dos hombres quedaron formalmente instalados.

Se quedó dormido a las 3:00 a.m., se lo confirmó el único reloj que estaba a la entrada del patiecito, cerca de su celda. A sólo unos metros, descansaba su peor detractor, disfrutando además de sus pequeños tesoros, los cuales cedió con humildad y respeto a sus nuevos compañeros. El radio, las cobijas y las revistas son la vida de un condenado.

Técnicamente, tuvieron que pasar quince años para que estos dos enemigos terminaran durmiendo cabeza con cabeza, separados solamente por un ligero muro. De un lado estaba el Jefe de los "PEPES", acostado en el colchón y cubierto con las cobijas del sicario. En el lado contrario estaba acostado el Jefe de Sicarios del Cartel de Medellín, cobijado con una delgada sábana y tiritando de frío. Antes de cerrar los ojos reflexionó en lo que había sido su vida, pensó en todo lo que le había sucedido y cómo terminó viviendo este encuentro tan particular. Se rio de sí mismo al ver lo caprichoso que puede ser el destino con los seres humanos.

Lentamente sus ojos se fueron cerrando. A lo lejos quiso escuchar los sonidos del silencio... Pero lo que escuchó fue... ¡los ronquidos destemplados de "Don Berna" que no lo dejaban dormir!

El nuevo día le mostró la fragilidad de los hombres. Muy temprano en la mañana, "Don Berna" se levantó y se dirigió a las duchas; el agua helada de la cárcel lo esperaba. Él, a pesar de su sobrepeso y prominente barriga, salió brincando como un canguro rumbo al baño, cuando llegó apoyó todo el cuerpo en su única pierna. Le sorprendió su agilidad para moverse en estas circunstancias, con toda la naturalidad del mundo se agarró de un pequeño muro que le daba privacidad y saltó hacia adentro para tomar su baño.

Estaba fascinado mirándole y pensando, que él, con las dos piernas buenas no tenía ni la mitad de la agilidad de ese hombre que perdió uno de sus miembros inferiores en la guerra. Años atrás, una gangrena se lo carcomió, por heridas de bala. Cuando llegó donde los médicos era tarde, le amputaron la pierna.

Mientras "Don Berna" disfrutaba la ducha, "Popeye" miraba fijamente un lugar de la celda número 18; cerca de la cama estaba una pierna que sobresalía del *jean* tirado en el piso.

Tenía curiosidad; su morbosidad le llevó a mirar más de cerca para ver detalladamente dentro del pantalón. Desde el lugar en que se ubicó la podía ver. Ahí estaba ella, inmóvil e inofensiva. La prótesis de pasta, la pierna artificial de "Don Berna" lo observaba también, enseñándole la vulnerabilidad del poderoso jefe paramilitar.

El verla, así tan inofensiva le mostró que los seres humanos pueden tener todo el poder, el dinero o la maldad más infernal del planeta, pero al final del camino, este mismo mundo los desnudará, evidenciando sus carencias y fortalezas, recordándoles que no son dioses a pesar de que en ocasiones se les olvida y actúan como si lo fueran. Quizá eso les pasó al dueño de la pierna y al que la observaba.

Estaba tan sumido en sus pensamientos que no se percató de la presencia de "Don Berna", quien ya había regresado a su celda para vestirse. Observó cómo tomó una venda y protegió el muñón de su pierna mala para que al ponerse la prótesis no le lastimara la piel. Minutos después salió vestido al patio y luego lo hizo "Macaco".

Les sirvió el desayuno y se sentó con ellos. "Don Berna" tenía buen sentido del humor y hablaba sobre cosas banales. Él esperaba que los hombres comentaran algo de los asesinatos recientes de algunos jefes paramilitares como Carlos Castaño o de otros hombres de su organización muertos por las mismas autodefensas, pero, nada, ninguno dijo algo serio.

Él estaba extasiado mirándolos; tenía ante sí al poderoso "Don Berna" y lo mejor de todo era que había suspendido la orden de matarlo. Un año atrás le había dado su palabra de honor, por escrito, a través de terceros, diciéndole que todo quedaba en el pasado y que la guerra con el Cartel de Medellín terminó con la muerte de Pablo Escobar.

Esa noticia para él era el equivalente a un salvoconducto y a la tranquilidad absoluta. Estaba feliz, pues sus antiguos compañeros del cartel habían sido perseguidos y asesinados al salir de la cárcel, por órdenes del hombre que tenía enfrente. Estaba mirando su destino a la cara y ese destino estaba desayunando en la misma mesa con él.

Los días pasaron y se convirtieron en rutinarios hasta que una tarde "Don Berna", rompió el hielo y habló de Pablo Escobar. Dijo que a él no lo iban a extraditar, pero que si lo hacían, le serviría de ayuda con los gringos todo el apoyo y colaboración que él y sus hombres dieron en la guerra y posterior muerte de Escobar y concluyó en tono jocoso:

—¡A mí lo que me tienen que hacer es un monumento en la plaza principal de Medellín, por haber matado a Pablo Escobar! ¡Jajajajaja!

"Popeye" se quedó mirándole serio y estuvo tentado a decirle: *¿No se arrepiente de haber ayudado a matar al que peleaba contra la extradición?...* pero no fue capaz.

Después de cenar llegaron las directivas del penal y ordenaron que les abrieran las celdas de ellos. Les advirtieron que sólo podían permanecer juntos de 6:00 a.m., a 6:00 p.m., en el patio. Hasta que llegó el momento en que los dos jefes paramilitares fueron llevados al pasillo de seguridad y él se quedó solo, dedicado a esperar el fin de semana para tener compañía nuevamente, cuando los pasaran a su patio a recibir la visita familiar.

En los días de visita, la guardia los llevaba a ellos al patio de "Recepciones" donde estaba "Popeye". Era un paraíso comparado con los otros patios.

"Macaco" se abrigó con su familia y se veía decidido a enfrentar lo que llegara; "Don Berna" protegió a su familia y no permitió que ninguno de ellos fuera a visitarlo, prefirió estar solo, no confiaba en nadie. Con todos fue amable pero nunca mostró el tesoro más preciado de un hombre: la familia.

Hablaba con conocimiento y tranquilidad, sin odio o sed de venganza, estaba estructurado y formado en la universidad de la vida. Poseía lo principal: pensaba y después hablaba; tenía conectado el cerebro con la lengua; sabía muy bien que *uno es esclavo de lo que habla y dueño de lo que calla...*; se cuidaba al máximo.

La tentación de "Popeye" era preguntarles por la muerte del jefe supremo de los paramilitares, Carlos Castaño, quien había sido asesinado años atrás por orden de ellos mismos, sus antiguos amigos y compañeros de causa; pero no fue posible, no se atrevió a hablarles del tema.

Los días que estuvieron en "Recepciones", antes de ser llevados al pasillo de seguridad, fueron buenos para él. Hubo camaradería, respeto, armonía y una buena convivencia. La nota del buen humor la daba "Macaco", aunque "Don Berna" tenía también sus buenos apuntes.

Es hermoso ver caer a los enemigos pero esta vez no lo disfrutó, nunca entendió por qué; al contrario se esforzó al máximo para hacerle agradable la estadía a "Don Berna". Con él ahí los días amanecían diferentes, no eran iguales a los anteriores; se sentía la fuerza de los dos poderosos hombres. "Pope" se levantaba a las 5:30 a.m., se bañaba con agua fría y a las 6:00 a.m., tenía la greca caliente. Hacía el menor ruido posible para no despertar a sus ilustres compañeros que dormían cerca en las celdas del pasillo de "Recepciones".

Tipo 7:00 a.m., se levantaba "Macaco", saludaba con alegría y ánimo. Siempre quejándose del frío y rumbo a la ducha; por último se levantaba "Don Berna", descalzo de su único pie. Una toalla lo protegía de su desnudez, con paso de canguro rumbo a la ducha. Sobre las 8:00 a.m., ya tenía el desayuno listo para brindarle a sus compañeros. Café con leche, pan, queso, mantequilla y galletas; tenerles la mesa bien servida le alegraba la vida. Servilletas y cubiertos de plástico, junto a los improvisados alimentos hacían que todos disfrutaran de un desayuno charlado y ameno. Después cada uno a lo suyo, "Macaco" con su carpeta llena de papeles a la espera de sus abogados; "Don Berna" con menos abogados los atendía sin tanto papel. Se entretenía leyendo un buen libro. La mente rápida de "Macaco" no le permitía sentarse a tener un rato de *relax*. El frío los atacó con fuerza, pues los dos estaban acostumbrados al clima caliente; lo sentían en los huesos.

Cuando llegaba la hora del almuerzo, "Pope" llamaba a sus distinguidos compañeros a manteles; la greca siempre le permitía servir los alimentos calientes; en esas ocasiones los almuerzos eran de arroz, atún de muy buena calidad comprado en el expendio, jugo de naranja en caja también comprado allí y papas de paquete; a veces un poco de sopa y ensalada, otras veces pollo asado, sobre todo los fines de semana, pero nunca carne.

Un buen día "Don Berna" se quejó:

—¡Oiga "Maca"! ¿Es que aquí en esta cárcel no dan carne?

"Macaco" lo llamó y riéndose expuso la inquietud de su amigo. Él se excusó diciéndoles que la carne era de muy mala calidad; "Don Berna" se puso serio y dijo que él se la comía como estuviera. "Macaco" se rio a carcajadas y de frente se refirió a la dentadura de "Don Berna" diciendo que sus inmensos dientes podían triturar lo que fuera. Todos terminaron en un estallido de risas.

La convivencia con los muy famosos extraditables fue agradable para "Popeye" que salió de su vida rutinaria, tras largos años de condena, viviendo lo mismo todos los días. Estaba presenciando un momento histórico que difícilmente se volvería a repetir y lo estaba disfrutando; tenía una nueva motivación, atender a sus huéspedes, lo hacía con humildad y sencillez, ya no pensaba en las diferencias del pasado, el presente era lo que le importaba y lo hacía feliz.

Había días en que los abogados de los hombres no los visitaban y los tres presos aprovechaban para hacer su tertulia.

—¡Oiga "Pope"! ¿Ustedes por qué le tenían tanto miedo a la DIJIN? —le preguntó un día "Don Berna" al sicario que estaba distraído.

—¿Por qué me pregunta eso señor? —Le respondió él con amabilidad y prudencia, mirándolo con respeto.

—Es que el día que Pablo Escobar me mandó a matar en el edificio de Mireya Galeano, yo le gritaba a los bandidos: ¡Somos de la DIJIN, somos de la DIJIN! Y no se metieron sino que hicieron unos tiros y salieron corriendo como gallinas. ¡Jajaja!

Él no le contestó como hubiera querido por respeto, sino que le dijo cortésmente pero con sarcasmo, estaba herido en su orgullo:

—"Don Berna", yo estaba en La Catedral con el "Patrón". Eso lo manejó "el Chopo", él era el principal bandido de Escobar sobre el terreno, mientras nosotros estábamos "presos" en esa cárcel.

"Don Berna", lo miró con cautela reafirmándole su deseo de reconocimiento por las guerras del pasado.

—¡A mí no me pueden extraditar, insisto que me deberían hacer una estatua en todo el centro de Medellín por haber acabado con Pablo Escobar! ¡Jajajajaja!

Lo observó con sigilo, al verlo reír a carcajadas mostrando sus gigantescos dientes, recordándole en su cara la victoria de los "PEPES". Ya no le respondió nada, era mejor ser prudente; el hombre tenía razón, habían derrotado a su "Patrón". Por el contrario "Macaco" le dijo sonriendo con picardía.

—¡Viejo, si a Pablo lo mató la Policía! ¡Jajajaja!

El comentario de "Macaco", fue a propósito para picarle la lengua y hacerlo rabiar, ya conocía a su amigo y sabía cómo ponerlo a hablar.

—¡No "Maca", vos sabés que eso no fue así, yo personalmente estuve varias veces a punto de echarle mano a Pablo Escobar y tuvo suerte, hasta que al final lo cazamos! —y siguió hablando sin parar ante su mirada curiosa que necesitaba saber los detalles de la muerte del "Patrón", mientras "Macaco" lo escuchaba divertido riendo por los apuntes de "Don Berna".

—Un día le interceptamos una llamada por San Antonio de Prado y le llegamos en un helicóptero con la Policía, el hombre alcanzó a huir; estaba solo; se escabulló por dentro de los árboles y dejó botado un fusil AUG 5.56. En otra ocasión una viejita llamó al Bloque de Búsqueda y dijo que Pablo Escobar estaba en pleno centro de Medellín, al pie del edificio Coltejer. Salimos a toda velocidad y cuando llegamos no lo pudimos encontrar.

"Macaco" se burlo de él.

—¡Que va "Berna", usted está loco!

"Pope" con su acostumbrada prudencia, le dijo suavemente:

—¡Todo lo que usted dice señor, es cierto, "el Patrón" se movía así!

—¡Vea lo que dice "Pope", yo no digo mentiras! —afirmó con alegría "Don Berna" al sentirse respaldado con la afirmación del hombre que sabía con certeza cómo se escabullía Escobar. Por algo había sido su hombre de confianza durante muchos años.

Esa noche se acostó triste; lo que dijo el poderoso hombre que dormía al lado era cierto; él estuvo en algunas ocasiones con el capo en San Antonio de Prado; a Escobar le gustaba esa zona porque tenía muchos árboles y era fácil burlar los helicópteros; lo que no le gustó de la anécdota fue entender lo solo que terminó su "Patrón" y lo desprotegido que quedó cuando todos sus sicarios fueron asesinados o se entregaron a las autoridades, dejándolo atrás para que siguiera en solitario su guerra contra el Estado.

Lo que dijo "Don Berna" del fusil que Escobar abandonó fue cierto, su "Patrón" había salido velozmente a ganar los árboles y llevaba también su pistola SIG-Sauer 9 mm., al cinto. El sentimiento esa noche fue de culpabilidad por haberlo dejado solo; la triste realidad era que al poderoso Cartel de Medellín lo habían derrotado con la ayuda del hombre con una sola pierna, como era "Don Berna" y su grupo de los "PEPES", junto a las autoridades colombianas y norteamericanas. Ese hombre resultó muy inteligente y valiente, a pesar de su mutilación producto también de la guerra; porque no cualquiera, en esa época, se enfrentaba al poderoso capo de capos Pablo Escobar Gaviria y vivía para contarlo.

Años atrás, "Don Berna" había sobrevivido a un ataque ordenado por "Caraballo", el jefe de un pequeño grupo de izquierda, ya desaparecido, llamado Ejército Popular de Liberación, EPL. "Don Berna" estaba en una calle de la ciudad de Medellín cuando le llegaron varios hombres y le pegaron 30 tiros, su cuerpo cayó pesadamente en medio de los testigos que aterrados buscaron refugio. Pasados unos minutos los asesinos lo dieron por muerto y se fueron veloces; los curiosos lentamente se acercaron a "Don Berna", su figura se veía completamente ensangrentada. Tenía un *rictus* de muerte en su rostro.

—¡Está muerto! —comentaban algunos.

—¡Pobre hombre, lo volvieron añicos con toda esa balacera! —se lamentaban otros.

Media hora después apareció la Policía, realizó una rápida inspección de los hechos, dando por muerto al hombre ordenó que su cuerpo fuera levantado de la calle.

—¡Lleven a este hombre a la morgue y avísenle a los familiares! —sentenció el oficial.

El cuerpo inerte fue llevado rápidamente a la morgue de la ciudad, lo depositaron en una losa de cemento al lado de diez cadáveres más que, desnudos, esperaban al forense para que les hiciera la autopsia. Tiempo después la morgue quedó en silencio, el único viviente que se paseaba por el lúgubre lugar era el joven ayudante del médico, encargado de recoger los cadáveres y alistarlos para su jefe. Estaba en esa tarea arrastrando un nuevo cuerpo que habían tirado en el piso cuando escuchó un gemido.

—¡Aaahhh, ahhh, aaahhh!

Al hombre se le pararon los pelos de la cabeza del susto, creyó que era un ser de ultratumba, soltó el cuerpo del muerto limpiándose sus manos en la ropa, su mirada desorbitada recorrió el recinto afilando sus oídos pero no escuchó nada más. El empleado se tranquilizó y reflexionó por un momento.

—¡Estoy alucinando! ¡Qué tonto soy! Jaja —en ese instante el gemido de ultratumba volvió a sonar con más fuerza cerca de su oído.

—¡Aaahhh, ahhh, aaahhh!

El hombre salió corriendo como alma que lleva el diablo, pero cuando llegó a la puerta se detuvo porque seguía escuchando los lamentos. Dirigió la mirada hacia la mesa de donde provenían los quejidos… aterrado, con el rabillo del ojo, vio que un cadáver era el que gesticulaba con dolor… "Don Berna" estaba vivo. Asombrado corrió a la puerta de la morgue a pedir auxilio.

—¡Ayúdenme por favor! ¡Este hombre está vivo, está vivo!

"Don Berna" fue llevado de urgencia al hospital más cercano donde le salvaron la vida, pero no la pierna que fue amputada por una gangrena. El hombre se recuperó con los años y siguió con su existencia acostumbrándose a la prótesis que debería usar de por vida. Con los años se volvió a encontrar ya en la cárcel con "Caraballo", su asesino, el guerrillero que lo envió a matar y paradójicamente terminaron compartiendo la misma celda, tuvieron tiempo de hablar y mediar sus diferencias y terminar como buenos amigos. Igual que esta vez le sucedía con "Popeye". Él miraba a "Don Berna" con respeto; guerra es guerra, el que afloja pierde…

Por esos días, la visita de los jefes paramilitares al Patio de "Recepciones" era normal. "Macaco" rodeado por su gran familia y "Don Berna" solo; únicamente llegaban los líderes de las comunas de Medellín y su hombre de confianza, Giovanni Marín alias "Job", quien participó activamente en la persecución y caída del Cartel de Medellín, hostigó con sevicia a todos los sicarios del cartel hasta matarlos; los cazó como animales, según sus propias palabras, aplicándoles los mismos métodos sanguinarios que estos antes habían utilizado con sus enemigos.

Cuando llegó a visitar a su jefe, disfrutó viendo a "Popeye" en el bando de los perdedores. El hombre, con arrogancia, le contó cómo logró, al lado de los "PEPES", sacar a Pablo Escobar y a su organización de Medellín, con ayuda de la gente del Bloque de Búsqueda. Le narró las capturas que hicieron de algunos asesinos que fueron llevados a Monte Casino, la mansión de Fidel Castaño en el barrio Laureles de Medellín, en donde tenían su centro de operaciones y tortura. "Popeye", siguió la conversación de "Job" con desprecio; su aspecto personal tampoco le agradó, la obesidad y la ansiedad que manejaba el hombre al hablar no le mostraba que fuera un *bandido bueno*. El cigarrillo lo delataba, fumaba con ansiedad, apagaba uno y prendía otro mientras movía constantemente una de sus piernas, parecía nervioso todo el tiempo, sus ojos negros iban de un lado a otro, no miraba de frente. Se ufanó de estar viviendo en el barrio El Poblado de la ciudad de Medellín. En ese barrio por tradición siempre han vivido los ricos de verdad y en los últimos años, los nuevos ricos cuyo dinero estaba teñido de sangre.

"Job" estaba orgulloso de que un mayor retirado del Ejército lo escoltara todo el tiempo; esto era perfecto para él, andaba confiado y seguro haciendo vida social en Medellín. Su centro de operaciones era un lujoso hotel, en donde se reunía frecuentemente con todas las personas que por esos días lo solicitaban. Meses después fue asesinado por la misma organización paramilitar debido a sus actividades irregulares al margen de sus patrones.

Así pasaban los días de los jefes paramilitares en Cómbita, hasta que el gobierno del Presidente Álvaro Uribe, decidió que "Macaco" tenía que estar preso en un barco de la Marina, en alta mar, para evitar que se fugara.

Todo el país quedó asombrado con la noticia y más el propio "Macaco" que no se la creía. Pero esta decisión del gobierno no fue gratis.

Un capo guatemalteco llamado "Otto Herrera" fue el que lo hizo enviar allí.

Por esa época, "Otto" estuvo con "Macaco", preso en el pasillo de seguridad en la Cárcel de Cómbita y cuando fue finalmente extraditado a los EE.UU., por narcotráfico, para ganar puntos a su favor le dijo a los norteamericanos que el poderoso jefe paramilitar estaba planeando volarse de la Cárcel de Cómbita.

Como era de esperarse, los gringos entraron en pánico e inmediatamente le contaron a las autoridades colombianas sobre el supuesto plan de fuga de "Macaco" y le sugirieron al gobierno colombiano que el único lugar seguro para él, mientras lo extraditaban, era un sitio en alta mar. La decisión no se hizo esperar y "Macaco" fue a parar a un barco de guerra de la Marina en medio del océano.

La medida fue tan sorprendente que hasta los encargados de cumplir la orden se pusieron nerviosos y se llevaron de paso a otro preso que no tenía que ver en el chisme. Trasladaron también a "Don Berna", que iba más asustado que los propios guardias.

Pero como todo en Colombia es posible, resultó que nadie había ordenado que "Don Berna" también fuera movido a un barco; esto generó toda clase de especulaciones y regaños a los que cometieron semejante hazaña. Cuando los presos llegaron a Bogotá el director del INPEC extrañado, le preguntó al capitán de la guardia que dirigía el traslado de presos que por qué "Don Berna" estaba ahí si nadie lo había ordenado. El capitán abrió los ojos sorprendido y contestó rápidamente, salvando su responsabilidad:

—¡Usted dijo textualmente "tráiganme al cojo"! Pues yo sólo obedecí, y ahí le traje al cojo, pero para evitar confusiones porque usted no me dijo más, traje a los dos cojos a "Don Berna" y a "Don Diego Montoya", mire y verá que los dos son cojos. ¿O no?

El director del INPEC se le quedó mirando, primero con sorpresa y luego con indignación, ante tamaña estupidez de su subalterno y furioso ordenó de inmediato devolver a "Don Berna" a Cómbita.

El preso que junto a "Macaco" tenía que ser trasladado al Barco de la Marina era el famoso narcotraficante jefe del Cartel del Norte del Valle, Diego Montoya alias "Don Diego", pedido también en extradición y quien cojeaba debido a una vieja herida de guerra que lo dejó afectado de por vida.

El error se corrigió y "Don Berna" no tuvo ni tiempo de saber qué era lo que estaba pasando con él cuando llegaron las autoridades y lo subieron de nuevo al helicóptero, para regresarlo a Cómbita.

En la cárcel todos estaban sorprendidos con su traslado; no se habían repuesto todavía de la noticia cuando sintieron a lo lejos un sonido ya familiar; siempre que lo escuchaban les presagiaba algo grande.

El ruido producido por las aspas del helicóptero era cada vez más fuerte, hasta que el gigantesco "pájaro de extradiciones", como lo llamaban también en la cárcel, se posó en el helipuerto de la prisión. Lentamente sus puertas se abrieron y a lo lejos, en medio de la bruma se dibujó la silueta presurosa de un hombre que ágilmente salió del aparato. El personaje parecía que todavía no se reponía de la pesadilla que estaba viviendo.

A los 20 minutos se abrió la puerta de "Recepciones" y apareció la pesada figura de "Don Berna", estaba feliz y le dijo abruptamente sin saludar:

—¡Oiga "Pope", hermano, qué susto tan hijueputa!

Y mientras se dirigía hacia él que lo miraba sorprendido, continuó diciendo:

—¡Yo creo que soy el único preso que llega feliz a Cómbita!

Él soltó la carcajada mientras "Don Berna" le pasó por el lado caminando derechito hacia adentro del patio, con una sonrisa de oreja a oreja, mostrando sus gigantescos dientes, con satisfacción.

Por primera vez, lo vio desplazarse con naturalidad y agilidad en su cuerpo, lo que le llevó a pensar con malicia, *¡tan feliz de su aventura en el barco de la Marina que ni se le nota su lesión en la pierna!*

Ante tal pensamiento reaccionó con vergüenza, se volteó para mirar de frente al recién llegado, que lo miraba con alegría y le manifestó honestamente:

—¡Me alegro de verlo señor!

—¡Yo también "Popeye"... y le cuento que la guardia del INPEC parece que trabajara para "Los tres chiflados"! ¡No, no, no, esto es increíble, jajaja!

Entre los presos se conoció la conversación; rieron a carcajadas por cuenta de la estupidez de la guardia y de la broma que "Don Berna" repetía con humor:

—¡Estos traslados del INPEC parecen que los dirigieran la guardia de "Los tres chiflados"! Porque nadie sabe exactamente cuáles son las órdenes ni los presos que deben trasladar...!

La situación no daba para más, la comparación de "Los tres chiflados" la hizo "Don Berna", recordando un viejo programa de humor de la televisión gringa en donde tres hombres completamente estúpidos y graciosos hacían toda clase de tonterías sin sentido.

Con los días "Don Berna" se relajó y se dedicó a hacerle bromas a todo el que lo visitaba. Cuando "Pope" lo veía los fines de semana le contaba chistes y se burlaba de los acontecimientos recientes.

—¡Oiga "Pope" una sirena le está haciendo la visita conyugal a "Macaco" en el barco! ¡Jajaja!

Otro día con toda la malicia del caso le dijo:

—¡"Pope" qué regalo le enviamos a "Maca"! ¡Jajaja!

—¡Pues una vara de pescar!

Le contestó él con seguridad haciendo alusión a que "Macaco" la única visión que tenía por esos días era el mar donde podía pescar, claro, si sus guardianes se lo hubiesen permitido, lo que no pasó por estar tan restringido. Su esposa Rosa sólo lo pudo visitar un par de veces y fue llevada en helicóptero al barco; no había otra opción. Sus abogados actuaron con rapidez y lo sacaron de alta mar. "Macaco" fue llevado de regreso a Cómbita, hasta el día que lo extraditaron.

A "Don Berna" lo trasladaron a la Cárcel La Picota en Bogotá. Salió él y llegó "Macaco" de nuevo, firme, alegre y como siempre rápido de mente; dijo que estar detenido en ese barco fue terrible. Permanecía incomunicado; los marinos y el capitán fueron respetuosos con él, pero así no se podía defender jurídicamente de nada, era imposible que su enjambre de abogados lo visitara todo el tiempo y menos, recibir continuamente su visita familiar, como estaba acostumbrado en Cómbita en donde retomó su vida, hasta que el destino le tocó a la puerta.

Desmovilización del Bloque Paramilitar "Héroes de Tolova" en la vereda La Rusia en Valencia, Córdoba. *De izquierda a derecha*, Luis Carlos Restrepo, Alto Comisionado de Paz; Diego Murillo alias "Don Berna" días después de haberse entregado a la justicia colombiana; Carlos Mario Jiménez Naranjo, alias "Macaco" o "Javier Montañez"; e Iván Roberto Duque Gaviria, alias "Ernesto Baez".

Diego Fernando Murillo Bejarano, alias "Don Berna". Uno de los principales miembros de los "PEPES", asimismo de las bandas criminales "La Terraza" y "La Oficina de Envigado". Posteriormente comandante del Bloque Cacique Nutibara de las AUC. Fue extraditado a los EE.UU., el 13 de mayo de 2008.

Jhon Jairo Velásquez Vásquez

Carlos Mario Jiménez, alias "Macaco", comandante del Bloque Central Bolívar de las AUC, extraditado el 7 de mayo de 2008.

XXXVI

Extradición de "Macaco"

—¡Señor Carlos Mario Jiménez, por favor salga para una notificación! Ese día alias "Macaco", el poderoso comandante paramilitar del temido Bloque Central Bolívar, no imaginaba que en las manos del guardia penitenciario llegaba su destino.

—¡Señor Carlos Mario Jiménez lo sigo esperando, tengo algo para usted! —Repitió el guardia con voz estridente.

"Macaco" al escuchar al hombre, salió del recinto colocándose una chaqueta y arreglándose la gorra de colores que cubría su cabeza para combatir el frío del lugar. Este jefe paramilitar era desafiante en su actitud, siempre altivo, con paso firme y una sonrisa que iluminaba su cara morena de ojos vivaces y notable agilidad mental.

—Ya vengo "Pope" —dice mientras camina con firmeza hacia la puerta.

A los 15 minutos entró furioso, y a la vez sorprendido.

—¡Me extraditaron, "Pope", me extraditaron! ¡Esos hijueputas me extraditaron! —exclamó con furia mientras sus ojos echaban chispas y sus labios se apretaban fuertemente.

Había sido notificado de su traslado hacia los Estados Unidos, en una jugada que no esperaba de las autoridades colombianas. Ya no había nada que hacer, el poderoso "Macaco", cumpliría el objetivo señalado.

A "Popeye" se le congeló la sangre cuando escuchó la noticia. Él estuvo a punto de padecer el mismo camino cuando andaba con Pablo Escobar.

"Macaco" se calmó después de tan sorpresiva noticia y llamó de inmediato a sus abogados por el teléfono de la cárcel, mientras marcaba a un número de celular dijo con furia.

—¡Hoy soy yo y mañana serán los demás comandantes paramilitares!

Luchó como una fiera herida para evitar lo inevitable. Utilizó todos los recursos jurídicos que su séquito de abogados encontró en los viejos libros de la justicia colombiana, gastó dinero a manos llenas, movió influencias con políticos amigos suyos, hasta que algo paso.

Un juez paró su extradición por medio de una tutela, justificada en el proceso de desmovilización que los Paramilitares habían adelantado con el Estado, en su proceso de sometimiento a la justicia.

El gobierno del presidente Álvaro Uribe, **entró en pánico**; la extradición estaba en peligro, "Macaco" quedó tranquilo por unos días hasta que se le acabó la suerte.

A principio del verano, en un día que parecía como todos los demás, el guardia caminó con la llave en la mano, en el Patio de "Recepciones" de la Cárcel de Cómbita. El hombre con un poco de pereza cumplió su función. Cerró la celda número 17, como siempre, a las 6 p.m. Era la de "Popeye". Ya adentro éste organizó su cama, prendió el radio que lo conectaba con el mundo exterior, buscó el calor de las cobijas y se dejó llevar por las noticias.

Tipo 7:10 p.m., un periodista anunció:

¡Atención última hora! El tribunal de Cundinamarca acaba de tumbar la tutela de Carlos Mario Jiménez, alias "Macaco" quien será extraditado en las próximas horas a los EE.UU.!

—¡Uhm! Se llevan mañana a "Macaco" —se dijo con tristeza, apagó el radio y se sumergió en sus pensamientos:

"Macaco" será hombre muerto en ese maldito lugar.

Trató de quitarlo de su mente pero no pudo y volvió a prender la radio. Siguió escuchando la emisora, no dijeron más del tema, la programación era normal. Pasó el tiempo y ya medio dormido creyó escuchar las aspas de un helicóptero; pensó que estaba soñando pero, al sentir con mayor intensidad el sonido del helicóptero que aterrizó en la prisión, recordó la noticia del radio. Se quedó inmóvil diciéndose a sí mismo con temor...

—*¡Vienen por "Macaco", lo van a extraditar ya; ahora si se jodió!*

Con angustia centró su atención en los sonidos que llegaban desde afuera, esperó unos minutos hasta que estos se hicieron más fuertes. De pronto la cárcel se silenció. Todos sabían que cuando ese aparato llegaba, era porque una nueva víctima estaba en fila para perderse entre sus fauces. Un hombre culpable, la mayoría de las veces... e inocente, en contadas ocasiones. Al final "el vuelo de la muerte" como lo llamaban los presos, partía en medio de la neblina hacia la nada, llevándose entre sus alas a un extraditable más al que nunca volverían a ver.

Apagó de nuevo el radio y se mantuvo alerta, se acercó a la pequeña reja de la puerta, quitó un trapo que le servía de protección a las corrientes de aire. Allí volvió a escuchar el helicóptero, se vistió rápidamente, miró hacia fuera y vio cómo bruscamente se abrió la reja de metal del patio.

Como un fantasma en medio de la noche entró "Macaco" acompañado de un grupo de guardias, el oficial dejó que se acercara a la ventanilla de su celda para despedirse. Con tristeza lo miró a los ojos por última vez.

—¡"Pope" me voy!

No supo qué contestarle, le ofreció una botella de agua; "Macaco" estaba sereno, sólo pensaba en su familia. Sacó la mano por la rejilla de la pequeña ventanita de la celda y se la apretó sin decir palabra; el hombre dio la espalda y salió con paso firme rumbo a la puerta; el oficial de la guardia lo devolvió una vez más para que entregara una carpeta con documentos que apretaba celosamente contra su pecho. "Macaco" le pasó la carpeta por la ventanita mirándole con fuerza, el mensaje fue claro, se giró con rapidez y se fue sin mirar atrás. Los guardias cerraron la puerta tras él. A lo lejos se sintieron las pisadas del paramilitar cruzando el patio. Minutos después la incertidumbre se apoderó del lugar, los presos en los otros patios callaron, sabían a quién se estaban llevando.

"Pope", quedó bloqueado, con la mente en blanco, por algunos segundos; reaccionó, y empezó a pensar en todos los que había visto partir. Sus pensamientos fueron interrumpidos por uno de los guardias que de repente abrió la puerta de la celda llevando la maleta de "Macaco", no se la dejaron subir al helicóptero y se la entregaba para que "se hiciera cargo". Cuando salió el guardia, levantó la maleta y la depositó sobre la litera; en el mismo momento recordó la carpeta con documentos que le había entregado cuando se despidieron. Pensó que podría presentarse un allanamiento y la encaletó muy bien, cerciorándose de ver todos los papeles que había en su interior. Decidió que lo más conveniente sería destruirla, pero lo dejó para el día siguiente.

Se centró en el sonido del helicóptero. En su interior, otro de "los señores de la guerra en Colombia", iba rumbo a la eternidad...

La nave despegó de la cárcel; sus aspas cortaron el viento atravesando las montañas de los departamentos de Boyacá y Cundinamarca, rumbo a la capital. En su interior, un hombre caído en desgracia miraba a través del vidrio del helicóptero, iba sentado en medio de dos uniformados; sus ojos percibieron desde la altura los últimos destellos de la ciudad que se entrelazaban con las carpetas verdes de las laderas bogotanas.

Todo quedó en silencio en la prisión. Carlos Mario Jiménez, alias "Macaco" fue un hombre poderoso, rico, y temido.

Al día siguiente, las autoridades colombianas lo entregaron oficialmente a los norteamericanos; fue subido al avión de la DEA, los agentes lo sentaron en una de las sillas de la mitad de la aeronave, le encadenaron los pies; otra cadena le fue puesta en la cintura para que le conectara las esposas que le aseguraban las manos, si el preso forcejeaba se apretaban más. Finalmente el avión tomó velocidad en la pista, rumbo a los EE.UU.

Con las manos y pies encadenados, el **comandante** paramilitar miró una vez más, ahora con desesperación por la **pequeña** ventanilla del avión, tratando de llevarse en su memoria la **última imagen** de su amado país; necesitaba grabar en sus retinas un poquito de sus montañas y laderas. No las volvería a ver jamás.

Sólo le permitieron abordar el avión con lo que tenía puesto, no le dejaron llevar ni una foto de sus seres queridos. Era como morirse en vida.

El avión decoló y se estabilizó en el aire. "Macaco" respiró hondo e intentó retener un poco del olor criollo, de lo que significa "el olor a calle"... a calle colombiana. Antes de que el avión desapareciera del radar y se perdiera en medio de las nubes rumbo a los EE.UU., las lágrimas amenazaban con salir por sus grandes ojos negros, pero se negó a llorar por dignidad, nadie lo vería a él llorar. Enfrentaría con valor al destino que tocaba a su puerta, ahora con tanta firmeza; encararía a la justicia y sus delitos; así se lo prometió a su padre quien falleció pocos días antes de que fuera extraditado.

Su esposa Rosa, meses después, se entregó a los agentes de la DEA, dentro de un acuerdo de negociación con la justicia. Los dos pidieron al destino otra oportunidad dispuestos a asumir las consecuencias de sus errores. Ella siempre se mantuvo firme a su lado, hasta en los momentos más difíciles cuando él creyó flaquear, lo levantó; era una mujer de carácter y decisiones inteligentes que le acompañó en su lucha antisubversiva, fue precisamente por ella que se convirtió en paramilitar.

Durante años los guerrilleros de las FARC los extorsionaron pidiéndoles dinero y robándoles su ganado, cuando vivían en el departamento del Putumayo en donde tenían sus propiedades. Un día "Macaco" llegó a su casa y se encontró con la noticia de que los guerrilleros habían secuestrado a su esposa, se la llevaron para la selva y amenazaron con asesinarla si él no pagaba el rescate. "Macaco" entró en cólera; si él cedía a las peticiones de las FARC los seguirían extorsionando toda la vida, ya había denunciado la situación a las autoridades pero nadie hizo nada, estaba solo y su mujer en peligro. Los días comenzaron a pasar con el riesgo inminente para la vida de la señora Rosa, quien seguía en manos de sus secuestradores. "Macaco" tomó la decisión más temeraria de su vida. Reunió un grupo de hombres, los armó y con ayuda de unos amigos se fue a buscarla. Después de intensos combates entre sus hombres y los secuestradores, la mujer fue rescatada, los guerrilleros muertos y un nuevo grupo de autodefensas nació en Colombia: el poderoso Bloque Central Bolívar, que con el tiempo se unió al "estado mayor", dirigido por Carlos Castaño. Era la historia de casi todos los paramilitares: tuvieron que armarse para defenderse de la guerrilla cuando el Estado no los defendió.

Después de la extradición de "Macaco" sorpresivamente llegó la de su amigo, Diego Murillo alias "Don Berna". Un día apareció frente a las escalerillas del avión de la DEA. Las imágenes de los noticieros enfocaron su rostro angustiado, con los ojos desorbitados mirando fijamente la aeronave que se lo llevaría para siempre de su país.

Ese día por ningún lado aparecieron los agentes de la DEA que pelearon hombro a hombro con él, contra Pablo Escobar, en Medellín. Esta vez "Don Berna" no iba a hacer un viaje de placer a los Estados Unidos, como el que realizó en el pasado, luego de la muerte del capo, cuando sus amigos lo invitaron y le dieron la visa para que pudiera disfrutar de su gran país. El único que sabía en realidad quién era "Don Berna" era precisamente "Don Berna" y así se quedó en esa ocasión. Trece años después lo invitaron nuevamente, pero con una orden de extradición en sus manos que le garantizaba pasar el resto de su vida en una prisión estadounidense, porque con los gringos nadie juega...

Luis Hernando Gómez Bustamante, alias "Rasguño", miembro del Cartel del Norte del Valle, extraditado a los EE.UU., en julio de 2007.

XXXVII

"Recepciones": antesala de extradición

En ocasiones esporádicas otros extraditables pasaron por el patio en que continuaba cumpliendo con su condena "Popeye". Se había acostumbrado a vivir así, siempre ahí, en su pequeño espacio, prendiendo su greca cada día a las 5:30 a.m., para hacer café; aprovisionándose de tarjetas telefónicas para regalarlas al prisionero nuevo; conservando con cuidado sus cobijas para darle algo de calor al visitante que, por lo regular, llegaba a la prisión solamente con la ropa que tenía puesta, y, de igual manera, se lo llevaban.

A varios los vio temblar, pero no sólo de frío, también de miedo cuando la puerta del patio se abría e ingresaban los policías que los trasladaban. Cuando esa puerta se cerraba tras ellos, la siguiente que se abría era la del avión de la DEA. Todas estas actividades rompían con la monotonía de su condena.

La paranoia de "Rasguño"

En medio de la llegada y salida de extraditables le llegó la noticia de que Jerry, el norteamericano que vigilaba las cárceles de alta seguridad de parte del *Buró* de Prisiones de los Estados Unidos y que les hacía la vida imposible, demostrándoles su poder con arrogancia, en los penales de Valledupar y Cómbita, se suicidó disparándose en la cabeza.

Según les contaron en la cárcel, el hombre se encerró en su apartamento en la ciudad de Ibagué y se mató. Nadie supo por qué tomó esta decisión. Lo último que hizo fue traer unos senadores norteamericanos a inspeccionar la cárcel, después tomó la mortal decisión. La noticia se manejó con bajo perfil para que los periodistas no investigaran más.

"Popeye", desde el Patio de "Recepciones", vivía enterado de todo lo que pasaba en el país y en el bajo mundo. Ese pequeño recinto alberga mucha historia; por allí han pasado antes de su extradición a los EE.UU., las personalidades más tenebrosas y famosas de la delincuencia en Colombia. Jefes paramilitares, guerrilleros y capos de los más poderosos carteles. Por esos días el turno le llegó a Hernando Gómez Bustamante, alias "Rasguño", un peso pesado del narcotráfico del Norte del Valle. *Jefe de Jefes* en su zona; amigo y socio de otro peso pesado, el famoso "Hombre del Overol". Juntos controlaban la zona de Cartago, Valle y ayudaron a financiar la campaña presidencial que provocó el famoso Proceso 8000 en la época de Samper y Fernando Botero.

Su nombre rayaba en leyenda y su palabra era ley. "Rasguño" fue enemigo de Pablo Escobar y aportó dinero y armas para acabar con el Cartel de Medellín. Al morir Pablo Escobar, empezó a frecuentar a Carlos Castaño y luego a Vicente Castaño.

Todo el grueso de la cocaína que enviaba a los EE.UU., salía de los laboratorios controlados por los paramilitares. Se convirtió en un gran socio económico para los Castaño. Todo perfecto.

"Rasguño" los visitaba con frecuencia haciendo uso de sus helicópteros. La DEA, que nunca se desligó de Carlos Castaño Gil, le hizo una propuesta indecente.

—¡Entréguenos a "Rasguño"!

Carlos le comentó a su Hermano Vicente y éste puso el grito en el cielo. Si había algo que no se le podía tocar a Vicente Castaño, alias "El Profe", era el bolsillo. Vicente le informó a Mancuso y a "Don Berna". En una de sus acostumbradas visitas y con la DEA lista para el operativo, "Rasguño" iba rumbo a su desgracia.

Su piloto, a lo lejos, reconoció el helicóptero del poderoso paramilitar Salvatore Mancuso, el segundo dentro de la organización. El recibimiento fue frío. Mancuso le pidió al capo que no continuara su viaje hacia donde Carlos Castaño y que esperara a que contactaran a Vicente Castaño.

Providencialmente el contacto fue rápido y "Rasguño" envío su helicóptero a recoger al "Profe". La reunión fue preocupante; a quemarropa Vicente le dijo a "Rasguño":

—¡Carlos te va a entregar a la DEA! —el hombre quedó frío.

Estuvo a minutos de caer en las manos de los EE.UU. Mancuso y "El Profe" le dan carta abierta para que pelee con Carlos y muy hábilmente "Rasguño" les contesta:

—¡La ropa sucia se lava en casa!

No les dice más y abandona la zona a toda prisa, para no volver nunca a los campamentos paramilitares.

Ya "Rasguño" en el pasado había desechado la oportunidad de su vida; hizo contacto con la súper poderosa fiscal de los EE.UU., Bonnie Klapper y la DEA. La cita fue en Cartagena. Los agentes de la DEA y la Policía Colombiana no se podían acercar a 100 metros. La ciudad estaba bajo fuerte custodia policial por la presencia de la fiscal Bonnie Klapper que no era para nada poca cosa. Agentes encubiertos por todo lado. El salvoconducto era total, pasara lo que pasara, el poderoso narcotraficante "Rasguño" no podía ser tocado.

La reunión fue en un restaurante de Boca Grande. La fiscal le propuso diez años en una cárcel de mediana seguridad y le ofreció la operación de la columna vertebral por una escoliosis brutal, un viejo mal que le aquejaba al súper capo. Su vida clandestina le impedía una cirugía con larga convalecencia. La propuesta era un regalo para un hombre como él. Una cárcel de mediana seguridad en los EE.UU., es cómoda y llevable.

"Rasguño" tenía que entregar un dinero a los EE.UU., y desmontar su operación de narcotráfico. La delación no estaba en el acuerdo. La reunión no duró dos horas y el poderoso capo de capos comete un craso error. Lo pensó y finalmente dijo que no.

Salió de la reunión asustado, ya que la fiscal le dijo:

—¡Don Hernando, tengo listo mi avión, váyase conmigo ya!

El hombre sólo veía su avión privado abandonando el Caribe Colombiano rumbo a su infraestructura en Cartago, Valle, única zona donde se sentía medianamente seguro. Ese día cavó su propia tumba en los EE.UU. Años después se la cobrarían.

Con Bonnie Klapper, no se juega. La persecución contra el capo sería a muerte; la cacería de las autoridades se intensificó. La DEA incumplió el acuerdo de no tomar fotos y le sacó una muy buena a "Rasguño", el día de la reunión con la fiscal sin que éste se diera cuenta. Los norteamericanos no tenían un registro actualizado del mafioso. "Rasguño" reaccionó e hizo un montaje periodístico en Colombia para despistar a las autoridades. La noticia fue:

"Rasguño" fue secuestrado y está herido. Se cree que fue la guerrilla.

En la televisión se veía un campero violentado.

El capo desapareció y dejó su operación de narcotráfico en manos de su mejor lugarteniente, "Johnny Cano". Se voló del país cobijado por el anonimato que le daba su supuesto secuestro.

La DEA no comió cuento y menos Bonnie Klapper. Él inicio un largo viaje por varios países, en compañía de su mujer, amparado en un pasaporte venezolano falso. Deseaba pasar una buena temporada en Cuba, aprovechando las malas relaciones de este país con los EE.UU. Cuba es un paraíso libre de la DEA. "Rasguño" se estaba moviendo por países en donde el control norteamericano no le llegaba.

Fue una buena época para el gran Jefe hasta que la desgracia le llegó. En un viaje de rutina entre Venezuela y la Isla, "Rasguño" cometió un error estúpido. Fue grosero con una azafata. Ésta lo reporta al Capitán del avión y de allí a las autoridades cubanas. Donde menos lo esperaba se enredó "Rasguño".

El pasaporte no pasó los controles de la Policía de Inmigración. El documento era falso y "Rasguño" fue reseñado. Trató de cuadrar con dinero y no lo consiguió. La Policía Cubana pidió antecedentes a Colombia y en ocho días estalló la noticia como una bomba.

¡Detenido en Cuba Hernando Gómez Bustamante, alias "Rasguño"!...

¡No estaba secuestrado, no estaba muerto, estaba de parranda! Los cubanos saben que tienen un tesoro en sus manos. Los norteamericanos empiezan a presionar a los colombianos para que lo pidan y luego llevarlo a los EE.UU.

Bonnie Klapper en pie de guerra. No iba a descansar hasta que lo tuviera en sus manos. Le preocupaba a la fiscal que "Rasguño" comprara al gobierno cubano e hiciera una jugada para burlar a la justicia norteamericana.

La diplomacia estadounidense solicita entonces al gobierno cubano que se lo entregue; entre Cuba y los EE.UU., no hay tratado de extradición. Pero por ser colombiano se intentaría buscar un mecanismo legal para hacerlo. Los cubanos piden que les entreguen cinco ciudadanos suyos presos en los EE.UU., por caso de espionaje. "Los cinco" son considerados héroes de Cuba. Los norteamericanos rechazan el canje. La única opción es Colombia.

"Rasguño" estaba en condiciones terribles en las cárceles cubanas. Son unas verdaderas mazmorras. Su dinero no le sirve allí, los cubanos no se atreven a comprometerse; por todo lado hay espías. Incluso un preso cubano es encerrado con "Rasguño" y trata de infiltrarlo, pero éste lo detecta y lo rechaza con violencia.

Se abandona a su suerte y empieza a golpearse contra los barrotes hasta que sangra. Es un infierno total, la comida es una locura; pasa mucha hambre dentro del penal al igual que otros presos; pensaba cómo sería fuera del penal donde los familiares de sus compañeros de presidio son tan pobres que sólo pueden comer una vez al día y eso si tienen suerte.

El calor lo enloquecía y no podía acceder a tomar agua de botella como estaba acostumbrado, le tocaba conformarse con las aguas nauseabundas que circulaban en su celda. Su futuro no era el mejor. El dolor de la columna lo mantenía en una constante agonía.

La familia de "Rasguño" desesperada busca una solución y alguien les aconseja que hablen con un famoso futbolista argentino, íntimo amigo de Fidel y Raúl Castro, que comparte su ideología.

Los familiares sólo estaban buscando mejores condiciones carcelarias para el capo en Cuba, era un asunto de vida o muerte. Dicen que el futbolista accede a colaborar. Recibió a la familia de "Rasguño" y les prometió mediar en el asunto, según sus palabras, pero necesitaba doscientos cincuenta mil dólares por la diligencia.

Supuestamente el dinero le fue entregado al futbolista fuera de Cuba. Todo listo. Las cosas para "Rasguño" iban a mejorar después de la intervención del deportista, dada su amistad con los Castro. La familia estaba feliz porque suponía que "Rasguño" sería trasladado a una cárcel con mejores condiciones de vida o entregado a Colombia, su país de origen.

Y ¡Oh sorpresa! Los días pasaron uno a uno y los meses también; no ocurrió nada, o sí pasó algo: el futbolista desapareció y no volvió a contestar el teléfono y el dinero también se evaporó junto con la ilusión de "Rasguño" y de su familia.

Cuando "Rasguño" fue informado por los suyos de la estafa del futbolista, se enfureció; el argentino terminó con un poderoso enemigo dentro de la mafia.

Y para rematar, por esos días todo se le complicó con su organización. Fue enterado de que su lugarteniente "Johnny Cano" había sido detenido en Caucasia (Antioquia). Allí nació el gran lío entre "Macaco" y "Rasguño". "Rasguño" decía que "Macaco" era el amo y señor de Caucasia y no era posible que la DIJIN pudiera operar allí, sin el beneplácito del poderoso jefe "Para".

"Macaco" estaba protegiendo a "Johnny Cano". Se enredan las cosas. La DIJIN recibió el pitazo de una fuente anónima, vía telefónica, sobre la presencia de "Johnny" y éste fue capturado rápidamente.

Con el tiempo se aclaró que "Macaco" no tuvo nada que ver con la captura. Pero "Rasguño" juraba que fue "Macaco", para quedarse con la droga.

Pasaron dos años y los cubanos por fin entregaron a "Rasguño" a los colombianos.

"Popeye" no conocía a "Rasguño", pero sí había oído hablar de él.

El helicóptero se acercó a Cómbita, tipo 10:00 a.m.; todos sabían que en su interior traía al poderoso narcotraficante. Una hora después se abrió la puerta de "Recepciones" y apareció "Rasguño".

—¿Qué hubo "Popeye"? —le saludó el hombre teniéndose la cintura con una mano.

—¡Bienvenido don Hernando! —Le contestó con respeto, mientras se sonríe con sarcasmo; qué cosas tiene la vida… un nuevo jefe de los "PEPES" recibido por un sicario del Cartel de Medellín, sus enemigos.

La Cárcel de Cómbita era para temer, pero es un paraíso comparado con las cárceles cubanas. "Popeye" le ofreció una silla y una botella con agua. Se aseguró que estuviera sellada y la abrió. De lejos se notaba que estaba vencido. Por su condición de salud no fue encerrado como los demás, se veía inofensivo. La guardia le dio la celda número 20.

Le parecía inmenso el pequeño Patio de "Recepciones"; estaba feliz de llegar a Colombia. "Popeye" le ayudó con lo que tenía a la mano y poco a poco, le habló con más familiaridad. La cárcel en Cuba lo golpeó fuertemente. Él lo escuchó con respeto y luego le preparó el almuerzo que comió con ganas y le pareció delicioso.

Todo lo comparaba con Cuba. Constantemente decía:

—¡No entiendo cómo, con hambre, la gente en Cuba puede sonreír!

Se refería al pueblo cubano. Llegó el nuevo día y con éste su desayuno. Vio uno de los panes que venían en el plato y llamó a "Popeye".

—"Pope", ¿ese es para los dos? —le preguntó con curiosidad.

—¡No señor, éste es el mío y el otro es el suyo! —Le contestó con respeto.

—¡En Cuba con un pan de esos comen cinco presos!

Según decía el poderoso hombre, las cárceles en Colombia son un paraíso, comparadas con las pocilgas de Cuba donde no se veían hombres sino piltrafas humanas hambrientas.

—¡Don Hernando no se preocupe que ya le voy a preparar un súper desayuno y puede comer todo el pan que quiera!

Contento por tener alguien con quién hablar para romper la rutina de su monótona condena, "Popeye" salió veloz a preparar el desayuno. Café con leche, queso doble crema, pan, galletas y mantequilla. Sonriendo, le sirvió todo en una bandeja a su nuevo huésped, que miraba con ganas. Comió vorazmente mientras feliz seguía elogiando las bellezas y beneficios de vivir en Colombia. Aun así su mirada mostraba desconfianza. Al otro día fue llevado al pasillo de seguridad.

Pasaron los días y el narcotraficante se fue habituando a su nuevo sitio de reclusión, para él era el cielo comparado con la vida miserable que le tocó vivir en la cárcel de Cuba. Ante su precaria salud e incomodidad para moverse, dada la grave lesión en la columna, en el taller de la cárcel le fue autorizado que otros presos le fabricaran un bastón de madera que le sirvió de soporte para desplazarse dentro de la institución. Pidió que el bastón tuviera una cabeza de caballo. El fantasma de sus enemigos lo rondaba y esto les complicó la vida a todos en el Patio de "Recepciones".

Empezó a desconfiar de la comida, de los guardias, de los compañeros del pasillo y especialmente de "Popeye", temía que lo fuera a envenenar, ante su inminente extradición a los EE.UU.

Prometió a la DIJIN entregar un lujoso automóvil Ferrari y una obra de arte tasada en 25 millones de dólares. Les ofreció ayudar a convencer a otros narcos del Norte del Valle para que se entregaran a la justicia. Al final la Dirección de Inteligencia de la Policía Nacional, DIJIN, empezó a protegerlo y le recomendó al Instituto Nacional Penitenciario y Carcelario, INPEC, que le proporcionara un esquema de seguridad extremo. La visita para él era los días miércoles, la comida la comenzaron a vigilar de forma extrema y a los guardias se les exigió cuidarlo con esmero.

El mejor lugar para la visita era "Recepciones". Pero allí estaba "Popeye" y "Rasguño" no se sentía cómodo de estar cerca al sicario del Cartel de Medellín. A la segunda visita que coincidió con él en el mismo patio, lo mandó a sacar del lugar que compartían en la visita y éste fue llevado a un frío cuarto cercano sin explicación alguna. "Popeye", con dignidad, se dejó sacar de "Recepciones", pero apagó su inseparable greca clave para preparar los alimentos calientes y el café del desayuno. El guardia cerró con llave todas las 20 celdas, así se veía completamente muerto el lugar, parecía un cementerio. Los otros presos que vivían en el pasillo alterno a "Recepciones" le dijeron que sacar a "Popeye" era un error.

Por su parte, el sicario ofendido les notificó a los guardias que si lo volvían a sacar de nuevo de su sitio de residencia permanente, él tenía dónde quejarse por la arbitrariedad a que estaba siendo sometido sin razón establecida y sólo por pedido del narcotraficante.

La segunda vez que los dos coincidieron en la visita ya no sacaron a "Popeye", pero la guardia fue clara al advertirle que no se podía acercar a 10 metros de la mesa de "Rasguño", por seguridad. Él traía sus propios víveres para comer y evitar ser envenenado.

El hombre al ver a "Popeye", amable y discretamente se disculpó por haberlo sacado la vez anterior. Él, como signo de *borrón y cuenta nueva*, accedió a seguir prendiendo la greca para calentar los alimentos de los dos. "Popeye" olvidó el asunto y con humildad y respeto le siguió ayudando. Cuando quería calentar algo, le llamaba e iban juntos a la greca; "Rasguño" no le quitaba los ojos de encima a su compañero cuando maniobraba la comida, hasta que estaba lista y salía con lo suyo a comérselo en privado. Su paranoia a ser envenenado era total. Con esta actitud complicó la vida de todos los otros presos y guardias del patio. El ambiente se puso pesado. "Rasguño" dio por hecho que su asesinato era cuestión de días y se desesperó. Hizo tapar, con láminas de acero, las ventanas con barrotes del pasillo de seguridad, para evitar que le lanzaran una granada cuando lo pasaban por el corredor.

Este hecho enfureció a sus compañeros, ya que los encerraron más. Para complicar la situación un tal "Jey Orozco", un narco de poca monta, empezó a traficar con información dentro del pasillo de seguridad. "Rasguño" confiaba en "Jey" y le contaba los pasos que iba a dar en contra del que fuera conocido o amigo de "Macaco", con quien terminó de enemigo después de la captura de su hombre "Johnny Cano", en territorio del paramilitar.

"Jey" se ganó la confianza del receloso hombre y éste le regaló cien mil dólares para su defensa. No contento con esto, buscaba más dinero avisándole a los detractores de "Rasguño" que iban a ser trasladados de cárcel por pedido del poderoso capo. Se volvió un infierno de chismes y falsos traslados que volvieron más paranoico a "Rasguño" quien se preocupó con su supuesta transferencia a la terrible Cárcel de Valledupar, de la cual pocos salían bien librados, según le aseguraba su nuevo amigo "Jey". Los guardias estaban molestos con la obsesión del capo y por tanto problema con el narco que todo denunciaba ante las autoridades o medios de comunicación, producto de la falsa información que le alimentaba el interesado "Jey".

Lo que nadie sabía era que el astuto hombre había renunciado a términos legales en su proceso, para agilizar su extradición y así viajar a los EE.UU., para negociar de una vez por todas con la justicia de ese país. Su afán era pagar rápido la condena, su última esposa era muy joven y bonita, le había prometido esperarlo hasta que éste saliera en libertad. Cinco meses después le llegó el día de la extradición y se lo llevaron esposado, como a todos, pero no le permitieron llevar su bastón de apoyo.

—¡A EE.UU., no se lleva nada! —fue la respuesta cortante de los agentes de la DEA que lo subieron al avión.

XXXVIII

"El Mellizo", a Cómbita para su extradición

La dinámica del país no se detenía y la del bajo mundo tampoco. Las autoridades estaban trabajando arduamente, buscando a los prófugos comandantes paramilitares que no se quisieron someter a la justicia dentro del proceso de paz que, *estaba pegado con babas*, entre el gobierno y los "Paras". En un operativo de la Policía fue ubicado y dado de baja uno de "los Mellizos". Días después su hermano fue capturado y, como todos los extraditables de peso pesado, también terminó en "Recepciones".

"El Mellizo", Miguel Ángel Mejía Múnera, estaba golpeado por la muerte de su hermano gemelo. Según se comentó en la cárcel, un grupo de policías lo ubicó en una de sus fincas, cuando él se vio acorralado se entregó y alzó las manos en señal de rendición pero, inexplicablemente, tiempo después en el informe de las autoridades apareció como muerto en combate, al presentar resistencia con un arma de fuego en la mano. El grupo de policías que lo ejecutó es llamado "Los Lobos"; son asesinos profesionales.

Los llamados "Mellizos" eran los comandantes de las autodefensas de Arauca y también se habían concentrado en la zona de desmovilización en Santa Fe de Ralito, dentro del proceso de entrega de armas, adelantado por el gobierno del Presidente Álvaro Uribe.

A estos hermanos les llovieron críticas por su participación en el proceso, porque las autoridades los tenían identificados como narcotraficantes de gran poder y "prestigio", dentro de la mafia colombiana.

Finalmente se lograron meter y sostener en el proceso de paz, entregaron armas y combatientes, pero cuando sus compañeros fueron recluidos en las cárceles y el acuerdo tambaleó, ellos prefirieron abandonar el proceso de Justicia y Paz, no confiaron en la palabra del gobierno sospechando que terminarían extraditándolos, como finalmente les ocurrió a sus compañeros.

Por esta razón "los Mellizos" prefirieron la clandestinidad y se ocultaron en su infraestructura. Pasaron los meses y las autoridades ofrecieron jugosas recompensas por ellos. Ya la DEA los tenía fichados, era cuestión de tiempo que los cercaran. Finalmente varios de sus hombres los traicionaron. Al primero le llegaron a la finca y lo mataron; al segundo, Miguel Ángel Mejía Múnera, lo ubicaron días después y lo capturaron cuando se movía de escondite. El hombre se había metido en el compartimiento de atrás de la cabina de un gigantesco tractocamión que se desplazaba por las carreteras del departamento del Tolima. El vehículo fue interceptado en un retén de la Policía; por aviso de un informante sabían que "el Mellizo" iba encaletado allí. Cuando el conductor se detuvo dejó prendido el automotor y se bajó para entregar sus papeles, todo parecía en regla; los uniformados buscaron por todo lado dentro del gigantesco aparato, pero no lograban ver nada extraño, hasta que seguros de la información que tenían se la jugaron y decidieron pedirle al conductor que apagara el carro. El conductor entró en pánico, si él lo hacía su jefe moriría asfixiado ya que la caleta en donde se encontraba estaba ubicada justo detrás de la cabina del conductor y el único aire o ventilación que le entraba era precisamente del aire acondicionado al mantener el vehículo prendido, si lo apagaban él moriría en minutos.

Uno de los policías al ver la cara de pánico del conductor supo que habían dado en el blanco y lo presionó apagando el carro, éste no tuvo alternativa y señaló el pequeño resorte que abría automáticamente la caleta, donde se encontraron de frente con un sorprendido "Mellizo" que palideció al verse descubierto, supo su suerte y se entregó.

El delator, que no fue el conductor sino un hombre de confianza que sabía que "el Mellizo" utilizaría ese medio de transporte, recibió dos millones de dólares de la DEA y un hermoso féretro. Se quiso pasar de listo saliendo del país por un tiempo para evitar sospechas y poder disfrutar de su recompensa, creyó que nadie sabía que él era "el sapo" y regresó a Colombia a seguir entregando gente del grupo de "los Mellizos". Era un buen negocio para él pero se confió y se le atravesó en el camino una lluvia de balas en la carretera Medellín - Bogotá, que terminaron con su ambiciosa vida. Fue ejecutado junto a un oficial de la Policía que lo protegía. Se olvidó que a todos "los sapos" les llega su día, porque en Colombia la mafia no perdona.

Después de ser presentado ante la prensa, a Miguel Ángel Mejía Múnera alias "el Mellizo", se le acabó la organización, con un pedido de extradición y bajas en su grupo. Cuando llegó a la Cárcel de Cómbita en donde una vez más, para variar, lo recibió "Popeye" convertido, sin querer, en el relacionista de los extraditables en la cárcel. Como siempre, con gentileza y humildad le cocinó y atendió en todo lo que fue necesario, antes de partir hacia su nuevo destino. A "Popeye" no le molestaba atender o servir de "Camión", como llaman en la cárcel a las personas que les cocinan o hacen los oficios de aseo a los compañeros que tienen más jerarquía de poder y mando dentro del bajo mundo. Él lo disfrutaba con humildad, porque cada visita lo sacaba de la rutina carcelaria que era como una muerte diaria. Así, atendiendo a los señores de la guerra en Colombia él se sentía útil, excepto con los guerrilleros, a quienes nunca les atendió, no porque no pudiera hacerlo sino por ideología personal. Con los otros era diferente y de paso se enteraba de cosas que le permitían evaluar más su suerte, ganándose así el afecto de estos hombres que un día disfrutaron, como él, del poder. Con nostalgia veía cómo partían extraditados mientras él se preparaba día a día para recibir al próximo, en espera de su libertad.

"El Mellizo", poco a poco fue aceptando su proceso de *prisionalización*, pero nunca olvidó a su hermano. Era de pocas palabras, serio y analítico, jamás causó problema alguno, se acomodó a las circunstancias, sólo se transformaba cuando, con tristeza, hablaba de su hermano, después volvía a su silencio y se refugiaba en su gran pasión: la pintura. Lo hacía muy bien, realmente tenía talento para el arte.

Como siempre, a los pocos días, la dirección ordenó llevarlo al pasillo de seguridad. Cada ocho días lo pasaban a recibir su visita familiar al patiecito de "Recepciones", en donde vivía "Popeye". El tiempo que pasó en Cómbita le sirvió para prepararse psicológica y emocionalmente para su viaje a los EE.UU. Era amante del ejercicio, tenía una figura envidiable y le encantaba la meditación con la cual se relajaba. Salió tranquilo hacia su nueva vida. Fue de los pocos que no evidenció drama alguno cuando llegaron por él. Frío y centrado, como era su temperamento, partió rumbo a su nuevo destino dejando lo que más amaba, sin mirar atrás.

"Popeye" en el Patio de "Recepciones".

XXXIX

Un hombre poderoso es el que perdona a su enemigo

*E*n la prisión no hay Navidad, ni cumpleaños, menos día de la madre o del padre. Esto endurece a los fuertes y acaba de hundir a los débiles. Pero, a veces, suceden cosas extraordinarias.

Un capitán de la Policía activo, fue detenido por una denuncia falsa de tortura. El afectado sólo recibió ocho días de incapacidad, lo que jurídicamente daba para una conciliación y en ningún caso debería dar cárcel.

El Capitán Jahir Medina Palacios, fue detenido y enviado a la Cárcel La Picota. No contento con eso, el fiscal ordenó que lo sacaran de Bogotá y lo enviaran a la Cárcel de Cómbita, un 24 de diciembre.

A un capitán de la Policía activo no se le puede ingresar a los patios comunes, los otros presos se lo comerían vivo. La solución de la dirección fue dejarlo en el Patio de "Recepciones".

—¡Pero allí está "Popeye" que perteneció al Cartel de Medellín; ese cartel mató a 540 policías e hirió a 800!... —dijo alguien alarmado.

—¡No importa, a "Recepciones", "Popeye" ya cambió! —Aseguró el director.

Esa noche de Navidad se abrió la reja del Patio de "Recepciones" e ingresó tímidamente un hombre de unos 38 años de edad, trigueño oscuro de 1.72 metros de estatura, llevaba en sus manos una bolsa que apretaba con fuerza contra su cuerpo. Apenas lo vio entrar, "Popeye" fue a su encuentro y rompió el hielo para que el policía se sintiera en confianza con él.

Un sicario del Cartel de Medellín dándole la mano a un Capitán activo de la Policía, en una cárcel de alta seguridad, un 24 de diciembre... era para no creerlo. A prudente distancia los guardias observaban la escena con admiración, cuando los dos hombres se saludaron y rápidamente iniciaron una agradable conversación.

—¡Capitán, bienvenido a "Recepciones"!

Sorprendido el capitán miró a los ojos de "Popeye", al sentir la honestidad de su saludo. Le contestó con decencia y "Pope" lo llevó a la celda que le asignaron; lo dejó solo para que se instalara mientras le ofrecía algo de comida.

El capitán acomodó sus cosas y salió rápidamente al patio. Tímidamente se acercó hacia el hombre que, con todo entusiasmo, calentaba los alimentos para servirle. Quedó maravillado de ver la manera en que aprovechaba la greca del café para dejar hirviendo un buen plato de pollo con arroz. El capitán comió con ganas; eso le alegró al anfitrión que lo observaba con humildad mientras reflexionaba en la situación... un oficial de la Policía junto a él, en la noche de Navidad... una noche de paz verdaderamente.

Para "Popeye" era otro fin de año sin familia, fiesta, amigos o un pedazo de natilla (dulce parecido a la gelatina que comen los colombianos en Navidad) y menos un buen trozo de pavo. Es casi imposible que un guardia deje ingresar alimentos a la Cárcel de Cómbita, pero ese día fue especial para el sicario y para el policía.

El Capitán terminó de comer su último bocado, masticándolo con ganas, dejó el plato en la silla y le dijo a su curioso compañero:

—"Popeye" ¿a usted le gusta el pavo? Y la natilla...?

—¡Claro capi! —le contestó con energía.

El hombre se paró dando pasos largos hacia su celda en busca de su preciada bolsa. Regresó sonriente y con orgullo sacó de la bolsa dos recipientes plásticos. Uno estaba lleno de una exquisita natilla y al abrir el otro, el capitán le mostró un pavo gigantesco y oloroso, que de inmediato le abrió el apetito. "Popeye" miró los manjares con ojos golosos.

Hacía casi 20 años que no olía y menos veía una cena de Navidad, su estómago se lamía de ganas de echarse un buen pedazo a la boca, para deleitarse con su sabor, pero prudentemente esperó a que el capitán le ofreciera.

El policía lo miró con complicidad sintiendo el deseo de su nuevo compañero e inmediatamente le entregó los recipientes para que tomara lo que quisiera de ese tesoro. Él no sabía qué coger primero. La natilla con pasas era espectacular; la saboreó con lentitud y luego probó el pavo. Fue un sueño. Comió hasta quedar satisfecho. El manjar duró tres días. Él ya había aprendido el arte de disfrutar las cosas pequeñas de la vida y esta sorpresa le permitió gozar con plenitud unos pequeños momentos de Navidad en prisión. Esa era su vida, así la escogió y tenía que enfrentarla.

Lo más paradójico de la historia era que, precisamente, la anciana madre de un policía, fue quien preparó con todo el amor del mundo, la cena de Navidad. Cuando supo que lo llevarían a prisión le acomodó su lonchera en medio de lágrimas y dolor. Le dijo que esa noche de Navidad no compartirían en familia pero que a través de su comida, ella estaría con él en su tristeza.

El capitán no dudó en compartir su plato con un asesino de policías. Al final de la noche un guardia le dijo:

—¡Oiga "Popeye", tan raro que a un capitán de la Policía lo hayan enviado por una bobada a una prisión de alta seguridad! ¿No?

Él no supo qué contestarle, tampoco lo entendía; algunas veces la prepotencia de los hombres y más la de aquellos con poder, les lleva a tomar decisiones injustas y equivocadas, pero es la ley de la vida y ese humilde capitán estaba pagando las consecuencias de esto, quizá era una experiencia para los dos. Miró de reojo al guardia y no quiso darle explicación sobre sus pensamientos, si se lo decía no le entendería o pensaría que él estaba loco; quizá el loco era él y el guardia era un pensante sensato por eso le formuló la pregunta que se hizo a sí mismo, desde que supo la noticia.

En fin... pensó con tristeza; lo único cierto era que después de 20 años de prisión el buen Dios se había acordado de él y le había enviado un ángel a llevarle la Navidad. Los caminos de Dios no los entienden los humanos. Escogió un oficial de la Policía para darle una lección de vida al asesino de policías cuyas viudas e hijos estarían recordando, una vez más, en esa Navidad, a las víctimas del Cartel de Medellín.

XL

Testigo incómodo contra Hugo Chávez

Los días de "Popeye" seguían pasando en la rutina que trataba de romper dando, cada tanto, un escobazo al pequeño patio; ayudaba a hacer el aseo mientras en su cabeza pasaban las imágenes de sus compañeros extraditados o muertos. Los años transcurrían y las navidades llegaban una tras otra, sin mucha expectativa para él. Su aburrida existencia fue interrumpida con un nuevo y polémico personaje. La apariencia y seriedad de su rostro lo hacían ver como un empresario, además, todo el día hablaba de millones de dólares.

—¡"Popeye" ¿cuántos millones de dólares tenía tu patrón? —Le preguntó de frente Walid Makled García alias "El Turco", una tarde mirándolo fijamente a la cara.

Él, por continuar la conversación y ver hasta dónde quería llegar ese hombre prepotente y soberbio, le contestó:

—¡Pues "Turquito" yo creo que más de 900 millones de dólares!

El hombre, con asombró, abrió los ojos al máximo e inmediatamente respondió:

—¡Ah, pues yo tengo más dinero que el difunto! —Y comenzó a alardear de su inmensa fortuna. —¡Yo tengo 1200 millones de dólares!

Empezó así a soltar la lengua sobre su fantástica vida, rodeada de hermosas mujeres y finas propiedades.

"Popeye" lo miró con ironía y se sentó cómodamente para ver hasta dónde llegaba la imaginación de su nuevo huésped. Según decían los medios de comunicación, el hombre que estaba alardeando frente a él, era el principal testigo contra el presidente venezolano, Hugo Chávez. Afirmaba que el "Turco Walid", estaba pedido en extradición por los EE.UU., por delitos de narcotráfico. Este hombre sabía todo el negocio ilegal en el que estarían involucrados Chávez y personal de su gobierno, con las redes de la mafia.

—¡Desde los 12 años estoy trabajando; tengo empresas en China, Venezuela, y Cúcuta. Tenía la concesión del puerto más importante de Venezuela, Puerto Cabello; tenía una aerolínea y hacía 18 vuelos diarios con cocaína a México y los EE.UU. En el puerto ganaba miles de dólares mensuales. No sé qué hacer con tanto dinero. Tengo 700 apartamentos en

Valencia y Carabobo; también concesionarios de automóviles por todo Venezuela; tengo empresas de plástico y chatarra..., bla, bla, bla, bla!

"Popeye" seguía la conversación con supuesto entusiasmo; a las claras se veía que algo en la historia del turco rayaba en la mentira. El hombre parecía un culebrero en plaza pública, seguía con su exposición de dinero mientras "Popeye" lo bautizaba con un nuevo alias, porque pensaba que no debía ser "El Turco" sino "Yo tengo".

"El Turco" seguía hablando con arrogancia, decía que su esposa era bellísima; afirmaba que había sido reina de Venezuela. Todo muy lindo para él, pero tenía un problemita: estaba preso en Colombia y peor aún, en Cómbita. Decía que tres de sus hermanos también estaban tras las rejas en Venezuela.

"El Turco" era obeso, pesaba 116 kilos y medía 1.90 metros de estatura. Las autoridades colombianas lo detuvieron por narcotráfico en Cúcuta, en la frontera con Venezuela, con fines de extradición a los EE.UU.

Walid Makled, fue llevado a la Cárcel de Cómbita e ingresado a la torre 7, después fue trasladado al patio de "Popeye", mientras el gobierno decidía si lo extraditaba a los EE.UU., o a Venezuela, en donde lo esperaba su peor enemigo, el presidente Hugo Chávez, a quien denunció por supuestos nexos con el narcotráfico.

Ya en "Recepciones", "Popeye" lo recibió con cariño y respeto. Para romper la monotonía le ayudó a arreglar la celda.

Cuando descargó su morral de tela "Popeye" lo abrió y se llevó una sorpresa; en Colombia se dice que *en la maleta se conoce al pasajero*. "El Turco" sólo poseía dos interiores, el que tenía puesto y otro. Llevaba dos meses preso en Colombia y con tantos millones de dólares era extraño que no tuviera buenas cosas personales. Mientras él se hacía estas preguntas miraba con detenimiento la pobre maleta del supuesto millonario.

—¡"Pope" los árabes somos leales y buenos amigos! —dijo con acento fuerte—¡Estoy muy agradecido contigo por recibirme y ayudarme, de hoy en adelante somos hermanos!

—¡Gracias "turquito"! —le contestó sin dejar de pensar que el hombre no lo convencía.

De pronto una de las sandalias de baño resbaló de la cama al piso; "Popeye" se agachó y la recogió mirando la calidad, eran de caucho y de la marca más barata que se conseguía en el mercado. Sonrió y la metió de nuevo en la bolsa del hombre, si éste tenía tantos millones ¿por qué no compraría cosas finas? Prefirió quedarse callado, quizá el hombre ya no tenía un solo dólar o posiblemente era mitómano; al final consideró mejor dejar que siguiera con su historia.

"El Turco" se lamentaba todo el día de que el gobierno venezolano le había quitado varias de sus empresas; según él le confiscaron el puerto, la aerolínea... todo, incluyendo las cuentas de banco con sus millones de dólares.

Se vanagloriaba diciendo que él aportó dos millones de dólares para rescatar al presidente Hugo Chávez cuando dio el golpe de Estado. Se ofuscaba terriblemente cuando venían a su mente los generales venezolanos que traficaban con él.

—¡Coño me traicionaron estos malditos militares! —Decía alzando la voz y golpeando la mesa de plástico.

Todo el tiempo hablaba del hermano del presidente Hugo Chávez, que según él, estaba involucrado con el tráfico de drogas.

En medio de las largas y poco confiables historias que le narraba, "Popeye" pensaba que todo era mentira y que este hombre sólo estaba manipulando la información para conseguir que le liberaran a sus tres hermanos, presos por narcotráfico. Porque un hombre con clase y poder no muestra de frente sus cartas como lo estaba haciendo "El Turco"; lo peor era que los medios de comunicación le subían cada vez más el poder, creyendo que era importante.

El plan del "Turco" era convertirse en un líder de la oposición venezolana, extorsionar al gobierno y buscar allá una puja por su extradición entre los EE.UU., y Venezuela.

"Yo tengo" quiere ir a Venezuela y negociar su silencio por la libertad de sus hermanos y la suya. El súper millonario no tiene dinero en el expendio, la cuenta que autoriza la cárcel para que la familia consigne y de ahí se compran víveres.

—¡"Popeye" colócame $300 USD que Dixon, mi empleado, no está!

—¡Tranquilo "Turquito" yo se los coloco! —le dijo éste con seriedad y fue al teléfono para llamar a una amiga, para que le colaborara y se los hizo consignar en el T.D. 5720.

La convivencia con el hombre, en el pequeño patio de la prisión fue bastante difícil para el sicario porque "El Turco" no era muy amante del aseo personal y menos, con las bajas temperaturas que hacen en Cómbita, donde los presos tienen que bañarse a las cinco de la mañana con agua helada.

Se bañaba cada 3 días, no paraba de tomar pastillas para dormir, no salía de su celda, el olor era pestilente, ni los guardias querían acercarse al "Turco" que poco a poco fue dejando en evidencia su verdadero estatus.

En la prisión todos sabían que un celular ilegal dentro de la temida Cómbita costaba dos mil dólares y era muy fácil que en una requisa fuera decomisado por los guardias. Un día un preso que sobrevivía con este negocio le soltó dos celulares al turco Walid quien le prometió pagárselos rápidamente; pasaron los días y nunca los pagó. El dueño de los celulares le reclamó y se los quitó violentamente. "El Turco", para curarse en salud, inmediatamente delató los equipos a la guardia, que los decomisó y castigó al infractor. Esto es gravísimo en prisión, el súper millonario venezolano se volvió también "sapo".

Con la comida era complicado; el "empresario", sólo comía sopa de aleta de tiburón a quinientos dólares la porción, decía él. Pero como la realidad era otra, tenía que conformarse con la comida de la cárcel que le resultaba un vómito y las únicas aletas que se podían conseguir en prisión eran las de los murciélagos, porque los tiburones estaban escasos.

De modo que le tocó consolarse con unas sopas de sobre; decía que iba a traer su propia comida desde Venezuela en su avión privado, pero se le olvidaba que estaba en una prisión de máxima seguridad en Colombia, con pedido de extradición a dos países y que era imposible que le dejaran traer sus alimentos en su avión privado y menos parquear su vehículo cerca de la Cárcel de Cómbita.

Mucho "dinero", mucha sopa de aleta de tiburón, muchas empresas, muy buen avión privado, pero a "Popeye" le seguía llamando la atención su pobre equipaje, sobre todo sus únicos interiores descoloridos, sin marca reconocida alguna, que evidenciaban a un don nadie.

Los días trascurrían en el patio en medio de un enjambre de periodistas que merodeaban los alrededores de la prisión, tratando de conseguir una exclusiva del "Turco".

El hombre saltó a la fama cuando se filtró a la opinión pública, que él era el único testigo que conocía de primera mano y tenía pruebas contundentes de la participación del presidente Hugo Chávez, su hermano y altos funcionarios del gobierno, con el grupo terrorista de las FARC y los narcotraficantes.

Su importancia creció como un copo de nieve cuando fue capturado y pedido en extradición por los EE.UU., por narcotráfico y al mismo tiempo, por Venezuela.

Sin duda el hombre se había hecho muy famoso a nivel internacional, más cuando el propio presidente Hugo Chávez le pidió al presidente colombiano Juan Manuel Santos, que se lo entregara y éste se comprometió a extraditarlo a Venezuela.

En medio de todos estos acontecimientos llega el fin de año del 2010. "El Turco", quería meter miedo en el patio diciendo que tenía dos pastillas de cianuro, para matarse si no tenía salida y un día se las enseñó a "Popeye". Esto era complicado, ya que solo eran dos en "Recepciones" en esos momentos; si hubiera aparecido muerto, se lo habrían cobrado a "Popeye"; en su caso, con la mala fama que tenía, la presunción de inocencia era nula, le tocaría decir que lo mató, para partir en dos la condena pero si no tenía motivo sería peor la situación; muy triste cargar con este supuesto muerto a poco tiempo de obtener su libertad, después de 20 años encerrado por pertenecer al Cartel de Medellín.

De modo que lo enfrentó y no le mostró miedo alguno, haciéndole ver que no le creía ni le importaba lo que hiciera con su vida. Al contrario de lo que "El Turco" esperaba, "Popeye" le alienta a que se tome las supuestas pastillas de veneno y le dice que así mejor se va a descansar y termina con tanto sufrimiento. El hombre se le quedó mirando desilusionado, porque no esperaba esa reacción de su compañero que le soltó una sonora carcajada en la cara y se fue dejándole solo con su fantasía.

A los dos días, "El Turco" sonriendo con hipocresía buscó a "Popeye" y le dijo inocentemente:

—"Popeye" no es cianuro, son calmantes.

Al final todo lo de él parecía una gran mentira. Las empresas, los 1200 millones de dólares, el avión privado, la sopa de tiburón, las pastillas de cianuro, etc.

Lo único real iba a ser su condena. Con la justicia norteamericana no se juega y con el Presidente Hugo Chávez tampoco. Su futuro no era el mejor; tiempo después fue extraditado a Venezuela en donde tendría que guerrear bastante contra Chávez, si quería salir del lío en que se había metido. La única verdad comprobada es que es un preso más en una cárcel venezolana a manos de sus peores enemigos, quienes no le deben estar dando su rica sopa de tiburón sino aleta de preso, por ser tan mentiroso.

Vicente Castaño Gil alias "El Profe", comandante del Bloque Centauros hasta 2006. Supuestamente se suicidó antes de caer en manos de sus propios sicarios de la Oficina de Envigado, acompañados, presuntamente, por algunos miembros de la Policía.

XLI

"H.H."... Asesino de Vicente Castaño

Otro famoso personaje que pasó por "Recepciones" fue el comandante paramilitar y hombre de confianza de Vicente Castaño, Ever Veloza alias "H.H." Se dio a conocer porque fue uno de los autores intelectuales del asesinato de su jefe Vicente Castaño, tristemente recordado por haber ordenado la muerte de su hermano menor Carlos Castaño.

"H.H." inició en las filas paramilitares como combatiente raso y se convirtió en un hombre cercano a la familia Castaño. Muy hábil para la guerra, no aprendió solo, lo vivió con sus Jefes.

"H.H.", era un ciudadano normal quien a sus 25 años manejaba un camión por las carreteras de Colombia; comenzó a ser amenazado y extorsionado por los grupos guerrilleros, hasta que la guerrilla le quitó el camión con el que mantenía a su familia. Fue tanto el acoso de las FARC que decidió defenderse con sus propias armas y se unió a los grupos que los combatían, los paramilitares.

Rápidamente escaló en la organización y se convirtió en el poderoso comandante paramilitar del Bloque Calima, que operaba en los departamentos del Valle y Cauca.

El Bloque Calima saltó a la opinión pública cuando sus integrantes fueron acusados de la gigantesca masacre del Naya, en donde murieron más de 200 campesinos inocentes que cayeron, supuestamente, por las balas de los paramilitares quienes estaban realizando una purga a los auxiliadores de sus enemigos.

Por su gran inteligencia y astucia, destacó pronto en la filas paramilitares; fue uno de los autores materiales de los asesinatos de sus jefes Carlos Castaño y de su hermano Vicente Castaño. Todo por la ambición de obtener el poder absoluto con el que siempre soñó.

Las autoridades lo capturaron en una finca en Antioquia y a Cómbita llegó una mañana, como todos, al Patio de "Recepciones" en donde "Popeye", una vez más sirvió de anfitrión a un comandante paramilitar.

Dentro del proceso de Justicia y Paz, Ever Veloza, con los alias de "Hernando Hernández", "H.H.", "Mono Veloza" y "Carepollo", fue hábil. Inteligentemente empezó a hacer delaciones muy delicadas de nexos de políticos y miembros del Ejército con los paramilitares, además de dar nombres de empresas y personas del común que les habían colaborado. Se convirtió en un testigo de excepción y día a día era habitual verlo en los medios de comunicación dando nombres de individuos afines a la organización, pero al final, su estrategia no le sirvió de mucho y fue extraditado.

La Fiscalía lo utilizó, le dio una luz de esperanza y éste se soltó con todo. Luego conspiró con "Rogelio" el jefe máximo de la Oficina de Envigado para asesinar a su jefe, Vicente Castaño, con ayuda de algunos miembros activos de la Policía que llegaron a una finca, aparentemente secreta y ubicaron a Vicente; cuando éste se sintió perdido se pegó un tiro en la boca.

La convivencia con "H.H." fue tranquila y agradable. Era un hombre educado y buen conversador. Por la mañana, muy temprano, "Popeye" le llevaba el primer café del día y luego le preparaba el desayuno, él por respeto no fue capaz de preguntarle detalles de las muertes en que estaba implicado. Poco después, como todos los demás fue extraditado a New York, por narcotráfico.

José Ever Veloza García alias "Hernán Hernández" o "H.H.", comandante del Bloque Calima. Se ha adjudicado la muerte de al menos 3 000 personas; participó en el asesinato de Carlos y Vicente Castaño Gil. Extraditado a los EE.UU., el 5 de marzo de 2009.

XLII

"Mono Leche" y el final de un mito

Todo lo que veía a su alrededor le mostraba que la vida era buena con él. De nuevo se sentía privilegiado. La cárcel le estaba protegiendo y podía ver caer a sus poderosos enemigos. "Recepciones" resultaba un paraíso, dentro de la temida prisión, que le permitía ser casi feliz entre rejas, claro, mientras lograba consolidar su futuro, si es que tenía la suerte de disfrutar alguno. Con una conducta ejemplar, había cambiado de actitud y estaba a poco tiempo de obtener legalmente su libertad.

Todo el tiempo de prisión, más de 22 años de condena, lo había hecho a *pulmón libre* sin fumar cigarrillo, sin tomar pastillas para dormir, o consumir marihuana u otras drogas como lo hacían algunos reclusos.

Cuando había tenido tiempos tranquilos, aprovechaba para fortalecerse. Se purgaba, tomaba vitaminas y hacía ejercicio, por si le llegaba un apretón, estaba listo para aceptar el nuevo reto. Pero no todo terminaba allí; en medio de su rutina, también le llegaban ilustres visitantes del bajo mundo. El día de la exhumación del cadáver de Carlos Castaño, mientras miraba en las noticias el video que mostraba los restos del comandante paramilitar, pensaba en lo paradójica que es la vida. Muchos de esos hombres, durante años fueron los amos y señores de la guerra en Colombia, hoy la mayoría están en el cementerio, los otros extraditados a los EE.UU., pagando condena en una cárcel gringa, y los que tuvieron la suerte de quedarse en Colombia, seguro que terminaron como "Popeye", con la foto de la calavera de Carlos Castaño que salió en el periódico, pegada en la pared de su celda. Sonaba macabro pero entre asesinos se sabe lo que significa ese pequeño presente.

Y ahí se puede aplicar la premisa que le dicen los curas a los feligreses como Castaño o "Popeye":

¡Tierra eres y en tierra te convertirás!... ¡Bandido!

Meses después, las autoridades ingresaron al Patio de "Recepciones" al asesino de uno de sus peores enemigos, Carlos Castaño. "Popeye" no se la creía cuando lo vio con sus propios ojos ingresar por la misma puerta que han atravesado durante años poderosos narcotraficantes, guerrilleros y paramilitares. Ahora el turno era para Jesús Ignacio Roldán Pérez, alias "Mono Leche".

El hombre, estaba molesto por la forma como el gobierno del Presidente Álvaro Uribe lo había sacado de un pabellón especial de Justicia y Paz, en la cárcel donde se encontraba junto a otros paramilitares. Allí tenía buena comida, visita a diario de sus abogados y familiares, pero sobre todo, estaba en su tierra, Antioquia. Un día se le acabaron las atenciones y terminó al lado de "Popeye" en Cómbita, ¡No lo podía creer!

Era un buen compañero, amable, conversador, gracioso. Según dijeron, lo trasladaron a Cómbita por presión de unos testaferros de Vicente y Carlos Castaño, que querían quedarse con valiosas propiedades de los muertos que el "Mono Leche", les estaba entregando a la justicia.

Él había ganado credibilidad en el país cuando llevó a la Fiscalía hasta una finca en Córdoba y mostró el cadáver de Carlos Castaño. La Fiscalía, mediante una prueba de ADN, confrontada con un hijo de éste, confirmó que los restos que desenterraron pertenecían al poderoso Jefe Paramilitar de las AUC. Y su asesino estaba ahí frente a "Popeye", que no cabía de la dicha con la noticia.

Llegó peleando por su cabello. Después del tire y afloje con el guardia, éste le permitió conservar su melena. Parecía Sansón protegiendo su pelo, si se lo cortaban perdía la fuerza. Y "Mono Leche" lo logró. Era casi imposible de creer en Cómbita, ya que uno de los requisitos obligatorios para todos, es pasar por la peluquería en donde el estilista de la cárcel se da gusto dejándolos con un excelente corte militar *schuler*...

"Popeye" no lo conocía personalmente, pero había oído hablar mucho de él. Obviamente saltó a la fama cuando se supo que él fue el asesino del jefe paramilitar Carlos Castaño. Era el hombre de confianza de Vicente Castaño, hermano de Carlos Castaño, quien ordenó la muerte de su propio hermano menor.

Apenas lo vio llegar, estrechó con fuerza la mano del asesino de su enemigo. Le ofreció su amistad y lo poco que había en el patio que comenzaron a compartir. Para él era un honor poder disfrutar del victimario de Carlos Castaño a quien odiaba. Su nuevo vecino había tenido el valor de dispararle en la cabeza y borrarlo de la faz de la tierra, siempre quiso conocerlo para felicitarlo y agradecerle por haberle quitado un enemigo tan poderoso y ese día lo tenía frente a él, contándole la historia.

El guardia lo condujo a la celda número 6. No manifestó poder alguno y se mostró sencillo y amable. Estuvieron cinco días juntos, compartiendo con tranquilidad y luego fue llevado al pasillo de seguridad.

Lo que "Popeye" no se atrevió a preguntarle a "H.H." y a "Don Berna", cuando pasaron por su patio, se lo preguntó de frente al "Mono Leche". Sabía que él era poseedor de grandes secretos de las filas paramilitares y nunca pensó que le confiara algunos de ellos, pero entre ellos hubo empatía, y, a pesar del poco tiempo que compartieron, hablaron animadamente por horas; le dio confianza y credibilidad. Por eso se animó a preguntar lo que todos querían saber:

—¿Fidel Castaño está muerto?

Le contestó en el acto:

—¡Sí, está muerto! —y concluyó diciendo—¡Carlos ordenó su asesinato, yo sé dónde está el cadáver!

Él le creyó. "El Mono Leche" no decía mentiras, lamentaba la muerte de sus jefes Fidel y Vicente Castaño, pero se alegraba de haber asesinado al menor del clan Castaño. Le contó datos sobre la vida del legendario comandante caído en desgracia.

Carlos estaba loco. Leyó la Sagrada Biblia, pero sólo el Antiguo Testamento, donde el buen Dios ordena a su pueblo que entre a los territorios a conquistar y matar sin piedad a sus enemigos. Carlos interpretó la Sagrada Biblia y se nombró vengador en nombre del buen Dios. Le faltó leer el Nuevo Testamento.

"Mono Leche" decía que el tipo no tenía tranquilidad y estaba emocionalmente afectado, se emborrachaba constantemente y era peor porque se acababa de enloquecer; por todo gritaba y mataba. Construyó un apartamento en plena selva y lo llamó El Poblado, nombre del barrio de los ricos en Medellín.

Carlos ya estaba en un callejón sin salida y se había convertido en una bomba de tiempo para toda la organización. "Mono Leche" acabó con su dolor.

Fue algo "hermoso" para él, ejecutar al odiado Carlos Castaño. Según mencionó, él mismo estaba en peligro, junto con su jefe Vicente Castaño, porque Carlos ya había intentado matarlos.

El hombre que se atreviera a asesinar al poderoso Carlos Castaño se convertiría en una leyenda, porque acabó con el mito del más famoso y carismático "señor de la guerra".

Desde los 16 años, Carlos fue un guerrero y asesino, no se detenía ante nada, convertido en una máquina de la muerte. Tuvo las agallas de enfrentarse junto a su hermano Fidel, al mismo Pablo Escobar, jefe de jefes; con el tiempo el poder lo enceguesió y terminó matando a todo el mundo. Al final de su vida quiso matar a sus propios compañeros de lucha y peor aún, a su hermano Vicente, quien se le adelantó y lo mató a él, decía el "Mono".

—¿Cómo?

—¡Fácil!

El asesino de Carlos Castaño era un hombre joven, alto, blanco rojizo como un británico ebrio. Hijo de la violencia, criado en Amalfi, Antioquia, la tierra de los Castaño. Miró fijamente a "Popeye" y con voz firme y pausada le contó todos los detalles.

En medio de estas charlas la guardia le hizo, por sorpresa, varios intentos para peluquear al nuevo visitante de Cómbita y así cumplir con el reglamento, pero él fue muy sagaz y defendió su largo cabello a capa y espada. La guardia insistía, pero el "Mono Leche" se les enfrentó con dientes y uñas y salió triunfante, con su alborotada melena sobre la cabeza.

Cada ocho días se veían en la visita. Para "Popeye" era una alegría inmensa verlo, siempre amable y cortés. Al cabo de dos meses fue trasladado al Pabellón de Justicia y Paz, de la Cárcel La Picota. Se despidió de él ofreciéndole su amistad y ayuda, en lo que fuera.

Le dio las gracias y pensó que ya había hecho mucho por él. Sólo con estrechar la mano del asesino de un enemigo suyo le era suficiente. Lo hizo reír cuando le contó que en la celda 6 estuvieron presos los comandantes guerrilleros, sus enemigos, "Simón Trinidad" y luego Rodrigo Granda. El "Mono" no sopesó el significado de esto y se fue tranquilo. Era el destino.

Así maten bajo la bandera de las FARC, las Autodefensas o Pablo Escobar, todos eran asesinos y tarde o temprano la celda 6 en la Cárcel de Cómbita estaría lista para el que enarbole las banderas del crimen y se enfrente al Estado.

Así lo pensaba cada vez que le hacía aseo, sabía que alguien muy importante del bajo mundo estaba por llegar y ella también parecía saberlo. La celda número 6, la más segura del país, espera ansiosa un nuevo huésped...

XLIII

"Popeye" y su rutinaria vida

En Cómbita casi todos los días eran iguales para él. Frío constante, incesante. En los últimos tiempos "Popeye" se levanta antes de las 6:00 a.m. Prende la greca para dejarla calentando mientras corre rápidamente a tomar su baño de agua helada. La ducha es la única en la prisión que no tiene rutina, pues unas veces el chorro es abundante pero casi siempre apenas sale un pequeño hilillo de agua. No importa, hay que mojarse sin pensarlo. Corre de regreso a la celda; se viste con entusiasmo, tiende su litera y arrodillado junto a ésta hace la oración de media hora, en voz alta, que lo llena de energía para comenzar la jornada. Con la oración en su alma, se dirige a la greca. Ésta bota vapor como una locomotora; se prepara el desayuno: un espectacular café con leche y pan con queso. Siempre es lo mismo, sólo varía cuando la cárcel les da un huevo. Se apura para alcanzar a ver el noticiero que inicia a las 7:00 a.m., con la esperanza de encontrar alguna novedad que alegre la vida. Por ese viejo aparato ha visto caer a la mayoría de sus letales enemigos. A otros los vio subir al avión de la DEA, rumbo a los EE.UU.

Así se pasa el día lenta y pasmosamente, haciendo ejercicio, caminando una hora en la mañana y otra en la tarde, leyendo un poco y escribiendo.

El almuerzo llega a las 9:00 a.m., y la comida a las 2:00 p.m., siempre sabe de antemano el menú ya que cada plato tiene su día específico para ser servido. La greca brindaba la oportunidad de comer a horas normales y sobre todo, caliente, la comida preparada por los presos del restaurante. El mismo guardia encargado de llevarla cada día a "Popeye" debía escoger el plato entre cientos que estaban sobre la mesa para evitar que lo envenenaran; si algo pasaba, respondía por su vida.

La tarde es buena en la cárcel, es más caliente y tiene algo especial: ¡permite recordar que un día ya se va y es uno menos en prisión! Algún ángel aparece como parte del área de tratamiento y desarrollo, trae un trabajo para distraer la mente. El sacerdote del penal pasa con frecuencia llevando amabilidad y una gratificante sonrisa.

Al llegar la noche el frío es terrible en Cómbita; la celda resulta un refugio seguro, y es una felicidad poder entrar para abrigarse. Tres buenas cobijas y un radio que lo comunica con el mundo; se sabe privilegiado al tenerlo además porque tiene nueve bandas y escucha emisoras de habla hispana de Canadá, China, España, Ecuador, Cuba, Miami entre otras.

El guardia como inglés: siempre cierra a las 6:00 p.m.

Se queda dormido sobre las 9:00 p.m., y despierta a las 4:30 a.m. Intenta no pensar mucho en el pasado para no enloquecer, sólo en el futuro, tratando de mantenerse positivo e imaginando cosas bonitas. ¿Cómo será caminar libremente sin correr porque viene la Policía detrás de él? ¿Cómo será ver un cine en tercera dimensión…? ¿Cómo lucirán los teléfonos *iPhone* o los computadores de última generación? Lleva 23 años fuera del mundo y nunca ha visto uno de verdad, sólo en revistas o en la televisión. También piensa en cómo será comer un buen pedazo de carne, estar una tarde en un parque sin hacer nada sólo respirando la vida; cómo será ir a la Iglesia sin que el cura salga corriendo pensando que lo va a matar, tener las llaves de la puerta de su propio cuarto y no esperar que un guardia le eche llave, dormir sin candado y sin sobresaltos cuidándose la espalda; ir a campo abierto y caminar sin parar, o correr libremente sin mirar atrás temiendo ser perseguido… ¿Cómo será su vida en libertad, sentirse dueño de su rumbo para pensar y andar por donde quiera?

A veces soñaba con Pablo Escobar y siempre sentía que su "Patrón" lo rechazaba por haberse convertido en delator. Cuando despertaba estaba sudoroso y pensativo, pero terminaba convencido de que había elegido el camino correcto, el de la reconciliación con la sociedad.

El tiempo no le preocupa, los días trascurren lentamente lo mismo para él que para un pescador en Miami. Con la diferencia de que "Popeye" sabe lo que vale la libertad y el pescador no dimensiona el tesoro que tiene en sus manos. Se imagina el mundo como un lugar hermoso, fuera de las rejas está la vida buena en libertad.

Día a día se dirige hacia la puerta del penal. A veces se sienta en su patio solo, pensativo, mirando hacia esa puerta de metal que se ha abierto tantas veces para ver entrar y salir a hombres poderosos rumbo a los EE.UU. Y él estaba allí, contando los días, imaginándose casi libre. Quizá en poco tiempo podría estar atravesando esa misma puerta rumbo hacia la libertad… o hacia la muerte… No le importa morir en libertad, se ha preparado para eso. Su destino está en las manos de Dios. Así recordaba una frase que leyó en algún lugar:

¡La tribulación produce paciencia, la paciencia virtud firme, la virtud firme produce esperanza y la esperanza no falla…!

Pensaba en que sólo quería caminar dentro de la rutina diaria de la ciudad. Así no fuera su amada Medellín, no importaría, sólo ansiaba ver cómo estaba el mundo del que se aisló durante 23 años, por sus propios errores.

A pocos meses de obtener su libertad definitiva, la ensoñación se apodera de él. Su celda ya no es esa, imagina que la cambió por un sencillo cuarto en cualquier lugar del mundo, que tiene un gran ventanal sin barrotes por donde entra mucha luz y puede asomar su cabeza libremente, para ver la inmensidad del firmamento sin temor a que le disparen. Cuántas emociones juntas, cuántas ansias de esa libertad que se aproxima lentamente. En la soledad de su pequeño mundo como presidiario, desespera porque pueda llegar ese día, con la realidad de buscar su destino en las calles, dormir una noche completa con una mujer y poder refugiarse en sus brazos sin el temor de que la guardia los sorprenda anunciándole que la hora de visita terminó. Volver a comer tantas cosas que en años no probó. Quizá el helado de crema en el parque de su pueblo…

Ya sabe lo que le va a pedir al cantinero cuando pueda volver a entrar a un bar: ¡una cerveza *Heineken* bien fría y que por favor le pongan a sonar el tango "Sangre Maleva"! Luego recorrerá las calles de su niñez y adolescencia, dejando que los recuerdos le conduzcan y termine allí toda su aventura. Alzará los brazos para respirar y ceñir esa libertad. Es probable que sus enemigos, a distancia, lo observen mientras afinan la puntería para no errar el tiro de gracia, antes de enterrar al superviviente "Popeye". Él lo sabe y disfruta en su interior con una malsana sensación de poder porque no siente miedo de morir, sabe que su hora llegará por la mano de Dios y no de los hombres. Salir vivo de la pesadilla de la cárcel será casi un milagro. En su proceso de *prisionalización* nunca antes pensaba en esto, sólo que ahora el camino hacia la libertad parecía abrirse ante él.

Le ilusiona profundamente pensar en ver una vez más a su hijo a quien no abraza hace muchos años. Aunque fuera poderlo estrechar una última vez en sus brazos.

El lograr sobrevivir tantos años en prisión y regresar a las calles donde luchó al lado de Pablo Escobar, es más que un anhelo. Lo que la rutina no deja ver a los mortales, él sí lo podrá palpar; estar afuera también asusta, pero a él le gustan los retos. La astucia instintiva creó el puente de subsistencia que le ha permitido transitar, desde la desgarradora corrupción del entramado social colombiano, hasta la esperanzadora libertad, que le da impulso para volver a empezar. Siempre ha disfrutado de las pequeñas cosas que daban felicidad en la prisión, para poder capotear la dura realidad de las rejas. Esta vez se alejaría del crimen y su maldad.

En la cárcel se sobrevive por la esperanza, todos se aferran cada día a ella. Ahora lo hacía con más fuerza sobre todo cuando escuchaba a algunos presos sabedores de su eventual libertad en el 2014:

—¡Ay "Pope" te van a matar afuera!

Él ríe y contesta con naturalidad:

— Eso no me preocupa. Tendré un nuevo reto cada día; si logré escapar de mis enemigos en la cárcel será un triunfo más hacerlo afuera. Ya está bien de aventuras para mí; encontraré el tesoro que buscaba: paz interior, espiritualidad, el saber disfrutar de las cosas sencillas que, por montones, nos da la vida y …¡mi libertad! ¿Qué más puedo pedir si he llegado vivo a los 50 años?

El futuro se construye hoy y en ello trabaja a diario. El lujo que trae el crimen no compensa perder la tranquilidad y pasar los mejores años de la vida tras las rejas. La libertad es el tesoro más preciado y lo arriesga el hombre sin dimensionar realmente lo duro que es perderlo. Si la gente lo supiera a ciencia cierta, no cometería delito alguno. En esta etapa de su vida ya no cree que un hombre poderoso sea aquel que mata y tiene dinero a manos llenas. El verdadero poderoso es aquel que puede sentarse en un restaurante a disfrutar el fruto de su trabajo. Quien puede departir con sus hijos y su familia ha encontrado el sentido de la existencia, el valor fundamental de la vida; lo demás es efímera fantasía.

Espera poder vivir muchos años y poder realizar sus sueños para gritar al Universo:

—¡Soy doblemente libre porque mi espíritu abandonó su prisión y mi cuerpo transpondrá el reclusorio… sobreviví a mis demonios y a mis enemigos! ¡Sobreviví al Patrón…, Pablo Escobar Gaviria!

XLIV

Escurridiza libertad

*E*l paso de los años en prisión le llevaba a anhelar con mayor intensidad la libertad. Nueve años atrás había publicado su primer libro.[6] En esos días estaba seguro que no saldría vivo de prisión, dado el calibre de los enemigos que tenía. Era muy factible que lo eliminaran dentro de la cárcel. De todas formas, y tal como escribió al final de su libro, sentía que a él no lo podían matar porque en realidad ya estaba muerto...

Pero el escenario de la guerra cambió en Colombia y quizá, con un poco de suerte, "Popeye" tendría la oportunidad de vivir, al menos un día, en la ansiada libertad.

Legalmente, por pena cumplida, debería haber salido de prisión en agosto de 2013. No le fue concedido el beneficio pues apenas se anunció que quedaría en libertad, los medios y la justicia se abalanzaron sobre él, alegando que era un peligro para la sociedad, un sicario como "Popeye" en la calle, no podía ser. Así que sus ilusiones se esfumaron y sólo le quedaba seguir soñando con ser un hombre libre, algún día... Pero también pensar en estar fuera de prisión revestía un gran riesgo. Si se negaba a salir de la cárcel debería "pagar arriendo" pues no podría seguir allí a menos que cometiera un nuevo delito, lo que resultaba improbable, pues su mayor deseo era ver nuevamente el mundo. Se armaba de esperanza y pensaba que no estaba tan lejos el tiempo de volver a caminar por las calles. Sería su nuevo reto y lo lograría con inteligencia. Sí, su pasado es macabro y sus enemigos lo acechan. Pero no todos son letales. Cuando mataron en Medellín al Coronel de la Policía Valdemar Franklin Quintero, al lado de su ataúd, un alférez de la Policía Nacional acompañaba los despojos mortales del alto oficial. Era su hijo. Años después este joven se convirtió en coronel. Un día un periodista le preguntó de forma casual:

—Coronel ¿usted qué piensa de "Popeye"?

Éste sonrió ante la pregunta y con naturalidad e inmensa altura espiritual le contestó:

---

6   *El Verdadero Pablo, Sangre, traición y muerte*. Astrid Legarda. Bogotá, 376 pp. Ediciones DIPON, Ediciones Gato Azul, 2005. N. de E.

—¡Que salga de la cárcel, que sea feliz y que tenga una familia!

También recibió una lección de vida de la periodista Jineth Bedoya Lima. Por mucho tiempo ella le atacó pensando que él tenía que ver en su secuestro y violación. Ella le pidió una entrevista. Llegó a la cárcel y hablaron por largo rato, fue un encuentro sincero y constructivo para los dos. Se dieron un abrazo y limaron asperezas.

El resentimiento no permite perdonar y esto perpetúa el odio. "Popeye" lo sabe pues reconoce que es bueno para odiar pero sigue trabajando en ello con las psicólogas del penal, para superar sus bajos sentimientos. Nunca ha olvidado al sacerdote que por primera vez se interesó en él diciéndole: *¡Hijo mío tienes que orar un Padre Nuestro todas las mañanas por tu peor enemigo!*

Dicen algunos presos que han compartido patio con "Popeye", que es verdad que éste ora cada mañana, nadie creería la historia si no lo hubieran escuchado hablándole a Dios. Un sicario como "Popeye", a quien se le atribuyen más de 250 crímenes por su propia mano, rezando arrodillado junto a su pequeña cama, con las manos juntas en franca oración, resulta inimaginable; pero es cierto. Lo hace cada día; es esa la manera de redimir su *karma* y pedirle a Dios perdón por sus equivocaciones. Reza por los amigos y por sus enemigos, pidiendo valor para seguir luchando. Pero esta forma de reconciliación espiritual no la aprendió con Pablo Escobar, ésta la logró en la Cárcel de Cómbita, años después, al lado de un ladrón de bancos arrepentido, que le enseñó a orar; ésta es la única fuerza espiritual que le puede dar esperanza a un ser humano en los momentos difíciles. Para esa época, año 2012, ese era el único brazo armado en la nueva vida de "Popeye".

Su maestro, el asaltante de bancos, lo reclutó con inteligencia. Fue muy curioso el aprendizaje y el entrenamiento. El bandido pastor se hacía llamar el "hermano Carlos". Tenían un grupo de oración en el patio de la cárcel. "Popeye" al principio asistía por curiosidad y se reía de sí mismo pero, con los meses, le fue cogiendo cariño y se dio cuenta que sentía paz interior al orar; sabía que lo necesitaba por su temperamento y forma equivocada de actuar, con sus crímenes y delaciones.

Cuando el "hermano Carlos" murió, "Popeye" le pagó el entierro y lo recordó con afecto, agradeciéndole el legado de sus oraciones.

La vida del "hermano" había sido dura, no lo asustaban los 22 años de cárcel que tenía que pagar por sus robos, sino morir en pecado, por eso diariamente caminaba por el patio buscando nuevos adeptos para su grupo de oración; así abordó al sicario; le enseñó el hábito de la oración, a leer la Biblia y a pedirle al buen Dios perdón, para su paz espiritual.

—¡Vea "Pope" así, ore así! —le decía el "hermano Carlos" con toda seriedad— juntando las manos y cerrando los ojos.

¡En el nombre de tu hijo Jesucristo te pido, buen Dios, que me des fortaleza para sufrir!

El "hermano Carlos" hablaba bonito y se comportaba con santidad, en medio de asesinos, secuestradores, violadores de niños, ladrones y toda clase de personajes; su prédica hacía parte del paisaje de la torre y traía esperanza y reconciliación donde había tanto odio. El "hermano" había sido herido por la Policía saliendo a sangre y fuego de un banco de la ciudad de Medellín; de allí paso a Cómbita y de allí al ataúd.

Su legado espiritual fue acogido con seriedad por "Popeye". En su celda no tenía mujeres desnudas. Prefería un póster del Espíritu Santo, de Jesús o de la Virgen. Su tranquilidad espiritual era lo importante; para lo demás, tenía varias amigas que lo visitaban y consentían.

Todas estas cosas le enseñaron que la vida no es plana, que es un arte saber vivir y sobre todo, que hay un buen Dios que siempre da otra oportunidad, aun cuando hayas dañado a terceros escudado en las banderas de una organización.

Pero parecía que el destino insistía en que "Popeye" tenía todavía que enfrentarse, no sólo con sus enemigos, sino también con sus demonios y víctimas. Recordó cómo una de ellas tocó a su puerta…

"Popeye" en "Recepciones" de la Cárcel de Cómbita.

XLV

Reencuentro con el ex Presidente Andrés Pastrana Arango

Un llamado del guardia rompe la rutina y el frío de su celda. El hombre lleva un papel para que "Popeye" autorice el ingreso de un tal doctor Camilo Gómez. El nombre le sonaba y sin prevención firmó la hoja de autorización.

Una hora después fue llevado a un cubículo de entrevistas quedando en frente al ex Comisionado de Paz Camilo Gómez. Lo saludó con amabilidad y hablaron de cosas simples por unos minutos. Para él fue fácil reconocer al personaje que lo visitaba. Durante el gobierno de Andrés Pastrana lideró el fallido intento de paz con la guerrilla de las FARC y había estado muy expuesto ante los medios de comunicación.

De repente, el personaje cambio de tema y directamente le hizo saber el motivo de su visita.

—¡"Popeye", el presidente Pastrana quiere venir a verlo, quiere hablar de su secuestro!

Sin pensarlo le contestó:

—¡No hay problema doctor, yo recibo al señor presidente!

Hablaron unos minutos más de trivialidades y se despidió.

Al volver a su patio "Popeye" estaba pensativo, le causó curiosidad que un ex presidente de Colombia quisiera hablarle y más cuando él fue el sicario que lo secuestró, obedeciendo órdenes de Pablo Escobar, en el año 1988, cuando Pastrana era candidato para la Alcaldía de Bogotá.

Pasaron los días, las semanas y los meses y el presidente nunca apareció. Llegó a pensar que ya no lo visitaría en Cómbita. Le había agradado la noticia del eventual reencuentro y le atraía la idea de volverlo a ver en otras circunstancias. Analizó la propuesta y concluyó que seguramente ya Pastrana no estaba interesado o quizá ya no le guardara rencor por el secuestro; se dijo para sí mismo:

—¡Recuerdo que lo traté con respeto!

Su vida siguió adelante, hasta que el día menos esperado un guardia llegó ansioso a su patio diciéndole:

—¡"Popeye", lo necesitan los doctores Andrés Pastrana y Camilo Gómez!

De una ingresó a su celda y se cambió de ropa para recibir la visita de tan importantes doctores. La llegada de estos personajes fue todo un acontecimiento para el penal; los guardias los rodearon mirándolos con respeto y admiración, recordándole que él en su gobierno construyó el penal de Cómbita.

"Popeye" fue llevado a un lugar adecuado para la entrevista, los dos hombres entraron y se encontraron frente a frente con "Popeye", se miraron por segundos y Andrés Pastrana le extendió la mano con sinceridad observándole fijamente. Los dos se veían ya *peinando canas*. Cuando "Popeye" lo secuestró era un joven candidato a la Alcaldía de Bogotá y "Popeye" un entusiasta miembro del Cartel de Medellín que no sobrepasaba los 26 años. En ese momento, después de tomar asiento, se sintió muy cómodo con su presencia; fue amable y honesto en la visita lo que relajó la evidente tensión que todos sentían.

Andrés Pastrana inició la charla con el tema de su secuestro, tenía muy claro todos los detalles de aquel momento. "Popeye" sintió que, a pesar de ser un hombre tan importante y de clase alta, no le traumatizó que su secuestrador lo hubiera echado a la maleta del carro en que huyeron. Jocosamente le recordó que el día que ingresaron a la sede política en donde dirigía su campaña para la Alcaldía de Bogotá y "Popeye" ingresó allí, con otros sicarios del Cartel de Medellín, para secuestrarlo por órdenes de Pablo Escobar, Pastrana estaba en compañía del humorista Jaime Garzón; éste se tiró al suelo y se agarró de una de sus piernas gritando como un loco:

—¡No se lo lleven a él, llévenme a mí también!

Uno de los hombres de "Popeye" lo pateó y lo dejaron atrás, saliendo con el secuestrado.

Los dos rieron al recordar este episodio; le evidenció que recordaba con detalles todo lo que hablaron y lo que pasó esa noche en que el comando del Cartel de Medellín se lo llevó. Le contó que su familia tiene una finca en Sopó, Cundinamarca. En ese mismo pueblo fue a donde lo llevaron los secuestradores y se acordó cómo "Popeye" le dio la orden al sicario que iba en la cajuela del carro, junto a Andrés Pastrana diciéndole que no permitiera que éste hiciera ruido alguno. "Popeye" logró evadir el retén militar y debía asegurarse de que Pastrana no llamara la atención de la autoridad.

Así iniciaron su encuentro hasta que Pastrana se fue de frente contra él preguntándole de todo lo que pudiera esclarecer su secuestro.

—¡"Popeye", dígame cómo se llamaban los pilotos del helicóptero que me recogió!

—¡No lo sé, les decían "Los Magníficos", en la mafia no se preguntan los nombres, solo sé que el helicóptero era del narcotraficante Jorge Luis Ochoa!

Él se molestó un poco ante la respuesta y poca luz que le dio sobre los pilotos, dejándole ver que no le creía. Aun así siguieron adelante con su charla que cada vez era más dinámica. Antes de ser Presidente de la República, Andrés Pastrana fue un famoso presentador de televisión del noticiero de su familia. Era también un reconocido periodista y así se lo mostró a "Popeye" pues la visita se convirtió en realidad en una entrevista. Preguntas iban y venían, parecía que el secuestro acababa de pasar, por la memoria prodigiosa del hombre que recordaba todos los detalles.

Le dejó en claro que su mayor preocupación ese día no era su candidatura a la Alcaldía de Bogotá, sino su familia y se preocupó muchísimo cuando escuchó a "Popeye" decir que, si no llegaba el helicóptero se irían por tierra. Le preguntó si cuando ellos quemaron todas las cosas de la casa fue para borrar huellas.

—¡No doctor, eso fue para hacer la fogata para que la vieran los pilotos del helicóptero que nos iban a recoger, como señal de que todo estaba bien!

Pastrana recordó el momento en que le dijo que si tenían un encuentro con un helicóptero de la Policía, él hablaría con ellos, para evitar un desenlace fatal y "Popeye" le había contestado ¡No doctor, el que tiene el control soy yo!

Pasaron las horas entre preguntas sueltas y respuestas certeras sobre todo lo que aconteció con el secuestro hasta que, finalmente, se despidieron de mano muy cortésmente y a "Popeye" lo regresaron a su celda. Alguien le dijo:

—¡Oiga "Popeye", qué importante esa visita! ¿No? Es como cuando el Papa Juan Pablo II fue a la cárcel a visitar a Ali Ağca quien intentó asesinarlo. ¿Cierto?

"Popeye" lo miró con agrado y le sonrió, creyéndose importante, por primera vez en su vida.

Cuando el guardia apagó la luz de su celda, caviló sobre el encuentro. Estaba feliz. Para él fue bueno pedirle perdón al ex presidente por haberlo secuestrado. Esa noche sintió que espantaba las malas acciones del pasado, era bueno reconocer sus errores.

—¡La vida es curiosa! ayer secuestré al doctor Andrés Pastrana y hoy purgo condena en su cárcel. ¡Increíble, jajaja!

Se envolvió en sus cobijas y se dejó llevar por el sueño con un peso menos en el alma. Mientras, Andrés Pastrana seguía atando cabos sobre su secuestro. Días después pidió otra entrevista con "Popeye", seguramente para ahuyentar los fantasmas del pasado.

En 2011 "Popeye" daba charlas a varios jóvenes para advertirles acerca del error de ingresar a la delincuencia, éstas fueron canceladas por la Secretaría de Educación de Boyacá hasta evaluar su conveniencia. Nunca más se volvieron a realizar.

Complejo de máxima seguridad de Cómbita, en Boyacá, lugar de reclusión de "Popeye".

XLVI

El DAS y Carlos Castaño: alianza mortal[7]

*E*l Departamento Administrativo de Seguridad (DAS) fue el principal centro de inteligencia estatal de Colombia. Lo creó el Presidente Alberto Lleras Camargo, el 18 de julio de 1960, en sustitución del SIC (Departamento Administrativo del Servicio de Inteligencia Colombiana). Llevaba a cabo operaciones de control migratorio de nacionales y extranjeros, protección de personalidades de alto riesgo, inteligencia y contrainteligencia del Estado, Policía Judicial, antiterrorismo; como Policía Secreta dependía de la Presidencia de la República.

Desde el año 1986 el cartel de Medellín logra infiltrar la institución empleando para ello gruesas sumas de dinero, que llegaban a través de su hombre fuerte en inteligencia, el Capitán retirado de la Policía Alberto Romero. De allí a su todopoderoso, el General de la Policía Miguel Alfredo Maza Márquez.

Nada se movía en el DAS sin el visto bueno del General Maza Márquez. El DAS tenía su sede principal en un gran edificio de la zona de Paloquemao, en Bogotá. Desde allí se manejaba todo: protección de altos funcionarios del Estado, detectives avezados contra la mafia, la guerrilla y toda clase de fenómeno delictivo del país.

Los norteamericanos brindaban apoyo al DAS tanto en equipos como en dinero.

Carlos Castaño Gil es comisionado directamente por Pablo Escobar para manejar el enlace del Cartel de Medellín con el DAS. Poco a poco, éste logra infiltrarse con gran cantidad de efectivo. El DAS ayuda en casos de la mafia y con interceptaciones telefónicas para el Cartel de Medellín.

Carlos empieza a utilizar la inteligencia del DAS para asesinar militantes de la izquierda colombiana.

---

7   Se incluye este capítulo por corresponder a la información por la cual "Popeye", ya en libertad, fue citado a declarar en el proceso que adelanta la Corte Suprema de Justicia por el magnicidio del Dr. Luis Carlos Galán Sarmiento, al que se vinculó al DAS y a quien fuera su director por varios años, el General Miguel Alfredo Maza Márquez.

Para esa época el Cartel de Medellín es liderado por Pablo Escobar, Jorge Luis Ochoa y José Gonzalo Rodríguez Gacha, alias "el Mexicano". Éste último ya era un hombre fuerte en el mundo de las drogas; también un enemigo acérrimo de la guerrilla de las FARC, por ello financia duro el paramilitarismo con miras a combatir este grupo. Comparte con los hermanos Castaño Gil su gran odio a todo lo que huela a izquierda.

Pablo Escobar simpatizaba un poco más con el ideario comunista, pero Pablo era Pablo. Aun así "el Patrón" y "el Mexicano" se respetaban en sus ideologías. ¡Ante todo eran socios, amigos y compadres!

El DAS es utilizado por Carlos Castaño para los intereses de Pablo Escobar pero también los de la ultraderecha. Castaño era un genio para utilizar personas de bajo coeficiente intelectual, jóvenes y hombres de los cordones de miseria del campo y las ciudades. Les llegaba fácil.

En ese entonces había homicidios que las personas de bien no se explicaban. Hombres honestos de vida intachable eran asesinados. Pero todo se debía a un macabro plan para entrenar asesinos "del Estado".

Carlos escogía su hombre, lo adiestraba en el manejo de armas, le metía la ideología contraguerrilla y le prometía una vida llena de lujos y dinero. Todo paso a paso. Restaurantes finos, buenos vestidos, le llenaba los bolsillos con dinero. Luego, a vivir en la mansión de los Castaño, "Montecasino", una hermosa propiedad en el mejor barrio de Medellín.

Ya el hombre embebido de ambición y con un *chip* en la cabeza de que era un hombre muy afortunado y poderoso, estaba listo para su primera operación. La instrucción: había que matar a un guerrillero de alta peligrosidad que andaba en la ciudad.

Todo preparado. Bogotá es el escenario elegido ya que los grandes objetivos de la izquierda están en la capital colombiana. Arreglados tres detectives del DAS y dos policías pagos, con la información de lo que iba a suceder.

Un hombre del común sale a la calle totalmente desprevenido, no tiene enemigos; el país está envuelto en guerras de la mafia y guerras de paramilitares y guerrilleros. Pero el hombre no tiene nada que ver con esto. Bueno, eso cree él...

Carlos Castaño protegido por unos documentos que lo identifican como Teniente del Ejército Colombiano, sale a las calles de Bogotá a la cacería de un hombre cualquiera. No importa el lugar de la ciudad, todos son buenos para tender la trampa. Listos los policías y los detectives, listo el alumno. Sólo hay que esperar a que pase la víctima adecuada.

Carlos a la expectativa con su hombre. Pasan los minutos y a lo lejos se ve caminar un individuo bien vestido, con un maletín ejecutivo en su mano. Se desplaza con prisa, parece que va retrasado para su trabajo.

Castaño alerta a su hombre y le dice:

—Ese es el comandante guerrillero.

El asesino baja del auto, camina de frente al despreocupado hombre y con total frialdad le dispara en la cabeza. En el acto le llegan los tres detectives del DAS junto con los dos policías y detienen al asesino; éste se entrega sin oponer resistencia.

Los detectives se llevan rápidamente al homicida y los policías atienden el caso. Todo sucede muy rápido. Carlos los intercepta, se les identifica como Teniente del Ejército, les dice a los detectives que el muerto es un comandante guerrillero y el detenido es un militar de inteligencia; que es un héroe. Tras un corto dialogo los detectives entregan el hombre a Carlos, después de quitarle las esposas. El asesino feliz. ¡Qué poder! Está matado para el Estado; si es detenido Carlos Castaño lo rescatará.

Perfecto. El asesino está preparado para una operación más grande, donde sea, en un aeropuerto, en un avión... Las autoridades no son obstáculo para él.

Carlos Castaño mantenía tres y cuatro de estos personajes. Lo aprendió en un viaje a Israel, allí fue entrenado en tácticas de este tipo; pura ultraderecha.

El DAS coopera con Castaño para el exterminio de la Unión Patriótica, un partido político de la izquierda colombiana. El DAS entregaba la inteligencia, "el Mexicano" colocaba el dinero y Carlos los asesinos.

Los hermanos Castaño día a día iban tomando más poder; tienen vínculos con la inteligencia militar, la Brigada 20 del Ejército y el DAS. El flujo de dinero de Rodríguez Gacha es brutal. El Estado literalmente en manos de la mafia, de los guerrilleros y los paramilitares. El país bañado en sangre. Los muertos de la Unión Patriótica se cuentan por cientos.

El partido de la izquierda colombiana buscaba una posibilidad para que la guerrilla tuviera un espacio político y optara al poder por el voto. La ultraderecha acusa a la guerrilla de buscar el poder mediante todas las formas de lucha, la militar y la política.

Pero en realidad lo más grave es que el DAS está dentro del Aeropuerto El Dorado de Bogotá, el principal del país. Conocen las falencias de seguridad pero nadie desconfiaría del DAS...

Vicente, el mayor de los Castaño Gil, recibe tres balazos cuando se encontraba en Medellín. La casa Castaño alerta la investigación y llega a un poderoso narcotraficante: Gustavo Escobar. Pero resultaba imposible matar a Gustavo Escobar en Medellín; su esquema de seguridad era impresionante. Llegaba escoltado al aeropuerto de Medellín y en Bogotá era recibido por hombres armados.

Su único punto vulnerable estaba dentro del Aeropuerto El Dorado, en El Puente Aéreo.

Todo el que fuera objetivo militar de la mafia o de los paramilitares era hombre muerto dentro del Aeropuerto El Dorado. Una verdadera trampa mortal.

Los Castaño logran ejecutar a Gustavo Escobar a su paso por el Aeropuerto El Dorado y en complicidad con el DAS. Esto sólo pasa en Colombia. El DAS ingresó el arma y vulneró la seguridad del Aeropuerto.

Sería el comienzo de grandes operativos dentro del Aeropuerto El Dorado.

EN LA TRAMPA MORTAL.

3 de Marzo de 1989. Es ejecutado el líder de izquierda José Antequera, también dentro del Aeropuerto El Dorado. El mismo *modus operandi*, el DAS, el Aeropuerto, la misma clase de arma: una ametralladora Mini-Ingram 3.80 o Mini Atlanta.

Un hecho más grave aún ocurre el 27 de Noviembre de 1989. Por cuenta del Cartel de Medellín, Carlos Castaño utiliza al DAS para subir un "maletín bomba" a un avión comercial de Avianca. Un hombre de Castaño lo recibe. El DAS quebranta toda la seguridad del Aeropuerto y sube la bomba al avión. La aeronave explota en pleno vuelo a 10000 pies de altura. Mueren 110 personas; dentro de las víctimas se encontraban dos norteamericanos.

De nuevo el DAS y el Aeropuerto El Dorado.

El 22 de Marzo de 1990 es asesinado el candidato a la presidencia de la Republica, Dr. Bernardo Jaramillo Ossa, también dentro del Aeropuerto El Dorado...

Vuelve a repetirse la historia: DAS, Aeropuerto, Mini-Ingram 3.80.

El 26 de Abril de 1990 es asesinado el candidato a la presidencia de la Republica y líder de la izquierda, Carlos Pizarro Leongómez. Muere en un avión en pleno vuelo, ametrallado por un hombre de Castaño. El avión salió del Aeropuerto El Dorado rumbo a Barranquilla.

Una vez más: DAS, Aeropuerto y la 3.80.

El DAS subió el arma al avión y participó ejecutando el asesino para no dejar huella.

Es inaudito que el DAS, una entidad del Estado, sea cómplice en el asesinato de tres candidatos a la presidencia de la república. Pero el hecho más grave es que haya participado activamente en el asesinato del líder político de mayor importancia en Colombia, para la década de los años 80, el Dr. Luis Carlos Galán.

El 18 de Agosto de 1989 es asesinado el Dr. Galán en plena plaza pública en un mitin político, ante los ojos de cientos de personas. El DAS cambió la escolta del candidato y se considera que este hecho propició el crimen.

De nuevo el DAS y la ametralladora Mini-Uzi Atlanta 3.80.

Pero, ¿quién responde por tanto homicidio y de tanta gravedad?

La verdad es que nada se movía en el DAS sin el visto bueno del General Miguel Alfredo Maza Márquez, por lo que difícilmente puede pensarse que no estuviera involucrado, todo manejado con su jefe de seguridad el Capitán Segundo de la Policía, Alberto Romero, hombre de suma trascendencia que siempre pasó inadvertido para todo el mundo.

Cada vez que se presentaba el asesinato de un personaje importante el General Maza Márquez parecía tener preparado cómo encubrirlo. En la muerte del Dr. José Antequera de inmediato sindicó al Cartel de Medellín aunque el General sabía que lo asesinó su gente y la ultraderecha.

En la muerte del Dr. Galán, el General detuvo a Alberto Jubiz Hazbún y a tres personas más, para luego enviarlos a la cárcel como autores materiales del magnicidio. El General sabía bien que su gente se prestó para el asesinato y que el Cartel de Medellín estaba detrás.

En el magnicidio del Dr. Bernardo Jaramillo Ossa el propio General salió a los medios de comunicación y dijo que el autor intelectual era Pablo Escobar. Yo estaba con Pablo Escobar cuando el General gritaba a los cuatro vientos que había sido el Cartel de Medellín. Pero Maza Márquez tenía claro que había sido su gente junto con Carlos Castaño, su amigo y aliado. De la misma forma ocurrió con la muerte de Carlos Pizarro; salió a los medios de comunicación para acusar, una vez más, al "Patrón" cuando el General tenía todo bien entendido.

En la contienda para la presidencia de la república del período 1990 – 1994 el DAS se prestó para asesinar a tres candidatos. El dinero que le llegó al DAS y a su director, el General Maza Márquez, fue demencial.

Hasta el año 1987 cuando comenzó la guerra con el Cartel de Cali, el General Maza Márquez fue aliado de Pablo Escobar, siempre a través de Carlos Castaño Gil. El Cartel de Cali le dice al General Maza Márquez que

Pablo lo va a matar y por una fuerte suma de dinero va contra el Cartel de Medellín. El General se mete en la guerra.

Resultaba muy peligroso que el General estuviera metido en una guerra de la mafia pues además de ser el director del DAS era el hombre más poderoso de la Policía y controlaba también la DIJIN (Dirección de Investigación Criminal e INTERPOL de la Policía Nacional) con su subordinado, el Coronel Peláez Carmona.

Gran parte de la inteligencia del país, el 80%, la manejaba el General Maza. Teniendo al General de enemigo, Pablo Escobar y nosotros teníamos cientos de agentes del DAS encima, la Policía y la DIJIN. ¡Era una cosa de locos!

El primer movimiento estratégico del Cartel de Cali fue poner el General en nuestra contra. Así la guerra la llevábamos perdida. Había que matar al General Maza o de otra manera el Cartel de Cali nos comería vivos.

Carlos Castaño era empleado de Pablo Escobar pero poco a poco se fue uniendo más al "Mexicano". Gacha colocaba todo el dinero que Castaño necesitaba para la guerra contra la guerrilla. Pero un día Pablo le ordena a Castaño que mate al General Maza. Esta orden era muy delicada para Castaño pero la tenía que cumplir.

Carlos protestó, pero "El Mexicano" lo presionó. El General tenía que morir. Todo el Cartel de Medellín tras el General Maza Márquez.

El 30 de Mayo de 1989 un carro bomba explota en la carrera 7ª con calle 56 en Bogotá. El General se salvó de milagro; hubo 6 muertos y 50 heridos como resultado del ataque a la caravana del General Maza.

Una desprevenida conductora en un Renault 18 se interpone entre la onda explosiva y el carro del General. El General pasó el susto de su vida pero salió ileso. Carlos le informa al General que fue Pablo Escobar el responsable pero que él ayudará a desvertebrar la organización de Escobar, que le dé tiempo que él lo hará.

Detectives del DAS entregaron información para el atentado al General. Todo por dinero.

Pablo Escobar ataca de nuevo y el 27 de Noviembre de 1989, hace explotar un bus-bomba frente a la sede principal del DAS. El resultado: cerca de 70 muertos, 600 heridos e innumerables daños materiales. Fue una impresionante explosión. Castaño dio el dato que el General estaba dentro del DAS. Después del atentado en la Carrera 7ª el General se movía muy bien con lo que no era fácil detectarlo.

La investigación del DAS conduce a la bodega en donde se armó el bus-bomba. El propio General va hasta allí con los medios de comunicación pero de un momento a otro sale del lugar a paso largo pues sintió un fuerte olor y creyó que se trataba de dinamita.

Salió como alma que lleva el diablo. "El Patrón" lo vio en los noticieros y reía con fuerza. Claro, resultaba normal, pues el General es un hombre inteligente y pensó que se podría tratar de una trampa. Además, ya llevaba dos atentados dinamiteros en siete meses con lo que era lógica la prevención.

Pero el detalle de la bodega alerta a Pablo Escobar. ¿Cómo era posible que llegara el General tan rápido a la bodega?

Cuando Carlos aparece en Medellín Pablo Escobar le clava la mirada y le dice:

—¡Oiga Carlos! ¿Y el General cómo descubrió tan rápido la bodega?

Carlos le baja la mirada y contesta:

—¡Eh... he... eh..! Pues, no sé "Patrón", demás que alguien vio salir el bus e informó a las autoridades.

Allí Pablo Escobar empieza a desconfiar de Carlos Castaño Gil. No lo mata en el acto por su gran socio, amigo y compadre "el Mexicano" y por su hermano Fidel, que también era socio de Pablo Escobar. Carlos era el único de los que conocía la bodega, que tenía llegada al DAS.

El bus quedó totalmente destruido y no era para nada posible que alguien que lo vio salir de la bodega lo asociara en el lugar del atentado. Era claro que Carlos estaba torcido; presionó al DAS para dos grandes acciones de Pablo Escobar: la muerte del Dr. Galán y subir la bomba al Avión de Avianca, para poder recibir el dinero de "el Mexicano" y seguir dando su pelea con la izquierda colombiana.

José Gonzalo Rodríguez Gacha, nunca aceptaría que Carlos fuera contra Pablo Escobar. Pablo y "el Mexicano" eran dos "capos de capos" y Carlos era un trabajador con mucho éxito pero era solo un empleado.

Carlos poco a poco se va alejando de Pablo Escobar y ya no utiliza al DAS para operativos de la mafia, sólo se concentra en manejarlo para objetivos de la guerrilla.

Pero ocurre un grave hecho. El 17 de Diciembre del año de 1989 la Policía Nacional acorrala y mata a "el Mexicano" junto a su hijo Fredy y cinco escoltas. Esto libera a Carlos Castaño del Cartel de Medellín.

Pablo se alerta y va por Carlos; le hizo dos atentados y fueron fallidos. Carlos sospecha que es Pablo Escobar quien los ordenó, pero no lo puede comprobar. El operativo se hizo como si nosotros fuéramos guerrilla. El primer atentado fue en la carretera que va de Medellín a Urabá a la altura de

Don Matías; allí Carlos es atacado se tira del *jeep* y se defiende valientemente. ¡No recibió ni un balazo!

El segundo atentado fue en el Alto de Matasanos. Carlos se lanzaba desde allí practicando parapente. Pero descubrió el seguimiento; salió de ahí y jamás regresó.

Fidel Castaño va donde su amigo y socio Pablo Escobar y le pregunta si él está detrás de los atentados a Carlos. Pablo lo niega y ofrece ayudarlo.

El DAS arrecia sus operativos contra Pablo Escobar y nosotros, ya sin Carlos, no le podíamos llegar.

De nuevo intentamos caerle al General Maza para asesinarlo. El Cartel de Cali se vuelca a apoyarlo para que acabe con el Cartel de Medellín.

En el mes de Enero de 1990 el candidato a la presidencia de Colombia el Dr. Bernardo Jaramillo Ossa va a Medellín para entrevistarse con Pablo Escobar. Por intermedio de un profesor de la Universidad Nacional, Escobar tiene contacto con el candidato. Al "Patrón" le preocupa que Carlos mate a Bernardo Jaramillo. Cuando "el Mexicano" vivía, Pablo siempre protegió a Bernardo. Le decía a Gacha que no lo matara ya que podría llegar a la presidencia por la izquierda y ayudar a tumbar la extradición.

Pero ya con "el Mexicano" muerto y Carlos sin control, el peligro era latente. Pablo se entrevista con Bernardo en la casa del suegro de "Pinina", "Chucho Gómez". Le dice que saque de su escolta a la gente del DAS, que tenga sólo personal de su total confianza, pero que ni un hombre del DAS y se extiende explicándole cómo opera esa institución con Carlos Castaño y que el DAS se prestó para la muerte de Gustavo Escobar en el Aeropuerto El Dorado y fue clave en la muerte de José Antequera. Lo remata contándole que el DAS subió la bomba al avión de Avianca.

Bernardo sale de allí preocupadísimo, dispuesto a tomar medidas. Pero increíblemente no hace nada y, el 22 de Marzo de 1990, Bernardo Jaramillo Ossa entra a la trampa mortal del Aeropuerto El Dorado y es asesinado.

Pablo Escobar era amigo del comandante del M-19 Carlos Pizarro quien también estaba en la carrera por la presidencia de la República de Colombia. Pablo lo contacta y acuerda una cita con él. Pizarro le dice que se mueva a Cali y hablan allá; para Pablo resultaba imposible hacer ese desplazamiento y menos a Cali. Sin embargo, Pablo le envía la razón de que se cuide de la gente del DAS y le manda a contar que él ya había advertido a Bernardo.

Pero Pizarro no toma en serio la advertencia y el 26 de Abril de 1990 cae asesinado dentro de un avión comercial. El avión salió del Aeropuerto El Dorado, allí el DAS subió el arma y se prestó para el magnicidio.

Hoy, el General Maza está ante la justicia. Algo pareciera querer cambiar en Colombia. Si el General es condenado su reclusión será en una casa de la Policía; buena seguridad, buena comida, visita todos los días, tendrá teléfono y demás comodidades. Sin régimen interno. Yo si pagué mi prisión como es, dura y seria.

Lo grave de una posible condena al General Maza es que el Estado Colombiano tendrá que responder por todos los hechos del DAS:

- La muerte del Dr. Luis Carlos Galán.

- El exterminio de la Unión Patriótica con cerca de 3000 asesinatos.

- La muerte del líder de izquierda José Antequera.

- La explosión de una bomba en una avión comercial que dejo 110 muertos.

- La muerte del candidato a la presidencia Carlos Pizarro Leongómez.

- Los jóvenes asesinados por el DAS en Medellín en la guerra del Cartel de Cali y el Cartel de Medellín.

- Las torturas al Cartel de Medellín.

El estado colombiano cerró el DAS para evitar demandas.

A mi amigo Mario, el DAS de Medellín lo detuvo por sospecha de ser miembro del Cartel de Medellín y a cachazos le destrozaron la nariz y le quebraron los dientes. Como sangraba copiosamente manchó el piso de las instalaciones del DAS y los detectives lo obligaron a chuparse la sangre del suelo.

Si la justicia colombiana no hace nada, entrará la Corte Penal Internacional a actuar.

Para que todo esto quede impune me tiene que matar a mí y además desaparecer la Unidad de Análisis de la Fiscalía, que ya conoce todos estos hechos y la tienen clara...

General Miguel Alfredo Maza Márquez, comandante del DAS entre 1985 y 1991.

Epílogo

A las 9:03 pm, del martes 26 de agosto de 2014, Jhon Jairo Velásquez Vásquez, alias "Popeye", tras 23 años y 3 meses de permanecer en prisión, fue dejado en libertad.

Mientras en la puerta principal del penal de Cómbita en Boyacá, lo esperaban más de 50 periodistas, apostados allí desde el día lunes, cuando se anunció inicialmente su liberación, alias "Popeye" salía por la puerta trasera del penal, en un carro de la Policía, con luces apagadas y vidrios polarizados. Los periodistas siguieron la caravana de varios vehículos de la Procuraduría, el INPEC, la Policía y la Defensoría del Pueblo, que supuestamente escoltarían al jefe de sicarios de Pablo Escobar, hasta Bogotá, mientras que "Popeye" llegaba a la capital sin escolta alguna y trasbordó, en la entrada norte, al Audi A6 negro que lo condujo hacia la ansiada libertad.

Días antes, el sólo anuncio de su liberación generó una fuerte polémica a nivel nacional e internacional, pero finalmente, la Fiscalía colombiana determinó como cumplida la pena y no encontró nuevos delitos que dieran lugar a ampliar su detención.

Los cuestionamientos apuntaban a que no era posible liberar a quien confesó más de 250 asesinatos y su participación en 3000 más, así como también haber coordinado al menos 200 carros bomba. Las protestas de las víctimas llegaban en un momento crucial para el país, cuando se adelanta por parte del gobierno del presidente Juan Manuel Santos, un cuestionado proceso de paz con el grupo narcoterrorista de las FARC, que tiene un mayor número de crímenes cometidos y la mayoría de sus integrantes no ha pagado ni un día de cárcel, con el agravante de que algunos han propuesto que paguen delitos de lesa humanidad con trabajo social, generando así la indignación del pueblo colombiano y de la comunidad internacional. Desde esa óptica, son muchas las preguntas que surgen en lo que se percibe como la contaminación política de la justicia colombiana; si alguien que negoció con la justicia y cumplió la pena que le impusieron, merece regresar a la sociedad, bajo el argumento de que al menos habrá pagado "algo" a diferencia de aquellos que asesinaron y que según se vislumbra, no pagarán ni un solo día de cárcel. ¿Propicia la mano tendida del gobierno más dolor para un país que se ha acostumbrado a la violencia, y que se desangra día a día ante la mirada desesperanzada y derrotada de los colombianos?

Seguramente el tiempo lo dirá.

En algún lugar de Colombia, Jhon Jairo Velásquez Vásquez, alias "Popeye", jefe de sicarios de Pablo Escobar Gaviria, intenta empezar una nueva vida, esperando tener una segunda oportunidad sobre la tierra...

Sólo Dios sabe si lo logrará.

* *

¡DESDE LA LIBERTAD!

Diez meses después de encontrarse en libertad y mientras se esperaba la autorización para entrar a prensa este libro, John Jairo Velásquez Vásquez, alias "Popeye", reaparece. Confirma que, al menos hasta ahora, ha logrado sobrevivir no sólo a Pablo Escobar "el Patrón", también a sus enemigos. No entiende muy bien el por qué y el para qué, pero, en su arrepentimiento y en el duro aprendizaje de la cárcel, considera que su vida debe tener un propósito; ha entendido qué cosas tienen verdadero valor en la existencia de un ser humano y aprecia cada minuto que puede respirar más allá de su fría celda, esa que ahora sólo aparece en sus pesadillas.

Desde aquella noche en que abordó el Audi A6 negro que lo condujo desde Bogotá hasta Medellín, en medio de la incertidumbre y la oscuridad de la noche, ha ganado casi 10 kilos de peso, conduce su propio automóvil y disfruta de cada segundo en libertad.

La misiva que envía narra sus últimos días en Cómbita, el largo trámite que debió cumplir su abogado defensor para que le respetaran el tiempo de trabajo, la evaluación psicológica a que fue sometido para confirmar su resocialización hasta que el Sr. Juez, el Dr Yesid Rodríguez, apoyado por un equipo interdisciplinario, confirmó que todo estaba al día:

> ... *quince certificados de diplomados; todo el trabajo de psicología cumplido; conducta ejemplar; mi trabajo como recuperador ambiental perfecto. La asesora jurídica ya había estudiado mi situación; la Teniente Ligia tenía claro mi proceso de resocialización, el Sr. Director Dr. Jorge Alberto Contreras, abogado experto en prisiones, y el Sr. Subdirector*

ya tenían completo mi expediente. Todo correcto. Además mis estudios los avalé con las pruebas del Estado (ICFES), mi promedio fue muy alto.

La Procuraduría ya había pedido una inspección judicial al penal para verificar cómo redimía yo mi pena y valorar toda la documentación. El "caso Popeye" era muy delicado. La Defensoría del Pueblo, la Procuraduría, el Sr. Juez con su equipo de trabajo y mi Abogado defensor, todos al penal para llevar a cabo la inspección judicial.

La formalidad del tema muestra que el trámite es serio. Desde las 8:00 am hasta las 5:00 pm., el señor Director del penal, el Subdirector, la Teniente Ligia y el Capitán Hernández comandante de la guardia, en revisión, papel por papel, en una mesa de trabajo en la dirección del penal. Luego el psicólogo del juzgado ante mí, analizándome y evaluando cada una de mis respuestas para confirmar mi resocialización.

Por la Procuraduría, representando a la sociedad, estaba el Dr. Galarza, un funcionario complicado muy apegado a la norma, pero serio y profesional.

La inspección fue rigurosa y completa, celda por celda. Todo quedó filmado.

Allí estaba yo, frente a un hombre joven recién posesionado como juez de Ejecución de Penas; él tenía en sus manos mi libertad. La justicia ante mí. Le dije:

—¡Doctor, en mi caso no hay justicia!

Me contesto:

—¡Yo soy la justicia y estoy aquí!

Luego siguió mirando el pabellón.

Llegó la votación y solo puso problema una Dragoneante que controlaba la disciplina, por un inconveniente que tuve tiempo atrás; pero en un año mi disciplina fue calificada como "ejemplar". Todos aprobaron y emitieron un concepto favorable para la libertad condicional.

El Dr. Galarza confirmó que mi tiempo de descuento era legal. Salió la comitiva, de todos me despedí de mano.

De nuevo la soledad; pero quedó en las frías paredes la sensación de que algo había de suceder. Mi corazón me decía que se haría justicia, que yo había cumplido y ahora le tocaba a la justicia corresponder y honrar su compromiso. Debía esperar la decisión del Sr. Juez que tendría que llegar por escrito. Pero llevaba más de diez notificaciones que recibía del juzgado negándome todo lo que pedía. Siempre lo mismo. El notificador del juzgado tocaba la lámina de la puerta, el guardia le abría, y ahí aparecía el funcionario con los papeles en la mano en donde todo me era rechazado con argumentos absurdos. Cada día esperaba ser notificado pero era muy posible que la resolución fuera adversa.

Aquel día me comuniqué con mi abogado. Mientras hablaba con él se abrió la puerta; Rosalbita, la notificadora del juzgado, trae en sus manos el tan esperado escrito. Le digo a mi abogado... ¡Doctor, ya lo llamo que llegó la notificación! Miro a la funcionaria sin soltar la bocina; me sonríe mientras entrega sus datos al guardia. Su sonrisa es un buen mensaje.

La invito a sentarse y le pregunto:

—Hermosa, ¿el Sr. Juez me reconoció el aseo?

Ríe y dice:

—¡Le reconoció 22 meses!

Esas eran las palabras mágicas. Con ese tiempo me iba en libertad.

Rosalbita saca una hoja y me pide la dirección de dónde voy a vivir. ¡Maravilloso, yo la tenía lista desde un año atrás! Hago el acta de compromiso.

—Pero falta algo... —dice muy seria— ¡la fianza!

Preocupado la miro a los ojos y pregunto:

—¿Es muy grande?

Si la fianza es muy alta y uno la paga, le investigan de dónde sacó el dinero y es un lío. Pero si uno no tiene con qué pagar hay que demostrarlo. El papeleo toma al menos tres meses, en bancos, Catastro y mil entidades más. ¡Es una cosa de locos!

Rosalbita pasa lentamente la hoja y mientras observo su mano me dice:

—Fianza: nueve millones de pesos ($4,000 US de la época, aproximadamente).

¡Uffff! Me levanto, la abrazo y sucede algo fantástico: empiezo a llorar..., nunca lo había hecho; ni en la guerra, ni en los 23 años y 3 meses que llevaba preso. La emoción me invadió, creí que ese día nunca iba a llegar. Me descargué en el hombro de Rosalbita.

Era increíble: estaba lista mi libertad y yo estaba listo para ella.

Pero cuando el juzgado subió a la red el anuncio de mi salida todo se complicó. Encendí mi radiecito y ¡oh sorpresa! la locura, mi libertad se anunciaba en los medios de comunicación. El país no quería saberme libre; ¿qué tanto aguantaría el Juez la presión?

Miro la televisión e igual, todos en contra de mi liberación. Muy grave el tema. Adiós a todos mis sueños...

En Colombia es muy posible que ante una presión tan fuerte, la justicia me asegure de nuevo, por un caso cualquiera que quieran abrir. Guardé la esperanza de que mis 23 años y los casi tres meses que llevaba para entonces tras las rejas, fueran suficientes para dar por cumplida la pena.

A medida que pasan las horas la situación se acentúa. Las fuerzas vivas del país se pronuncian. El periódico El Tiempo anuncia que no salgo en libertad porque tengo otro proceso. Llamo a mi abogado y me dice que no hay nada contra mí. Aparece un Dr. Arellano, que se presenta como abogado. Es el presidente de las víctimas del avión de Avianca, un grave y lamentable hecho ejecutado por el Cartel de Medellín, en el año 1989. Allí murieron 110 personas; incluyendo el padre de Arellano. El avión explotó en pleno vuelo...

El Dr. Arellano daba una entrevista a un medio de comunicación y saltaba casi de inmediato al otro. Prensa hablada, escrita, televisión, por todo lado atacaba con furia. Incluso se lanzó a los medios internacionales. El más grave ataque fue contra el Juez, para descalificarlo y asustarlo.

Llegó la noche y apagué mi radio para intentar conciliar el sueño. Al otro día podría cambiar la situación a mi favor. No fue así. Con la luz del día, apareció con más fuerza la bronca.

Mi abogado pagó la fianza y llevó el documento al juzgado. Y el buen Dios envió a sus ángeles para auxiliarme. La familia del Dr. Luis Carlos Galán Sarmiento salió en mi ayuda. La declaración que hice contribuyó para desenmascarar a un político que estuvo tras la muerte del Dr. Galán. El Dr. Alberto Santofimio Botero estaba preso por mi testimonio, en un largo y tortuoso proceso judicial. Por mi declaración no pedí rebaja de pena, ni beneficio alguno. No me interesaban consideraciones personales, solo me motivó ayudar a esclarecer la verdad.

Doña Gloria Pachón de Galán, sale a los medios y me apoya; siempre lo hizo cuando todo el mundo se me venía encima. Yo estuve en el asesinato de su esposo pero ella vio mi arrepentimiento y la forma como delaté a mis cómplices; fue buena siempre conmigo. Lo mismo su hijo, el senador Juan Manuel, habla en los medios a mi favor, arriesgando su capital político.

No estoy solo, pero tengo a miles en mi contra.

La presión es brutal. Increíblemente un periodista que siempre atacó con furia al Cartel de Medellín, sale a apoyar mi libertad. Félix de Bedout con un solo twitter genera más opinión favorable para mi liberación.

Que increíbles son los caminos del buen Dios. Un hombre tan fuerte y radical, que odia el crimen, me tendió la mano. Pero no lo hizo por mí, sino por el ejercicio de la ley. Mis 23 años y 3 meses tras las rejas y mi colaboración con la justicia tocaron el corazón del aguerrido periodista.

Un nuevo ángel sale en mi ayuda. Un alto funcionario del Estado, el Director de la Unidad de Protección (UNP), el Dr. Andrés Villamizar, se pronuncia en mi favor. Esto resulta apoteósico; es un funcionario del Estado.

Todo va mejorando. Pero Arellano ataca más duro y tal parece que la pelea es peleando.

Ocurre algo bueno. El Fiscal General de la Nación, el Dr. Montealegre, se refiere al tema y no va contra mí. Esto muestra que la Fiscalía no va a parar mi salida.

Y sobreviene algo definitivo y celestial; el Ministro de Justicia Yesid Reyes es abordado por los periodistas. La pregunta obligada es la libertad de "Popeye". Quedo atento sin parpadear frente al televisor. El Ministro dice: ¡la ley es la ley! Y acaba la controversia.

Mi libertad ahora es un hecho. Éste, es un espaldarazo para el Juez, la Procuraduría y la Defensoría del Pueblo que avalaron mi liberación en cumplimiento de la ley.

El señor Defensor del Pueblo también se manifiesta a mi favor; esto es clave ya que la Defensoría del Pueblo de Boyacá, en cabeza del Dr. William Ignacio García, acercó las partes para ratificar el fin de mi condena, ante una petición de mi defensa.

La prensa y Arellano siguen en el frente de batalla, pero la suerte al parecer ya está echada.

Llega el 26 de Agosto y soy notificado de la conclusión de mi castigo por parte del Juzgado Segundo de Ejecución de Penas de Tunja, Boyacá. Éste es el momento más difícil al obtener la libertad; el penal, al ser notificado, comienza un barrido por todo el aparato judicial buscando si hay algún asunto pendiente, que impida materializar la ejecución de la orden de libertad. Es muy peligroso para el recluso y más en mi caso. El día fue larguísimo pero llegó la noche y todo parecía transcurrir con normalidad.

Al frente de Cómbita había periodistas apostados desde el día 24, soportando heladas por las bajas temperaturas, tras largas jornadas diarias de espera por conocer el desenlace de la situación. Pero lo que muchos de ellos esperaban en realidad era poder dar la noticia de que yo seguía tras las rejas. Pasó el día con mucha presión de los medios para que mi libertad no se concretara y, entre tanto, el Dr. Arellano quemaba sus últimos cartuchos.

La noche cubre el Penal y comienza otro episodio realmente tormentoso. Confiar en que, una vez en la puerta, no surgiera algún argumento con el que me regresaran a la celda. Mi defensa, a través de la Procuraduría y la Defensoría del Pueblo, pidió protección a la Policía Nacional para mi traslado a Bogotá. La Policía cuando es solicitada para proteger a un interno que recobra la libertad, siempre está solícita a prestar el acompañamiento bien sea a petición del Penal, la Procuraduría o la Defensoría del Pueblo.

De pronto se abre la puerta de mi celda y aparece el Capitán Hernández:

—¡Listo "Popeye", se va! —Habla recio y fuerte. Me mira y sonríe.

Para él es un alivio que yo salga vivo de su cárcel. La responsabilidad de mi vida estaba en las manos del Director del Penal, el Subdirector y el Capitán Hernández, quien me conocía desde cuando tenía grado de Sargento, hacía ya muchos años. Éramos, de alguna forma, "viejos conocidos".

¡Ahora siento que en verdad estoy libre!

Para los demás presos es una inmensa alegría que alguien alcance la libertad; trae esperanza, sobre todo a los que están condenados a 40 y 50 años de reclusión. Y si algo necesita un prisionero es esperanza.

...Si "Popeye" pudo, yo también puedo.

Esa era la ilusión que traía mi salida para los demás reos. Yo pasé 23 años y 3 meses físicos en los más duros penales del país.

Adiós Cómbita..., un gran penal. Allí tuve la oportunidad de estudiar y trabajar, nunca me acosté con hambre, con algún dolor; siempre respetaron mis derechos. Tuve acceso a psicólogos, médicos, profesores y hasta dietistas. Todo se me dio para que yo recapacitara y cambiara mi forma de pensar. Si yo modificaba mis pensamientos entonces cambiaría mi forma de actuar. Ojalá otras cárceles dieran el trato digno que, como seres humanos, merecen los internos para darles esa oportunidad de retornar a la sociedad.

Adiós al Capellán del Penal, el Padre Héctor, un hombre de Dios; siempre llevando una sonrisa a todos los presos, junto con la palabra esperanzadora de El Señor, en su incansable labor.

No partí enojado con nadie.

Adiós a la profesora Lilia y demás profesores. Adiós a todos...

Voy con el Capitán Hernández y la guardia rumbo a reseña. Allí me toman las huellas dactilares y recibo la boleta de salida. Ya disfruto las mieles de la libertad; soy conducido sin ser esposado. ¡Es fantástico esto!

Camino de frente hacia la puerta de salida. El aire es diferente y huele mejor, todo me resulta glorioso.

El Estado se hace presente con la Procuraduría, la Defensoría del Pueblo y la Policía Nacional. Esto para un hombre como yo es un mensaje contundente. Cuando uno va contra la ley el Estado va contra uno y cuando uno recapacita y paga sus deudas con la sociedad, el Estado lo acoge y lo protege.

Es mi primer encuentro con la Policía Nacional después de la cruda guerra de los años 80 y 90, que dejó más de 3000 muertos del Cartel de Medellín, 540 policías abatidos y cuando menos 800 heridos.

Alguien en el Pabellón comentó: ¡Popeye usted es un bobo, ¿cómo es posible que haya pedido protección de la Policía? ¡Lo van a matar! Sonreí y no contesté. Lo más inteligente era salir con la Policía. Si me hacía acompañar de gente armada privada, la institución no lo vería bien; de una vez nos abordarían y el lío sería muy grande.

Encuentro de frente a un Capitán de la Policía y a un Sargento. Les extendí la mano y me saludaron amablemente. Respondí con respeto. El Capitán, un hombre joven, se le veía que era un profesional serio pero gentil. El Sargento muy sagaz y hábil. Estaba en muy buenas manos, no tenía duda.

Mi abogado me entregó un teléfono celular. Me despedí de los directivos del penal y demás funcionarios del Estado.

El Capitán Hernández coordina con el Capitán de la Policía para salir por donde no están los periodistas. Ellos, en su afán noticioso desinformaron mucho; incluso alguno aseguró que el Juez me había traído personalmente la boleta de libertad al Penal. Eso fue muy grave. Esta noticia demoró un día más dejar el penal. Un Juez no lleva boletas de libertad a los reclusos. Él firma las órdenes de libertad y éstas van a una oficina de servicios de todos los juzgados desde donde surte la notificación un funcionario ajeno al despacho del Juez que emitió la orden. El periodista lo hizo con presunta mala fe para poner al Juez a mi servicio. Eso fue una falta de respeto grandísima a la investidura de un Juez de la República. Una jugada sucia para obstaculizar más mi liberación.

Subo a la camioneta de la Policía y de una vez, a la calle...
Adiós periodistas, no me vieron salir por la parte posterior del Penal. Extrañamente sentí nostalgia de dejarlo, pero la libertad es demasiado maravillosa. Ya en la camioneta encuentro más policías de civil, no supe el rango; eso sí, todos fueron amables, solo hablaban lo estrictamente necesario. La seguridad es buena. Analizo por la ventanilla, que tienen avanzada.

El Comandante de la Policía de Boyacá, Coronel Carlos Antonio Gutiérrez, está atento al operativo. Por momentos se escuchaba por el radio-teléfono del Capitán como si estuviera dirigiendo desde su oficina, pero otras veces parecía cercano haciendo parte del operativo. Esto me tranquiliza, estoy en manos de profesionales. Intento marcar en mi sencillo teléfono celular, pero no sé ni cómo hacerlo. Por fortuna uno de los policías de civil me explica, para poder hablar a otro de mis abogados que está esperándome en Bogotá.

La vía es hermosa, la encuentro inmensa, con muchos automóviles y motociclistas. Soy feliz, ya en libertad. El temor de ser detenido en la puerta de la cárcel ya no existe.

Mucha información, demasiadas emociones juntas, tenía que serenarme. Era un gran día, el mejor, el sueño de todo preso... Me sentía confortable, la Policía me trataba bien, eran amables y respetuosos conmigo. Fue muy duro alcanzar la libertad, un año peleándola y los dos últimos días terribles; pero ahí estaba, ¡en la calle!

Cuando el médico del penal me revisó para la valoración previa a mi salida, me encontró muy bien y me dio una gran noticia. Hacía 4 años me había salido una mancha sospechosa en mi brazo derecho. El médico del penal ordenó una biopsia y el resultado fue cáncer de piel. No me hicieron tratamiento esperando una nueva opinión. Así pasaron 4 años.

El Doctor al revisar toda mi historia clínica me dijo: ¡Oiga Popeye!, ¿a usted ya le notificaron que no tiene cáncer de piel?

Me alegré y contesté: ¡no mi Doctor, pero ya usted me está notificando!

Me mostró el resultado y todo estaba perfecto.

Finalmente llegamos a Bogotá. Una locura el tamaño de la capital; me pareció hermoso el ruido intenso y vivo de la ciudad, el resplandor centelleante de miles de luces de la urbe bogotana. Llegamos a un CAI de la Policía que se encontraba a la entrada y allí estaba mi abogado esperándome. A prudente distancia, un automóvil Audi A6 y más alejado, una pareja vigilando el CAI.

Me despido del Capitán, el Sargento y los demás Policías. Mi abogado firma papeles y yo voy directo al automóvil. Admiro la belleza del vehículo.

Mi abogado sale del CAI a paso normal, enciende el carro y salimos de allí. La Policía no nos siguió, según informa la pareja; por los retrovisores no vemos nada raro. Vamos de una vez a un apartamento en el norte de la ciudad, dispuesto para una emergencia. Lindo lugar. Voy al baño y encuentro espejos por todos lados, jabón de manos suave, toallas limpias, la taza y el lavamanos lustrosos, la grifería sin igual, súper iluminado. Quedo deslumbrado.

Me miré al espejo y pensé que ya se me notan los años, aunque me encuentro en buena condición física. En la cárcel no hay espejos, escasamente se puede mirar uno en el reflejo de los vidrios del comando de vigilancia, pero no se ve bien. En mi celda tenía un pequeño espejo pero por la poca luz tampoco se alcanzaba a definir la imagen.

Salgo del baño y el Abogado me ofrece un salpicón de frutas y una manzana verde. Me supo a gloria. Era uno de mis sueños para cuando recuperara la libertad. Lentamente degusto el platillo, es increíble el sabor; indescriptible.

Ya raya la media noche y hay que salir de Bogotá. Aquí están los organismos de seguridad más fuertes del país. Es la capital y es donde se encuentra toda la tecnología y los mejores investigadores de Latinoamérica, en la Policía, Fiscalía, Ejército y DEA; una cosa brutal.

Ahora el objetivo es llegar a Medellín. Una pareja adelante, y yo en otro vehículo con otra pareja a 500 metros de distancia. Buena comunicación por si hay un retén de la Policía o del Ejército.

Boto el sencillo celular a bordo del Audi; todo está perfecto. Más tarde le llegamos a la otra pareja y trasbordo a un Volkswagen Bora, rumbo a mi añorada tierra.

De nuevo en el ruedo, con ángeles que me protegen; me siento seguro, inmensamente feliz, pleno. Vamos a paso normal sin llamar la atención. Comunicándonos todo el tiempo con el auto de adelante. Sin armas, pura inteligencia y tranquilidad. La noche es una fiel compañera; en la carretera solo se veían tractomulas y camiones, muy poco automóvil.

En el Magdalena Medio nos detuvimos a tomar un café. Ya habíamos pasado frente a la Hacienda Nápoles... antiguo fortín del Cartel de Medellín. En el ambiente se sentía con fuerza la presencia de Pablo Escobar. Cuánta aventura en esta región... guerras, fiestas, persecución de la Policía, la DEA y el Ejército.

Todo pasa en la vida. Pero ahora el ambiente es mágico para mí. Por ningún lado veía a los paramilitares que se aliaron con el Cartel de Cali, la Policía, la DEA y el Ejército para sacarnos de esta hermosa zona; los recuerdos desfilan por mi mente...

Salgo de mis pensamientos y me encuentro delante de una vitrina de enfriamiento; allí había una cerveza Heineken helada... ¡Ay Dios! Estaba ahí y no era sino ¡sacarla y beberla! Pero no resultaba responsable de mi parte, tenía que estar sobrio, estaba en pleno desplazamiento y todavía no me hallaba seguro. Después de tantos años sin tomar licor una sola cerveza me podría embriagar. Le sonreí y salí de allí sin siquiera tocarla.

Ya habíamos atravesado lo más complicado del trayecto y ahora ya era de madrugada. La Policía no se arriesga fácilmente entre la carretera de Doradal, Magdalena Medio y Medellín; en el Alto suele aparecer la guerrilla; allí ha asesinado a muchos Policías.

Para mí también se tornaba muy peligroso un retén de los guerrilleros; donde llegue a uno me atrapan y me matan, sin lugar a dudas. En prisión tuve líos graves con ese grupo. Por esta carretera opera el frente Carlos Alirio Buitrago del ELN. Pero es fácil burlarlos con el carro adelante. Se debe estar súper atento a que bajen autos en sentido contrario; si no hay flujo vehicular, debe uno detenerse. Cuando la guerrilla aparece para sus fechorías, interrumpe todo el tráfico, no se mueve nada...

Por este sector hay mucha montaña. Finalmente atravesamos por la zona dominada por los subversivos sin problema alguno. Sólo en Monte Loro había un soldado de Centinela.

Viaje perfecto. Mis ángeles hicieron un excelente trabajo. Llegamos a Medellín en donde me recibió un gran amigo. Dimos un paseo por la hermosa e increíble ciudad de Medellín, una verdadera metrópoli, la construyeron toda. ¡Cuánto ha cambiado en 23 años! Un espectáculo, qué lindas mujeres, qué avenidas, qué edificios. ¡Medellín es Medellín!

Mi amigo me aloja luego en una finca y tomo un descanso. Una hermosura de lugar. Ahora sí me siento verdaderamente libre... Me brinda de todo: cerveza, frutas, alimentos abundantes que hacía muchos años no probaba, incluso me da llaves de la puerta. En mi interior descubro que estoy plena e infinitamente feliz. Hasta los detalles más insignificantes para otros, como ver una nevera, un computador, a mí logran maravillarme.

Empiezo a moverme con amigos, que me cuidan con todo el cariño del mundo. Poco a poco camino solo, voy al supermercado y me resulta espléndido lo que encuentro, frutas y productos que no sabía que existían;

al país ya llegan productos de todo el mundo. Camino extasiado mirando y oliendo el aire pausada y profundamente, alegrándome la vida mucho más el ver pasar una hermosa señorita en mini falda a quien solo miro con respeto y sin hablarle.

Un amigo me dice: ¡Hey "Pope" con la boca cerrada también la puedes ver!

Río y sigo observando detenidamente todo, redescubriendo el mundo, ese del que estuve aislado por demasiados años. Entre tanto, pienso ¡cuánta sal hay! En la cárcel la sal está prohibida al interior del penal, porque los presos la usan para dañar las chapas de las puertas. Que paradójica resulta la abundancia y la escasez de algo tan elemental.

La montaña de limones en el supermercado me llama la atención. En la prisión no se ve un limón. Ya en la fila de pago, una señora se enoja y manotea por la demora de la cajera. Está furiosa, insulta sin parar. Esta mujer no sabe lo que es la paciencia y pienso, ¿cómo será amarrada de pies y manos en un furgón de prisiones a 44 grados de temperatura toda la mañana, como me tocó a mí en la cárcel de Valledupar, en un traslado?

Me reía por dentro, ¡hummmm! ¿Cómo será esta mujer 14 meses en un calabozo?

Día a día voy asimilando más tanta información y emociones, no es fácil pero voy bien. Tomo la decisión y renuevo mi licencia de conducción. Subo a un auto e increíblemente lo conduzco de manera aceptable. Salgo de a poco y por fin me tiro solo a la autopista. Es una locura el tráfico, sobre todo las motos que adelantan por la derecha, le lanzan la moto a uno sin compasión, son 5 motos por la derecha, 5 por la izquierda, 3 por atrás y 2 más adelante. ¡Es terrible!

Poco a poco fui entrando en el engranaje de la ciudad. Me muevo con fluidez. Es una delicia tomar mi automóvil e ir por la carretera, es algo celestial. Respeto todas las señales de tránsito, llevo mi cinturón de seguridad, no excedo la velocidad. Me fascina conducir.

Vivo súper atento a los retenes de la Policía. No es bueno que me atrapen con mi cédula de identificación, sabrán quien soy yo y de una saben en qué carro ando. Eso es peligroso porque por todo peaje que pase, ellos saben por dónde me muevo. En todos los peajes hay cámaras y la Policía las interviene con alta tecnología.

Sólo un día me detuvo la Policía. Un domingo. Bajaba por la vía de las Palmas y entre mal al round-point del Centro Comercial San Diego.

De una vez el Policía me paró, me pidió la cédula y los documentos del vehículo, llenó una planilla y me dejó ir sin requisarme.

Salí de allí a cambiar mi automóvil, el Policía no me reconoció, pero cuando lleve la planilla y la suban al sistema de una buena vez queda reportado mi automóvil.

Es la selva del cemento. Me fascina ir a los centros comerciales que me resultan divinos, seguros, hay de todo, me compro un gran helado, el que tantas veces soñé con poder disfrutar; me siento a ver pasar la gente; se ven mujeres hermosas, niños felices tomados de la mano de sus madres; disfruto al máximo estar en libertad.

Hace 10 meses salí de prisión y he ganado 10 kilos. Comiendo de todo es fácil.

Pero también por donde paso percibo a mucha gente infeliz, la mayoría de afán, disgustados por todo. Las personas por anhelar todo lo que no tienen dejan de disfrutar lo que sí tienen. Me siento dichoso por haber aprendido que la felicidad está en las pequeñas cosas de la vida. El solo hecho de tener dónde conectar el cargador de energía de mi teléfono es ya un placer. En el penal no hay tomas de energía y quienes tienen teléfonos ilegales sufren como locos para cargar las baterías. Usan las pilas de los radios transistores para pasarle energía a sus teléfonos, se pegan de la energía de las lámparas de las celdas y los guardias los descubren fácilmente. Esto da calabozo y es grave para optar por la libertad.

Cada día que enfrento lo hago con gran felicidad, disfruto del sol, la lluvia, la noche, el calor, el frío, me fascina contemplar por largas horas la luna, las estrellas, el cielo infinito.

Y ya tuve la oportunidad inmensa de realizar uno de mis mayores sueños: volver a abrazar a mi hijo. Lo pude ver por fin. Mis amigos me preguntan cómo fue ese encuentro. Quizá me queda del tiempo en el mundo de la mafia el aprender a controlar mis emociones, en realidad sucede que no me emociono mucho, seguramente resulte cierto que tengo el alma muerta.

La calle no es tan fácil como se cree, pero yo soy fuerte. Todos los días surgen historias acerca de que me mataron, que soy el jefe de la mafia de Medellín, que robo, que mato.

Nada de eso es cierto. Yo ahí voy con mi propósito de tener una vida nueva, en paz y en la legalidad. Claro que como estoy retirado del crimen más de uno abusa y van contra mí, pero todos los días le pido al buen Dios que no me deje llegar allá, no quiero regresar al delito jamás.

La fiscalía me ha citado a declarar en varios procesos que involucran al General Miguel Maza Márquez y al DAS; deberé dar mi testimonio del vínculo del General Maza Márquez con Carlos Castaño y con el Cartel de Medellín, lo que sé sobre ello; cómo se planearon y ejecutaron asesinatos como el del Dr. Luis Carlos Galán Sarmiento, José Antequera, Carlos Pizarro, Bernardo Jaramillo Ossa y lo del avión de Avianca. El hilo conductor que vincula todos estos crímenes, empezando por las armas utilizadas. Mi misión será ayudar a que la justicia brille para otros y retribuir así la oportunidad que yo he recibido aunque con ello reviva ese tiempo turbulento y aciago.

Sé que la muerte aguarda por mí pero no le temo, ni a ella ni a mis enemigos, menos ahora que he podido cumplir mi sueño de ser libre. Del pasado sólo conservo mis recuerdos y el no sentir temor a la muerte, quizá porque es verdad que a mí no me pueden matar, porque yo ya estoy muerto...

FIN

"Popeye" en algún lugar de Colombia, en 2015.

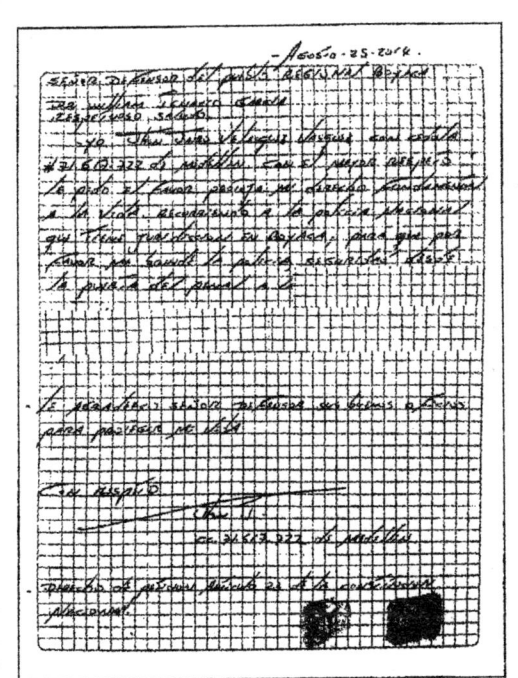

Carta de "Popeye" dirigida al Defensor del Pueblo, fechada el 25 de agosto de 2014, en la cual solicita protección policial desde la salida de la Cárcel de Combita hasta un destino desconocido.

Certificado de libertad condicional de "Popeye", expedido por el INPEC el 26 de agosto de 2014 en Cómbita, Boyacá.